dtv

BARACK OBAMA

Ein amerikanischer Traum

Die Geschichte meiner Familie

Aus dem Englischen
von Matthias Fienbork

Deutscher Taschenbuch Verlag

Ungekürzte Ausgabe
Mai 2009
2. Auflage Juli 2009
Deutscher Taschenbuch Verlag GmbH & Co. KG, München
www.dtv.de
Lizenzausgabe mit freundlicher Genehmigung des Carl Hanser Verlags
© 1995, 2004 by Barack Obama
Titel der amerikanischen Originalausgabe: ›Dreams from My Father.
A Story of Race and Inheritance‹ (Three Rivers Press, New York, 2004);
ursprünglich als Hardcover-Ausgabe erschienen bei Times Books,
Random House, Inc. (1995)
© 2008 Carl Hanser Verlag München
Umschlagkonzept: Balk & Brumshagen
Umschlagfoto: Aurora Photos/Callie Shell
Satz: Fotosatz Amann, Aichstetten
Druck und Bindung: Druckerei C. H. Beck, Nördlingen
Gedruckt auf säurefreiem, chlorfrei gebleichtem Papier
Printed in Germany · ISBN 978-3-423-34570-5

Denn wir sind Gäste und Fremdlinge vor dir,
wie alle unsre Väter.

1. Chron 29,15

Vorwort zur Neuausgabe von 2004

Fast zehn Jahre sind seit dem Erscheinen dieses Buches vergangen. Dass ich es geschrieben habe, ging – wie damals in der Einleitung erwähnt – auf ein Angebot zurück, das mir während meines Studiums gemacht wurde, nach meiner Wahl zum ersten afroamerikanischen Präsidenten der *Harvard Law Review*. Diese Berufung sorgte für ein gewisses Aufsehen. Ein Verleger zahlte mir einen Vorschuss, und ich machte mich an die Arbeit, überzeugt, anhand der Geschichte meiner Familie einen Beitrag zum Verständnis der Rassenprobleme in unserem Land und der Identitätsbrüche leisten zu können, der Ungleichzeitigkeiten und kulturellen Differenzen, die für moderne Gesellschaften so charakteristisch sind.

Als das Buch erschien, war ich, wie die meisten Jungautoren, voller Hoffnung und Zweifel – Hoffnung, es könne ungeahnten Erfolg haben, Zweifel an mir selbst, nichts Wesentliches gesagt zu haben. Die Wahrheit lag irgendwo in der Mitte. Das Buch wurde wohlwollend besprochen, und zu den Lesungen, die der Verlag organisierte, kamen tatsächlich Leute. Die Verkaufszahlen waren nicht überwältigend. Und nach ein paar Monaten kehrte ich in meinen Alltag zurück, überzeugt, dass meine Schriftstellerkarriere kurzlebig sein würde, aber froh, die Sache mehr oder weniger würdevoll überstanden zu haben.

In den nächsten zehn Jahren blieb mir kaum Zeit zum Nachdenken. 1992 war ich in einem Projekt zur Registrierung von Wählern engagiert, ich begann als Bürgerrechtsanwalt zu arbeiten und unterrichtete an der Universität von Chicago Verfassungsrecht. Meine Frau und ich kauften ein Haus, bekamen zwei reizende, gesunde und lebhafte Töchter und mussten Geld verdienen. Als 1996 im Parlament von Illinois ein Sitz frei wurde, drängten mich einige Freunde zu kandidieren. Ich errang das Mandat. Mir war schon klar, dass die Politik in den Bundesstaaten längst nicht so aufregend ist wie in Washington. Man steht nicht im Scheinwerferlicht, beschäftigt sich mit Themen, die für einige Leute wichtig, für den Mann auf der Straße aber ziemlich uninteressant sind (Zulassungsbestimmungen für Wohnmobile etwa oder Abschreibung bei landwirtschaftlichen Maschinen). Doch ich fand die Arbeit befriedigend, vor allem, weil hier in überschaubarer Zeit konkrete Ergebnisse möglich sind – beispielsweise die Einbeziehung armer Kinder in die Krankenversicherung oder eine Gesetzesreform, die verhindern soll, dass Unschuldige in die Todeszelle wandern. Und auch, weil man im Parlament eines großen industriell geprägten Bundesstaats tagtäglich im Gespräch mit den Menschen ist: mit der schwarzen Mutter aus dem Slumviertel und dem Farmer, dem Investmentbanker und dem ungelernten Arbeiter – sie alle wollen ihr Anliegen vorbringen, gehört werden.

Vor einigen Monaten wurde ich von der Demokratischen Partei als Repräsentant des Staates Illinois für den US-Senat nominiert. Es war eine hart umkämpfte Entscheidung in einem Feld mit vielen finanziell abgesicherten, fähigen und prominenten Kandidaten; ich selbst, ein Schwarzer mit einem merkwürdigen Namen, ohne organisatorischen Rückhalt und Vermögen, war als Außenseiter angetreten. Und als ich dann die Mehrheit errang, mit den Stimmen weißer und schwarzer Wähler aus den Vorstädten und den innerstädtischen Vierteln von Chicago, fiel die Reaktion ähnlich aus wie bei meiner Wahl zum Präsidenten der *Law Review*. Mainstream-Kommentatoren äußerten sich überrascht und mit der ehrlichen Hoffnung, dass mein Sieg einen spürbaren Wandel in unserer Rassenpolitik signalisiere. Die schwarzen Wähler empfanden Stolz auf das, was ich erreicht hatte, auch wenn sich in diesen Stolz Frustration mischte, weil wir – fünfzig Jahre nach dem Verfahren *Brown vs. Board of Education* und vierzig Jahre nach Verabschiedung des neuen Wahlrechts – noch immer die Chance feiern (nur die Chance, denn es stehen schwere Wahlen an), dass ich der einzige Afroamerikaner im Senat (und erst der dritte in seiner Geschichte) werden könnte. Meine Familie, meine Freunde und ich registrierten das große Interesse mit

Verwunderung, waren uns immer der Kluft zwischen dem Medienhype und der banalen Alltagsrealität bewusst.

So wie jenes Interesse vor zehn Jahren meinen Verleger aufmerksam gemacht hatte, so hat der abermalige Medienrummel zu einer Neuauflage geführt. Zum ersten Mal seit Jahren habe ich das Buch wieder in die Hand genommen und einige Kapitel gelesen, weil ich sehen wollte, ob sich meine Stimme im Laufe der Zeit verändert hat. Ich muss gestehen, dass ich immer wieder zusammenzuckte – bei einer ungeschickten Formulierung, einer unverständlichen Aussage, einem larmoyanten oder allzu kalkuliert eingesetzten Gefühl. Weil ich den knappen Ausdruck zu schätzen gelernt habe, würde ich das Buch am liebsten um fünfzig Seiten kürzen. Ich kann aber nicht ernsthaft behaupten, dass die Stimme in diesem Buch nicht mir gehört, ich die Geschichte heute ganz anders erzählen würde als vor zehn Jahren, auch wenn bestimmte Passagen sich als politisch unbequem erwiesen haben und Wasser auf die Mühlen von Kommentatoren und politischen Gegnern sind.

Deutlich verändert hat sich natürlich der Kontext, in dem das Buch heute gelesen wird. Entstanden war es vor dem Hintergrund von Silicon Valley und dem Börsenboom, zu einer Zeit, als die Berliner Mauer fiel, Mandela langsam, unsicheren Schritts das Gefängnis verließ und Staatspräsident wurde, die Osloer Friedensvereinbarung unterzeichnet wurde. Die kulturpolitischen Auseinandersetzungen hierzulande – um Waffenbesitz und Abtreibung und Rap-Musik – wurden so heftig geführt, weil Bill Clintons Dritter Weg (ein reduzierter Wohlfahrtsstaat ohne große Ambitionen, aber auch ohne scharfe Kanten) einem allgemeinen Grundkonsens entsprach, dem selbst George W. Bush, der »Konservative mit Herz«, zustimmen musste. Außenpolitisch war vom Ende der Geschichte die Rede, vom Sieg des Kapitalismus und der Demokratie, vom globalisierten ökonomischen Wettstreit, der an die Stelle von Krieg und alten Rivalitäten treten würde.

Und dann, am 11. September 2001, zerbrach die Welt.

Ich will gar nicht erst versuchen, diesen Tag und die folgenden Tage zu beschreiben – die Flugzeuge, die gespenstisch in Stahl und Glas rasten, die zeitlupenhaft einstürzenden Türme, die aschgrauen

Gestalten in den Straßen, den Schmerz und die Angst. Und ich will auch nicht so tun, als könnte ich den abgrundtiefen Nihilismus verstehen, der die Terroristen und ihre Gesinnungsgenossen antrieb und noch heute antreibt. Meine Empathie versagt angesichts des ausdruckslosen Blicks all jener, die eine sinnlose Befriedigung darin finden, unschuldige Menschen zu töten.

Ich weiß nur, dass sich an diesem Tag die Geschichte mit Macht zurückmeldete. Und dass, wie Faulkner schon sagte, die Vergangenheit nicht tot, nicht einmal vergangen ist. Diese kollektive Geschichte, diese Vergangenheit, berührt unmittelbar meine eigene. Nicht nur, weil die unheimlich präzisen Anschläge von al-Qaida mir vertraute Orte trafen – Nairobi, Bali, Manhattan; nicht nur, weil sich übereifrige Republikaner seit dem 11. September über meinen Namen lustig machen. Sondern auch, weil der Grundkonflikt – zwischen Reich und Arm, zwischen Moderne und Tradition, zwischen jenen, die die anstrengende, konfliktträchtige Unterschiedlichkeit der Menschen akzeptieren und doch auf gemeinsamen, verbindlichen Werten bestehen, und jenen, die, unter welcher Flagge, Parole oder heiligen Schrift auch immer, eine verkürzte Eindeutigkeit suchen, die Gewalt gegenüber dem Anderen rechtfertigt – weil dieser Grundkonflikt auch in meinem Buch anklingt.

Ich kenne die Verzweiflung und die Unruhe der Ohnmächtigen: ich habe gesehen, wie sie das Leben der Kinder auf den Straßen von Djakarta, Nairobi und in der Chicagoer South Side beeinflusst, wie schmal der Grat zwischen Demütigung und grenzenloser Wut ist, wie schnell aus Hoffnungslosigkeit Gewalt wird. Ich weiß, dass die Antwort der Mächtigen auf diese Unruhe – schwankend zwischen träger Selbstzufriedenheit und, sobald die Unruhe eine gewisse Grenze überschreitet, gedankenloser Anwendung von Gewalt, längeren Gefängnisstrafen und noch ausgeklügelteren Waffen – nichts ausrichtet. Ich weiß, dass unversöhnliches und fundamentalistisches Denken uns alle ins Verderben stürzt.

Und so verband sich mein Versuch, diesen Konflikt zu verstehen und meinen Platz darin zu finden, mit der gesellschaftlichen Debatte, in der ich mich engagiere, einer Debatte, die auf Jahre hinaus unser Leben und das unserer Kinder prägen wird.

Was das politisch heißt, wäre Thema für ein anderes Buch. Ich möchte statt dessen mit einer sehr persönlichen Bemerkung schließen. Die meisten Menschen, die in diesem Buch vorkommen, sind – mal mehr, mal weniger – Teil meines Lebens.

Einen ganz besonderen Platz nimmt aber meine Mutter ein, die kurz nach Erscheinen dieses Buches an Krebs starb.

Sie hatte in den vorangegangenen zehn Jahren all das getan, was ihr am Herzen lag. Sie reiste, arbeitete in entlegenen Dörfern Asiens und Afrikas, half den Frauen, eine Nähmaschine oder eine Milchkuh zu kaufen oder eine Ausbildung zu beginnen, die ihnen wirtschaftliche Unabhängigkeit bringen würde. Sie schloss Freundschaften mit Menschen aus allen Schichten, unternahm lange Wanderungen, betrachtete den Mond und stöberte auf den Märkten von Delhi oder Marrakesch nach irgendeiner Kleinigkeit, einem Schal oder einer Figur, die ihr gefiel. Sie schrieb Berichte, las Romane, ging ihren Kindern auf die Nerven und träumte von Enkelkindern.

Wir sahen uns oft, hatten eine gute Beziehung. Sie las das Manuskript dieses Buches, korrigierte mich, wenn ich etwas falsch verstanden hatte, äußerte sich nicht zu meinen Beschreibungen ihrer Person, war aber sofort bereit, die weniger schmeichelhaften Facetten im Charakter meines Vaters zu verteidigen oder zu erklären. Sie trug ihre Krankheit mit Würde und Heiterkeit und half meiner Schwester und mir weiterzuleben – trotz unserer Ängste, unseres Nicht-wahrhaben-Wollens, unseres plötzlichen Schmerzes.

Vielleicht, denke ich manchmal, hätte ich ein anderes Buch geschrieben, wenn ich gewusst hätte, dass sie ihre Krankheit nicht besiegen würde – weniger eine Auseinandersetzung mit dem abwesenden Vater, eher ein Loblied auf die Mutter, die in meinem Leben die einzige Konstante war. In meinen Töchtern sehe ich sie jeden Tag, ihre Freude, ihre Fähigkeit zu staunen. Ich will gar nicht versuchen zu beschreiben, wie sehr ich ihren Tod noch immer betrauere. Sie war der freundlichste, großzügigste Mensch, dem ich je begegnet bin – ihr verdanke ich das Gute in mir.

Einleitung

Geplant war ursprünglich ein ganz anderes Buch. Das Angebot, es zu schreiben, erhielt ich während meines Studiums, nach meiner Wahl zum ersten schwarzen Präsidenten der *Harvard Law Review*, einer außerhalb von Fachkreisen weitgehend unbekannten juristischen Fachzeitschrift. Meine Ernennung sorgte für ein gewisses Aufsehen. Es erschienen mehrere Zeitungsartikel, die weniger von meinen bescheidenen Leistungen zeugten als von der besonderen Stellung, die die Harvard Law School in der amerikanischen Mythologie einnimmt, und zugleich vom Hunger Amerikas auf optimistische Signale von der Rassenfront, denen zu entnehmen wäre, dass letztlich doch Fortschritte erzielt worden sind. Einige Verleger riefen mich an, und weil ich mir einbildete, etwas über die aktuelle Rassenpolitik zu sagen zu haben, erklärte ich mich bereit, nach dem Abschlussexamen ein Jahr freizunehmen und meine Gedanken zu Papier zu bringen.

Mit geradezu erschreckendem Selbstbewusstsein ging ich daran, den Inhalt des Buches zu entwerfen. Rassengleichheit und die begrenzten Möglichkeiten, sie auf juristischem Weg durchzusetzen, die Bedeutung von Solidarität und die Aktivierung des öffentlichen Lebens durch engagierte Arbeit an der Basis, *affirmative action* und Afrozentrismus – die Liste der Themen nahm eine ganze Seite ein. Ich würde natürlich auch persönliche Erlebnisse einbeziehen und die Quellen wiederholt auftretender Gefühle analysieren. Alles in allem würde es aber eine intellektuelle Reise sein, mit Landkarten und Rastzeiten und einem strikten Fahrplan – der erste Teil sollte im März fertig sein, der zweite im August …

Doch als ich dann tatsächlich mit dem Schreiben begann, stellte ich fest, dass sich meine Gedanken in eine völlig andere Richtung bewegten. Erinnerungen an frühe Sehnsüchte stiegen in mir hoch, ferne Stimmen erklangen, wurden leise und wieder lauter. Ich entsann mich der Geschichten, die meine Mutter und ihre Eltern mir als Kind erzählt hatten, Geschichten, mit der eine Familie sich selbst zu erklären versuchte. Ich erinnerte mich an mein erstes Jahr in Chicago, an die Stadtteilarbeit, an mein unsicheres Erwachsenwerden. Ich hörte meine Großmutter, die unter einem Mangobaum saß, meiner Schwester das Haar flocht und mir von meinem Vater erzählte, den ich nicht kannte.

Angesichts dieser Flut von Erinnerungen schienen all meine wohldurchdachten Theorien irrelevant und übereilt. Immer noch wehrte ich mich gegen den Gedanken, meine Vergangenheit in Buchform offenzulegen. Es wäre mir unangenehm gewesen, und ich hätte mich auch ein wenig geschämt. Nicht, weil diese Vergangenheit sonderlich schmerzhaft oder schwierig war, sondern weil sie jene Teile von mir berührte, die sich dem Bewusstsein entziehen und – zumindest an der Oberfläche – dem Leben widersprechen, das ich heute führe. Ich bin jetzt dreiunddreißig, arbeite als sozial und politisch engagierter Anwalt in Chicago, einer Stadt, die mit ihren Rassenwunden lebt und stolz ist auf ihre Unsentimentalität. Wenn ich kein Zyniker geworden bin, so halte ich mich doch für einen Realisten, der sich keinen allzu großen Erwartungen hingibt.

Und doch fällt mir beim Nachdenken über meine Familie vor allem meine – selbst für ein Kind unvorstellbare – Arglosigkeit auf. Der sechsjährige Cousin meiner Frau hat diese Unschuld schon verloren: Vor einigen Wochen erzählte er seinen Eltern, dass einige seiner Mitschüler wegen seiner Hautfarbe nicht mit ihm spielen wollten. Seine Eltern, in Chicago und Gary geboren und aufgewachsen, haben ihre Unschuld natürlich schon längst verloren, und wenn sie auch keineswegs verbittert sind – sie sind stark und stolz und energisch wie alle Eltern, die ich kenne –, so hört man in ihren Stimmen doch den Schmerz, wenn sie von ihren Zweifeln berichten, ob es richtig war, aus der Innenstadt in eine mehrheitlich weiße Vorstadtsiedlung zu ziehen, weil sie ihren Sohn davor bewahren wollten, in Bandenkriege hineinzugeraten und eine mangelhaft ausgestattete Schule besuchen zu müssen.

Sie wissen zu viel, wir alle haben zu viel gesehen, als dass wir die kurze Ehe meiner Eltern – ein Schwarzer und eine Weiße, ein Afrikaner und eine Amerikanerin – einfach so akzeptieren könnten. Manchen Leuten fällt es schwer, mich so zu akzeptieren, wie ich bin. Wenn Leute, die mich nicht gut kennen, seien es Schwarze oder Weiße, von meinem Hintergrund erfahren (meist ist es eine Entdeckung, denn ich habe schon mit zwölf oder dreizehn Jahren aufgehört, auf die Hautfarbe meiner Mutter hinzuweisen, weil ich ahnte, dass ich mich damit bei Weißen einschmeicheln würde), dann erlebe ich den kurzen Moment, in dem sie ihren Blick neu fokussieren, in meinen Augen nach einem Zeichen suchen. Sie wissen nicht mehr, wer ich bin. Insgeheim stellen sie sich vielleicht meine Zerrissenheit vor, das gemischte Blut, das gespenstische Bild des tragischen Mulatten, der in zwei Welten gefangen ist. Und wenn ich erklären sollte, dass die Tragik nicht meine sei, jedenfalls nicht meine allein, sondern die aller, der Söhne und Töchter von Plymouth Rock und Ellis Island, der Kinder Afrikas, des sechsjährigen Cousins meiner Frau und seiner weißen Klassenkameraden, und sie sich also nicht den Kopf zu zerbrechen brauchten, was mich belastet (in den Abendnachrichten kann das jeder sehen), und dass, wenn wir zumindest dies akzeptieren könnten, der tragische Kreislauf vielleicht unterbrochen würde..., nun ja, das klingt unglaublich naiv, es klingt nach enttäuschten Hoffnungen, wie bei jenen Kommunisten, die in Universitätsstädten ihre Blätter verkaufen. Schlimmer noch: Es klingt, als wollte ich vor mir selbst davonlaufen.

Ich kann niemandem verübeln, wenn er misstrauisch ist. Ich habe schon früh gelernt, meiner Kindheit zu misstrauen und den Geschichten, die sie geprägt haben. Erst viele Jahre später, nachdem ich am Grab meines Vaters gesessen und mit ihm durch die rote afrikanische Erde gesprochen habe, wurde mir klar, welche Bedeutung diese frühen Geschichten für mich hatten. Genauer gesagt: Erst da begriff ich, dass ich viel zu lange versucht hatte, diese Geschichten neu zu schreiben, Lücken zu füllen, unschöne Details zu retuschieren, persönliche Entscheidungen vor den blinden Gang der Weltgeschichte zu projizieren – alles in der Hoffnung, ein Stückchen Wahrheit auszugraben, das meinen ungeborenen Kindern sicheren Halt geben könnte.

Obwohl ich mich keiner allzu kritischen Prüfung aussetzen wollte und immer wieder versucht war, die ganze Sache hinzuwerfen, wird in dem vorliegenden Buch eine persönliche, innere Reise beschrieben – die Suche eines Jungen nach seinem Vater und damit auch nach einem überzeugenden Lebensinhalt für ihn, den schwarzen Amerikaner. Es ist also eine Autobiographie entstanden, obwohl ich dieses Wort immer vermieden habe, wenn mich in den zurückliegenden drei Jahren jemand fragte, worum es in diesem Buch geht. Eine Autobiographie verspricht bemerkenswerte Leistungen, Begegnungen mit Berühmtheiten, Teilnahme an wichtigen Ereignissen. Nichts von alldem in meinem Buch. Eine Autobiographie impliziert zumindest eine Art Bilanz, die bei jemandem meines Alters, der seinen Platz in der Welt erst noch zu erobern hat, reichlich übertrieben anmutet. Ich kann nicht einmal meine persönlichen Erfahrungen als repräsentativ für die Erfahrungen der schwarzen Amerikaner hinstellen (»Schließlich stammen Sie nicht aus einer unterprivilegierten Familie«, erklärte mir ein New Yorker Verleger); tatsächlich geht es in meinem Buch auch um diese spezielle Erkenntnis – dass ich mich zu meinen schwarzen Brüdern und Schwestern, ob in Amerika oder Afrika, bekennen und für ein gemeinsames Ziel eintreten kann, ohne mich als Sprecher unserer vielfältigen Kämpfe ausgeben zu müssen.

Und in jeder autobiographischen Arbeit lauern schließlich Gefahren: die Versuchung, Ereignisse in einem für den Autor günstigen Licht darzustellen, die Bedeutung der eigenen Erlebnisse zu überschätzen, die selektive Erinnerung. Bei jungen Leuten, denen die Weisheit des Alters fehlt und die Distanz, die vor gewissen Eitelkeiten schützt, sind solche Gefahren besonders groß. Ich kann nicht sagen, dass ich all diese Klippen erfolgreich umschifft habe. Ein Großteil dieses Buches stützt sich auf zeitgenössische Zeitschriften und auf die Erzählungen meiner Familie, doch die Dialoge geben nur annähernd wieder, was tatsächlich gesagt oder mir berichtet wurde. Einige Figuren setzen sich aus mehreren mir bekannten Menschen zusammen, und manche Ereignisse haben ihre eigene Chronologie. Mit Ausnahme meiner Familie und einer Handvoll öffentlicher Personen erscheinen die meisten Figuren unter anderem Namen.

Welches Etikett man diesem Buch auch geben mag – Autobiographie, Erinnerungen, Familiengeschichte oder dergleichen mehr –, ich habe mich bemüht, einen Teil meines Lebens wahrheitsgemäß aufzuschreiben. Wenn ich ins Stolpern kam, stand mir meine Agentin Jane Dystel treu und unbeirrt zur Seite. Mein Dank geht ebenso an meinen Lektor Henry Ferris, der mich mit sanfter, aber fester Hand leitete, an Ruth Fecych und ihre Mitarbeiter bei Times Books, die das Buch aufmerksam durch seine verschiedenen Stadien begleiteten, an Robert Fisher und andere Freunde, die das Manuskript bereitwillig lasen, und meine wunderbare Frau Michelle, die mich mit ihrem Witz und ihrer Offenheit immer wieder ermuntert hat.

Doch es sind vor allem meine Familienangehörigen – meine Mutter, meine Großeltern, meine Geschwister, über die ganze Welt verstreut –, denen ich Dank schulde und denen dieses Buch gewidmet ist. Ohne ihre beständige Liebe und Unterstützung, ohne ihre Bereitschaft, mich ihr Lied singen zu lassen und dabei manch falschen Ton zu ertragen, hätte ich dieses Buch nie beenden können. Wenn schon nichts anderes, dann möge es deutlich machen, wie sehr ich sie liebe und respektiere.

Erster Teil
Kindheit

1

Einige Monate nach meinem einundzwanzigsten Geburtstag erhielt ich die Nachricht von einer mir unbekannten Anruferin. Ich lebte damals in New York, in der Vierundneunzigsten Straße, zwischen Second und First Avenue, in jenem namenlosen, nicht fest umrissenen Grenzbezirk zwischen East Harlem und dem übrigen Manhattan. Es war eine wenig einladende Gegend, trist und öde, mit langen Reihen rußschwarzer Hausaufgänge, die fast den ganzen Tag tiefe Schatten warfen. Die Wohnung selbst war klein und schief, die Heizung unzuverlässig und die Hausklingel kaputt, so dass Besucher von der nahe gelegenen Tankstelle aus anrufen mussten, wo nachts ein schwarzer Dobermann von der Größe eines Wolfs mit einer leeren Bierflasche im Maul herumstreifte und Wache hielt.

Für mich war das alles nicht wichtig, denn ich bekam nicht oft Besuch. Ich war ungeduldig in jener Zeit, dachte nur an meine Arbeit und unrealisierte Vorhaben und betrachtete andere Leute als unnötige Ablenkung. Nicht, dass mir Gesellschaft unangenehm gewesen wäre. Mit den puertorikanischen Nachbarn wechselte ich freundliche Worte auf Spanisch, und wenn ich von der Universität kam, sprach ich mit den Jungs, die im Sommer die ganze Zeit vor dem Haus hockten, über die New York Knicks oder die Schüsse, die sie in der Nacht zuvor gehört hatten. Bei schönem Wetter saßen mein Mitbewohner und ich draußen auf der Feuerleiter, rauchten und sahen zu, wie sich die Abenddämmerung blau über die Stadt legte, oder beobachteten die Weißen aus den besseren Vierteln, die ihre Hunde bei uns spazieren führten und sie auf unseren Gehsteigen ihr Geschäft machen ließen – »Haut ab, ihr Idioten!« rief mein Mitbewohner dann mit eindrucksvoll zorniger Stimme, und wir lachten über

Herrchen und Hund, die wütend und mit arroganter Miene der Aufforderung nachkamen.

Solche Momente genoss ich, aber nur kurz. Wenn unsere Gespräche abschweiften oder Privates berührten, fand ich rasch einen Grund, mich zurückzuziehen. Ich hatte mich in meinem Alleinsein gut eingerichtet, dort fühlte ich mich sicher.

Mein Nachbar war ein alter Mann, dem es vielleicht ähnlich ging. Er lebte allein, eine hagere, gebeugte Gestalt, und wenn er die Wohnung verließ, was selten genug passierte, trug er einen schweren schwarzen Mantel und einen zerknautschten Filzhut. Manchmal begegneten wir uns, wenn er vom Einkaufen zurückkam, und dann bot ich an, ihm seine Tüten hinaufzutragen. Er sah mich an, zuckte mit den Schultern, wir stiegen hinauf und machten dabei auf jedem Absatz halt, damit er verschnaufen konnte. Wenn wir dann vor seiner Wohnung angelangt waren, setzte ich die Tüten vorsichtig ab, und er nickte mir nur wortlos zu, bevor er eintrat und hinter sich verriegelte. Wir wechselten kein einziges Wort, und kein einziges Mal bedankte er sich bei mir.

Das Schweigen des Alten beeindruckte mich. Ich empfand eine Art Geistesverwandtschaft zwischen uns. Irgendwann entdeckte ihn mein Mitbewohner auf dem Treppenabsatz im zweiten Stock, die Augen weit aufgerissen, die Beine angezogen wie ein kleines Kind, starr. Leute kamen herbei, Frauen bekreuzigten sich, Kinder flüsterten aufgeregt. Schließlich wurde der Tote von einer Ambulanz abgeholt, und die Polizisten öffneten die Wohnung. Das Apartment war sauber, beinahe leer – ein Stuhl, ein Schreibtisch, auf dem Kaminsims ein verblichenes Foto einer Frau mit dichten Augenbrauen und einem feinen Lächeln. Jemand öffnete den Kühlschrank und fand darin, versteckt hinter Mayonnaise- und Gurkengläsern, an die tausend Dollar in kleinen Scheinen, in altes Zeitungspapier gewickelt.

Die Einsamkeit dieser Szene berührte mich, und für einen kurzen Moment wünschte ich, der alte Mann hätte mir seinen Namen gesagt. Doch gleich darauf bedauerte ich meinen Wunsch und die Trauer. Es schien, als wäre eine Übereinkunft zwischen uns gebrochen – als flüsterte der Alte in diesem kahlen Zimmer eine unbekannte Geschichte, als erzählte er mir Dinge, die ich lieber nicht hören wollte.

Etwa einen Monat später, an einem kalten Novembermorgen mit einer schwachen Sonne hinter einem dünnen Wolkenvorhang, kam der Anruf. Ich war gerade dabei, Frühstück zu machen, auf dem Herd stand Kaffee, und in der Pfanne brutzelten zwei Eier, als mein Mitbewohner mir das Telefon reichte. In der Leitung rauschte es stark.

»Barry? Barry, bist du's?«

»Ja ... Wer spricht da?«

»Barry, hier ist deine Tante Jane in Nairobi. Kannst du mich hören?«

»Wie bitte, wer ist da?«

»Tante Jane. Hör zu, Barry, dein Vater ist gestorben. Er hatte einen Verkehrsunfall. Hallo? Kannst du mich hören? Dein Vater ist gestorben, Barry, ruf bitte deinen Onkel in Boston an und richte es ihm aus. Ich kann jetzt nicht mehr sagen, Barry, ich versuch's später noch einmal.«

Das war alles. Sie hatte aufgelegt. Ich setzte mich auf das Sofa, von der Küche her roch es nach angebrannten Spiegeleiern, ich starrte auf die Risse in der Wand, versuchte, mir über meinen Verlust klar zu werden.

Mein Vater war ein Mythos für mich, übergroß und irreal. 1963 war er aus Hawaii weggegangen, als ich zwei war, so dass ich ihn nur von den Geschichten her kannte, die meine Mutter und meine Großeltern mir erzählten. Sie alle hatten ihre Lieblingsgeschichten, jede bruchlos, durch wiederholten Gebrauch geglättet. Ich weiß noch, wie Gramps, mein Großvater, sich nach dem Abendessen mit einem Whiskey in seinem alten Sessel zurücklehnt, mit dem Zellophanpapier der Zigarettenschachtel die Zähne reinigt und erzählt, wie mein Vater wegen seiner Pfeife fast einen anderen Mann vom Aussichtspunkt in Pali in die Tiefe gestürzt hätte.

»Deine Mutter und dein Vater hatten beschlossen, mit diesem Freund von ihm eine Besichtigungstour über die Insel zu machen. Also fuhren sie hinauf zur Aussichtsplattform, wahrscheinlich fuhr dein Vater die ganze Zeit auf der falschen Straßenseite ...«

»Dein Vater war ein furchtbarer Autofahrer«, erklärt meine Mutter. »Er fuhr immer auf der linken Seite, wie das bei den Engländern üblich ist, und wenn man etwas sagte, stöhnte er nur über die dummen amerikanischen Vorschriften.«

»Also, dieses Mal kamen sie unversehrt an, sie stiegen aus und gingen zum Geländer und bewunderten die Aussicht. Und Barack rauchte seine Pfeife, die ich ihm zum Geburtstag geschenkt hatte, und zeigte damit auf die Sehenswürdigkeiten, wie ein Kapitän …«

»Dein Vater war wirklich stolz auf diese Pfeife«, ruft meine Mutter dazwischen. »Die ganze Nacht hat er geraucht, wenn er über seinen Büchern saß, und manchmal …«

»Ann, willst du die Geschichte erzählen, oder darf ich weitermachen?«

»Entschuldige, Dad. Erzähl weiter.«

»Also, dieser arme Kerl – auch ein afrikanischer Student, nicht? Frisch eingetroffen. Der Arme war wohl ganz beeindruckt, wie Barack seine Pfeife hielt, denn er fragte ihn, ob er mal probieren dürfe. Dein Dad überlegt kurz und willigt dann ein, aber kaum hat der Bursche den ersten Zug gemacht, fängt er so fürchterlich zu husten an, dass ihm die Pfeife entgleitet und über das Geländer fliegt, dreißig Meter in die Tiefe.«

Gramps nimmt wieder einen Schluck aus der Flasche. »Nun ja, dein Vater war so höflich, zu warten, bis der andere aufhörte zu husten, bevor er ihn aufforderte, über das Geländer zu steigen und ihm die Pfeife wiederzubringen. Der Mann guckte hinunter, es ging steil hinunter, und sagte, er werde ihm eine andere Pfeife kaufen …«

»Sehr vernünftig«, ruft Toot aus der Küche. (Meine Großmutter heißt bei uns Tutu oder kurz Toot, das ist Hawaiisch für »Großmutter«, da sie bei meiner Geburt fand, dass sie für die Anrede »Granny« noch viel zu jung sei.) Gramps schaut irritiert, beschließt aber, den Zwischenruf zu ignorieren.

» – Barack wollte aber unbedingt seine Pfeife wieder haben, denn es war ein unersetzliches Geschenk. Also wirft der Bursche noch einmal einen Blick in die Tiefe und schüttelt wieder den Kopf, und in diesem Moment packt dein Vater ihn am Schlafittchen, hebt ihn hoch und macht Anstalten, ihn über das Absperrgeländer zu halten!«

Gramps lacht und haut sich auf die Schenkel. Ich stelle mir vor, wie ich zu meinem Vater aufschaue, eine dunkle Gestalt vor einer hellen Sonne, während der Missetäter aufgeregt mit den Armen wedelt. Eine erschreckende Form von Gerechtigkeit.

»Er hat ihn nicht wirklich über das Geländer gehalten, Dad«, wirft meine Mutter ein und sieht mich besorgt an, während Gramps wieder einen Schluck aus der Flasche nimmt und sich vorbeugt.

»Die Leute guckten schon, und deine Mutter flehte Barack an, aufzuhören. Baracks Freund dachte vermutlich, sein letztes Stündlein habe geschlagen. Na jedenfalls, nach einer Weile setzte dein Vater ihn wieder ab, tätschelte ihn auf den Rücken und schlug seelenruhig vor, irgendwo ein Bier zu trinken. Und weißt du was, während der ganzen Fahrt tut dein Vater, als wäre nichts passiert. Deine Mutter war natürlich noch furchtbar aufgeregt, als sie nach Hause kamen. Genau genommen hat sie überhaupt nicht mit ihm gesprochen. Und er hat auch nicht gerade zu einer Entspannung beigetragen, denn als deine Mutter uns von dem Vorfall erzählen wollte, schüttelte er bloß den Kopf und lachte. ›Reg dich nicht auf, Anna‹, sagte er mit seinem tiefen Bariton und in seinem britischen Englisch.« Gramps imitiert den Tonfall. »›Reg dich nicht auf, Anna‹, sagte er. ›Ich wollte dem Kerl nur eine Lektion erteilen, wie man mit dem Eigentum anderer Leute umgeht.‹«

Gramps lacht wieder, bis er husten muss. Großmutter murmelt, es sei ja wohl ganz gut, dass mein Vater begriffen habe, dass die Pfeife nur aus Versehen in die Tiefe gefallen sei, denn wer weiß, was sonst noch passiert wäre, und meine Mutter verdreht die Augen und meint, das sei doch alles übertrieben.

»Dein Vater ist manchmal ein bisschen dominant«, sagt meine Mutter und lächelt. »Aber im Grunde ist er ein anständiger Mensch. Manchmal macht ihn das dann so kompromisslos.«

Sie hatte ein sympathischeres Bild von meinem Vater. Sie erzählte, wie er in seiner Lieblingskluft – Jeans und altes buntes Hemd – zu seiner Phi-Beta-Kappa-Zeremonie erschien. »Niemand hatte ihm gesagt, dass es eine große Sache war. Er kam also in den Saal, und alle anderen standen im Smoking herum. Das war das einzige Mal, dass ich ihn verlegen gesehen habe.«

Und Gramps, auf einmal nachdenklich, nickte. »Weißt du, Bar«, sagte er, »dein Vater konnte mit praktisch jeder Situation umgehen, deswegen war er so beliebt. Erinnert ihr euch noch an seinen Auftritt beim Internationalen Musikfestival? Er wollte ein paar afrikanische Lieder singen, aber als er dann eintraf, sah er, dass es eine richtig große Veranstaltung war, die Frau, die vor ihm gesungen hatte, war eine halbprofessionelle Sängerin, eine Hawaiianerin mit einer richtigen Band. Jeder andere hätte in dieser Situation gesagt, bedaure, war ein Missverständnis. Nicht so Barack. Er stand auf und fing an, vor diesen vielen Zuschauern zu singen – das ist kein Kinderspiel, ich schwör's dir –, und er war auch nicht besonders toll, aber er war so selbstsicher, dass er genauso beklatscht wurde wie die anderen.«

Großvater stand kopfschüttelnd auf und schaltete den Fernseher ein. »Eines kannst du von deinem Dad lernen«, sagte er. »*Selbstvertrauen.* Das Geheimnis erfolgreicher Menschen.«

So gingen alle Geschichten – gedrängt, apokryph, an einem Abend rasch hintereinander erzählt, um dann wieder in der Versenkung zu verschwinden, monatelang, manchmal jahrelang. Wie die wenigen Fotos von meinem Vater, die es noch im Haus gab, alte Schwarzweißporträts, auf die ich stieß, wenn ich auf der Suche nach Weihnachtsschmuck oder einer alten Taucherbrille sämtliche Schubladen durchstöberte. Meine Erinnerung setzt an dem Punkt ein, als meine Mutter bereits eine Beziehung mit dem Mann eingegangen war, der dann ihr zweiter Mann wurde, und ich ahnte, auch ohne Erklärung, warum diese Fotos weggepackt werden mussten. Aber hin und wieder saß ich mit ihr auf dem Fußboden, in der Hand das alte Album, das nach Staub und Mottenpulver roch, und betrachtete die Aufnahmen meines Vaters – das dunkle lachende Gesicht, die hohe Stirn und die starke Brille, die ihn älter machte –, während sich die Ereignisse seines Lebens zu einer Geschichte fügten.

Ich erfuhr, dass er Afrikaner war, Kenianer vom Stamm der Luo, geboren in Alego am Viktoria-See. Alego war ein armes Dorf, aber der Vater meines Vaters, mein zweiter Großvater Hussein Onyango Obama, war ein angesehener Bauer, Medizinmann und Heiler, der zu den Stammesältesten gehörte. Mein Vater hütete als Kind Ziegen und ging in eine von den Briten errichtete Schule, wo er sich als vielversprechender Schüler erwies. Mit einem Stipendium konnte er in Nairobi studieren, und kurz vor der Unabhängigkeit Kenias erhielt er ein Stipendium zum Besuch einer amerikanischen Universität. Er gehörte zu jener ersten großen Welle von Afrikanern, die hinausgeschickt wurden, um im Westen zu studieren und später ein neues, modernes Afrika mit aufzubauen.

1959, mit dreiundzwanzig, kam er als erster afrikanischer Student an die Universität von Hawaii. Er studierte Wirtschaftswissenschaften, sehr konzentriert, und machte nach drei Jahren seinen Abschluss als Jahrgangsbester. Er hatte zahllose Freunde und half, den Internationalen Studentenverband zu organisieren, dessen erster Präsident er wurde. In einem Russisch-Kurs begegnete er einem schüchternen Mädchen, einer erst achtzehnjährigen Amerikanerin, und die beiden verliebten sich. Die Eltern des Mädchens waren erst skeptisch, ließen sich dann aber von seinem Charme und seiner Intelligenz erobern; das junge Paar heiratete, ein Sohn wurde geboren, der den Namen des Vaters bekam. Der Vater erhielt ein neues Stipendium – diesmal ein Promotionsstipendium für Harvard –, aber das Geld reichte nicht, um die Familie mitnehmen zu können. Es folgte eine Trennung, und schließlich kehrte er nach Afrika zurück, um sein Versprechen gegenüber dem Kontinent einzulösen. Mutter und Sohn blieben in Amerika, aber die Liebe blieb, trotz der großen Entfernung...

Hier endete das Album, und zufrieden lief ich wieder los, eingehüllt in eine Geschichte, die mich in den Mittelpunkt einer großen, geordneten Welt stellte. Selbst die verkürzte Version, die mir von meiner Mutter und den Großeltern präsentiert wurde, enthielt vieles, was ich nicht verstand. Aber nur selten fragte ich nach Einzelheiten, die mir geholfen hätten, Ausdrücke wie »seinen Doktor machen« oder »Kolonialismus« zu verstehen oder Alego auf einer Landkarte zu finden. Der Lebensweg meines Vaters spielte sich auf dem gleichen Terrain ab wie das Buch, das meine Mutter mir einmal geschenkt hatte, *Origins*, eine Sammlung von Schöpfungsmythen aus der ganzen Welt, biblische Geschichten über den Baum der Erkenntnis, Sagen von Prometheus und dem Geschenk des Feuers, hinduistische Legenden von der Schildkröte, die durch das All fliegt und auf ihrem Rücken die Welt trägt. Später, als ich den schmaleren Pfad zum Glück kennengelernt hatte, den Fernsehen und Kino boten, beschäftigten mich Fragen wie: Wer trug die Schildkröte? Warum ließ ein allmächtiger Gott zu, dass eine Schlange so viel Unheil anrichtet? Warum kommt mein Vater nicht zurück? Doch mit fünf oder sechs konnte ich diese Mysterien umstandslos annehmen, jede Geschichte in sich geschlossen und wahr, und mich in friedliche Träume entführen lassen.

Dass mein Vater anders aussah als die Menschen in meiner Umgebung – er schwarz wie Pech, meine Mutter weiß wie Milch –, machte sich in meinem Bewusstsein nicht bemerkbar.

Ich erinnere mich überhaupt nur an eine einzige Geschichte, in der es explizit um die Hautfarbe ging. Als ich älter war, wurde sie mir öfters erzählt, als enthielte sie eine Moral, die das Leben meines Vaters kennzeichne. Dieser Geschichte zufolge hatte sich mein Vater, nach langen Stunden des Studierens, in einer Bar in Waikiki mit meinem Großvater und anderen Freunden getroffen. Alle waren bester Laune, man aß und trank, jemand spielte Gitarre, als plötzlich ein Weißer – so laut, dass es jeder hören konnte – dem Barmann zurief, er wolle nicht neben einem »Nigger« sitzen. Alles schwieg, die Leute sahen meinen Vater an, erwarteten einen Kampf. Mein Vater stand auf, ging zu dem Mann und hielt ihm einen freundlichen Vortrag über die Dummheit der Bigotterie, über die Verheißungen des amerikanischen Traums und die universalen Menschenrechte. »Als Barack fertig war, fühlte sich dieser Mann so schlecht, dass er in die Tasche griff und deinem Vater auf der Stelle hundert Dollar schenkte«, sagte Gramps. »Er hat alle Getränke bezahlt – und deinem Vater die restliche Monatsmiete.«

Als Teenager bezweifelte ich den Wahrheitsgehalt dieser Geschichte und legte sie und all die anderen beiseite. Doch viele Jahre später rief mich ein japanischstämmiger Amerikaner an, der mir berichtete, er habe mit meinem Vater auf Hawaii studiert und unterrichte inzwischen an einer Universität im Mittleren Westen. Er war sehr höflich und ein bisschen verlegen ob seines spontanen Anrufs. Er erzählte, dass er ein Interview mit mir gelesen habe und sich bei dem

Namen meines Vaters an die damalige Zeit erinnert habe. Im Laufe unseres Gesprächs wiederholte er ebenjene Geschichte, die mein Großvater mir erzählt hatte, von dem Weißen, der sein schlechtes Gewissen dadurch beruhigen wollte, dass er meinem Vater Geld schenkte. »Das werde ich nie vergessen«, sagte der Anrufer, und in seiner Stimme lag derselbe Tonfall, den ich so viele Jahre zuvor bei Großvater gehört hatte – eine Mischung aus Staunen und Hoffnung.

Miscegenation [Rassenmischung]. Ein hässliches, buckliges Wort, das monströse Folgen andeutet und, wie *antebellum* oder *octoroon*, an ferne Zeiten erinnert, an eine andere Welt, an Pferdepeitschen und Flammen, tote Magnolien und verfallene Landhäuser. Aber erst 1967 – dem Jahr, in dem ich sechs wurde und Jimi Hendrix in Monterey auftrat, drei Jahre nach der Verleihung des Friedensnobelpreises an Martin Luther King, in einer Zeit, in der Amerika mit wachsendem Unverständnis auf die Forderung der Schwarzen nach Gleichberechtigung reagierte, wo das Problem der Diskriminierung doch gelöst schien –, erst 1967 stellte der Oberste Gerichtshof der Vereinigten Staaten fest, dass das im Staat Virginia geltende Verbot der Rassenmischung gegen die Verfassung verstoße. 1960, in dem Jahr, in dem meine Eltern heirateten, war *miscegenation* in mehr als der Hälfte aller Bundesstaaten ein Straftatbestand. In weiten Teilen des Südens hätte mein Vater am nächsten Baum aufgeknüpft werden können, nur weil er meine Mutter falsch ansah; in den fortschrittlichsten Städten des Nordens hätten die feindseligen Blicke, das Getuschel Frauen wie meine Mutter dazu getrieben, in einer düsteren Gasse eine Abtreibung vornehmen zu lassen – oder sie zumindest in ein abgelegenes Kloster geführt, das für eine Adoption sorgen konnte. Allein schon die Vorstellung von den beiden als Paar hätte als pervers und schmutzig gegolten, ein Vorwurf an die Adresse der Handvoll Liberalen, die für die Bürgerrechte eintraten.

Klar – aber wärst du einverstanden, wenn deine Tochter einen Schwarzen heiratet?

Dass meine Großeltern diese Frage, wenn auch zögernd, mit Ja beantwortet haben, ist mir bis heute ein Rätsel. Vor ihrem familiären Hintergrund war eine solche Reaktion nicht zu erwarten – unter ihren Vorfahren waren keine Neuengland-Transzendentalisten oder glutäugigen Sozialisten. Sicher, Kansas hatte im Bürgerkrieg auf der Seite der Unionisten gestanden; Gramps erzählte gern von den leidenschaftlichen Abolitionisten, die sich unter verschiedenen Zweigen der Familie befanden. Wenn man Toot fragte, pflegte sie ihr Profil zu zeigen, so dass man ihre Hakennase sah, die sie – neben ihren tiefschwarzen Augen – als Beweis für Cherokee-Blut präsentierte.

Doch es war eine alte, sepiagetönte Fotografie auf dem Bücherregal, die am deutlichsten von ihren Wurzeln sprach. Sie zeigte Toots Großeltern schottisch-englischer Herkunft, vor einem schlichten Haus stehend, ernst, einfach gekleidet und mit zusammengekniffenen Augen über das flirrend heiße, weite Land vor ihnen schauend. Ihre Gesichter waren die der ärmeren Cousins der angelsächsischweißen Linie, in ihren Augen sah man Wahrheiten, die ich später als Fakten zu lernen hatte: dass Kansas der Union erst nach einem heftigen Vorboten des Bürgerkriegs beigetreten war, jener Schlacht, in der John Brown erstmals gekämpft hatte; dass einer meiner Ururgroßväter, Christopher Columbus Clark, ein dekorierter Unionssoldat war, während seine Schwiegermutter eine Cousine von Jefferson Davis gewesen sein soll, dem Präsidenten der Konföderierten; dass ein anderer entfernter Vorfahr ein richtiger Cherokee war, aber Toots Mutter schämte sich dieses Ahnen. Sie erblasste jedes Mal, wenn jemand auf das Thema zu sprechen kam, und hoffte, das Geheimnis mit ins Grab zu nehmen.

Das war die Welt, in der meine Großeltern aufgewachsen waren, eine ländliche Welt, in der Anstand und Durchhaltewillen und Pioniergeist einhergingen mit Konformismus und Misstrauen und dem Potential zu gnadenloser Brutalität. Sie waren weniger als zwanzig Meilen voneinander entfernt groß geworden – Großmutter in Augusta, Großvater in El Dorado, zwei Städten, viel zu klein, als dass sie auf einer Straßenkarte in Fettschrift eingezeichnet wären –, und wenn sie mir von ihrer Kindheit erzählten, entstand das klassische Bild eines Provinzamerikas während der Depressionsjahre in all seinem unschuldigen Glanz – die Paraden am 4. Juli, das Freiluftkino, Glühwürmchen und der Geschmack von reifen Tomaten, süß wie Äpfel; Sand- und Hagelstürme und in der Schule die Bauernjungen, die zu Winterbeginn in die wollene Unterwäsche eingenäht wurden und bald wie die Schweine zu stinken begannen.

Selbst das Trauma der Wirtschaftskrise mit zahlungsunfähigen Banken und Bauern bekam im Webstuhl der großelterlichen Erinnerungen etwas Romantisches, jene Zeit, in der die Not, die große Gleichmacherin, die Menschen einander nahebrachte. Man musste genau hinhören, um die subtilen Hierarchien und die unausgesprochenen Codes zu erkennen, die ihr frühes Leben geprägt hatten, die Unterschiede zwischen Menschen, die kein Land besaßen und in einer gottverlassenen Gegend lebten. Es hatte mit Ansehen zu tun (es gab angesehene und weniger angesehene Leute), und obschon man nicht reich sein musste, um angesehen zu sein, musste man sehr viel mehr arbeiten, wenn man nicht reich war.

Toots Familie war angesehen. Ihr Vater hatte die ganze Wirtschaftskrise hindurch einen festen Job als Grundstücksverwalter bei Standard Oil. Ihre Mutter arbeitete als Lehrerin, bis die Kinder kamen. Die Familie hatte ein sauberes, ordentliches Haus. Bücher wurden bei einem Versand bestellt, man las die Bibel, aber im Allgemeinen mied man die Gesellschaft der Revivalisten und zog eine geradlinige Form des Methodismus vor, die die Vernunft über das Gefühl erhob und über beide die Abstinenz.

Das Ansehen meines Großvaters war ein wenig lädiert. Niemand wusste, warum – die Großeltern, die ihn und den älteren Bruder erzogen hatten, waren arme, aber anständige, gottesfürchtige Baptisten, die sich als Arbeiter auf den Ölfeldern rings um Wichita durchschlugen. Doch irgendwie hatte sich Gramps als ein wenig wild entpuppt. Nachbarn verwiesen auf den Selbstmord seiner Mutter; immerhin hatte er als Achtjähriger die Leiche entdeckt. Andere, weniger mitfühlende Seelen, schüttelten einfach den Kopf. Der Junge kommt nach dem Vater, sagten sie, diesem Schürzenjäger, dem wahren Grund für das bedauernswerte Ende der Mutter.

Wie dem auch sei, Gramps' Ruf war offenbar nicht unverdient. Mit fünfzehn war er von der Schule geflogen, weil er einem Lehrer ins Gesicht geboxt hatte. In den anschließenden drei Jahren schlug er sich mit Gelegenheitsjobs durch, fuhr per Güterzug nach Chicago, dann nach Kalifornien, dann wieder zurück. Schnapsbrennen, Karten und Frauen – das war seine Welt. Er gab gern damit an, dass er sich in Wichita auskannte, wohin seine und Toots Familie gezogen waren, und Toot widerspricht ihm nicht. Toots Eltern glaubten jedenfalls, was über den jungen Mann erzählt wurde, und missbilligten die sich anbahnende Beziehung zwischen den beiden. Als Toot ihren Freund zum ersten Mal nach Hause brachte, um ihn ihren Eltern vorzustellen, warf ihr Vater nur einen Blick auf Gramps' schwarzes, zurückgekämmtes Haar und sein ewiges Grinsen und fällte dann sein gnadenloses Urteil:

»Er sieht aus wie ein Itaker.«

Meine Großmutter ließ das kalt. Für sie, die gerade die High School beendet und Anstand und Ehrbarkeit satt hatte, muss mein Großvater eine faszinierende Erscheinung gewesen sein. Manchmal stelle ich mir die beiden in sämtlichen amerikanischen Städten ihrer Zeit vor, ihn in weiten Hosen und blütenweißem Unterhemd, den Filzhut im Nacken, sie das smarte Mädchen, mit zu viel knalligem Lippenstift, blond gefärbten Haaren und Beinen, die so hübsch sind, dass sie im lokalen Kaufhaus Reklame für Nylonstrümpfe machen könnte. Er bietet ihr eine Zigarette an und erzählt von den großen Städten, dem endlosen Highway, seiner bevorstehenden Flucht aus dieser öden Provinz, wo man unter großen Plänen einen Job als Manager der Bankfiliale versteht und unter Freizeitvergnügen ein Ice-Cream Soda und eine Sonntagsmatinee, wo Angst und Phantasielosigkeit alle Träume ersticken, so dass man schon an seinem Geburtstag weiß, wo man sterben und wer einen begraben wird. Er selbst wolle nicht so enden, versichert mein Großvater; er habe Träume, er habe Pläne, er wolle meine Großmutter mit jener Unternehmungslust anstecken, die ihre Vorfahren so viele Jahre zuvor dazu gebracht hatte, den Atlantik zu überqueren und durch einen halben Kontinent zu ziehen.

Kurz vor Pearl Harbor brennen sie durch, Großvater meldet sich zur Armee. Und nun spult sich die Geschichte in meiner Vorstellung so rasend schnell ab wie einer dieser alten Stummfilme, in denen die Blätter eines Wandkalenders wie von unsichtbarer Hand immer schneller abgerissen werden, immer neue Schlagzeilen, Hitler und Churchill und Roosevelt und die Invasion in der Normandie, begleitet vom Dröhnen der Bombenflugzeuge, von der Stimme Edward R. Murrows und der BBC. Ich bin dabei, als meine Mutter auf dem Militärstützpunkt geboren wird, wo Gramps stationiert ist; meine Großmutter Rosie arbeitet in einer Flugzeugfabrik am Fließband; Gramps rückt als Angehöriger von Pattons Armee durch Frankreich vor.

Er kehrte aus dem Krieg zurück, ohne je in richtige Kämpfe verwickelt gewesen zu sein, die Familie zog nach Kalifornien, wo Gramps sich dank GI-Bill in Berkeley einschrieb. Doch der Hörsaal reichte ihm nicht, sein Ehrgeiz, seine Rastlosigkeit waren zu groß, also zog die Familie wieder weiter, erst nach Kansas, dann durch mehrere texanische Städte und schließlich nach Seattle, wo meine Mutter die High School abschloss. Gramps arbeitete als Möbelvertreter, man kaufte ein Haus, fand Bridge-Partner. Sie freuten sich über den schulischen Erfolg meiner Mutter, aber als ihr schon frühzeitig ein Studienplatz an der University of Chicago angeboten wurde, verbat Gramps ihr, nach Chicago zu gehen, weil sie noch zu jung sei, ein eigenständiges Leben zu führen.

Und hier hätte die Geschichte enden können – ein Haus, eine Familie, eine ehrbare Existenz. Doch irgendetwas muss meinen Großvater noch immer umgetrieben haben. Ich stelle mir vor, wie er am Ozean steht, vorzeitig ergraut, der große schlaksige Mann nun schon etwas kräftiger, und hinausschaut bis an den fernen Horizont, in der Nase der Geruch von Ölbohrtürmen und Maiskolben und jenem anstrengenden Leben, das er weit hinter sich gelassen glaubte. Als der Manager der Möbelfabrik einmal erwähnte, dass man in Honolulu einen neuen Laden eröffnen wolle, man verspreche sich glänzende Geschäfte dort, sobald Hawaii ein Bundesstaat sei – da überredete Gramps seine Frau noch am selben Tag, das Haus zu verkaufen, alles wieder zusammenzupacken und zum letzten Mal auf die Reise zu gehen, nach Westen, der untergehenden Sonne entgegen...

So war er, mein Großvater, immer suchte er nach einem neuen Anfang, immer floh er vor dem Gewohnten. Als sie auf Hawaii eintrafen, dürfte sein Charakter voll ausgebildet gewesen sein – die Großzügigkeit und der Wunsch, anderen zu gefallen, die eigentümliche Mischung aus Offenheit und Spießigkeit, diese Direktheit, die dafür sorgte, dass er taktlos und zugleich verletzbar sein konnte. Er war ein richtiger Amerikaner, ein typischer Vertreter seiner Generation, die für Freiheit und Eigenständigkeit und Offenheit eintrat, ohne immer zu wissen, welchen Preis sie dafür zu zahlen hatte, und deren Begeisterung zur Niedertracht des McCarthyismus wie zu den Heldentaten des Zweiten Weltkriegs führen konnte. Männer, die wegen ihrer tiefen Naivität gefährlich und zugleich vielversprechend waren; Männer, die am Ende enttäuscht sein mussten.

Bis 1960 war mein Großvater noch nicht auf die Probe gestellt worden. Die Enttäuschungen kamen später, und auch dann nur langsam, ohne die Heftigkeit, die ihn vielleicht verändert hätte. Insgeheim hielt er sich für einen Freigeist, für einen Bohemien. Er schrieb gelegentlich Gedichte, hörte Jazz, zählte eine Reihe von Juden, die er im Möbelgeschäft kennengelernt hatte, zu seinen engsten Freunden. Seine einzige Unternehmung auf religiösem Terrain bestand darin, mit seiner Familie den lokalen Unitariern beizutreten; ihm gefiel, dass die Unitarier auf die Lehren aller großen Religionen zurückgriffen. (»Man bekommt quasi fünf Religionen zum Preis von einer«, sagte er.) Toot brachte ihn schließlich von seinen religiösen Ansichten ab (»Ich bitte dich, Stanley, Religion und Glaube ist doch kein Supermarkt!«), aber wenn sie von Natur aus skeptischer war und viele der recht ungewöhnlichen Auffassungen meines Großvaters nicht teilte, so kam es doch, weil sie alles selbständig durchdenken musste, im Allgemeinen zu einer Art Verständigung zwischen ihnen.

Irgendwie waren sie liberal, auch wenn ihre Ansichten nicht zu einer festen Ideologie verschmolzen. Auch darin waren sie typische Amerikaner. Als meine Mutter eines Tages nach Hause kam und berichtete, sie habe an der Universität einen afrikanischen Studenten namens Barack kennengelernt, beschlossen sie spontan, ihn zum Essen einzuladen. Der arme Kerl, so weit von zu Hause entfernt, ist doch bestimmt einsam, dachte Gramps vermutlich. Und Toot dachte, ich werd ihn mir lieber mal anschauen. Als mein Vater dann vor der Tür stand, wird Gramps sofort gedacht haben, wie sehr er Nat King Cole ähnelte, zu dessen Fans er sich zählte. Ich stelle mir vor, wie er meinen Vater fragt, ob er singen könne, und gar nicht das versteinerte

Gesicht meiner Mutter sieht. Wahrscheinlich erzählt er gerade einen Witz oder erklärt Toot, wie man die Steaks zubereitet, und sieht deswegen nicht, wie meine Mutter die sehnige Hand ihres Freundes drückt. Toot sieht es, aber sie ist so höflich, sich auf die Lippen zu beißen und den Nachtisch zu bringen; sie spürt, dass es falsch wäre, eine Szene zu machen. Am Ende des Abends werden beide sagen, wie intelligent der junge Mann doch sei, wie höflich, diese gelassenen Handbewegungen, die Beine vornehm übereinandergeschlagen – und der Akzent!

Aber sollte ihre Tochter so jemanden heiraten?

Noch wissen wir es nicht; bislang gibt die Geschichte nicht genug her. Tatsache ist, dass Großvater und Großmutter, wie die meisten weißen Amerikaner jener Zeit, nie über Schwarze nachgedacht hatten. Die Diskriminierung von Schwarzen hatte nach Kansas gefunden, als meine Großeltern noch lange nicht geboren waren, aber zumindest in der Gegend von Wichita zeigte sie sich eher indirekt, in der gehobeneren Variante, ohne die brutale Gewalt, die im tiefen Süden grassierte. Die gleichen unausgesprochenen Codes, die das Leben der Weißen bestimmten, beschränkten den Kontakt zu Schwarzen auf ein Minimum; wenn im Kansas der Erinnerungen meiner Großeltern überhaupt Schwarze erscheinen, dann in verschwommenen Bildern – schwarze Männer, die auf der Suche nach Arbeit manchmal auf den Ölfeldern auftauchen, schwarze Frauen, die sich als Wäscherinnen oder Putzfrauen in den Häusern der Weißen verdingen. Es gibt Schwarze, aber sie sind nicht wirklich anwesend, wie Sam der Klavierspieler oder Beulah das Hausmädchen oder Amos und Andy im Radio – schemenhafte, stumme Gestalten, die weder heftige Reaktionen hervorrufen noch Angst machen.

Erst als meine Familie nach dem Krieg nach Texas zog, drang die Rassenfrage in ihr Leben ein. In der ersten Arbeitswoche erhielt Gramps freundliche Ratschläge von seinen Arbeitskollegen, wie er sich gegenüber schwarzen und mexikanischen Kunden benehmen solle. »Wenn Farbige sich Ware ansehen wollen, dann müssen sie nach Feierabend kommen und sich selbst um den Transport kümmern.« Toot machte später in der Bank, in der sie arbeitete, die Bekanntschaft des Hausmeisters, eines hochgewachsenen und würdevollen schwarzen Kriegsveteranen, an den sie sich nur als Mr. Reed erinnert. Während die beiden eines Tages in der Eingangshalle miteinander plauderten, kam eine Sekretärin herbeigelaufen und zischte Toot zu, dass sie einen »Nigger« niemals, unter keinen Umständen, mit »Mister« anreden dürfe. Wenig später fand sie Mr. Reed in einer Ecke des Gebäudes, still vor sich hin weinend. Auf ihre Frage, was los sei, richtete er sich auf, wischte sich die Tränen ab und antwortete mit einer Gegenfrage:

»Was haben wir getan, dass man uns so gemein behandelt?«

Meine Großmutter wusste an jenem Tag keine Antwort darauf, aber die Frage ließ sie nicht mehr los, und manchmal diskutierte sie darüber mit Gramps, wenn meine Mutter zu Bett gegangen war. Sie beschlossen, dass Toot den Mann auch weiterhin als Mr. Reed anreden würde, obwohl sie, in einer Mischung aus Erleichterung und Kummer, die Distanz verstand, die der Hausmeister nun wahrte, wenn sie einander begegneten. Gramps ging dazu über, die Einladungen seiner Arbeitskollegen zu einem Bier abzulehnen, mit dem Hinweis, dass er nach Hause müsse, seine Frau warte. Die beiden zogen sich zurück, verunsichert und irgendwie hilflos, als wären sie fremd in der Stadt.

Unter dieser Atmosphäre litt vor allem meine Mutter. Sie war elf oder zwölf, ein Einzelkind, das sich gerade von einer schweren Asthmaerkrankung zu erholen begann. Durch Krankheit und viele Ortswechsel war sie eine Außenseiterin geworden – fröhlich und umgänglich, aber meist vergrub sie sich in ein Buch oder unternahm allein Spaziergänge –, und Toot befürchtete, dass sich die Eigenheiten ihrer Tochter durch den letzten Umzug noch verstärkt hatten. An ihrer neuen Schule fand meine Mutter kaum Freunde. Wegen ihres Namens Stanley Ann (eine von Gramps' spinnerten Ideen: er hatte sich einen Sohn gewünscht) wurde sie gehänselt. Stanley Steamer sagten sie zu ihr. Stan the Man. Wenn Toot von der Arbeit nach Hause kam, fand sie ihre Tochter meistens allein vor dem Haus, auf der Veranda, mit den Beinen baumelnd, oder auf dem Rasen liegend, zurückgezogen in ihrer eigenen Welt.

Bis auf einen Tag. Ein heißer, windstiller Tag, eine Horde von Kindern hatte sich vor dem Gartenzaun versammelt. Toot trat näher, hörte unschönes Lachen, sah von Empörung und Abscheu verzerrte Gesichter. Hohe Kinderstimmen riefen abwechselnd:

»Niggerfreundin!«

»Drecksyankee!«

»Niggerfreundin!«

Als sie Toot erblickten, liefen sie auseinander, aber vorher warf ein Junge noch einen Stein über den Zaun. Toot verfolgte die Flugbahn des Geschosses, es landete an einem Baumstamm. Und dort sah sie auch den Grund für die ganze Aufregung: ihre Tochter und ein etwa gleichaltriges schwarzes Mädchen, die nebeneinander bäuchlings und mit hochgerutschtem Rocksaum im Gras lagen, die Zehen in die Erde gebohrt, die Köpfe in die Hände gestützt, vor sich ein Buch. Von weitem machten die beiden einen ganz entspannten Eindruck. Erst als Toot das Gatter öffnete und näher trat, sah sie, dass das schwarze Mädchen zitterte und ihrer Tochter Tränen in den Augen standen. Die beiden lagen unbeweglich da, wie gelähmt vor Angst, bis Toot sich schließlich hinunterbeugte und ihnen die Hand auf den Kopf legte.

»Wenn ihr beiden spielen wollt«, sagte sie, »dann geht um Himmels willen ins Haus. Los, rein mit euch.« Sie zog ihre Tochter hoch und streckte die Hand nach dem anderen Mädchen aus, doch in diesem Moment war das Mädchen schon aufgesprungen und rannte mit langen spindeldürren Beinen die Straße entlang.

Gramps war außer sich, als er von diesem Vorfall hörte. Er befragte seine Tochter, notierte Namen. Am nächsten Vormittag nahm er frei, um mit dem Schuldirektor zu sprechen. Er rief die Eltern eines der Kinder an, um ihnen seine Meinung zu sagen. Und von jedem Erwachsenen, mit dem er sprach, bekam er die gleiche Antwort:

»Sie reden am besten mit ihrer Tochter, Mr. Dunham. In unserer Stadt spielen weiße Mädchen nicht mit Farbigen.«

Schwer zu sagen, welches Gewicht diesen Episoden zukommt, welche Versprechungen gegeben oder gebrochen wurden oder ob sie nur im Licht späterer Ereignisse herausragen. Sooft Gramps mit mir darüber sprach, erklärte er, dass die Familie auch deswegen Texas verlassen habe, weil man mit diesem Rassismus nicht einverstanden gewesen sei. Toot war vorsichtiger. Als wir einmal allein waren, sagte sie, sie sei nur deswegen weggezogen, weil Gramps beruflich keinen großen Erfolg hatte und ein Freund in Seattle ihm etwas Besseres versprochen hatte. Der Begriff *Rassismus* habe damals nicht einmal zu ihrem Wortschatz gehört. »Dein Großvater und ich fanden einfach, dass wir die Menschen anständig behandeln müssen. Das ist alles.«

So ist sie, meine Großmutter, von gesundem Menschenverstand, misstrauisch gegenüber allzu dick aufgetragenen Gefühlen oder pompösen Bekenntnissen. Weshalb ich dazu neige, ihren Darstellungen zu glauben. Es entspricht dem, was ich über meinen Großvater weiß und über seine Neigung, die Geschichte so umzuschreiben, dass sie in sein Selbstbild passte.

Und doch kann ich seine Erinnerungen nicht nur als Angeberei, als weißen Revisionismus abtun. Weil ich weiß, wie sehr er an seine Fiktionen glaubte, wie sehr er sie verwirklicht sehen wollte, auch wenn er nicht immer wusste, wie das zu erreichen war. Nach Texas wurden Schwarze vermutlich Bestandteil dieser Fiktionen, dieser Geschichte, die sich bis in seine Träume niederschlug. Die Lebensbedingungen der Schwarzen, ihr Leid, ihre Wunden, verschmolzen mit den seinen; der abwesende Vater und die Andeutung eines Skandals, eine Mutter, die weggegangen war, die Grausamkeit anderer Kinder, die Erkenntnis, dass er nicht blond war, dass er »wie ein Itaker« aussah. Der Rassismus, sagte ihm sein Gefühl, war Teil dieser Vergangenheit, war Teil von Konvention und Ehrbarkeit und Status, auch das Grinsen, das Geflüster und der Klatsch, die ihn zum Außenseiter gemacht hatten.

Ich glaube, diese Empfindungen sind nicht unwichtig; viele Weiße aus der Generation meiner Großeltern gingen einen anderen Weg, in Richtung Mob. Und obgleich das Verhältnis zu seiner Tochter schon schwierig war, als sie auf Hawaii ankamen – meine Mutter konnte ihm seine Launen und seine Wutausbrüche nie ganz nachsehen und schämte sich seiner ungehobelten Art –, so war es dieses Bedürfnis, die Vergangenheit auszulöschen, und diese Überzeugung, sich eine völlig neue Welt erschaffen zu können, die sich als sein wahres Vermächtnis erweisen sollten. Ob es Gramps bewusst war oder nicht, der Anblick seiner Tochter mit einem schwarzen Mann stieß in seinem tiefsten Innern ein Fenster auf.

Nicht, dass er ihre Entscheidung deswegen leichter akzeptiert hätte. Wie und wann die Hochzeit stattfand, ist nicht ganz klar, ich hatte nie so recht den Mut, Einzelheiten nachzugehen. Es gibt keine Unterlagen, die auf eine richtige Hochzeit mit Torte, Eheringen und kirchlicher Trauung hinweisen. Keiner der Familienangehörigen nahm teil, es ist nicht einmal klar, ob die Leute in Kansas informiert waren. Nur eine kleine zivile Zeremonie vor dem Standesbeamten. So fragil, so zufällig erscheint das Ganze im Nachhinein. Und vielleicht wollten meine Großeltern es auch so haben, eine Versuchung, die vorübergeht, es ist nur eine Frage der Zeit, solange man sich nichts anmerken lässt und nichts Drastisches unternimmt.

Wenn ja, dann unterschätzten sie nicht nur die stille Entschlossenheit meiner Mutter, sondern auch ihre eigenen Gefühle. Erst kam das Baby, gut sieben Pfund, ausgestattet mit zehn Zehen und zehn Fingern, hungrig. Was zum Teufel sollten sie machen?

Doch Zeit und Ort trugen dazu bei, potentielles Unglück in etwas Erträgliches, ja in eine Quelle von Stolz zu verwandeln. Gramps trank ein paar Bier mit seinem Schwiegersohn und hörte ihn über Politik oder Wirtschaft reden, über ferne Orte wie Whitehall oder den Kreml und wie er sich die Zukunft vorstellte. Er fing nun an, aufmerksamer die Zeitung zu lesen. Er las von den neuen Integrationisten in Amerika, fand, dass die Welt kleiner wurde, Einstellungen sich änderten. Tatsächlich nahm die Familie aus Wichita einen der vorderen Plätze in Kennedys New Frontier und in Martin Luther Kings großem Traum ein. Wie konnte Amerika Männer ins All schicken und gleichzeitig seine schwarzen Bürger in Fesseln halten? Zu meinen frühesten Erinnerungen gehört das Bild, wie ich, auf Großvaters Schultern sitzend, die Rückkehr von Apollo-Astronauten auf dem Luftwaffenstützpunkt Hickam beobachte. Die Raumfahrer waren durch das Fenster der Isolationskammer kaum zu sehen. Gramps hat aber immer wieder geschworen, dass einer der Astronauten nur mir zugewinkt und ich zurückgewinkt habe. Auch das gehörte zu der Geschichte, die er sich zurechtlegte. Mit seinem schwarzen Schwiegersohn und seinem braunen Enkel war er im Zeitalter der Raumfahrt angekommen …

Und konnte es einen besseren Hafen als den neuen Bundesstaat

Hawaii geben, um von dort aus zu diesem Abenteuer aufzubrechen? Noch heute, nachdem sich die Bevölkerung vervierfacht hat, es in Waikiki nur so wimmelt von Fast-Food-Restaurants und Sexshops und Bauträgern, die gnadenlos den letzten Winkel des grünen Berglandes erobern, noch heute erinnere ich mich an die ersten Schritte, die ich als Kind hier machte, und bin noch immer überwältigt von der Schönheit der Inseln. Die blaue Weite des Pazifik. Die moosbedeckten Felsen und das kühle Rauschen der Manoa Falls, die Blüten und der hohe Himmel, erfüllt vom Gesang unsichtbarer Vögel. Die donnernde Brandung am North Shore, die Wogen, die sich wie in Zeitlupe am Strand brechen. Die Schatten der Felsen von Pali, die süße, wohlriechende Luft.

Hawaii! Meine Familie, die 1959 dort ankam, muss den Eindruck gewonnen haben, als hätte die Natur, des Kriegs und der Aggression überdrüssig, diese grünen Felsen in den Ozean geworfen, damit sie von Pionieren aus der ganzen Welt mit sonnengebräunten Kindern bevölkert werden konnten. Die hässliche Unterwerfung der Ureinwohner durch Vertragsbruch und schlimme, von den Missionaren mitgebrachte Krankheiten; die Aufteilung des fruchtbaren vulkanischen Bodens durch amerikanische Unternehmen, die dort Zuckerrohr und Ananas anbauten; das Pachtsystem, das dafür sorgte, dass japanische, chinesische und philippinische Einwanderer von früh bis spät auf diesen Feldern schuften mussten; die Internierung japanischstämmiger Amerikaner während des Kriegs – all das war jüngste Geschichte. Und doch war dies, als wir dort eintrafen, aus der kollektiven Erinnerung verschwunden wie morgendlicher Nebel, den die Sonne vertreibt. Es gab zu viele Rassen, und die Machtverhältnisse unter ihnen waren viel zu diffus, als dass das rigide Kastensystem des amerikanischen Festlands dort eingeführt werden konnte, und es gab so wenig Schwarze, dass noch die leidenschaftlichsten Fürsprecher der Rassentrennung dort Ferien machen konnten in dem Bewusstsein, das Miteinander der Rassen wirke sich nicht auf die etablierte Ordnung daheim aus.

So entstand die Legende von Hawaii als dem wahren Schmelztiegel, einem Experiment in Sachen Rassenharmonie. Meine Großeltern – besonders Gramps, der als Möbelverkäufer mit den unterschiedlichsten Menschen zusammenkam – verschrieben sich diesem toleranten Miteinander. Ein altes Exemplar von Dale Carnegies *Wie man Freunde gewinnt. Die Kunst, beliebt und einflussreich zu werden* steht noch heute in Gramps' Bücherregal. Und er entwickelte diesen unbeschwerten Plauderton, den er im Umgang mit Kunden wohl für besonders sinnvoll hielt. Wildfremden Leuten zeigte er Fotos von seiner Familie und erzählte aus seinem Leben. Er schüttelte dem Postboten die Hand, und den Kellnerinnen im Restaurant erzählte er zweideutige Witze.

Mir selbst war das peinlich, aber Leute, die nachsichtiger waren als der Enkel, wussten seine aufgeschlossene Art zu schätzen, so dass er zwar keinen Einfluss, aber einen großen Freundeskreis gewann. Ein japanischstämmiger Amerikaner namens Freddy, der einen kleinen Laden in der Nähe besaß, hob uns die besten Stücke Aku für Sashimi auf und schenkte mir Reisbonbons in essbarem Einwickelpapier. Die Hawaiianer, die als Lieferfahrer in Großvaters Möbelgeschäft arbeiteten, luden uns zu Poi und Schweinebraten ein, und Gramps langte herzhaft zu. (Toot rauchte währenddessen, bis sie endlich wieder zu Hause waren und sie ein paar Spiegeleier machen konnte.) Manchmal begleitete ich Großvater in den Ali'i Park, wo er mit alten Filipinos Schach spielte, Männern, die billige Zigarren rauchten und Betelsaft spuckten, als wäre es Blut. Und ich weiß noch, wie ein Portugiese, dem Großvater ein Sofa zu einem sehr günstigen Preis verkauft hatte, eines Morgens noch vor Sonnenaufgang mit uns zum Speerfischen zur Kailua Bay fuhr. Im Steuerhaus des Boots hing eine Gaslaterne. Ich beobachtete, wie die Männer in das tintenschwarze Wasser eintauchten, der Schein ihrer Taschenlampen bewegte sich unter der Wasseroberfläche, bis sie mit einem großen schimmernden Fisch wieder auftauchten, der zuckend auf einer Stange aufgespießt war. Gramps nannte mir den hawaiischen Namen – Humu-Humu-Nuku-Nuku-Apuaa –, den wir auf dem Heimweg unablässig wiederholten.

In dieser Umgebung hatten meine Großeltern kaum Schwierigkeiten mit meiner Hautfarbe, und bald übernahmen sie auch die abfällige Haltung der Einheimischen gegenüber Touristen, die rassistische Einstellungen erkennen ließen. Manchmal, wenn Gramps sah, wie Touristen mich beim Spielen am Strand beobachteten, trat er zu ihnen und flüsterte mit entsprechend ehrfürchtigem Gesichtsausdruck, ich sei der Urenkel König Kamehamehas, des ersten Herrschers von Hawaii. »Ich bin sicher, Bar, in tausend Notizbüchern sind Fotos von dir, von Idaho bis nach Maine«, sagte er oft und grinste mir dabei zu. Diese spezielle Story finde ich ambivalent. Ich sehe darin eine Strategie, grundsätzlichen Problemen auszuweichen. Aber genauso oft konnte er eine andere Geschichte erzählen, die von der Touristin, die mich eines Tages schwimmen sah und, ohne zu wissen, mit wem sie sprach, ausrief, dass »die Hawaiianer von Natur aus bestimmt ausgezeichnete Schwimmer« seien. Worauf er erwiderte, dass das nicht unbedingt der Fall sein müsse, denn »dieser Junge dort ist zufällig mein Enkel, seine Mutter ist aus Kansas, sein Vater ist aus dem kenianischen Binnenland, und beide Orte sind weit von einem Ozean entfernt«. Für Großvater spielte die Rassenfrage im Grunde keine Rolle mehr. Wenn an bestimmten Orten noch immer Ignoranz herrschte, so war doch anzunehmen, dass der Rest der Welt bald aufholen werde.

Letztlich drehten sich alle Geschichten von meinem Vater genau darum. Sie verrieten weniger über den Mann selbst, als über die Veränderungen in seiner Umgebung, über den stockenden Prozess, der die rassistischen Einstellungen meiner Großeltern verwandelt hatte. Die Geschichten erzählten von der Atmosphäre, die die Nation in jenem kurzen Zeitraum zwischen Kennedys Wahl und der Verabschiedung des *Voting Rights Act* erfasste: dem scheinbaren Sieg von Weltoffenheit über kleinkariertes Spießertum, einer schönen neuen Welt, in der Unterschiede der Rasse oder der Kultur als Gewinn betrachtet würden. Eine schöne Vorstellung, die mich nicht weniger beschäftigt, als sie meine Familie beschäftigte, denn sie evoziert ein verlorenes Paradies, mehr als bloß eine heile Kindheit.

Es gab nur ein Problem: Mein Vater war nicht da. Er hatte das Paradies verlassen, und nichts von dem, was meine Mutter oder die Großeltern sagten, konnte diese unstrittige Tatsache aus der Welt schaffen. Ihre Geschichten erklärten mir nicht, warum er gegangen war. Sie sagten nicht, wie es vielleicht gewesen wäre, wenn er geblieben wäre. Wie der Hausmeister, Mr. Reed, oder das schwarze Mädchen in Texas, das eilig davonlief, so wurde auch mein Vater ein Requisit in der Erzählung anderer Leute. Eine gut aussehende Gestalt – der Fremde mit einem Herzen aus Gold, der geheimnisvolle Unbekannte, der die Stadt rettet und das Mädchen zur Frau bekommt – gleichwohl ein Requisit.

Ich mache meiner Mutter und meinen Großeltern deswegen keinen Vorwurf. Meinem Vater könnte das Image, das sie für ihn schufen, gefallen haben – vielleicht hat er bei der Erschaffung sogar mitgewirkt. In einem Artikel, der nach seinem Abschlussexamen im *Honolulu Star-Bulletin* erschien, schreibt er vernünftig und verantwortungsbewusst, ein vorbildlicher Student und Botschafter seines Landes. Milde kritisiert er, dass ausländische Studenten in Schlafsäle eingepfercht werden und an Veranstaltungen teilnehmen müssen, die das kulturelle Verständnis verbessern sollen – seiner Ansicht nach wird dadurch von der praktischen Ausbildung abgelenkt, die ihm so wichtig ist. Auch wenn er persönlich keine Probleme erlebt hat, so beobachtet er Segregation und offene Diskriminierung unter den ethnischen Gruppen. Mit trockenem Humor weist er darauf hin, dass »Kaukasier« (Weiße) in Hawaii gelegentlich Opfer von Rassismus werden. Seine Einschätzung ist relativ klar, aber er legt Wert auf einen versöhnlichen Schluss. Was andere Nationen von Hawaii lernen können, schreibt er, sei die Bereitschaft der Rassen, im Interesse einer gemeinsamen Entwicklung zusammenzuarbeiten, eine Bereitschaft, die er bei Weißen andernorts allzu oft vermisst.

Ich fand diesen Artikel, versteckt zwischen meiner Geburtsurkunde und alten Impfbescheinigungen, als ich auf der High School war. Es ist ein kurzer Beitrag, versehen mit einem Foto meines Vaters. Nirgendwo ein Hinweis auf meine Mutter oder mich, und ich frage mich, ob das – mit Blick auf seine lange Abwesenheit – eine bewusste Entscheidung von ihm war. Vielleicht hatte der Reporter, eingeschüchtert durch die selbstbewusste Art meines Vaters, keine persönlichen Fragen gestellt, vielleicht hatte die Redaktion beschlossen, dass derlei nicht zu der Geschichte gehörte, die sie bringen wollten. Ich frage mich auch, ob dieses Verschweigen zu einem Streit zwischen meinen Eltern führte.

Ich war damals zu jung, um zu wissen, dass ich einen anwesenden Vater brauchte und auch eine Rassenidentität. Eine unwahrscheinlich kurze Zeit erlag mein Vater wohl dem gleichen Zauber wie meine Mutter und ihre Eltern; und obwohl der Bann schon gebrochen war und die Welten, die sie überwunden glaubten, sie wieder einholten, bewohnte ich in meinen ersten sechs Lebensjahren die Welt ihrer Träume.

2

Die Straße zur Botschaft war verstopft: Autos, Motorräder, Dreiradrik-schas, völlig überfüllte Busse und Kleinbusse, ein Wirrwarr aus Rä-dern und Leibern, die sich in der Nachmittagshitze vorankämpften. Wir schoben uns einen Meter weiter, mussten anhalten, drängelten uns durch eine Lücke, mussten wieder halten. Unser Taxifahrer ver-scheuchte ein paar Jungs, die Kaugummis und Zigaretten verkauften, dann stieß er fast mit einem Motorroller zusammen, auf dem eine ganze Familie saß – Vater, Mutter, Sohn und Tochter, die sich wie ein Mann in die Kurve legten, Taschentücher vor dem Mund, die vor den Abgaswolken schützen sollten, eine Familie von Banditen. Am Stra-ßenrand alte Frauen in verwaschenen braunen Sarongs neben Bast-körben voller reifer Früchte, zwei Mechaniker, die vor ihrer Freiluft-werkstatt hockten, nahmen einen Motor auseinander und verjagten mit trägen Bewegungen die Fliegen. Dahinter lag eine dampfende Ab-fallkuhle, in der zwei rundköpfige Knirpse ein schwarzes Huhn jagten. Die kreischenden Kinder rutschten ständig auf den Maiskolben und Bananenschalen aus und liefen schließlich davon.

Auf der Schnellstraße kamen wir zügiger voran. Der Taxifahrer setzte uns direkt vor der Botschaft ab, wo uns zwei Marines in ma-kellosen Uniformen zunickten. Im Innenhof war nun statt des Ver-kehrslärms das gleichmäßige Klappern einer Gartenschere zu hören. Der Chef meiner Mutter war ein korpulenter schwarzer Mann mit Bürstenhaarschnitt und grau melierten Schläfen. An einer Stange hinter seinem Schreibtisch hing eine amerikanische Fahne. Der Mann streckte mir die Hand entgegen: »Na, junger Mann, wie geht's?« Sein gestärkter Kragen schnitt ihm in den Hals, und er roch nach After Shave. In strammer Haltung beantwortete ich seine Fragen nach meinen schulischen Fortschritten. Es war kühl und trocken in diesem Büro, wie auf einem hohen Berggipfel – die klare, berauschende Luft der Privilegierten.

Als die Audienz vorbei war, deponierte mich meine Mutter in der Bibliothek, während sie verschwand, um irgendeine Arbeit zu erledigen. Ich las meine Comics und machte meine Hausaufgaben, die ich mitgebracht hatte, und kletterte dann vom Stuhl, um zu schauen, was in den Regalen stand. Für einen Neunjährigen war das meiste nicht sonderlich interessant – Weltbank-Berichte, geologische Studien, Entwicklungspläne. In einer Ecke fand ich einige Nummern von *Life*, die in sauberen Plastikordnern auslagen. Die Anzeigen – Goodyear-Reifen und Dodge Fever, Zenith-Fernseher (»Verlangen Sie nur das Beste!«) und Campbell's Soup (»Mmmhhh!«), Männer in weißen Rollkragenpullovern gossen Seagram's über Eiswürfel, während Frauen in roten Miniröcken bewundernd zusahen – vermittelten mir ein Gefühl von Geborgenheit. Bei den Fotos versuchte ich zu erraten, was abgebildet war, bevor ich die Bildunterschrift las. Eines zeigte französische Kinder, die über Kopfsteinpflaster laufen: eine schöne Szene, unbeschwert spielen sie nach einem anstrengenden Tag in der Schule; das Lachen der Kinder sprach von Freiheit. Auf einem anderen Foto eine Japanerin, die ein junges unbekleidetes Mädchen in einer flachen Wanne badet: das war traurig. Das Mädchen war krank, die Beine ganz krumm, der Kopf lag an der Brust der Mutter, das Gesicht der Mutter schmerzerfüllt, vielleicht machte sie sich Vorwürfe...

Schließlich kam ich zu dem Foto eines älteren Mannes mit Sonnenbrille und Regenmantel auf einer leeren Straße. Ich konnte mir nicht vorstellen, worum es hier ging: das Thema schien völlig normal. Auf der nächsten Seite war wieder ein Foto, diesmal die Hände desselben Mannes, in Nahaufnahme. Sie waren unnatürlich bleich, wie blutleer. Ich blätterte wieder zurück, sah nun das Haar des Mannes, die schweren Lippen und die breite, fleischige Nase, alles hatte diese ungleichmäßige, gespenstische Farbe.

Er muss furchtbar krank sein, dachte ich. Vielleicht ein Strahlenopfer oder ein Albino – einige Tage zuvor hatte ich einen Albino auf der Straße gesehen, und meine Mutter hatte mir erklärt, was es mit solchen Leuten auf sich hat. Was unter dem Foto stand, hatte damit aber nichts zu tun. Der Mann hatte eine chemische Behandlung bekommen, hieß es da, weil er eine hellere Hautfarbe haben wollte. Er hatte selbst dafür bezahlt. Nun bedauerte er das Ganze, denn die Sache war schief gelaufen. Aber das Ergebnis war nicht mehr rückgängig zu machen. In Amerika hatten sich Tausende schwarzer Männer und Frauen dieser Behandlung unterzogen, weil sie den Anzeigen geglaubt hatten, die ihnen mit heller Haut ein glückliches Leben versprochen hatten.

Ich spürte, wie mir das Blut ins Gesicht schoss. Mein Magen verkrampfte sich, die Buchstaben vor mir verschwammen. Wusste meine Mutter von dieser Sache? Und ihr Chef – warum saß er seelenruhig in seinem Büro und las seine Berichte? Am liebsten wäre ich vom Stuhl gesprungen, um ihnen zu zeigen, was ich gelesen hatte, um eine Erklärung von ihnen zu verlangen oder eine Beruhigung. Aber etwas hielt mich zurück. Wie in einem Traum fehlte mir die Stimme, mich auszudrücken. Als meine Mutter kam, um mit mir nach Hause zu fahren, lächelte ich, und die Zeitschriften lagen wieder an ihrem Platz. In der Bibliothek war es ruhig wie immer.

Gut drei Jahre lebten wir zu diesem Zeitpunkt schon in Indonesien, nachdem meine Mutter einen Indonesier namens Lolo geheiratet hatte. Sie hatte ihn an der Universität von Hawaii kennengelernt. Sein Name bedeutete auf Hawaiisch »verrückt«, worüber Großvater sich endlos amüsieren konnte, aber der Name passte gar nicht zu Lolo, der, wie alle Indonesier, sehr höflich und umgänglich war. Er war klein und braun, sah gut aus, mit seinem dichten schwarzen Haar und seinem Äußeren hätte man ihn auch für einen Mexikaner oder Samoaner halten können. Er spielte gut Tennis. Er war freundlich und gutmütig, nichts konnte ihn aus der Ruhe bringen. Mit Gramps spielte er stundenlang Schach, und mit mir trug er Ringkämpfe aus. Als meine Mutter eines Tages sagte, Lolo habe ihr einen Heiratsantrag gemacht, er wolle mit uns weggehen, weit weg, war ich nicht überrascht. Ich hatte auch gar nichts dagegen. Allerdings fragte ich meine Mutter, ob sie ihn liebte, denn inzwischen wusste ich, dass solche Dinge wichtig waren. Das Kinn meiner Mutter bebte, wie immer, wenn sie die Tränen zurückhielt, und sie nahm mich so fest in die Arme, dass ich mir sehr tapfer vorkam, auch wenn ich mir das alles nicht erklären konnte.

Lolo reiste dann plötzlich ab, und die nächsten Monate waren für meine Mutter und mich mit Reisevorbereitungen ausgefüllt – Pässe, Visa, Flugtickets, Hotelreservierungen und immer neue Impfungen. Großvater schlug den Atlas auf und las die Namen der indonesischen Inseln vor: Java, Borneo, Sumatra, Bali. An einige Namen, sagte er, könne er sich von Joseph Conrad erinnern, den er als Junge gelesen hatte. Gewürzinseln hätten sie damals geheißen, geheimnisumwobene Märchennamen. »Hier steht, dass es dort noch Tiger gibt«, sagte er. »Und Orang-Utans.« Er schaute mit großen Augen von dem Buch auf. »Und sogar Kopfjäger soll es dort geben!« Toot rief derweil im Außenministerium an, um herauszufinden, ob Indonesien ein sicheres Land sei. Jedes Mal wurde ihr versichert, dass die Lage in Indonesien unter Kontrolle sei. Trotzdem bestand sie darauf, dass wir mehrere Kartons Lebensmittel mitnahmen – Tang, Milchpulver, Sardinenbüchsen. »Man weiß nie, was diese Leute essen«, sagte sie. Meine Mutter stöhnte, aber Toot steckte mir mehrere Schachteln Süßigkeiten zu, um mein Einverständnis zu gewinnen.

Schließlich bestiegen wir den Pan-Am-Jet. Ich trug ein langärmeliges weißes Hemd mit grauer Krawatte, wurde von den Stewardessen mit Spielzeug und Extraportionen Erdnüssen verwöhnt und bekam eine Anstecknadel, die ich auf der Brusttasche trug. Während eines dreitägigen Zwischenaufenthalts in Japan besuchten wir bei strömendem Regen den großen Buddha von Kamakura, und auf einer Fähre, die auf den Bergseen verkehrte, aßen wir Grüntee-Eiskrem. Abends paukte meine Mutter Vokabeln. Als wir in Djakarta aus dem Flugzeug stiegen – der Rollfeldbelag schien in der Backofenglut zu schmelzen –, nahm ich meine Mutter bei der Hand, fest entschlossen, sie zu beschützen, was auch kommen mochte.

Lolo war zu unserer Begrüßung erschienen, ein paar Pfund hatte er zugelegt, und ein buschiger Schnurrbart wölbte sich jetzt über seinem Lächeln. Er umarmte meine Mutter, hob mich hoch und sagte, wir sollten einem kleinen, drahtigen Mann folgen, der unser Gepäck am Zoll und den vielen Wartenden vorbei zu einem Auto brachte.

Mit lächelnder Miene verstaute er unsere Sachen im Kofferraum, und er lachte nur und nickte, als meine Mutter ihm etwas sagen wollte. Um uns herum war ein einziges Gewusel von Leuten, die eine mir unverständliche Sprache sprachen und fremdartig rochen. Wir sahen Lolo mit ein paar Soldaten sprechen. Die Soldaten trugen Waffen, wirkten aber umgänglich, lachten über etwas, was Lolo gesagt hatte. Als er dann zu uns kam, fragte meine Mutter, ob das Gepäck von den Soldaten kontrolliert werden müsse.

»Keine Sorge…, ist schon alles erledigt«, sagte Lolo und kletterte auf den Fahrersitz. »Das sind Freunde von mir.«

Das Auto sei geborgt, erzählte er, aber er habe sich ein nagelneues Motorrad gekauft, ein japanisches Fabrikat, das reiche fürs Erste. Das neue Haus sei bis auf ein paar Kleinigkeiten fertig. Ich sei schon an einer Schule angemeldet, und die Verwandten erwarteten uns. Während er und meine Mutter miteinander sprachen, schaute ich zum Fenster hinaus und sah die Landschaft vorbeiziehen, braun und grün, Dörfer, die fast vom Urwald verschluckt wurden, der Geruch von Diesel und brennendem Holz. Männer und Frauen stapften wie Kraniche durch Reisfelder, die Gesichter unter großen Strohhüten verborgen. Ein Junge, beweglich wie ein Otter, hockte auf einem gleichmütig dreinschauenden Wasserbüffel und schlug mit einem Bambusstock auf ihn ein. Auf den Straßen wurde es lebendiger, ich sah kleine Läden und Märkte und Männer, deren Karren mit Kies und Holz beladen waren, dann wurden die Häuser größer, so groß wie die auf Hawaii – das Hotel Indonesia, sehr modern, sagte Lolo, ein neues Einkaufszentrum, weiß und glitzernd – aber nur wenige Gebäude überragten die Bäume, die nun die Straße säumten. Als wir an einer Reihe neuer Gebäude vorbeikamen, mit hohen Hecken und Wachposten, sagte meine Mutter etwas, was ich nicht richtig verstand, es hatte mit der Regierung zu tun und einem gewissen Sukarno.

»Wer ist Sukarno?« rief ich von hinten, aber Lolo tat, als habe er nicht gehört, legte die Hand auf meinen Arm und machte mich auf etwas aufmerksam. »Schau«, sagte er. Vor uns, mitten auf der Straße, stand eine riesige Statue, mindestens zehn Stockwerke hoch, eine Figur von menschlicher Gestalt mit dem Gesicht eines Affen.

»Das ist Hanuman, der Affengott«, sagte Lolo, während wir um das Standbild herumfuhren. Wie gebannt starrte ich diese Gestalt an, die sich dunkel gegen die Sonne abhob, als wollte sie jeden Moment in den Himmel aufsteigen, um sich vor dem brausenden Verkehr zu retten. »Hanuman ist ein großer Krieger«, sagte Lolo. »Stark wie hundert Mann. Im Kampf gegen die Dämonen verliert er nie.«

Das Haus lag in einem Neubauviertel am Stadtrand. Die Straße führte über eine kleine Brücke über einen breiten braunen Fluss, in dem Leute badeten und Wäsche wuschen. Die Asphaltstraße verwandelte sich allmählich in eine Piste, gesäumt von kleinen Läden und weiß getünchten Bungalows, und endete schließlich in unserem Kompong. Unser Haus war einfach, aber offen und luftig, mit einem großen Mangobaum im Innenhof. Lolo sagte beim Hineingehen, dass er eine Überraschung für mich habe, und im selben Moment ertönte ohrenbetäubendes Geschrei aus dem Baum. Meine Mutter und ich wichen erschrocken zurück, bis wir auf einem Ast ein pelziges Geschöpf mit einem kleinen, flachen Kopf und langen, bedrohlich wirkenden Armen sahen.

»Ein Affe!« rief ich.

»Ein Menschenaffe«, korrigierte meine Mutter.

Lolo holte eine Erdnuss aus der Tasche und gab sie dem Affen. »Er heißt Tata«, sagte er. »Ich habe ihn dir aus Neuguinea mitgebracht.«

Ich machte ein paar Schritte in seine Richtung, um ihn mir näher anzusehen, doch Tata, die tief liegenden Augen wild und misstrauisch, machte Anstalten, sich auf mich zu stürzen. Ich beschloss, keinen Schritt weiterzugehen.

»Keine Sorge«, sagte Lolo und drückte Tata eine zweite Erdnuss in die Hand. »Er ist angebunden. Komm, es gibt noch mehr zu sehen.«

Ich schaute zu meiner Mutter, die mir zaghaft zulächelte. Hinter dem Haus befand sich ein kleiner Zoo: Hühner und Enten liefen durcheinander, eine großer gelber Hund, der böse heulte, zwei Paradiesvögel, ein weißer Kakadu und schließlich zwei kleine Krokodile in einem umzäunten Teich am anderen Ende des Grundstücks. Lolo sah zu den Krokodilen. »Es waren mal drei«, sagte er, »aber das größte ist durch ein Loch im Zaun auf das Reisfeld eines Nachbarn entwischt und hat dort eine seiner Enten aufgefressen. Wir mussten es mit Taschenlampen jagen.«

Obwohl es nicht mehr sehr hell war, machten wir noch einen kleinen Spaziergang ins Dorf. Kinder winkten uns zu, barfüßige alte Männer schüttelten uns die Hand. Wir blieben auf der Dorfwiese stehen, wo einer von Lolos Leuten seine Ziegen weiden ließ, und ein kleiner Junge kam mit einer Libelle, die an einem Fadenende schwebte. Schließlich erreichten wir wieder unser Haus. Im Hof stand der Mann, der unser Gepäck getragen hatte, unter dem Arm ein rostbraunes Huhn und in der rechten Hand ein langes Messer. Er sagte etwas zu Lolo, der nickte und meine Mutter und mich herbeirief. Meine Mutter bat mich, stehen zu bleiben, und warf Lolo einen fragenden Blick zu.

»Findest du nicht, dass er noch zu jung ist?«

Lolo zuckte mit den Schultern. »Der Junge sollte wissen, woher sein Abendessen kommt. Was meinst du, Barry?« Mein Blick wanderte von meiner Mutter zu dem Mann mit dem Huhn. Lolo nickte. Ich sah zu, wie der Mann den Vogel absetzte und ihn mit dem Knie leicht festhielt. Das Tier wehrte sich noch eine Weile, flatterte mit den Flügeln, ein paar Federn wirbelten durch die Luft, dann wurde es ganz still. Der Mann zog die Klinge in einer raschen Bewegung über den Hals. Das Blut schoss in einem langen, roten Strahl heraus. Der Mann stand auf, hielt das Huhn mit ausgestrecktem Arm und schleuderte es dann in die Luft. Es landete mit einem dumpfen Geräusch auf der Erde, rappelte sich mit grotesk herabhängendem Kopf wieder auf und torkelte wie benommen im Kreis herum. Ich sah zu, wie der Kreis allmählich kleiner wurde, das Blut nur noch in einem dünnen Rinnsal austrat, bis der Vogel schließlich zusammenbrach und leblos auf dem Gras lag.

Lolo strich mir über den Kopf und sagte, wir sollten uns vor dem Essen waschen. Zu dritt saßen wir unter einer trüben Glühbirne – es gab Huhn mit Reis und zum Nachtisch eine rote, pelzige Frucht, die so süß war, dass ich nur aufhören konnte, weil ich inzwischen Bauchweh hatte. Später, als ich allein unter einem Moskitonetz lag, lauschte ich dem nächtlichen Lied der Grillen und dachte an den Todeskampf, den ich Stunden zuvor gesehen hatte. Ich konnte mein Glück kaum fassen.

»Denk dran: Du musst dich immer schützen.«

Lolo und ich standen uns gegenüber. Am Tag zuvor war ich mit einer großen Beule am Kopf nach Hause gekommen. Lolo, der gerade sein Motorrad putzte, fragte mich, was passiert sei. Ich erzählte von einer Auseinandersetzung mit einem älteren Jungen, der in der Nähe wohnte. Der Junge hatte uns den Ball weggenommen, als wir gerade Fußball spielten, und war weggelaufen. Ich hätte ihn verfolgt, erzählte ich, und dann habe der Junge einen Stein geworfen. Das sei unfair gewesen, sagte ich gekränkt, das hätte er nicht tun dürfen.

Schweigend hatte Lolo die Wunde untersucht. »Es blutet nicht«, hatte er schließlich erklärt und sich wieder seinem Motorrad zugewandt.

Damit, glaubte ich, war die Sache erledigt. Doch als Lolo am nächsten Tag von der Arbeit nach Hause kam, trug er zwei Paar Boxhandschuhe über der Schulter, das größere in Schwarz, das kleinere in Rot. Sie rochen nach neuem Leder.

Er streifte mir die Handschuhe über, band sie fest und trat zurück, um den Sitz zu begutachten. Meine Hände pendelten hin und her wie Zwiebeln an dünnen Stielen. Er schüttelte den Kopf und hob meine Hände so hoch vor das Gesicht, dass sie es verdeckten.

»So. Die Hände hochhalten.« Er korrigierte die Ellbogen, dann duckte er sich und begann zu tänzeln. »Du musst dich ständig bewegen, aber geduckt, du darfst dem anderen kein Ziel bieten. Na, wie geht's?« Ich nickte, machte seine Bewegungen nach, so gut es ging. Nach ein paar Minuten unterbrach Lolo und hielt mir seine Handfläche hin.

»So«, sagte er, »und jetzt zeig mir, was ein Schwinger ist.«

Ich trat zurück, holte aus und schlug zu. Lolos Hand bewegte sich kaum.

»Nicht übel«, sagte er und nickte. »Gar nicht übel. Aber wo sind deine Hände jetzt? Was hab ich dir gesagt? Hochhalten ...«

Ich hob die Arme, schlug auf Lolos Hand ein und warf ihm dabei immer wieder einen Blick zu und dachte, wie vertraut mir sein Gesicht geworden war, so vertraut wie die Erde, auf der ich stand. Weniger als ein halbes Jahr hatte ich gebraucht, um Indonesisch zu lernen und mich mit den Sitten und Legenden des Landes vertraut zu

52

machen. Ich hatte Pocken und Masern und die Stockschläge der Lehrer überlebt, mich mit Kindern von Bauern, Hausangestellten und kleinen Staatsbediensteten angefreundet. Morgens und abends trieben wir uns auf der Straße herum, boten uns als Gelegenheitsarbeiter an, fingen Heuschrecken, kämpften mit messerscharfen Schnüren um Drachen (der Verlierer musste zusehen, wie sein Drachen im Wind davonsegelte) und wussten, dass andere Kinder irgendwo, den Blick zum Himmel gerichtet, nur darauf warteten, dass ihre Beute landete. Lolo zeigte mir, wie man zum Abendessen (mit viel Reis) rohe grüne Chilischoten knabberte, ich machte Bekanntschaft mit Hundefleisch (zäh), Schlangenfleisch (noch zäher) und knusprig gerösteten Mücken. Wie viele seiner Landsleute folgte Lolo einem Islam, in dem Platz war für animistische und hinduistische Vorstellungen aus älterer Zeit. Der Mensch, erklärte Lolo, eigne sich die Kraft an, die in seiner Nahrung stecke. Eines Tages, versprach er, werde er ein Stück Tigerfleisch nach Hause bringen.

Für mich war das Leben ein einziges großes Abenteuer. In Briefen an meine Großeltern schilderte ich einige meiner Erlebnisse, in der Hoffnung, dass irgendwann ein Paket mit Schokolade und Erdnussbutter eintreffen werde. Aber ich erzählte nicht alles, manches war zu kompliziert, als dass ich es in einem Brief hätte erklären können. Ich schrieb nichts von dem Gesicht des Mannes, der eines Tages vor unserem Haus stand. Dort, wo sonst die Nase ist, klaffte bei ihm ein Loch, und mit pfeifender Stimme bat er meine Mutter um etwas zu essen. Ich erzählte auch nicht von dem Freund, der mir eines Tages erzählte, dass sein kleiner Bruder an einem bösen Geist, den der Wind herbeigeweht hatte, gestorben sei – ich erzählte nicht von dem Schrecken, der meinem Freund in den Augen stand, bis er sonderbar lachte, mich auf den Arm boxte und davonlief. Der leere Ausdruck auf den Gesichtern der Bauern in dem Jahr, als der Regen ausblieb und sie barfuß über ihre Felder gingen, über die ausgedörrte, rissige Erde, und sich immer wieder hinunterbeugten, um sie zwischen den Fingern zu zerreiben, und ihre Verzweiflung im Jahr darauf, als es einen Monat lang regnete, die Flüsse anstiegen und ihre Felder überschwemmten, bis auch die Straßen überflutet waren und mir das Wasser bis zur Hüfte reichte und die Leute sich mühten, ihre Ziegen und Hühner zu retten, selbst dann noch, als Teile ihrer Hütten von den Wassermassen fortgerissen wurden.

Ich lernte, dass die Welt brutal, unberechenbar und oft grausam war. Meine Großeltern kannten diese Welt nicht, dachte ich, es schien mir sinnlos, sie mit Fragen zu beunruhigen, auf die sie keine Antwort wussten. Wenn meine Mutter von der Arbeit nach Hause kam, erzählte ich manchmal, was ich gesehen oder gehört hatte, und dann strich sie mir über die Stirn, hörte aufmerksam zu und versuchte, mir alles zu erklären. Ihre Zuwendung tat mir gut – ihre Stimme, die Berührungen ihrer Hand bedeuteten mir Sicherheit. Aber was sie von Überschwemmungen und Teufelsaustreibungen und Hahnenkämpfen wusste, ließ zu wünschen übrig. Für sie war das alles genauso neu wie für mich, und nach solchen Gesprächen schien mir, als hätte ich sie mit meinen Fragen nur unnötig beunruhigt.

Also wandte ich mich an Lolo, wenn ich Rat und Hilfe suchte. Er redete nicht viel, war aber angenehm im Umgang. Seiner Familie und seinen Freunden stellte er mich als seinen Sohn vor, aber er forcierte nichts, beschränkte sich auf sachliche Ratschläge und tat auch nicht, als wäre unsere Beziehung enger, als sie tatsächlich war. Diese distanzierte Art gefiel mir, sie signalisierte Vertrauen. Und sein praktisches Wissen schien unerschöpflich. Nicht nur, wie man Reifen wechselt oder eine Schachpartie eröffnet. Er kannte sich auch auf anderen, abstrakteren Gebieten aus, er wusste, wie man mit Gefühlen umgeht, konnte die Mysterien des Lebens erklären.

Beispielsweise, wie man sich gegenüber Bettlern verhält. Sie schienen überall zu sein, eine einzige Galerie des Leids – Männer, Frauen, Kinder, in zerrissenen, schmutzigen Sachen, manchmal ohne Arme, manchmal ohne Füße, Opfer von Skorbut oder Kinderlähmung oder Lepra, Menschen, die sich auf allen vieren oder auf selbstgebauten Untersätzen mit Rädern bewegten, die Beine zusammengefaltet wie Schlangenmenschen. Zuerst sah ich, wie meine Mutter ihnen Geld schenkte, jedem, der bei uns vor der Tür stand oder uns auf der Straße die Hand entgegenstreckte. Später, als klar war, wie unendlich das Leid war, ging sie selektiver vor, lernte sie, die verschiedenen Stufen des Elends zu berücksichtigen. Lolo fand ihre moralischen Überlegungen sympathisch, aber töricht, und jedes Mal, wenn ich – mit den paar Münzen, die ich besaß – dem Vorbild meiner Mutter folgte, nahm er mich stirnrunzelnd beiseite.

»Wie viel Geld hast du?« fragte er.

Ich leerte meine Taschen. »Dreißig Rupien.«

»Wie viele Bettler gibt es hier auf der Straße?«

Ich versuchte, mich zu erinnern, wie viele Bettler in der letzten Woche bei uns vor der Tür gestanden hatten. »Siehst du?« sagte Lolo, sobald sich zeigte, dass ich die Zahl nicht mehr zusammenbekam. »Du solltest dein Geld lieber sparen und zusehen, dass du nicht selbst irgendwann auf der Straße hockst.«

Ähnlich war seine Haltung gegenüber Hausangestellten. Das waren meist junge Dorfbewohner, die kürzlich in die Stadt gekommen waren, oft für Familien arbeiteten, denen es nicht viel besser ging, und das Geld nach Hause überwiesen oder sparten, um irgendwann ein eigenes Geschäft aufzumachen. Wenn sie ehrgeizig waren, war Lolo bereit, ihnen dabei zu helfen, und im Allgemeinen tolerierte er ihre Eigenheiten. Über ein Jahr lang arbeitete ein gutmütiger junger Mann für ihn, der am Wochenende gern Frauensachen anzog – Lolo fand, dass er gut kochte. Wer aber ungeschickt oder vergesslich war oder ihn anderweitig Geld kostete, den entließ er sofort, ohne mit der Wimper zu zucken. Und er konnte nicht verstehen, wenn meine Mutter oder ich versuchten, diese Leute vor ihm in Schutz zu nehmen.

»Deine Mutter hat ein weiches Herz«, sagte er eines Tages zu mir, nachdem meine Mutter erklärt hatte, sie selbst habe das Radio von der Kommode gestoßen. »Bei Frauen ist das gut. Aber du wirst mal ein Mann sein, und ein Mann muss mehr Verstand haben.«

Das sei keine Frage von gut oder schlecht, erklärte er, habe nichts damit zu tun, ob einem etwas gefalle oder nicht. Man müsse das Leben so nehmen, wie es ist.

Ich spürte einen harten Schlag gegen das Kinn und blickte in Lolos schwitzendes Gesicht.

»Aufpassen! Die Hände hoch!«

Wir boxten noch eine halbe Stunde, bis Lolo entschied, dass es Zeit für eine Pause sei. Die Arme taten mir weh, in meinem Kopf dröhnte es. Wir setzten uns mit einem Krug Wasser in die Nähe des Krokodilteichs.

»Müde?« fragte Lolo.

Ich saß erschöpft da, konnte kaum mit dem Kopf nicken. Lolo lächelte. Er zog ein Hosenbein hoch und kratzte sich die Wade. Ich bemerkte mehrere Narben, die vom Fußgelenk über das halbe Schienbein liefen.

»Was ist das denn?«

»Blutegel«, sagte er. »Von meiner Zeit in Neuguinea. Sie kriechen einem in die Armeestiefel, wenn man durch die Sümpfe stapft. Und nachts, wenn man die Socken auszieht, saugen sie sich fest. Man streut Salz darüber, dann sterben sie, aber man muss sie trotzdem mit einem heißen Messer tief aus dem Fleisch herausholen.«

Ich fuhr mit dem Finger über eine der ovalen Narben. Sie war glatt und unbehaart. Ich fragte Lolo, ob es wehgetan hatte.

»Natürlich«, sagte er und nahm einen Schluck aus dem Krug. »Manchmal denkt man nicht an den Schmerz, sondern nur an das Ziel, das man erreichen muss.«

Wir schwiegen. Ich beobachtete Lolo aus den Augenwinkeln. Mir fiel auf, dass ich ihn nie über seine Gefühle hatte reden hören. Noch nie hatte ich ihn wütend oder traurig erlebt. Er schien in einer klar durchdachten Welt zu leben, deren Oberfläche niemand ankratzen konnte. Plötzlich schoss mir ein eigenartiger Gedanke durch den Kopf.

»Hast du schon mal erlebt, wie jemand getötet wurde?« fragte ich.

Lolo, überrascht durch meine Frage, sah zu Boden.

»Sag schon!« hakte ich nach.

»Ja«, sagte er.

»War es schlimm?«

»Ja.«

Ich dachte eine Weile nach,. »Und warum wurde er getötet?«

»Weil er schwach war.«

»Nur deswegen?«

Lolo zuckte mit den Schultern und rollte das Hosenbein wieder herunter. »Meistens reicht das. Wenn Männer schwach sind, wird das von anderen sofort ausgenutzt. Das ist wie in der Politik. Der Starke nimmt dem Schwachen das Land weg. Er zwingt den Schwachen, auf seinen Feldern zu arbeiten. Wenn der Schwache eine hübsche Frau hat, nimmt der Starke sie ihm weg.« Lolo trank einen Schluck und fragte: »Wer von beiden möchtest du sein?«

Ich antwortete nicht. Lolo blinzelte in die Sonne. »Besser, du bist der Starke«, sagte er schließlich und stand auf. »Wenn du nicht stark bist, dann sei wenigstens so klug und verbünde dich mit einem Starken. Aber eigentlich ist es immer besser, wenn du der Starke bist. Immer.«

Meine Mutter saß an ihrem Schreibtisch, korrigierte Klassenarbeiten und sah uns dabei zu. Worüber sie wohl reden, überlegte sie. Mutproben wahrscheinlich. Regenwürmer essen. Männerkram.

Sie lachte und besann sich dann. Das war nicht fair. Sie war Lolo wirklich dankbar, dass er sich um mich kümmerte. Seinen eigenen Sohn hätte er kaum anders behandelt. Sie dachte an Lolos freundliche Art und fand, dass sie Glück hatte. Sie schob die Papiere beiseite und sah zu, wie ich Liegestütze machte. Er wächst so schnell, dachte sie und versuchte, sich an den Tag zu erinnern, an dem wir angekommen waren, eine Mutter von vierundzwanzig mit einem Kind an der Hand, verheiratet mit einem Mann, dessen Geschichte, dessen Land sie kaum kannte. Sie hatte so wenig gewusst, war so naiv gewesen. Es hätte schlimmer kommen können, viel schlimmer.

Sie hatte damit gerechnet, dass es schwierig würde, ihr neues Leben. Vor der Abreise hatte sie versucht, alles über Indonesien in Erfahrung zu bringen – fünftgrößte Bevölkerung der Welt, Hunderte von Stämmen und Dialekten, die Geschichte des Kolonialismus, zunächst drei Jahrhunderte die Niederländer, dann die Japaner, die während des Zweiten Weltkriegs riesige Vorkommen an Erdöl, Metallen und Holz ausbeuten wollten, nach dem Krieg der Kampf um die Unabhängigkeit, und ein Freiheitskämpfer namens Sukarno wird der erste Präsident des Landes. Sukarno war kürzlich abgesetzt worden, aber nach allem, was man hörte, soll es ein unblutiger Staatsstreich gewesen sein, und die Leute waren für Veränderung. Es hieß, Sukarno sei korrupt geworden. Er sei ein totalitärer Demagoge gewesen, zu nachsichtig gegenüber den Kommunisten.

Ein armes Land, unterentwickelt, fremdartig – das wusste meine Mutter. Sie war vorbereitet auf Durchfall und Fieber, auf kaltes Wasser und dass sie sich zum Pinkeln über ein Loch würde hocken müssen, dass die Stromversorgung alle paar Wochen zusammenbrechen würde, sie war vorbereitet auf Hitze und Moskitos. Im Grunde nur Unannehmlichkeiten, und sie war robuster, als sie aussah, robuster auch, als sie gedacht hatte. Und ohnehin gehörte es zu dem, was sie nach Baracks Verschwinden zu Lolo hingezogen hatte, die Chance, ihm beim Aufbau seines Landes zu helfen, an einer Aufgabe mitzuwirken, die außerhalb der Reichweite ihrer Eltern lag.

Aber mit der Einsamkeit wurde sie nicht fertig. Dieses Gefühl war immer da, wie Atemnot. Sie hätte es gar nicht konkret benennen können. Lolo hatte sie warmherzig aufgenommen und tat alles, damit sie sich wohl fühlte, er sorgte für sie und gab ihr, was in seinen Kräften stand. Seine Familie begegnete ihr mit Takt und Großzügigkeit und behandelte ihren Sohn wie ihren eigenen.

Doch irgendetwas war passiert in dem Jahr, in dem Lolo und sie getrennt gewesen waren. Auf Hawaii war er so lebendig gewesen, den Kopf voller Pläne. Nachts, wenn sie allein waren, erzählte er ihr von seiner Kindheit während des Krieges, dass Vater und Bruder weggegangen waren, um sich den Aufständischen anzuschließen, wie er erfuhr, dass die beiden getötet worden waren und alles verloren war, niederländische Soldaten das Haus in Brand gesteckt hatten, die Familie aufs Land geflohen war und seine Mutter ihren Schmuck gegen Lebensmittel eingetauscht hatte. Doch nun, da die Niederländer verjagt worden seien, würde alles anders, hatte Lolo ihr gesagt, er wollte zurückkehren und an der Universität unterrichten, wollte sich am Aufbau des Landes beteiligen.

Von diesen Dingen war inzwischen nicht mehr die Rede. Überhaupt schien es, als rede er nicht mehr mit meiner Mutter, nur wenn es unbedingt notwendig war oder wenn er angesprochen wurde, und auch dann nur über eine anstehende Arbeit, wenn ein Leck abgedichtet oder eine Reise zu einem entfernten Cousin geplant werden musste. Es war, als hätte er sich, unerreichbar, an einen dunklen, verborgenen Ort zurückgezogen und seine ganze Lebhaftigkeit mitgenommen. Nachts, wenn alle anderen zu Bett gegangen waren, hörte sie ihn manchmal mit einer Flasche importierten Whisky durchs Haus wandern. Er behielt seine Geheimnisse für sich. Einmal legte er vor dem Einschlafen eine Pistole unters Kopfkissen. Und wenn sie ihn fragte, was los sei, sagte er nur, er sei müde. Es war, als misstraute er Worten. Worten und dem, was sie ausdrückten.

Meine Mutter vermutete, dass diese Probleme mit Lolos Job zu tun hatten. Als sie nach Indonesien kam, hatte er einen Geologenjob, die Armee setzte ihn im Straßenbau ein. Es war eine stumpfsinnige Arbeit, die nicht viel einbrachte. Allein der Kühlschrank verschlang zwei Monatsgehälter. Und nun hatte er obendrein Frau und Kind zu versorgen ... kein Wunder, dass er bedrückt war. Sie war nicht nach Indonesien gekommen, um ihm zur Last zu fallen, sagte sie sich. Sie würde ihren Teil zum Lebensunterhalt beitragen.

Sie besorgte sich sofort einen Job als Englisch-Lehrerin an der amerikanischen Botschaft. Im Rahmen des US-Entwicklungshilfe-programms sollte sie indonesischen Geschäftsleuten Sprachunter-richt geben. Das Geld war willkommen, befreite sie aber nicht von ihrer Einsamkeit. Die indonesischen Geschäftsleute waren nur mä-ßig an den Feinheiten der englischen Sprache interessiert, und einige wurden zudringlich. Die Amerikaner waren meist ältere Karrieredi-plomaten, gelegentlich ein Ökonom oder Journalist mit unklarer Funktion, der monatelang verschwand. Manche waren Karikaturen des hässlichen Amerikaners, die sich über die Indonesier lustig mach-ten, bis sie erfuhren, dass meine Mutter mit einem verheiratet war, und dann spielten sie die Sache herunter – nimm's nicht so ernst, er verträgt das Klima nicht, übrigens, wie geht's deinem Sohn, netter Kerl.

Aber diese Männer kannten das Land, jedenfalls partiell, sie wussten, in welchen Kellern welche Leichen lagen. Beim Lunch er-zählten sie meiner Mutter von Dingen, die sie aus der Zeitung nie erfahren hätte. Sie erzählten von Sukarno, der mit seinen nationalis-tischen Parolen und seiner Politik der Blockfreiheit die Nerven der US-Regierung, die den Vormarsch des Kommunismus in Südost-asien ohnehin mit Sorge beobachtete, arg strapaziert habe – dieser Sukarno sei genauso schlimm wie Lumumba oder Nasser, angesichts der strategischen Bedeutung Indonesiens vielleicht noch schlimmer.

Angeblich war die CIA in den Staatsstreich verwickelt gewesen, aber Genaues wusste niemand. Fest stand jedoch, dass die Armee nach dem Putsch Jagd auf Kommunisten gemacht hatte. Wie viele Tote es gegeben hatte? Schätzungen schwankten zwischen mehreren Tausend und einer halben Million. Selbst die CIA hatte den Überblick verloren.

In geflüsterten Andeutungen erfuhr meine Mutter, dass knapp ein Jahr vor unserer Ankunft in Djakarta eine der brutalsten und schnellsten Säuberungen in der modernen Geschichte stattgefunden hatte. Für sie war es eine beängstigende Vorstellung, dass die Geschichte so restlos verschluckt werden konnte, so wie das Blut, das durch die Straßen geflossen war, in der fruchtbaren Erde versickert war. So wie die Leute unter riesengroßen Porträts des neuen Präsidenten ihren Geschäften nachgingen, als ob nichts passiert wäre. Eine Nation, die nur nach vorn schaute. Indonesische Freunde meiner Mutter erzählten ihr noch andere Dinge – über die Korruption im Staatsapparat, über die Repression durch Polizei und Armee und von den Unternehmen, die sich die Familie des Präsidenten und seine Entourage unter den Nagel rissen. Und nach jeder neuen Geschichte ging sie zu Lolo und fragte ihn: »Ist das wahr?«

Er hat ihr nie eine Antwort gegeben. Je mehr sie fragte, desto hartnäckiger schwieg er. »Was interessieren dich solche Dinge?« fragte er. »Warum kaufst du dir nicht ein neues Kleid für die Party?« Schließlich wandte sie sich an einen seiner Cousins, einen Kinderarzt, der sich nach dem Krieg um Lolo gekümmert hatte, und schüttete ihm ihr Herz aus.

»Das verstehst du nicht«, sagte er sanft.

»Was verstehe ich nicht?«

»Die Umstände, unter denen Lolo aus Hawaii zurückgekehrt ist. Eigentlich wollte er nicht so früh kommen. Während der Säuberung wurden alle Studenten, die im Ausland studierten, zurückgerufen, ihre Pässe eingezogen. Als Lolo aus dem Flugzeug stieg, hatte er keine Ahnung, was ihm bevorstand. Wir konnten ihn nicht begrüßen. Offiziere führten ihn ab und verhörten ihn. Sie erklärten, er sei eingezogen und werde für ein Jahr nach Neuguinea entsandt. Und er hatte noch Glück. Studenten, die im Ostblock studierten, erging es viel schlimmer. Viele von ihnen sind noch immer in Haft. Oder sie verschwanden... Sei nicht so hart mit Lolo«, sagte der Cousin. »Solche Zeiten vergisst man am besten.«

Wie benommen war meine Mutter aus dem Haus des Cousins getreten. Draußen schien die Sonne, die Luft war voller Staub, doch statt ein Taxi nach Hause zu nehmen, ging sie aufs Geratewohl los, ohne Ziel. Sie war in einem besseren Wohnviertel, wo Diplomaten und Generäle in großen Villen hinter schmiedeeisernen Toren wohnten. Sie sah eine abgerissen wirkende Frau, die barfuß durch ein geöffnetes Tor lief, die Zufahrt hinauf, wo ein paar Männer eine Flotte von Mercedes und Landrover wuschen. Einer der Männer rief der Frau zu, sie solle verschwinden, doch sie blieb stehen, streckte einen knochigen Arm aus, das Gesicht unter einem zerschlissenen Tuch verborgen. Ein anderer Mann warf ihr ein paar Münzen zu. Die Frau rannte hin und sah sich misstrauisch um, während sie die Geldstücke aufsammelte.

Macht. Das Wort nistete sich wie ein Fluch im Kopf meiner Mutter ein. In Amerika blieb Macht meist unsichtbar, solange man nicht an der Oberfläche kratzte. Man sah sie erst, wenn man ein Indianerreservat besuchte oder mit einem Schwarzen sprach, dessen Vertrauen man gewonnen hatte. Aber hier, in Indonesien, zeigte sich die Macht völlig nackt, roh, unübersehbar. Die Macht, der Lolo glaubte entkommen zu sein, hatte ihn zurückkommandiert, ihn unterworfen, ihm klargemacht, dass sein Leben nicht ihm gehörte. So war es, es war nicht zu ändern, man konnte sich nur an die Spielregeln halten, die, wenn man sie erst einmal gelernt hatte, ganz einfach waren. Und so hatte Lolo seinen Frieden mit der Macht geschlossen, hatte die Weisheit des Vergessens gelernt; so wie sein Schwager, der als hoher Manager in der nationalen Ölgesellschaft Millionen machte; so wie ein Bruder es zumindest versucht hatte, nur hatte er sich verrechnet, so dass er nun bei seinen Besuchen silberne Löffel stahl, die er anschließend gegen Zigaretten tauschte.

Meine Mutter erinnerte sich daran, was Lolo ihr einmal gesagt hatte, als ihre ständigen Fragen schließlich einen Nerv getroffen hatten: »Schlechtes Gewissen ist ein Luxus, den sich nur Ausländer leisten können«, hatte er erklärt. »Und immer sagen, was einem durch den Kopf geht.« Sie wusste nicht, wie es ist, wenn man alles verloren hat, wenn man vor Hunger aufwacht. Sie wusste nicht, wie schmal und riskant der Weg zur Sicherheit sein konnte. Ohne größtmögliche Konzentration rutschte man leicht aus oder fiel zurück.

Er hatte natürlich recht. Ob sie es wollte oder nicht, sie war eine weiße Ausländerin, behütet und abgesichert durch ihre bürgerliche Herkunft. Sie konnte jederzeit gehen, wenn es für sie zu anstrengend wurde. Was immer sie Lolo entgegnen mochte, wurde dadurch entkräftet. Es war die unüberwindbare Barriere zwischen ihnen. Sie schaute aus dem Fenster, Lolo und ich waren weitergegangen, dort, wo wir gesessen hatten, war das Gras platt gedrückt. Sie spürte einen leisen Schauder bei diesem Anblick und stand auf, plötzlich von Panik erfüllt.

Die Macht griff nach ihrem Sohn.

Im Rückblick bin ich mir nicht sicher, ob Lolo wirklich klar war, was meine Mutter in diesen Jahren durchmachte, warum die Entfernung zwischen ihnen immer größer wurde, obwohl er so viel für sie tat. Solche Fragen stellte er sich nicht. Er bewahrte sich seine Konzentration und stieg auf. Über seinen Schwager erhielt er einen Job in einer amerikanischen Erdölfirma, wo er für die Beziehungen zum Staat zuständig war. Wir zogen in ein besseres Viertel, statt des Motorrads hatten wir nun ein Auto, statt der Krokodile und des Affen Tata hatten wir Fernsehen und Stereoanlage; Lolo konnte uns zum Essen in den Firmenclub einladen. Manchmal hörte ich, wie er sich mit meiner Mutter stritt, weil sie keine Lust hatte, an Geschäftsessen teilzunehmen, bei denen amerikanische Geschäftsleute aus Texas und Louisiana Lolo auf die Schulter klopften und ihm erzählten, wen sie geschmiert hätten, um an Offshore-Lizenzen zu kommen, während die Ehefrauen sich bei meiner Mutter über das indonesische Personal beklagten. Lolo fragte, wie es aussehe, wenn er allein dort erschiene, und erinnerte sie daran, dass es ihre Leute seien, und meine Mutter brüllte fast.

Das sind *nicht* meine Leute.

Solche Auseinandersetzungen waren jedoch selten. Meine Mutter und Lolo bewahrten sich ihr freundschaftliches Verhältnis, auch nachdem Maya, meine Schwester, geboren war, auch nach Trennung und Scheidung und noch zehn Jahre später, als ich Lolo zum letzten Mal sah. Er reiste mit Unterstützung meiner Mutter nach Los Angeles, um dort seine Lebererkrankung behandeln zu lassen, an der er schließlich mit einundfünfzig starb. Die Spannungen zwischen ihnen hatten hauptsächlich mit der veränderten Haltung meiner Mutter zu mir zu tun. Sie hatte mich stets ermutigt, mich in Indonesien zu integrieren. Dadurch war ich relativ selbständig geworden, ich war materiell anspruchslos und, verglichen mit anderen amerikanischen Kindern, ausgesprochen gut erzogen. Von meiner Mutter hatte ich gelernt, anders als viele Amerikaner im Ausland, nicht mit Ignoranz und Überheblichkeit aufzutreten. Doch sie wusste mittlerweile, genau wie Lolo, welche Kluft Amerikaner und Indonesier trennte. Sie wusste, wo ihr Kind stehen sollte. Ich war Amerikaner, und mein wahres Leben lag woanders.

Ihr Hauptaugenmerk galt meiner Schulbildung. Da es kein Geld gab, mich auf die Internationale Schule in Djakarta zu schicken, die die meisten Ausländerkinder besuchten, hatte sie gleich nach unserer Ankunft dafür gesorgt, dass ich neben der indonesischen Schule auch an einem US-Fernkurs teilnahm.

Und nun intensivierte sie ihre Bemühungen. An fünf Tagen in der Woche kam sie morgens um vier in mein Zimmer, zwang mich zu frühstücken und erteilte mir drei Stunden lang Englisch-Unterricht, bevor ich zur Schule aufbrach und sie zu ihrer Arbeit fuhr. Ich sträubte mich hartnäckig gegen dieses Regiment, aber auf welche Strategie ich auch setzte, wenig überzeugend (»Ich hab Bauchweh«) oder offenkundig zutreffend (alle fünf Minuten fielen mir die Augen zu), stets brachte sie geduldig ihr stärkstes Gegenargument vor:

»Schätzchen, für mich ist das auch kein Honigschlecken!«

Und ständig die Sorge um meine Sicherheit, eine Sorge, in der die Stimme meiner Großmutter anklang. Ich weiß noch, wie ich eines Tages nach Einbruch der Dunkelheit nach Hause kam und sah, dass sich ein großer Suchtrupp von Nachbarn auf unserem Hof versammelt hatte. Meine Mutter schien bedrückt, aber sie war so erleichtert, mich zu sehen, dass sie erst nach einer Weile die durchnässte braune Socke bemerkte, die ich mir um den Unterarm gewickelt hatte.

»Was ist das?«

»Was?«

»Das da. Wieso hast du dir eine Socke um den Unterarm gewickelt?«

»Ich hab mich geschnitten.«

»Zeig her.«

»Ist nicht so schlimm.«

»Barry, ich will es sehen!«

Ich wickelte die Socke vom Unterarm, worauf eine große, vom Handgelenk bis zum Ellbogen reichende Wunde zum Vorschein kam. Der Schnitt verlief knapp neben der Vene, reichte aber tief in das hellrot schimmernde Fleisch. Um meine Mutter zu beruhigen, erklärte ich, was passiert war. Ein Freund und ich waren auf dem Hof seiner Familie gewesen, es hatte angefangen zu regnen, und es gab dort eine tolle Stelle, wo man im nassen Schlamm hinunterrutschen konnte, aber da war ein Stacheldrahtzaun, der die Grenze zum Nachbargrundstück markierte, und dann …

»Lolo!«

Wenn meine Mutter die Geschichte erzählt, lacht sie an dieser Stelle, das Lachen einer Mutter, die ihrem Kind längst verziehen hat. Ihre Stimme verändert sich aber, wenn sie auf Lolo zu sprechen kommt, denn der fand, dass die Sache bis zum nächsten Morgen Zeit habe, woraufhin meine Mutter unseren einzigen Nachbarn, der ein Auto besaß, inständig anflehte, uns ins Krankenhaus zu fahren. Als wir dort ankamen, brannte dort kaum ein Licht, in der Aufnahme war weit und breit niemand zu sehen. Mit lauten Schritten lief meine Mutter die Eingangshalle entlang, bis sie in einem Nebenzimmer schließlich auf zwei junge Männer in Boxershorts stieß, die Domino spielten. Auf ihre Frage, wo ein Arzt sei, antworteten die beiden munter: »Wir sind die Ärzte« und spielten erst ihre Partie zu Ende, bevor sie in ihre Hosen stiegen und meine Wunde mit zwanzig Stichen nähten, von denen mir eine unschöne Narbe geblieben ist. Überhaupt wurde meine Mutter nie das Gefühl los, dass ihr Kind aus diesem Leben einfach verschwinden konnte, wenn sie nicht aufpasste – niemand in ihrer Umgebung würde es bemerken, dafür waren die Leute zu sehr mit dem eigenen Überleben beschäftigt. Im Zweifelsfall würde sie viel Mitgefühl erfahren, aber niemanden an ihrer Seite haben, der wie sie überzeugt war, gegen ein bedrohliches Schicksal kämpfen zu müssen.

Es waren zunehmend solche Themen, nicht so sehr konkrete Aspekte wie Schulbücher oder das Gesundheitswesen, die im Mittelpunkt ihres Unterrichts standen. »Als Erwachsener brauchst du Werte«, lautete eine ihrer Lektionen.

Ehrlichkeit – Lolo hätte den Kühlschrank nicht vor den Steuerbeamten verstecken sollen, auch wenn jedermann (einschließlich der Beamten) das für ganz normal hielt. Fairness – reiche Eltern sollten den Lehrern ihrer Kinder zum Ramadan keinen Fernsehapparat schenken, ihre Kinder sollten nicht stolz sein auf die besseren Noten, die sie dann vielleicht bekommen. Offenheit – wenn dir das Hemd nicht gefällt, das ich dir zum Geburtstag geschenkt habe, hättest du das sagen sollen, statt es im hintersten Winkel deines Kleiderschranks zu verstecken. Selbständiges Denken – nur weil die anderen Kinder diesen armen Kleinen wegen einer Frisur hänseln, musst du das nicht auch tun.

Es war, als konnte meine Mutter hier in der Fremde, weitab von Enge und Heuchelei, die Qualitäten des Mittleren Westens hochhalten und sie mir in destillierter Form präsentieren. Das Problem war nur, dass sie ihren Ermahnungen kaum Nachdruck verleihen konnte. Jedes Mal nickte ich pflichtschuldig, aber sie muss gewusst haben, dass ihre Vorstellungen ziemlich unpraktisch waren. Lolo hatte die Armut, die Korruption, das Sicherheitsbedürfnis nur erklärt, nicht verursacht. Alles blieb, wie es war, so dass ein tiefer Skeptizismus in mir entstand. Dass meine Mutter an diese Tugenden glaubte, setzte einen Glauben voraus, den ich nicht besaß, einen Glauben, den sie nicht als religiös bezeichnet hätte, der im Gegenteil, das sagte ihr ihre Erfahrung, etwas Ketzerisches hatte: die Überzeugung, dass vernünftige, reflektierte Menschen ihr Schicksal in die Hand nehmen können. In einem Land, in dem das Elend nur mit Fatalismus zu ertragen war, in dem letzte Wahrheiten und realer Alltag streng voneinander geschieden waren, kämpfte meine Mutter einsam für säkularen Humanismus und demokratische Werte.

Sie hatte nur einen einzigen Verbündeten, und das war die ferne Autorität meines Vaters. Immer öfter erzählte sie mir von ihm – dass er in Armut aufgewachsen war, arm in einem armen Land, in einem armen Kontinent, dass er es schwer gehabt hatte, mindestens so schwer wie Lolo. Er hatte aber keine krummen Sachen gemacht und auch keine Beziehungen spielen lassen. Er war fleißig und ehrlich, was es auch kosten möge. Er hatte sich an Grundsätzen orientiert, die eine andere Art Härte verlangten, eine höhere Form von Macht versprachen. Seinem Vorbild würde ich folgen, befand meine Mutter. Ich hätte gar keine andere Wahl, es liege in den Genen.

»Die Augenbrauen hast du von mir..., dein Vater hat dünne, kleine Augenbrauen, die nicht viel hermachen. Aber den Verstand, den Charakter, das hast du von ihm.«

Ihre Botschaft umfasste alle Schwarzen. Sie kam mit Büchern über die Bürgerrechtsbewegung nach Hause, mit Platten von Mahalia Jackson, mit den Reden von Martin Luther King. Wenn sie von Südstaatenkindern erzählte, die mit Lehrmaterial vorliebnehmen mussten, das ihnen von reicheren weißen Schulen überlassen worden war, später aber Ärzte und Anwälte und Wissenschaftler wurden, schämte ich mich meiner Unlust, so früh aufzustehen und zu lernen. Wenn ich von meinen indonesischen Pfadfinderfreunden erzählte, die vor dem Präsidenten paradierten, erzählte sie mir von einem anderen Marsch gleichaltriger Kinder, einer Demonstration für Freiheit. Jeder Schwarze war ein Thurgood Marshall oder ein Sidney Poitier, jede Schwarze eine Fannie Lou Hamer oder eine Lena Horne. Schwarz sein hieß, Erbe eines großen Vermächtnisses zu sein, eines besonderen Schicksals, einer glanzvollen Bürde, die zu tragen nur wir stark genug seien.

Und wir sollten dieses Erbe mit Würde tragen. Mehr als einmal sagte meine Mutter: »Harry Belafonte ist der attraktivste Mann der Welt.«

In diesem Zusammenhang stieß ich auf das Foto des Schwarzen, der versucht hatte, sich eine neue Haut zuzulegen. Ich stelle mir andere schwarze Kinder vor, die ähnliche Momente der Erkenntnis hatten und heute noch haben. Vielleicht kommt es bei den meisten früher –

die Warnung der Eltern, bestimmte Viertel zu meiden, oder der Frust, nicht so glattes Haar zu haben wie Barbie, sosehr man es auch zieht oder kämmt, oder die Erzählungen von Vater oder Großvater, die von ihren Demütigungen durch Vorgesetzte oder Polizisten berichten, während man selbst angeblich schläft. Vielleicht können Kinder schlechte Nachrichten besser in dosierter Menge verarbeiten, so dass sich gewissermaßen körpereigene Abwehrkräfte bilden. Ich selbst gehöre vermutlich zu den Glücklicheren, da ich viele Jahre meiner Kindheit frei von Selbstzweifeln verbringen durfte.

Für mich war dieses Foto, dieser Zeitschriftenartikel eine schlimme Attacke, gleichsam aus dem Hinterhalt. Meine Mutter hatte mich vor bigotten Personen gewarnt, unwissenden, ungebildeten Leuten, denen man am besten aus dem Weg geht. Wenn ich auch noch keinen Begriff von meiner Sterblichkeit hatte, so wusste ich dank Lolo, dass man durch Krankheiten und Unfälle zum Krüppel werden kann und Besitz vergänglich ist. Ich konnte bei anderen Habgier und Brutalität erkennen, mitunter sogar in mir. Aber dieses eine Foto hatte mir noch etwas anderes vermittelt: dass es einen unsichtbaren Feind gab, der mich packen konnte, ohne dass es jemand merkte, nicht einmal ich selbst. An diesem Tag, als ich nach diesem Erlebnis in der Botschaftsbibliothek nach Hause kam, ging ich ins Bad und schaute in den Spiegel. Ich sah aus wie immer, alles war intakt. Ich fragte mich, ob etwas mit mir nicht stimmte. Die Alternative war nicht weniger beunruhigend – dass die Erwachsenen in meiner Umgebung verrückt waren.

Diese erste Besorgnis legte sich, und das restliche Jahr in Indonesien verbrachte ich nicht anders als die Zeit davor. Ich bewahrte mir ein Selbstvertrauen, das nicht immer gerechtfertigt war, und eine unbändige Freude an dummen Streichen. Aber mein Blick hatte sich gründlich verändert. Bei den importierten Fernsehshows, die abends liefen, fiel mir nun auf, dass Cosby in *I Spy* nie das Girl bekam und dass der Schwarze in *Mission Impossible* seine ganze Zeit im Untergrund verbrachte. Mir fiel auf, dass in dem Weihnachtskatalog von Sears Roebuck, den die Großeltern uns geschickt hatten, niemand so aussah wie ich und dass der Weihnachtsmann ein Weißer war.

Ich behielt diese Beobachtungen für mich, denn ich war überzeugt, dass meine Mutter derlei Dinge nicht sah oder sie mich schützen wollte und dass es nicht recht gewesen wäre, ihre Bemühungen als gescheitert hinzustellen. Ihrer Liebe war ich mir sicher, doch ich musste erkennen, dass ihr Blick auf die Welt und den Platz, den mein Vater darin einnahm, unvollständig war.

3

Es dauerte eine ganze Weile, bis ich sie erkannte. Als die Schiebetüren aufgingen, sah ich hinter der Absperrung zuerst nur eine einzige Ansammlung fröhlicher, suchender Gesichter. Schließlich bemerkte ich ganz hinten in der Menge einen hochgewachsenen, silberhaarigen Mann und neben ihm, kaum zu sehen, eine kleine, eulenhafte Frau. Beide winkten mir zu, doch ehe ich zurückwinken konnte, verschwanden sie hinter der Milchglasscheibe.

Mein Blick ging zum vorderen Ende der Warteschlange am Zoll, wo eine chinesische Familie offenbar Probleme hatte. Sie waren in Hongkong zugestiegen, eine lebendige Schar. Der Vater hatte die Schuhe ausgezogen und war im Gang auf und ab gelaufen, die Kinder waren über die Sitze geklettert, Mutter und Großmutter horteten Kissen und Decken und plauderten unablässig. Nun standen sie alle da, versuchten sich unsichtbar zu machen und verfolgten stumm, wie die Zollbeamten mit provozierender Gelassenheit ihre Pässe studierten und das Gepäck durchwühlten. Der Vater erinnerte mich irgendwie an Lolo. Ich schaute auf die Holzmaske, die ich in der Hand hatte, ein Geschenk des indonesischen Kopiloten, eines Bekannten meiner Mutter, der mich unter seine Fittiche genommen hatte, während Lolo und meine Schwester Maya an der Sperre standen und mir nachsahen. Ich schloss die Augen und hielt mir die Maske vors Gesicht. Sie roch nach Zimt und Nüssen, und meine Gedanken gingen zurück, über das weite Meer und die Wolken bis zum violetten Horizont, dorthin, wo ich die letzten Jahre verbracht hatte ...

Plötzlich rief jemand meinen Namen. Ich ließ die Maske sinken, tauchte aus meinen Träumen auf und sah meine Großeltern, die mir aufgeregt zuwinkten. Diesmal winkte ich zurück, und dann hielt ich mir die Maske wieder vors Gesicht und wackelte mit dem Kopf. Die Großeltern lachten und zeigten auf mich und winkten wieder, bis der Zollbeamte mir schließlich auf die Schulter tippte und fragte, ob ich Amerikaner sei. Ich nickte und reichte ihm meinen Pass.

»In Ordnung«, sagte er und forderte die chinesische Familie auf, mich vorbeizulassen.

Die Schiebetür hinter mir ging wieder zu. Toot schloss mich in die Arme und legte mir einen Kranz aus Bonbons und Kaugummi um den Hals. Gramps legte mir einen Arm um die Schulter und sagte, dass die Maske ganz toll sei. Gemeinsam gingen wir hinaus zu ihrem neuen Wagen, und Gramps zeigte mir, wie man die Klimaanlage einstellte. Wir fuhren den Highway entlang, vorbei an Schnellrestaurants und billigen Motels und Gebrauchtwagenhändlern, die ihre Stellplätze mit Lichterketten dekoriert hatten. Ich erzählte von meinem Flug und von Djakarta. Gramps berichtete, was es zu meinem Empfang zu essen geben würde. Toot meinte, dass ich neue Anziehsachen für die Schule brauchte.

Plötzlich hörte die Unterhaltung auf. Mir wurde klar, dass ich bei Fremden wohnen würde.

Das neue Arrangement hatte sich zunächst gar nicht so schlecht angehört. Ich sollte in Amerika auf die Schule gehen, hatte meine Mutter erklärt. Die Lektionen meines Fernlehrgangs hätte ich durchgearbeitet. Sie und Maya würden bald nachkommen, in spätestens einem Jahr, und sie wolle versuchen, über Weihnachten bei uns zu sein. Sie erinnerte mich an den schönen Sommer, den ich bei den Großeltern verbracht hatte, an die Eiskrem, die Cartoons, die Tage am Strand. »Und du musst nicht früh um vier aufstehen«, sagte sie, ein Aspekt, den ich sehr verlockend fand.

Erst jetzt, da ich mich auf einen unbegrenzten Aufenthalt einzurichten begann und meine Großeltern in ihrem Alltag beobachtete, merkte ich, wie sehr sich die beiden verändert hatten. Nachdem meine Mutter und ich abgereist waren, hatten sie das große Haus unweit der Universität verkauft und waren in eine Wohnanlage in der Beretania Street gezogen, in ein Apartment mit zwei Schlafzimmern. Gramps arbeitete nicht mehr als Möbelverkäufer, sondern für eine Lebensversicherung, aber da er von seinem Job nicht überzeugt war und auf Ablehnung sehr empfindlich reagierte, gingen die Geschäfte schlecht. Jeden Sonntagabend wurde er missmutig, wenn er seine Aktentasche nahm und den Fernseher zurechtrückte und jede Ablenkung nutzte, bis er uns schließlich aus dem Wohnzimmer scheuchte und am Telefon Termine mit potentiellen Kunden vereinbaren wollte. Manchmal schlich ich auf Zehenspitzen in die Küche, um etwas zu trinken, und dann hörte ich die Verzweiflung in seiner Stimme, das anschließende Schweigen, wenn der Kunde erklärte, warum Donnerstag nicht passe und Dienstag auch nicht, und Großvater dann mit einem tiefen Seufzer auflegte und die Unterlagen in seinem Schoß durchblätterte wie ein Kartenspieler, der ein ganz mieses Blatt hat.

Schließlich lenkten manche Leute ein, der Kummer legte sich, und Gramps kam in mein Zimmer, um mir aus seiner Jugend zu erzählen oder den letzten Witz, den er in *Reader's Digest* gelesen hatte. Wenn seine Anrufe besonders erfolgreich verlaufen waren, sprach er vielleicht über ein Projekt, das er sich ausgedacht hatte – den Gedichtband, den er angefangen hatte, die Skizze, die er zu einem Gemälde ausarbeiten würde, den Grundriss seines idealen Hauses, das natürlich mit den modernsten technischen Geräten ausgestattet war und einen terrassierten Garten hatte. Je unwahrscheinlicher seine Vorhaben, desto kühner wurden sie, aber ich erkannte in ihnen seine alte Begeisterung und bemühte mich, ihm Fragen zu stellen, die seine gute Laune nachhaltig stärken würden. Während einer dieser Präsentationen bemerkten wir plötzlich, dass Toot mit vorwurfsvollem Blick draußen auf dem Flur stand.

»Was gibt's, Madelyn?«

»Bist du fertig mit deinen Anrufen?«

»Jawohl, ich bin fertig mit meinen Anrufen, Madelyn. Es ist zehn Uhr.«

»Reg dich nicht auf, Stanley. Ich wollte nur wissen, ob ich in die Küche kann.«

»Ich reg mich nicht auf! Du lieber Himmel, ich versteh nicht, warum...« Aber bevor er zu Ende sprechen konnte, hatte Toot sich schon in ihr Schlafzimmer zurückgezogen, und Gramps verließ bedrückt und verärgert mein Zimmer.

Ich gewöhnte mich an diese Auseinandersetzungen, denn die Argumente meiner Großeltern folgten einem eingefahrenen Muster, dem die selten angesprochene Tatsache zugrunde lag, dass sie mehr Geld verdiente als er. Sie war als erster weiblicher Vizechef einer lokalen Bank eine Art Wegbereiter, und obwohl Gramps oft sagte, dass er sie und ihre Karriere stets unterstützt habe, führte ihre Berufstätigkeit zu bitterem Streit zwischen ihnen, denn mit seinen Prämien trug Gramps immer weniger zum gemeinsamen Haushalt bei.

Nicht, dass Toot ihren Erfolg vorausgesehen hätte. Sie hatte, ohne studiert zu haben, als Sekretärin angefangen, um die Familie nach meiner unerwarteten Geburt finanziell zu unterstützen. Doch sie war intelligent, von rascher Auffassungsgabe und belastbar. Sie hatte allmählich Karriere gemacht, bis zu der Schwelle, jenseits derer es auf andere Dinge ankam als auf Kompetenz. Dort harrte sie zwanzig Jahre aus, nahm nur selten Urlaub und musste mit ansehen, wie sie überholt wurde von ihren männlichen Kollegen, die sich zwischen Golfplatz und Club Informationen zuschanzten und am Ende reich wurden.

Meine Mutter fand, dass sie der Bank einen derart himmelschreienden Sexismus nicht durchgehen lassen dürfe. Doch Toot entgegnete nur, dass jeder einen Grund finde, sich über irgendetwas zu beklagen. Sie beklagte sich nicht. Jeden Morgen um fünf stand sie auf und tauschte den bequemen Muu-Muu, in dem sie zu Hause herumlief, gegen Kostüm und Pumps ein. Mit gepudertem Gesicht, die dünner werdenden Haare toupiert, stand sie um halb sieben an der Bushaltestelle, um als Erste in der Bank zu sein. Manchmal sprach sie darüber, wie stolz sie auf ihre Arbeit war, und weihte uns in die Geheimnisse der lokalen Finanzwelt ein. Später verriet sie mir aber, dass sie immer von einer Villa mit weißem Zaun geträumt hatte, von einem Dasein als Hausfrau, die backen oder Bridge spielen oder in der Bücherei aushelfen würde. Dieses Eingeständnis überraschte mich, denn sie sprach nur selten von Hoffnungen oder Enttäuschungen. Doch ob sie sich ein anderes Leben gewünscht hätte oder nicht, irgendwann begriff ich, dass ihre berufliche Entwicklung in einer Zeit stattfand, in der die Berufstätigkeit der Frau nichts war, dessen man sich rühmte, weder für sie noch für Gramps – es waren bloß verlorene Jahre, enttäuschte Versprechungen. Dass sie durchhielt, war den Bedürfnissen ihrer Enkelkinder und dem Gleichmut ihrer Vorfahren geschuldet.

»Solange ihr Kinder Fortschritte macht, Bar – das ist das Wichtigste«, sagte sie mehr als einmal.

Und so hatten sich meine Großeltern im Leben eingerichtet. Sie bereiteten noch immer Sashimi für ihre Gäste zu, die sie nun seltener besuchten. Gramps trug noch immer Hawaii-Hemden bei der Arbeit, und Toot wollte noch immer mit Toot angeredet werden. Ansonsten waren die Ziele, deretwegen sie nach Hawaii gegangen waren, allmählich verblasst, und der Alltag – Termine und Freizeit und Wetter – wurde ihr wichtigster Trost. Gelegentlich klagten sie darüber, dass die Japaner die Insel in Besitz genommen hätten, die Chinesen die Finanzen kontrollierten. Während der Watergate-Hearings entlockte meine Mutter den beiden das Geständnis, dass sie 1968 für den Hardliner Nixon gestimmt hatten. Wir gingen nicht mehr gemeinsam an den Strand, unternahmen keine Wanderungen mehr, abends saß Gramps vor dem Fernseher, während Toot in ihrem Zimmer Kriminalromane las. Neue Gardinen oder ein großer Kühlschrank – das waren nun ihre wichtigsten Freuden. Es war, als hätten sie die Befriedigung ausgelassen, die das mittlere Alter bietet, das Zusammengehen von Reife und verbleibender Lebenszeit, von Energie und Wohlstand, das befreiende Gefühl, etwas erreicht zu haben. Irgendwann hatten sie beschlossen, sich mit dem abzufinden, was ihnen geblieben war. Sie hatten keine Ziele mehr.

Der Sommer näherte sich seinem Ende, und ich konnte es kaum erwarten, wieder zur Schule zu gehen. Mir kam es vor allem darauf an, gleichaltrige Freunde zu finden, doch für meine Großeltern signalisierte meine Aufnahme an die Punahou Academy den Beginn einer bedeutenden Sache, die das Ansehen der ganzen Familie hob, und sie erzählten es überall mit großem Stolz. Punahou, 1841 von Missionaren gegründet, hatte sich zu einer renommierten Schule entwickelt, auf der die Elite Hawaiis ausgebildet wurde. Das Ansehen dieser Institution war ausschlaggebend für den Entschluss meiner Mutter, mich in die Staaten zurückzuschicken. Es sei nicht leicht, mich dort unterzubringen, hatten meine Großeltern ihr mitgeteilt. Es gab eine lange Warteliste, und ich wurde nur berücksichtigt, weil Gramps' Chef, selber Absolvent dieser Schule, sich für mich verwendet hatte (meine erste Begegnung mit *affirmative action* hatte also nichts mit meiner Hautfarbe zu tun).

Im vorangegangenen Sommer hatte ich mehrere Gespräche mit der Zulassungsbeauftragten der Schule geführt, einer energischen Frau, die mich über meine Berufsziele ausfragte und nichts dabei zu finden schien, dass ich mit den Füßen kaum den Boden berührte. Nach dem Gespräch lud sie mich und Gramps zu einem Rundgang durch den Schulkomplex ein, ein weitläufiges Areal mit viel Rasen und schattigen Bäumen, auf dem altmodische Schulgebäude und moderne Kästen aus Glas und Stahl standen. Es gab Tennisplätze, Schwimmbecken und Fotoateliers. Gramps nahm mich beiseite und flüsterte:

»Mensch, Bar, das ist keine Schule! Das hier ist das Paradies! Wer weiß, vielleicht drücke ich mit dir die Schulbank.«

Zusammen mit meiner Aufnahmebestätigung war ein dicker Stapel von Informationsunterlagen eingetroffen, die Toot eines Sonntags aufmerksam studierte. »Willkommen in Panahou«, verkündete der Brief. Mir wurde ein Spind zur Verfügung gestellt, ich würde (falls wir nicht ein bestimmtes Kästchen ankreuzten) an den gemeinsamen Mahlzeiten teilnehmen, und auf einer Liste standen all die Dinge, die anzuschaffen waren – eine Uniform für den Sportunterricht, Schere, Lineal, Zeichenstifte, ein Rechenschieber (fakultativ). Gramps vertiefte sich in den Lehrplan, ein dicker Schmöker, in dem meine schulische Entwicklung in den nächsten sieben Jahren skizziert wurde – Kurse zur Vorbereitung auf das College, außerschulische Aktivitäten, die Traditionen einer altehrwürdigen Institution. Jeder neue Punkt steigerte Gramps' Begeisterung. Mehrmals sprang er auf, den Daumen in das Buch geklemmt, lief in das Zimmer, in dem Toot gerade las, und rief: »Madelyn, hör dir das an!«

Und so kam es, dass Gramps mich an meinem ersten Schultag aufgeregt begleitete. Wir waren frühzeitig da; Castle Hall, das Haus für die Schüler der fünften und sechsten Klasse, hatte noch nicht geöffnet. Ein paar Kinder waren da und erzählten, was sie in den Sommerferien erlebt hatten. Wir saßen neben einem schmalen jungen Chinesen mit einer auffälligen Zahnspange.

»Tag«, sagte Gramps zu ihm. »Das hier ist Barry. Ich bin sein Großvater. Kannst Gramps zu mir sagen.« Er gab dem Jungen, der Frederick hieß, die Hand. »Barry ist neu hier.«

»Ich auch«, sagte Frederick. Die beiden begannen eine lebhafte Unterhaltung. Ich saß verlegen da, bis die Tür schließlich geöffnet wurde und wir die Treppe zum Klassenzimmer hinaufstiegen. An der Tür gab Gramps uns beiden einen Klaps auf die Schulter. »Macht keine Dummheiten, ihr beiden«, sagte er und grinste.

»Dein Großvater ist lustig«, sagte Frederick, während Gramps sich unserer Klassenlehrerin, Miss Hefty, vorstellte.

»Ja.«

Wir saßen mit vier anderen Kindern an einem Tisch. Miss Hefty, eine energische, etwas ältere Frau mit kurzem grauem Haar, rief unsere Namen auf. Als sie zu meinem kam, ging ein Kichern durch den Raum. Frederick beugte sich zu mir.

»Ich dachte, du heißt Barry.«

»Möchtest du lieber, dass wir Barry zu dir sagen?« fragte Miss Hefty. »Barack ist doch ein wunderschöner Name. Dein Großvater hat mir gesagt, dass dein Vater Kenianer ist. Ich war mal in Kenia. Als Lehrerin, habe Kinder in deinem Alter unterrichtet. Es ist ein schönes Land. Weißt du, aus welchem Stamm dein Vater ist?«

Diese Frage löste noch mehr Kichern aus. Einen Moment war ich sprachlos. Als ich schließlich »Luo« sagte, wiederholte ein blonder Junge hinter mir das Wort, plärrte es hinaus, so dass die anderen laut loslachten. Erst nach einer strengen Ermahnung durch Miss Hefty beruhigten sie sich, und der Nächste konnte aufgerufen werden.

Den Rest des Tages verbrachte ich wie betäubt. Ein rothaariges Mädchen, das mich fragte, ob sie mein Haar berühren dürfe, guckte beleidigt, als ich ablehnte. Ein pausbäckiger Junge wollte wissen, ob mein Vater Menschen fresse. Als ich nach Hause kam, machte Großvater gerade Abendessen.

»Na, wie war's? Ist es nicht toll, dass Miss Hefty in Kenia gelebt hat? Das hat dir den Einstieg bestimmt erleichtert.«

Ich ging in mein Zimmer und schloss mich ein.

Die Klasse gewöhnte sich bald an den Neuen, während mein Gefühl, nicht dazuzugehören, immer stärker wurde. Die Sachen, die Gramps und ich ausgesucht hatten, waren zu unmodern, die indonesischen Sandalen, die mir in Djakarta so gute Dienste geleistet hatten, waren schäbig. Die meisten meiner Klassenkameraden kannten sich seit der Kindergartenzeit, sie wohnten in demselben Viertel, in Terrassenhäusern mit Swimmingpool, ihre Väter trainierten Teams in der Little League, ihre Mütter organisierten Wohltätigkeitsbasare. Niemand spielte Fußball oder Badminton oder Schach, und ich hatte keine Ahnung, wie man einen Football mit Spin wirft oder Skateboard fährt. Für einen Zehnjährigen ein Alptraum.

Aber so unwohl ich mich in diesem ersten Monat auch fühlte, es ging mir nicht schlechter als den anderen Kindern, die als Außenseiter galten – Mädchen, die zu groß oder zu schüchtern waren, der leicht hyperaktive Junge, die Kids, die wegen Asthma vom Sportunterricht befreit waren.

Ein Mädchen in meiner Klasse erinnerte mich aber an eine andere Art Schmerz. Coretta, so hieß sie, war bis dahin die einzige Schwarze in der Klasse gewesen. Sie war dick und hatte wohl nicht viele Freunde. Vom ersten Tag an gingen wir uns aus dem Weg, beobachteten uns aber von weitem, als ob direkter Kontakt uns nur noch eindringlicher an unser Isoliertsein erinnern würde.

Eines heißen, wolkenlosen Tages standen wir während der Pause in einer Ecke des Schulhofs. Ich weiß nicht mehr, was wir sagten, aber ich erinnere mich, dass Coretta plötzlich zu einer Verfolgungsjagd auf mich ansetzte, vorbei an den Klettergerüsten und den Seilen. Sie lachte unbeschwert, ich neckte sie und schlug Haken, bis sie mich schließlich erwischte und wir keuchend zu Boden fielen. Als ich aufsah, erkannte ich gegen die grelle Sonne einige Kinder, die auf uns zeigten.

»Coretta hat einen Freund! Coretta hat einen Freund!«

Die Rufe wurden lauter, immer mehr Kinder kamen herbeigelaufen.

»Sie ist nicht meine F-freundin!« stotterte ich. Ich sah Coretta hilfesuchend an, aber sie stand nur da und schaute zu Boden.

»Coretta hat einen Freund! Warum küsst du sie nicht, los, mach schon!«

»Ich bin nicht ihr Freund!« rief ich. Ich lief zu Coretta und versetzte ihr einen kleinen Schubs, sie wich zurück und sah mich an, sagte aber noch immer kein Wort. »Lasst mich in Ruhe!« rief ich wieder. Und plötzlich lief Coretta los, immer schneller, bis sie schließlich nicht mehr zu sehen war. Anerkennendes Lachen ringsum. Dann ertönte die Glocke, und die Lehrer scheuchten uns wieder zurück in die Klassenzimmer.

Den ganzen Nachmittag musste ich an Corettas Gesichtsausdruck denken, diese Mischung aus Enttäuschung und Vorwurf. Ich wollte ihr erklären, dass es nichts mit ihr zu tun hatte, ich hatte noch nie eine Freundin gehabt, warum sollte ich jetzt eine haben. Aber ich hätte nicht einmal sagen können, ob das stimmte. Ich wusste nur, dass es für Erklärungen zu spät, dass ich auf die Probe gestellt worden war und versagt hatte; und sooft ich zu Coretta hinüberblickte, beugte sie sich über ihr Heft, als wäre nichts passiert, in sich gekehrt, anspruchslos.

Mein Verrat verschaffte mir einen gewissen Freiraum gegenüber den anderen Kindern, die mich, genau wie Coretta, meist in Ruhe ließen. Ich schloss Freundschaften, gewöhnte mir an, mich während des Unterrichts nicht so oft zu melden, und lernte auch, wie man einen Football wirft. Doch ein Teil von mir fühlte sich seit diesem Tag gedemütigt und unfrei. Zuflucht suchte ich im Leben meiner Großeltern. Nach der Schule ging ich zu Fuß nach Hause. Wenn ich etwas Kleingeld dabeihatte, blieb ich bei einem Zeitungskiosk stehen, dessen Besitzer, ein Blinder, mir berichtete, welche Comics gerade neu eingetroffen waren. Gramps war zu Hause, und während er sein Nachmittagsschläfchen hielt, schaute ich fern. Um halb fünf weckte ich ihn, und dann fuhren wir los, um Toot von der Arbeit abzuholen. Meine Hausaufgaben machte ich vor dem Abendessen, das wir vor dem Fernseher einnahmen. Dort blieb ich den ganzen Abend sitzen, verhandelte mit Gramps, welche Sendung wir sehen wollten, und wir probierten noch den neuesten Snack, den er im Supermarkt entdeckt hatte. Um zehn ging ich in mein Zimmer (zu dieser Zeit lief Johnny Carson, doch da gab es kein Verhandeln mehr), und zu den Songs der Top 40 im Radio schlief ich allmählich ein.

Die amerikanische Konsumkultur glich einem weichen, verständnisvollen Busen, an dem ich mich geborgen fühlte. Es schien, als wäre ich in einen tiefen Winterschlaf gefallen. Manchmal frage ich mich, wie lange ich weitergeschlafen hätte, wenn nicht eines Tages das Telegramm gekommen wäre.

»Dein Vater kommt auf Besuch«, sagte Toot. »Nächsten Monat. Zwei Wochen nach deiner Mutter. Sie wollen über Neujahr bleiben.«

Sie faltete das Telegramm sorgfältig zusammen und legte es in eine Küchenschublade. Sie und Gramps schwiegen, wie Leute vielleicht reagieren, die erfahren, dass sie eine ernste, aber heilbare Krankheit haben. Wir standen einfach da, jeder in seinen Gedanken, und es schien, als wäre für einen Moment alle Luft aus dem Zimmer gewichen.

»Also«, sagte Toot schließlich, »wir sollten uns wohl um eine Übernachtungsmöglichkeit für ihn kümmern.«

Gramps setzte die Brille ab und rieb sich die Augen.

»Wird ja ein tolles Weihnachtsfest.«

Während der Mittagspause erzählte ich ein paar Jungen, dass mein Vater ein Prinz sei.

»Mein Großvater ist ein Häuptling, sozusagen der König des Stammes, versteht ihr..., wie bei den Indianern. Mein Vater ist also ein Prinz. Wenn mein Großvater stirbt, wird er sein Nachfolger.«

»Und du?« fragte einer meiner Freunde, während wir unsere Tabletts zurückstellten. »Ich meine, gehst du irgendwann zurück und wirst Prinz?«

»Tja..., wenn ich wollte, ginge das vermutlich. Es ist nicht so einfach, denn es gibt lauter Krieger im Stamm. Obama bedeutet ja auch ›Brennender Speer‹. In unserem Stamm wollen alle Männer Häuptling sein, mein Vater muss dieses Problem also vorher lösen, ehe ich zurückkehren kann.«

Während diese Worte aus mir heraussprudelten und ich spürte, wie die Jungen mich anders ansahen, neugieriger und offener, begann ein Teil von mir, diese Geschichte wirklich zu glauben. Ein anderer Teil wusste, dass es gelogen war, konstruiert aus den Informationen, die ich von meiner Mutter aufgeschnappt hatte. Nach der Woche mit meinem Vater hatte ich beschlossen, dass mir sein Bild lieber war, ein Bild, das ich beliebig abändern oder notfalls auch ignorieren konnte. Wenn mein Vater mich nicht enttäuscht hatte, so blieb er doch ein Unbekannter, wenig konkret und irgendwie auch bedrohlich.

In den Tagen vor seiner Ankunft hatte meine Mutter schon meine wachsende Unruhe gespürt – in der sich vielleicht auch ihre eigene spiegelte. Und während sie das Apartment vorbereitete, das sie für ihn gemietet hatten, versicherte sie mir wiederholt, dass es ein wunderbares Wiedersehen werde, ich solle mir keine Sorgen machen. All die Jahre, die wir in Indonesien gelebt hatten, hätten sie in Briefkontakt gestanden, er sei über meine Entwicklung auf dem Laufenden. Mein Vater hatte, genau wie meine Mutter, ein zweites Mal geheiratet. Ich hatte nun in Kenia fünf Brüder und eine Schwester. Er hatte nach einem schweren Verkehrsunfall lange im Krankenhaus gelegen und war fast wiederhergestellt.

»Ihr werdet euch gut verstehen«, sagte meine Mutter.

Sie berichtete aber nicht nur von meinem Vater, sondern erzählte mir auch viel von Kenia und der Geschichte des Landes – den Namen »Brennender Speer« hatte ich in einem Buch über Jomo Kenyatta gefunden, den ersten Präsidenten. Doch all das änderte nichts an meinen Zweifeln, und die meisten Dinge, die sie mir erzählte, hatte ich im nächsten Moment schon vergessen. Nur einmal weckte sie mein Interesse – als sie erzählte, dass der Stamm meines Vaters, die Luo, ein nilotisches Volk sei, das von seinem ursprünglichen Siedlungsort am Ufer des größten Stroms der Welt nach Kenia gewandert war. Das fand ich spannend. Großvater hatte noch ein Bild, das er früher gemalt hatte, eine Darstellung schlanker, bronzefarbener Ägypter auf einem goldenen Streitwagen, der von Alabasterpferden gezogen wurde. Vor mir entstanden Bilder vom alten Ägypten, von den großen Reichen, über die ich gelesen hatte, von Pyramiden und Pharaonen, von Nofretete und Kleopatra.

Eines Samstags ging ich in unsere Bücherei, wo ich mit Hilfe eines alten Bibliothekars, der meine Ernsthaftigkeit lobte, einen Band über Ostafrika fand. Über die Pyramiden stand aber nichts darin. Und die Luo wurden nur am Rand erwähnt. Der Begriff Niloten, hieß es da, gelte für eine Reihe von Nomadenstämmen, die ursprünglich am Weißen Nil, im Sudan, ansässig gewesen waren. Die Luo seien Viehzüchter und wohnten in Lehmhütten und ernährten sich von Getreide, Yams und Hirse. Ihre traditionelle Bekleidung sei ein Lendenschurz aus Fell. Ich ließ das Buch aufgeschlagen auf einem Tisch liegen und ging hinaus, ohne mich bei dem Bibliothekar bedankt zu haben.

Schließlich kam der große Tag. Miss Hefty ließ mich früher gehen und wünschte mir alles Gute. Als ich die Schule verließ, fühlte ich mich wie ein Sträfling. Meine Beine waren schwer, und mit jedem Schritt in Richtung großelterlicher Wohnung klopfte mein Herz lauter. Ich betrat den Fahrstuhl und stand da, war nicht imstande, einen Knopf zu drücken. Die Tür schloss sich, ging dann wieder auf, ein älterer Filipino kam herein, der im vierten Stock wohnte.

»Dein Großvater hat mir erzählt, dass dein Vater auf Besuch kommt«, sagte er freundlich. »Da freust du dich bestimmt.«

Dann stand ich vor der Wohnungstür, blickte über die Skyline von Honolulu, bis zu einem Schiff am Horizont, und schaute dann in den Himmel, sah den umherschwirrenden Spatzen zu – und wäre am liebsten weggelaufen. Schließlich klingelte ich. Toot öffnete die Tür.

»Da ist er! Komm rein, Bar ..., dein Vater ist schon da!«

Und dort, mitten im dunklen Korridor, stand er, eine dunkle Gestalt, die leicht humpelnd auf mich zukam. Er beugte sich herunter und umarmte mich, während ich die Arme steif hängen ließ. Hinter ihm stand meine Mutter, deren Kinn wie üblich zitterte.

»Barry«, sagte mein Vater, »wie schön, dich nach so langer Zeit zu sehen. Wie schön!«

Er führte mich an der Hand ins Wohnzimmer, wir setzten uns alle.

»Deine Großmama sagt, dass du in der Schule ziemlich gut bist.«

Ich zuckte mit den Schultern.

»Ich glaube, er ist ein bisschen verlegen«, warf Toot ein und strich mir über den Kopf.

»Ach was«, sagte mein Vater, »gute Leistungen sind nichts, wofür man sich schämen muss. Hab ich dir erzählt, dass deine Geschwister auch sehr gut in der Schule sind? Es liegt wohl im Blut«, sagte er und lachte.

Ich beobachtete ihn, während die Erwachsenen miteinander sprachen. Er war viel dünner, als ich erwartet hatte, die Knie zeichneten sich spitz unter den Hosenbeinen ab. Ich konnte mir nicht vorstellen, dass er die Kraft hatte, jemanden hochzuheben. Neben ihm an der Wand lehnte ein Spazierstock mit einem Knauf aus Elfenbein. Er trug einen blauen Blazer, weißes Hemd und eine dunkelrote breite Krawatte. In den Gläsern seiner Hornbrille spiegelte sich das Licht, so dass ich seine Augen nicht gut sehen konnte, doch als er die Brille absetzte und sich den Nasenrücken rieb, sah ich, dass sie einen etwas gelblichen Ton hatten, wie bei jemandem, der schon öfters Malaria hatte. Er wirkte zerbrechlich. Wenn er sich eine Zigarette anzündete oder nach seinem Bier griff, machte er sehr langsame Bewegungen. Nach etwa einer Stunde erklärte meine Mutter, dass er müde aussehe und sich ein wenig hinlegen solle, womit er sofort einverstanden war. Bevor er ging, holte er seine Reisetasche und entnahm ihr drei Holzfiguren – einen Löwen, einen Elefanten und einen ebenholzschwarzen Mann in Stammeskleidung, der eine Trommel schlägt – und gab sie mir.

»Bedanke dich, Bar«, sagte meine Mutter.

»Danke schön«, murmelte ich.

Mein Vater und ich starrten auf die Figuren in meinen Händen. Er legte mir die Hand auf die Schulter.

»Sind nur Kleinigkeiten«, sagte er sanft. Dann nickte er Gramps zu, und gemeinsam gingen sie mit seinem Gepäck hinunter in das andere Apartment.

Einen ganzen Monat verbrachten wir miteinander, abends zu fünft im großelterlichen Wohnzimmer, tagsüber bei Ausflügen oder kurzen Spaziergängen zu den Erinnerungsorten einer Familie: dorthin, wo einmal das Wohnheim meines Vaters gestanden hatte, zum Krankenhaus, in dem ich zur Welt gekommen war, zum ersten (mir unbekannten) Haus meiner Großeltern auf Hawaii. Es gab so viel zu erzählen in diesem Monat, so viel zu erklären, doch wenn ich mir die Worte meines Vaters, unsere Gespräche in Erinnerung rufen will, stelle ich fest, dass sie unauffindbar sind. Vielleicht haben sie sich allzu tief eingeprägt, seine Stimme die Saat von komplizierten Diskussionen mit mir selbst, verborgen wie die Struktur meiner Gene, so dass ich nur noch das Rauschen einer leeren Muschel höre. Meine Frau hat eine viel einfachere Erklärung – dass Söhne und Väter einander nicht viel zu sagen haben, wenn kein Vertrauen zwischen ihnen ist –, und das dürfte der Wahrheit ziemlich nahe kommen. Ich war oft stumm in Gegenwart meines Vaters, und er hat mich nie ermuntert, den Mund aufzumachen. Ich habe fast nur noch innere Bilder, die wie ferne Klänge auftauchen und wieder verblassen. Ich sehe ihn über einen von Großvaters Witzen lachen, während meine Mutter und ich Weihnachtsschmuck aufhängen; wie er, die Hand auf meiner Schulter, mich einem ehemaligen Studienkollegen vorstellt, ich sehe seine zusammengekniffenen Augen, das dünne Bärtchen, über das er streicht, während er wichtige Bücher liest.

Diese Bilder, und seine Wirkung auf andere. Sobald er sprach – die Beine übereinandergeschlagen, die großen Hände ausgestreckt, die Stimme tief und selbstsicher, schmeichelnd und lachend –, verwandelte sich seine Umgebung. Großvater wurde nachdenklicher und energischer, meine Mutter schüchterner, selbst Toot kam herbeigelaufen und diskutierte mit ihm über Politik oder Wirtschaft, wobei sie ihre Worte mit lebhaften Handbewegungen unterstrich. Es war, als hätte seine Anwesenheit den Geist früherer Zeiten geweckt, und jeder schlüpfte wieder in seine alte Rolle, als lebte Martin Luther King, als stünden die Kennedys noch immer an der Spitze der Nation, als wären Krieg, Unruhen und Hungersnot nur zeitweilige Rückschläge und als gäbe es außer der Furcht selbst nichts zu befürchten.

Diese eigentümliche Kraft meines Vaters faszinierte mich, und zum ersten Mal erschien er mir als ein konkret anwesender Mensch, vielleicht sogar als jemand, der bleiben würde. Doch schon bald spürte ich die wachsenden Spannungen. Großvater beschwerte sich, dass mein Vater seinen Sessel okkupierte. Toot murmelte beim Abwaschen, dass sie nicht anderer Leute Dienerin sei. Bei Tisch wich meine Mutter dem Blick ihrer Eltern aus. Als ich eines Abends den Fernseher anstellte, um *How The Grinch Stole Christmas* zu sehen, verwandelte sich das Flüstern in ärgerliche Ausrufe.

»Barry, du hast heute genug ferngesehen«, sagte mein Vater. »Geh in dein Zimmer und lerne. Wir Erwachsenen wollen uns unterhalten.«

Toot stand auf und stellte den Fernseher ab. »Du kannst die Sendung auch im Schlafzimmer sehen, Bar.«

»Nein, Madelyn«, sagte mein Vater. »Mir geht es um etwas anderes. Ständig hockt er vor der Glotze, jetzt muss er endlich mal etwas für die Schule tun.«

Meine Mutter gab zu bedenken, dass die Weihnachtsferien vor der Tür stünden und ich mich schon die ganze Woche gerade auf diesen Film gefreut hätte. »Es dauert doch nicht lange.«

»Unsinn, Anna. Wenn der Junge seine Hausaufgaben für morgen gemacht hat, kann er sich mit dem beschäftigen, was in den nächsten Tagen ansteht. Oder mit den Arbeiten, die nach den Ferien auf ihn warten.« Er wandte sich an mich. »Im Ernst, Barry, du musst fleißiger sein. Geh jetzt, bevor ich böse werde.«

Ich ging in mein Zimmer und knallte die Tür hinter mir zu, hörte, wie die Stimmen immer lauter wurden. Gramps bestand darauf, dass dies sein Haus sei. Toot wies meinen Vater darauf hin, dass er kein Recht habe, nach so langer Abwesenheit einfach hereingeschneit zu kommen und alle herumzukommandieren. Mein Vater entgegnete, der Junge sei verwöhnt, er brauche eine strenge Hand. Meine Mutter hielt ihren Eltern vor, dass sie zu keiner Veränderung mehr bereit seien. Wir alle mussten uns Vorwürfe anhören, und selbst nachdem mein Vater gegangen war und Toot zu mir ins Zimmer kam und sagte, dass ich die letzten fünf Minuten meines Lieblingsfilms sehen könne, hatte ich das Gefühl, als wäre etwas kaputtgegangen zwischen uns, als würden Geister aus einer alten, verschlossenen Flasche entweichen. Der Anblick des grünen Grinch auf dem Bildschirm, der Weihnachten ruinieren wollte und durch den Glauben der rehäugigen Geschöpfe von Whoville verwandelt wurde, machte mir klar, was es in Wahrheit war – eine Lüge. Ich begann, die Tage zu zählen, bis mein Vater abreisen und das Leben sich wieder normalisieren würde.

Am nächsten Tag schickte mich Toot in das Apartment, in dem mein Vater untergekommen war, um ihn zu fragen, ob er Wäsche zu waschen habe. Ich klopfte. Mein Vater, im Unterhemd, machte auf. Ich sah, dass meine Mutter gerade ein paar Sachen von ihm bügelte. Sie hatte sich die Haare zu einem Pferdeschwanz zurückgebunden, ihre Augen waren weich und dunkel, als hätte sie geweint. Mein Vater wollte, dass ich mich neben ihn auf die Bettkante setze, doch ich entgegnete, dass ich Toot helfen müsse, und ging, nachdem ich ihre Frage ausgerichtet hatte. Ich war gerade dabei, mein Zimmer aufzuräumen, als meine Mutter hereinkam.

»Sei nicht böse auf deinen Vater, Bar. Er hat dich furchtbar lieb. Manchmal ist er einfach sehr eigenwillig.«

»Schon gut«, sagte ich, ohne aufzusehen. Ich spürte, wie sie mich beobachtete. Mit einem tiefen Seufzer ging sie schließlich zur Tür.

»Das ist für dich alles bestimmt sehr schwierig«, sagte sie. »Für mich auch. Vergiss nicht, was ich dir gesagt habe, ja?« Sie legte die Hand auf den Türknauf. »Soll ich zumachen?«

Ich nickte, aber kurz darauf schaute sie schon wieder herein.

»Ich hab ganz vergessen, dir zu sagen, dass Miss Hefty deinen Vater eingeladen hat, am Donnerstag in der Schule einen kleinen Vortrag zu halten.«

Etwas Schlimmeres konnte ich mir nicht vorstellen. Die ganze Nacht und den ganzen nächsten Tag versuchte ich, nicht an das Unausweichliche zu denken: mit welchem Gesichtsausdruck meine Klassenkameraden reagieren würden, wenn mein Vater ihnen von Lehmhütten erzählte. Alle meine Lügen würden auffliegen, begleitet von Witzen und Hänseleien. Jedes Mal wenn ich daran dachte, zuckte ich zusammen, als hätte mich etwas mitten ins Mark getroffen.

Am nächsten Tag war ich noch immer dabei, mir eine Ausrede zurechtzulegen, als mein Vater das Klassenzimmer betrat. Miss Hefty hieß ihn freundlich willkommen, wir setzten uns wieder, ein paar Kindern tuschelten, was denn nun los sei. Noch verzweifelter wurde ich, als unser Mathelehrer hereinkam, Mr. Eldredge, ein hochgewachsener Hawaiianer, hinter ihm dreißig verunsichert schauende Kinder der Nachbarklasse.

»Wir haben heute etwas ganz Besonderes für euch«, hob Miss Hefty an. »Der Vater von Barry Obama ist hier, er ist aus dem fernen Kenia gekommen, aus Afrika, um uns von seinem Land zu erzählen.«

Die anderen Kinder sahen sich zu mir um, während mein Vater aufstand und ich angespannt auf einen unbestimmten Punkt auf der Tafel starrte. Erst allmählich, als er schon eine ganze Weile sprach, ließ meine Anspannung nach. Mein Vater, an Miss Heftys Eichenpult gelehnt, beschrieb die Landschaft, in der die ersten Menschen gelebt hatten. Er erzählte von den wilden Tieren, die dort noch heute herumstreiften, von den Stämmen und dass die jungen Burschen zum Beweis ihrer Männlichkeit einen Löwen töten müssten. Er sprach von den Sitten der Luo, von dem Respekt, der den Alten entgegengebracht werde, die unter mächtigen Bäumen sitzen und Recht sprechen. Und er erzählte vom Freiheitskampf der Kenianer, von den Briten, die an ihrem widerrechtlichen Kolonialregime festhalten wollten, genau wie seinerzeit in Amerika. Von den vielen Afrikanern, die nur wegen ihrer Hautfarbe versklavt wurden, genau wie in Amerika. Dass die Kenianer aber, genau wie wir Schüler, frei sein und sich durch Arbeit und Opfer entwickeln und entfalten wollten.

Miss Hefty strahlte vor Stolz, als der Vortrag meines Vaters zu Ende war. Alle meine Klassenkameraden applaudierten, und einige stellten sogar Fragen, die mein Vater ernsthaft beantwortete. Die Glocke ertönte zur Mittagspause, und Mr. Eldredge kam zu mir.

»Du hast einen ganz schön eindrucksvollen Vater.«

Der pausbäckige Junge, der mit den Kannibalen, sagte: »Dein Alter ist echt cool.«

Und ich sah Coretta, die meinen Vater beobachtete, wie er sich von einigen Kindern verabschiedete. Sie lächelte nicht, dafür war sie wohl zu konzentriert. Ihr Gesicht verriet nur Befriedigung.

Zwei Wochen später sollte mein Vater abreisen. In der Zwischenzeit stehen wir vor dem Weihnachtsbaum und posieren für Fotos, die einzigen, die ich von uns beiden habe, ich mit dem orangefarbenen Basketball, den er mir geschenkt hat, während er die Krawatte in die Kamera hält, die ich ihm geschenkt habe (»Ah, mit so einer Krawatte werden mich alle Leute für sehr wichtig halten«). Bei einem Dave-Brubeck-Konzert bemühe ich mich, ruhig neben meinem Vater zu sitzen, kann den Klangformeln der Musiker aber nicht folgen, und klatsche, sobald er klatscht. Tagsüber liegen wir manchmal für kurze Momente nebeneinander auf dem Bett in dem Apartment der alten Frau, an deren Namen ich mich nicht mehr erinnere, überall Quilts und Zierdecken und gestrickte Sitzbezüge, und wir lesen. Er bleibt undurchsichtig für mich, eine anwesende Masse; wenn ich seine Gesten oder Ausdrücke nachmache, weiß ich nicht, wo sie herkommen oder was sie bedeuten. Aber ich gewöhne mich an seine Anwesenheit.

Am Tag seiner Abreise, als meine Mutter und ich ihm beim Packen halfen, holte er zwei 45er-Schallplatten in simplen braunen Hüllen hervor.

»Barry, schau mal – ich hatte sie ganz vergessen. Für dich! Die Klänge deines Kontinents.«

Er brauchte eine Weile, um sich mit der alten Stereoanlage der Großeltern vertraut zu machen, aber schließlich drehte sich die erste Platte, und vorsichtig senkte er den Saphir in die Rille. Es begann mit einer blechernen Gitarre, dann kamen laute Blasinstrumente hinzu, eine dröhnende Trommel, dann wieder die Gitarre und schließlich Stimmen, klar und fröhlich, sehr rhythmisch, sehr kraftvoll.

»Komm, Barry«, sagte mein Vater, »der Meister zeigt's dir.« Und plötzlich bewegte sich sein schlanker Körper vor und zurück, die Musik wurde lauter, er bewegte die Arme, als wollte er ein unsichtbares Netz auswerfen, die Füße bewegten sich im Off-Beat über den Fußboden, das eine Bein steif, der Oberkörper aufrecht, der Kopf zurückgeworfen, die Hüften leicht kreisend. Der Rhythmus wurde schneller, die Blasinstrumente erklangen, er hielt die Augen geschlossen, öffnete dann ein Auge, beobachtete mich, und ein spöttisches Grinsen zog sich über sein ernstes Gesicht, meine Mutter lächelte, und meine Großeltern kamen herein, um zu sehen, was los war. Zaghaft machte ich die ersten Schritte, mit geschlossenen Augen, vor und zurück, die Arme schwangen aus, die Stimmen trieben mich an. Und noch heute höre ich ihn, seinen kurzen Schrei, hell und hoch, ein Schrei, der alles hinter sich lässt, nach mehr sucht, ein Schrei zwischen Lachen und Weinen.

4

»Mann, diese blöden Punahou-Parties können mir gestohlen bleiben.«

»Ja, das hast du letztes Mal schon gesagt.«

Ray und ich setzten uns an einen Tisch und packten unsere Hamburger aus. Ray war zwei Jahre älter als ich und im Jahr zuvor aus Los Angeles gekommen, weil die Army seinen Vater versetzt hatte. Trotz des Altersunterschieds waren wir Freunde geworden, was nicht zuletzt damit zu tun hatte, dass wir fast fünfzig Prozent der schwarzen Schülerschaft von Punahou stellten. Ich war gern mit ihm zusammen, er besaß Wärme und einen Humor, der seine ständigen Vergleiche mit dem früheren Leben in L.A. wettmachte – die Schar der Verehrerinnen, die ihn angeblich noch immer jeden Abend anriefen, seine herausragenden Leistungen als Footballer, die Berühmtheiten, die er kannte. Das meiste tat ich ab, aber nicht alles; er war tatsächlich einer der schnellsten Sprinter von Hawaii, olympisches Format, sagten einige, trotz des unglaublichen Bauchs, der unter seinem durchgeschwitzten Jersey wabbelte, wenn er losrannte und die gegnerischen Teams ungläubig den Kopf schüttelten. Über Ray erfuhr ich von den Schwarzen-Partys, die in der Universität stattfanden oder auf den Militärstützpunkten, und ich vertraute darauf, dass er mir auf diesem ungewohnten Terrain behilflich sein würde. Im Gegenzug war ich bereit, mir seine Klagen anzuhören.

»Diesmal meine ich es ernst«, sagte er. »Die Mädchen sind Rassisten, alle. Weiße, Asiatinnen – die sind überhaupt noch schlimmer als die Weißen. Glauben, wir haben ne ansteckende Krankheit oder was.«

»Wenn sie deinen dicken Arsch sehen. Mann, ich dachte, du trainierst.«

»Finger weg von meinen Chips. Bist doch nicht meine Alte … kauf dir selber welche. Also, wo war ich stehengeblieben?«

»Nur weil die Mädchen nicht mit dir ausgehen, sind sie noch lange keine Rassisten.«

»Red keinen Stuss, Mann. Es ist doch nicht nur einmal passiert. Also, ich frage Monica, sie sagt nein, ich sage okay … ist eh nicht so viel los mit dir.« Ray hielt inne, um zu sehen, wie ich reagiere, und grinste dann. »Na ja, vielleicht nicht wortwörtlich. Ich hab nur gesagt, okay, Monica, weißt ja, wir gehören zusammen. Und was sehe ich? Sie ist mit Steve-›No-Neck‹-Yamaguchi zusammen, die beiden halten Händchen und turteln rum. Na schön, sie ist ja nicht die Einzige, sage ich mir. Ich frage Pamela. Sie sagt, sie hat keine Lust mitzukommen. Ich sage: Cool. Und rat mal, wen ich dann auf der Party sehe, die Arme um Rick Cook gelegt. ›Hi, Ray‹, sagt sie, ganz unschuldig. Rick Cook! Der Typ ist doch ne armselige Null. Dem bin ich doch haushoch überlegen, stimmt's? Haushoch.«

Ray stopfte sich eine Handvoll Chips in den Mund. »Übrigens bin ich nicht der Einzige. Du hast ja auch nicht mehr Glück bei den Weibern.«

Weil ich schüchtern bin, dachte ich, doch das hätte ich ihm gegenüber nie zugegeben. Er fuhr fort.

»Was passiert denn auf diesen Partys? Na? Ich sag's dir. Mann ey, schmeißen sich an einen ran, diese Schnecken, als wär's ihre letzte Chance. Machen total auf süß und so. ›Klar kannst du meine Telefonnummer haben, Baby.‹ Dass ich nicht lache.«

»Und …?«

»Was und? Sieh lieber zu, dass du öfter in die Basketballmannschaft eingewechselt wirst. Zwei Jungs vor dir, das ist ein Klacks, das weißt du, und sie wissen es. Ich hab doch gesehen, dass du besser bist. Warum spiel ich in dieser Saison nicht in der Football-Mannschaft, ganz egal, wie viele Würfe jemand anders verbockt hat? Erzähl mir nicht, sie würden mich nicht anders behandeln, wenn ich ein Weißer wäre. Oder ein Japaner. Oder ein Hawaiianer. Oder ein Scheißeskimo.«

»Das sag ich doch gar nicht.«

»Sondern?«

»Also gut, pass auf. Ja, es ist schwerer, ein Date zu bekommen, weil es hier keine schwarzen Mädchen gibt. Aber das heißt nicht, dass alle hier Rassisten sind. Vielleicht wollen sie jemanden haben, der wie ihr Daddy aussieht oder ihr Bruder oder so, und das sind wir nicht. Ja, ich habe nicht die Chancen in der Mannschaft, die andere haben, aber sie spielen, wie weiße Jungs spielen, das ist der Stil, den der Trainer sehen will, und sie gewinnen auf ihre Weise. Ich spiel anders. Und was dich Fresssack angeht«, sagte ich und angelte mir Rays letzte Chips, »vielleicht können dich die Trainer nicht leiden, weil du ein Schwarzer bist, aber vielleicht hilft es, wenn du nicht mehr so viel Chips frisst und aussiehst, als wärst du im sechsten Monat schwanger. Meine Meinung.«

»Mann, ich versteh nicht, warum du diese Typen verteidigst.« Ray stand auf und knüllte seine Pappschachtel zusammen. »Komm, wir gehen. Ist mir zu kompliziert, dieser ganze Scheiß, den du verzapfst.«

Ray hatte recht. Alles war sehr kompliziert geworden. Fünf Jahre waren seit dem Besuch meines Vaters vergangen, es war, oberflächlich gesehen, eine ruhige Zeit, geprägt von den üblichen Riten und Ritualen, die Amerika von den Kindern erwartet – Eintragungen ins Klassenbuch, Vorladungen beim Schuldirektor, Aushilfsjobs in der lokalen Burger-Filiale, Akne und Fahrschule und emotionale Turbulenzen. Ich hatte meine Schulfreunde, hin und wieder eine schüchterne Verabredung mit einem Mädchen, und wenn ich manchmal die geheimnisvollen Rangverschiebungen unter meinen Klassenkameraden beobachtete – die einen stiegen auf, die anderen ab, je nachdem, wie sie aussahen oder welche Automarke sie hatten –, dann tröstete ich mich mit dem Wissen, dass sich meine Lage kontinuierlich verbessert hatte. Selten begegnete ich Kids, deren Familien schlechtergestellt waren als meine und die mich daran erinnert hätten, dass ich Glück gehabt hatte.

Meine Mutter sorgte dafür, dass ich das nicht vergaß. Sie hatte sich von Lolo getrennt und war bald darauf nach Hawaii zurückgekehrt, um Anthropologie zu studieren. Drei Jahre wohnte ich mit ihr und Maya in einem kleinen Apartment unweit von Punahou. Ihr Stipendium reichte für uns drei. Wenn sie manchmal mitbekam, wie Freunde von mir sich darüber ausließen, dass unser Kühlschrank ja ganz leer sei oder wie unordentlich es bei uns aussehe, nahm sie mich beiseite und sagte, sie sei eine alleinerziehende Mutter, die wieder studiere und sich um zwei Kinder kümmern müsse und daher auch nicht die Zeit habe, jeden Tag Kuchen zu backen, und es sei toll, dass ich eine so gute Schule besuchen könne, aber sie habe nicht vor, patzige Bemerkungen von mir oder sonst wem hinzunehmen. Ob ich das verstanden hätte?

Ich hatte verstanden. Obwohl ich mich wiederholt – und manchmal unwirsch – für unabhängig erklärte, hatten wir ein gutes Verhältnis zueinander. Ich half beim Einkaufen, erledigte die Wäsche und passte auf das kluge, dunkeläugige Kind auf, zu dem sich meine Schwester entwickelt hatte. Doch als meine Mutter zu Feldstudien wieder nach Indonesien zurückkehren wollte und mir vorschlug, sie und Maya zu begleiten, ich könne doch die Internationale Schule besuchen, lehnte ich sofort ab. Ich wusste nicht recht, was Indonesien mir bieten konnte, und hatte keine Lust, abermals der Neue zu sein, mich wieder auf eine neue Umgebung einstellen zu müssen. Außerdem hatte ich mit meinen Großeltern ein stillschweigendes Übereinkommen getroffen: ich konnte bei ihnen wohnen, und solange ich keine Probleme machte, würden sie mich in Ruhe lassen. Diese Abmachung passte gut zu meinem Vorhaben, auch wenn ich es kaum benennen, geschweige denn erklären konnte. In meinem Innern fand ein heftiger Kampf statt, von dem meine Mutter und die Großeltern nichts ahnten. Ich wollte ein Schwarzer in Amerika werden, und was das bedeutete, von meiner äußeren Erscheinung einmal abgesehen, schien niemand in meiner Umgebung genau zu wissen.

Die Briefe meines Vaters boten mir kaum Anhaltspunkte. Sie kamen sporadisch, in zusammengefalteten blauen Luftpostbriefen. Er berichtete, dass es allen gut ging, lobte meine schulischen Fortschritte und erklärte, dass wir – meine Mutter, Maya und ich – jederzeit unseren rechtmäßigen Platz neben ihm einnehmen könnten, wenn wir das wollten. Von Zeit zu Zeit erteilte er Ratschläge in Form von Aphorismen, die ich nicht ganz verstand (»Wie das Wasser seinen Weg findet, so wirst auch Du einen Beruf finden, der zu Dir passt«). Ich antwortete sofort auf liniertem Papier, und seine Briefe verschwanden im Schrank, neben den Fotos von ihm, die meine Mutter dort aufbewahrte.

Großvater hatte einige schwarze Freunde, meist Poker- und Bridgepartner, und solange ich noch nicht alt genug war, dass es mich gekümmert hätte, ob ich seine Gefühle verletze, ließ ich mich manchmal mitschleppen. Seine Spielpartner waren alte Herren mit rauhen Stimmen, sauber gekleidet, ihre Anzüge rochen nach Zigarre, Männer, für die alles seinen Platz hatte und die nicht mehr viel reden müssen, weil sie glauben, alles gesehen zu haben. Sie gaben mir jedes Mal einen Klaps auf die Schulter und erkundigten sich nach meiner Mutter; aber sobald gespielt wurde, schwiegen sie, und wenn sie überhaupt ein Wort verloren, dann allenfalls, um sich über eine Ansage ihres Partners zu beschweren.

Eine Ausnahme war Frank, ein Dichter, der in einem verfallenen Haus in einem heruntergekommenen Viertel von Waikiki lebte. Früher hatte er sich einer gewissen Bekanntheit erfreut, war in seinen Chicagoer Jahren ein Zeitgenosse von Richard Wright und Langston Hughes gewesen – Gramps zeigte mir einmal einige seiner Werke in einer Anthologie schwarzer Lyrik. Als ich ihn kennenlernte, ging er schon auf die achtzig zu. Er hatte ein großes faltenzerfurchtes Gesicht und eine wilde graue Afro-Frisur, die ihm das Aussehen eines struppigen alten Löwen verlieh. Wenn wir ihn abends besuchten, las er uns eines seiner Gedichte vor und trank mit Gramps Whiskey aus einem leeren Marmeladeglas. Zu vorgerückter Stunde musste ich den beiden beim Verfassen schmutziger Limericks helfen. Und schließlich mündete das Gespräch meist in eine Klage über die Frauen.

»Sie machen dich zum Trinker«, erklärte mir Frank nüchtern. »Und wenn du dich nicht wehrst, bringen sie dich ins Grab.«

Der alte Frank faszinierte mich mit seinen Büchern und seinem Whiskeygeruch und dem hart erworbenen Wissen, das in seinen tief liegenden Augen schimmerte. Nach den Besuchen bei ihm hatte ich immer das unangenehme Gefühl, Zeuge einer komplizierten, unausgesprochenen Transaktion zwischen den beiden Männern gewesen zu sein, die ich nicht ganz verstand. Ähnlich ging es mir, wenn Gramps mich in eine seiner Bars im Rotlichtviertel von Honolulu mitnahm.

»Erzähl deiner Großmutter nichts«, sagte er augenzwinkernd, wenn wir an Huren mit hartem Gesicht und weichem Körper vorübergingen und eine kleine schummrige Bar mit Jukebox und zwei Billardtischen betraten. Niemand schien etwas dabei zu finden, dass Gramps der einzige Weiße hier war und ich der einzige Elf- bis Zwölfjährige. Ein paar Männer, die am Tresen standen, winkten uns zu, und die Barfrau, eine füllige, hellhäutige Frau mit nackten, fleischigen Armen brachte Gramps einen Scotch und mir eine Cola. Wenn an den Tischen gerade nicht gespielt wurde, schnappte sich Gramps ein paar Bälle und brachte mir Billard bei, aber meistens saß ich am Tresen, auf einem hohen Barhocker, baumelte mit den Beinen, blies durch den Strohhalm in meine Cola und betrachtete die pornographischen Bilder an den Wänden – phosphoreszierende Frauen auf Fellen, Disneyfiguren in eindeutigen Stellungen. Wenn ein gewisser Rodney zufällig in der Gegend war, kam er mit seinem breitkrempigen Hut vorbei, um uns zu begrüßen.

»Wie geht's in der Schule, Chef?«

»Ganz gut.«

»Bekommst lauter Einsen, stimmt's?«

»Manchmal.«

»Ausgezeichnet. Sally, noch eine Cola für den jungen Mann hier«, sagte Rodney dann, wickelte einen Zwanziger von dem dicken Bündel, das er aus der Tasche gezogen hatte, und verschwand wieder im Halbdunkel.

Ich erinnere mich noch an die Erregung, die ich bei diesen abendlichen Ausflügen empfand, an die Verlockungen der Dunkelheit, an das Klickern der Billardbälle, an die rot und grün blinkende Jukebox und an das müde Gelächter. Trotz meiner Jugend spürte ich, dass die meisten Leute nicht aus freier Entscheidung in der Bar waren, dass mein Großvater die Gesellschaft anderer suchte, bei denen er seine Sorgen vergessen konnte und das Gefühl hatte, nichts beweisen zu müssen. Vielleicht half ihm die Bar wirklich, das eine oder andere zu vergessen, aber ich wusste – wie Kinder solche Dinge instinktiv spüren –, dass er sich irrte, wenn er glaubte, nichts beweisen zu müssen. Unsere Anwesenheit hatte etwas Gezwungenes, und als ich auf die Junior High School ging, beschloss ich, nicht mehr mitzukommen, denn ich wusste: Was immer ich suchte, was immer ich brauchte, es würde aus einer anderen Quelle kommen müssen.

Fernsehen, Kino, Radio – dorthin richtete ich den Blick. Die Popkultur war schließlich farbig, eine Galerie von Bildern, aus denen man sich seinen Gang, seine Sprechweise, seinen Stil aussuchen und kopieren konnte. Ich konnte zwar nicht singen wie Marvin Gaye, aber ich konnte die Tanzschritte von *Soul Train* lernen. Ich konnte nicht mit einer Waffe umgehen wie Shaft oder Superfly, aber ich konnte fluchen wie Richard Pryor.

Und ich konnte Basketball spielen, mit einer Leidenschaft, die immer sehr viel größer war als mein Talent. Das Weihnachtsgeschenk meines Vaters hatte ich zu einer Zeit bekommen, als das Basketballteam der Universität von Hawaii mit seiner Anfangsformation aus fünf schwarzen, vom Festland eingeflogenen Spielern landesweit Bekanntheit errungen hatte. In dem Frühjahr hatte Gramps mich zu einem Spiel mitgenommen, ich hatte den Spielern beim Aufwärmen zugesehen, jungen Kerlen, für mich gestandene und kampferprobte Krieger, die über einen Insiderwitz lachten, den Mädels über die Köpfe der Fans hinweg Blicke zuwarfen, lässig dribbelten oder den Ball in hohem Bogen versenkten, bis die Pfeife erklang und die Center hochsprangen und sich mit den anderen Spielern eine furiose Schlacht lieferten.

Ich wollte Teil dieser Welt werden und begann, nach der Schule auf einen Sportplatz in der Nähe der großelterlichen Wohnung zu gehen. Toot sah mir von ihrem Schlafzimmerfenster im zehnten Stock aus zu, wie ich den Ball erst mit beiden Händen warf, dann, in stundenlangem einsamem Training, ungelenke Sprungwürfe und Flanken-Dribblings entwickelte. Als ich auf die High School kam, spielte ich in den Teams von Punahou mit und konnte auf den Sportplätzen der Universität trainieren, wo mir ein paar Schwarze, meist Fitnessfreaks und Exspieler, eine Haltung beibrachten, die nicht nur mit Sport zu tun hatte. Dass man sich Respekt durch das verschaffte, was man selber tat, und nicht durch das, was der Vater war. Dass man einen Gegner verbal fertigmachen konnte, es aber besser war, den Mund zu halten, wenn man nicht das Zeug dazu hatte. Dass man seine Gefühle nicht zeigte, niemand sollte Schmerz oder Angst sehen dürfen.

Und noch etwas, worüber niemand sprach: der Zusammenhalt im Team, wenn die Situation kritisch war und die besten Spieler nicht an ihre Punkte dachten und noch der schlechteste Spieler mitgerissen wurde und der Punktestand nur wichtig war, weil man nur so den Trancezustand aufrechterhielt. Irgendwann machte man eine Bewegung oder spielte einen Ball, den man nie erwartet hätte und der selbst dem gegnerischen Aufpasser ein anerkennendes Schmunzeln entlockte.

Meine Frau wird an dieser Stelle die Augen verdrehen. Sie ist mit einem Basketballstar als Bruder aufgewachsen, und wenn ihr unsere Sprüche zu viel werden, sagt sie nur, dass sie lieber ihren Sohn Cello spielen hört. Sie hat natürlich recht. Ich habe die Karikatur schwarzer männlicher Adoleszenz gelebt, die selbst eine Karikatur des großspurigen Amerikaners ist. Doch in einer Zeit, in der die Jungen aus dem Schatten ihrer Väter treten sollen, in der Land- oder Fabrikarbeit keine Identität vermittelt, in einer Zeit, in der die Frage, wie man leben soll, anhand fertiger Rezepte oder Ratschläge in Zeitschriften beantwortet wird, bestand der Hauptunterschied zwischen mir und den meisten jungen Männern in meiner Umgebung – den Surfern, den Footballspielern, den Möchtegern-Rockmusikern – in der begrenzten Anzahl von Optionen, die mir zur Verfügung standen. Jeder von uns suchte sich eine Verkleidung, eine Rüstung, die ihn schützen sollte. Beim Basketballspielen fand ich immerhin eine Art Gemeinschaft, die ihre eigenen Strukturen hatte. Dort, auf diesem Terrain, wo man als Schwarzer nicht benachteiligt war, lernte ich meine engsten weißen Freunde kennen. Und dort begegnete ich Ray und den anderen gleichaltrigen Schwarzen, die im Laufe der Zeit nach Hawaii gekommen waren, Teenagern, deren Verunsicherung und Wut auch mich beeinflussten.

Wenn wir allein waren, konnte einer sagen: »So sind die Weißen, so behandeln sie einen.« Dann lachten alle und schüttelten den Kopf, und ich dachte an all die Beleidigungen, die ich erlebt hatte. Angefangen mit dem Jungen in der siebten Klasse, der »Scheißneger« zu mir gesagt hatte und dem ich daraufhin auf die Nase geboxt hatte, seinen Tränen und seinem erstaunten »Warum hast du das getan?«. Der Tennisprofi, der mir während eines Turniers erklärte, ich solle den Spielplan am Schwarzen Brett nicht anfassen, meine Farbe würde sonst abfärben; sein dünnes, rotgesichtiges Lächeln – »Verstehst du keinen Spaß?« –, als ich damit drohte, ihn anzuzeigen. Die ältere Frau im Apartmenthaus meiner Großeltern, die sich furchtbar aufregte, als ich hinter ihr den Aufzug betrat, und sofort wieder ausstieg, um sich beim Hausverwalter zu beschweren, ich würde ihr nachstellen. Kein Wort der Entschuldigung nach meinem Hinweis, dass ich in dem Haus wohnte. Der Assistent unseres Basketballtrainers, ein junger, drahtiger Mann aus New York, der nach einem Übungsspiel gegen ein schwarzes Team in Hörweite von mir und drei Teamkameraden brummte, dass wir nie und nimmer gegen eine Horde Nigger hätten verlieren dürfen und, als ich ihn (mit einer Wut, die mich selber überraschte) zurechtwies, mir in aller Ruhe die offenbar selbstverständliche Tatsache klarzumachen versuchte, dass es Schwarze gebe und dass es Nigger gebe. »Diese Typen waren Nigger.«

So sind die Weißen. Es war nicht bloß die Verachtung. Ich lernte, dass Schwarze minderwertig sind. Es war eine spezielle Form von Arroganz, eine Beschränktheit bei ansonsten vernünftigen Menschen, auf die wir mit bitterem Lachen reagierten. Es schien, als wüssten Weiße nicht, dass sie brutal sind. Oder als glaubten sie zumindest, dass man ihre Verachtung verdient habe.

Die Weißen. Mit dem Begriff selbst war ich zunächst nicht glücklich. Ich fühlte mich wie jemand, der in einer fremden Sprache über einen schwierigen Ausdruck stolpert. Wenn ich mit Ray über *Die Weißen* sprach, musste ich manchmal an das Lächeln meiner Mutter denken, und meine Worte kamen mir dann ungeschickt und falsch vor. Oder wenn ich Gramps beim abendlichen Abwasch half, und Toot kam in die Küche und verkündete, dass sie schlafen gehen wolle, dann blinkte ebenjenes Wort – *Die Weißen* – wie eine grelle Neonreklame in meinem Kopf, so dass ich plötzlich verstummte, als hätte ich Geheimnisse.

Später, als ich allein war, versuchte ich, diese komplizierten Überlegungen zu entwirren. Dass manche Weiße nicht in die allgemeine

Kategorie derjenigen gehörten, denen wir misstrauten, lag auf der Hand. Ray erklärte ja immer, wie cool er meine Großeltern fand. Der Begriff Weiß war einfach ein Kürzel für ihn, sagte ich mir, ein Etikett für all jene, die meine Mutter als bigott bezeichnen würde. Und obwohl ich erkannte, wie riskant Rays Terminologie war – wie leicht verfiel man in jene nachlässige Denkweise, die mein Basketballtrainer offenbart hatte (»Es gibt Weiße, und außerdem gibt es ignorante Arschlöcher wie dich«, hatte ich ihm schließlich zugerufen und war vom Spielfeld marschiert) –, versicherte er mir, dass wir nur dann in Gegenwart von Weißen über Weiße als Weiße reden würden, wenn wir genau wussten, was wir taten. Dass wir dafür bezahlen müssten.

Aber stimmte das? Mussten wir noch immer einen Preis bezahlen? Das war der komplizierte Teil, über den wir uns nie einig wurden. Manchmal bekam ich mit, wie er irgendeiner Blondine von L. A. vorschwärmte oder einem eifrigen Lehrer von den Narben des Rassismus erzählte, und ich hätte wetten können, dass er mir verschwörerisch zuzwinkerte, obwohl er ganz ernst schaute. Unser Zorn auf die Weißen brauchte kein Objekt, schien er mir sagen zu wollen, brauchte keine Bestätigung von unabhängiger Seite. Wir konnten dieses Gefühl nach Belieben ein- und ausschalten. Manchmal zweifelte ich wenn nicht seine Ehrlichkeit, so doch seine Urteilskraft an. Wir leben nicht im Süden, erklärte ich ihm oft. Wir hausen nicht in einer Bruchbude in Harlem oder der Bronx. Wir sind auf Hawaii, verdammt noch mal. Wir sagen, was wir wollen, essen, wo wir wollen, wir sitzen im Bus sozusagen in der ersten Reihe. Unsere weißen Freunde, Jungen wie Jeff oder Scott vom Basketballteam, behandeln uns genauso, wie sie einander behandeln. Sie mögen uns, wir mögen sie. Mann, fast könnte man glauben, sie wollten selber Schwarze sein – mindestens aber Doctor J.*

Stimmt, räumte Ray ein.

Vielleicht müssen wir nicht immer gleich den Kämpferischen raushängen. Vielleicht können wir es uns leisten, auf diese Pose zu verzichten, solange es nicht wirklich notwendig ist.

---

* Julius Erving, gilt als einer der zehn besten Basketballspieler aller Zeiten. (Anm. d. Ü.)

Ray schüttelte den Kopf. Pose? Sprich von dir!

Das war Rays Trumpf, den er – zugegeben – nur selten ausspielte. Schließlich war ich anders, potentiell verdächtig. Ich hatte keine Ahnung, wer ich war. Und da ich nicht auffliegen wollte, zog ich mich in solchen Situationen rasch auf sicheres Terrain zurück. Hätten wir in New York oder L.A. gelebt, hätte ich die Spielregeln vielleicht schneller gelernt. So wechselte ich hin und her zwischen meiner schwarzen und meiner weißen Welt, lernte, dass jede ihre eigene Sprache hatte, eigene Gepflogenheiten und Begriffe, und war überzeugt, dass diese beiden Welten mit ein wenig übersetzerischer Hilfe meinerseits letztlich zusammenfinden würden. Aber mir blieb das Gefühl, dass etwas nicht in Ordnung war, ein Alarmsignal, das sich jedes Mal meldete, wenn ein weißes Mädchen mitten im Gespräch erklärte, wie sehr sie für Stevie Wonder schwärme, oder wenn mich eine Frau im Supermarkt fragte, ob ich Basketball spiele, oder wenn der Schuldirektor fand, dass ich cool sei. Ich mochte Stevie Wonder, ich spielte gern Basketball, und ich versuchte nach Kräften, immer cool zu sein. Warum regte ich mich also über derlei Bemerkungen immer auf? Irgendwo war ein Trick im Spiel, aber worin dieser Trick bestand, wer ihn anwendete und gegen wen – das blieb mir verborgen.

Im Frühjahr gingen Ray und ich eines Tages nach der Schule zu der Steinbank rings um einen großen Banyan-Baum auf dem Punahou-Campus. Diese Bank hieß »Senior Bench«, aber sie diente hauptsächlich als Treffpunkt der populärsten Schüler, der Sportler und Cheerleader und Partygänger, mit ihren Anhängern, Hofnarren und Bewunderern. Einer der Senioren, ein kräftiger Defensivspieler namens Kurt, war schon da.

»Hey, Ray! Was liegt an?« rief er, als er uns kommen sah.

Ray ging auf ihn zu und schlug seine Hand in Kurts erhobene Hand. Als Kurt auch mich in dieser Weise begrüßen wollte, winkte ich ab und ging weg.

»Was hat er denn?« hörte ich ihn sagen. Wenig später holte Ray mich ein und fragte, welche Laus mir über die Leber gelaufen sei.

»Mann, diese Typen machen sich nur lustig über uns«, sagte ich.

»Wovon redest du?«

»Dieses ›Yo baby, give me five‹ und der ganze Scheiß.«

»So empfindlich auf einmal? Kurt denkt sich nichts dabei.«

»Wenn du das glaubst, dann ...«

Ray funkelte mich zornig an. »Hör zu«, sagte er. »Ich komm schon klar, okay? Genau wie du, ich seh ja, wie du dich bei den Lehrern einschleimst, wenn du was von ihnen willst. Dieses ganze Getue, so nach dem Motto ›Ja, Miss, ich finde diesen Roman ganz toll, geben Sie mir noch einen Tag Zeit für den Aufsatz, dann küss ich Ihnen den weißen Arsch‹. Das ist ihre Welt, stimmt. Sie gehört ihnen, und wir sind mittendrin. Also hau ab, ich will dich nicht mehr sehen.«

Am nächsten Tag hatten wir uns wieder beruhigt, und Ray schlug vor, ich solle Jeff und Scott zu einer Party einladen, die er am Wochenende bei sich zu Hause geben wollte. Ich zögerte kurz – wir hatten noch nie weiße Freunde zu einer Party eingeladen –, aber Ray ließ nicht locker, und mir fiel kein überzeugendes Gegenargument ein. Und Jeff und Scott wollten kommen, wenn ich sie mitnehmen würde. Und so stiegen wir am Samstagabend nach einem unserer Spiele in Gramps' alten Ford Granada und fuhren hinaus nach Schofield Barracks, vielleicht fünfzig Kilometer außerhalb der Stadt.

Als wir eintrafen, war die Party schon in vollem Gang. Wir steuerten gleich auf die Erfrischungen zu. Niemand schien Anstoß an Jeffs und Scotts Anwesenheit zu nehmen. Ray stellte die beiden ringsum vor, sie plauderten, tanzten mit zwei Mädels. Aber ich merkte, wie überrascht meine weißen Freunde waren. Unentwegt lächelten sie. Sie verzogen sich in einen Winkel. Sie nickten vorsichtig zum Rhythmus der Musik und entschuldigten sich andauernd. Nach etwa einer Stunde fragten sie mich, ob ich sie heimfahren könne.

»Was ist los?« brüllte Ray, als ich ihm erklärte, dass wir gehen wollten. »Es fängt doch gerade erst an, interessant zu werden.«

»Ich glaube, es gefällt ihnen nicht so.«

Unsere Blicke trafen sich. Lange standen wir einfach da, inmitten des Lärms und des Gelächters. Rays Augen verrieten weder Befriedigung noch Enttäuschung, er sah mich nur an, ausdruckslos wie eine Schlange. Schließlich streckte er mir die Hand entgegen, ich ergriff sie. »Also bis später«, sagte er, ging wieder zu den anderen und erkundigte sich nach dem Mädchen, mit dem er vorher gesprochen hatte.

Draußen war es kühl geworden. Die Straße war menschenleer, ruhig, bis auf das ferne Dröhnen von Rays Anlage, blaue Lichter flimmerten in den Bungalowfenstern links und rechts, die Bäume warfen ihre Schatten weit über ein Baseballfeld. Jeff legte mir einen Arm auf die Schulter, sah mich zerknirscht und zugleich erleichtert an. »Weißt du«, sagte er, »ich hab echt was gelernt. Ich meine, ich weiß jetzt, wie schwer es für dich und Ray manchmal sein muss, auf den Schulpartys … als die einzigen Schwarzen und so.«

»Ja, ja«, schnaubte ich. Am liebsten hätte ich ihm eine reingehauen. Wir fuhren in Richtung Stadt, und ich dachte wieder an Rays Worte, an den Tag mit Kurt, an all die Diskussionen, die wir geführt hatten. Und nachdem ich meine beiden Freunde abgesetzt hatte, sah ich die Welt wie mit anderen Augen, ich sah eine erschreckend einfache Welt mit beklemmenden Konsequenzen. Wir spielen immer auf dem Feld der Weißen, hatte Ray gesagt, und nach ihren Regeln. Wenn der Schuldirektor oder der Trainer oder ein Lehrer oder Kurt uns ins Gesicht spucken wollte, dann konnte er das tun, weil er, im Gegensatz zu uns, die Macht hatte. Wenn er uns wie Menschen behandelte oder uns verteidigte, dann deswegen, weil er wusste, dass unsere Worte, unsere Sachen, unsere Bücher, unsere Ziele und Wünsche längst die seinen waren. Was immer die Weißen taten, es war ihre Entscheidung, nicht unsere, und wegen dieser grundsätzlichen Macht über uns, die unabhängig von ihnen und ihren persönlichen Motiven und Einstellungen existierte, war es nur bedingt sinnvoll, zwischen guten und schlechten Weißen zu unterscheiden. Wir konnten nicht einmal sicher sein, dass das, was in unseren Augen Ausdruck unserer schwarzen Individualität war – der Humor, die Songs, die versteckte Bemerkung – Ergebnis unserer eigenen Entscheidung war. Im besten Fall waren diese Dinge ein Refugium, im schlimmsten eine Falle. Dieser absurden Logik zufolge blieb einem nur, sich in eine immer kleinere Spirale der Wut zurückzuziehen, bis »Schwarzer sein« nur noch hieß, die eigene Ohnmacht, die eigene Niederlage zu begreifen. Und die größte Ironie dabei: Lehnte man sich gegen die

Niederlage auf und wehrte man sich gegen seine Gefängniswärter, hatten sie dafür schon Begriffe parat, die genauso gut einsperrten. Paranoid. Militant. Aggressiv. Nigger.

In den nächsten Monaten ging ich daran, die Grundlage dieser bedrückenden Aussicht zu überprüfen. Ich besorgte mir Bücher aus der Bibliothek – Baldwin, Ellison, Hughes, Wright, DuBois. Abends erklärte ich meinen Großeltern, dass ich lernen müsse, schloss mich in meinem Zimmer ein, saß da und kämpfte mit Wörtern, mit verzweifelten Argumenten, um die Welt, wie ich sie erlebe, mit den Bedingungen meiner Geburt in Einklang zu bringen. Doch es gab keinen Ausweg. In jedem Buch, auf jeder Seite, in Bigger Thomas und unsichtbaren Männern, stieß ich immer wieder auf den gleichen Kummer, die gleichen Zweifel: eine Selbstverachtung, gegen die weder Ironie noch Intellekt etwas ausrichteten. Selbst DuBois' Gelehrsamkeit und Baldwins Liebe und Langstons Humor erlagen dieser zersetzenden Kraft, jeder sah sich letztlich gezwungen, die erlösende Kraft der Kunst in Frage zu stellen, sie alle zogen sich zurück, der eine nach Afrika, der Zweite nach Europa, der Dritte noch tiefer nach Harlem, allesamt müde, erschöpft, verbittert, den Teufel auf den Fersen.

Nur die Autobiographie von Malcolm X schien etwas anderes zu enthalten. Seine wiederholten Wandlungen sprachen mich an, die ungeschliffene Poesie seiner Worte, seine unbedingte Forderung nach Respekt versprachen eine neue, kompromisslose Ordnung von martialischer Disziplin, die auf schierer Willenskraft gründen würde. Das andere, das mit den blauäugigen Teufeln und der Apokalypse, erschien mir nebensächlich, religiöses Gepäck, das Malcolm gegen Ende seines Lebens selbst über Bord geworfen hatte. Doch ein Satz prägte sich mir ein. Malcolm sprach von seinem Wunsch, sich von dem weißen Blut zu befreien, das aufgrund einer Vergewaltigung in seinen Adern floss. Ich wusste, dass dieser Wunsch für ihn keineswegs nebensächlich war. Ich wusste auch, dass sich auf dem Weg zu Selbstachtung mein weißes Blut nie zu einer bloßen Abstraktion reduzieren würde. Ich musste mich fragen, was ich sonst noch wegwerfen würde, falls ich mich an irgendeiner imaginären Grenze von meiner Mutter und meinen Großeltern trennen würde.

Und: Wenn Malcolm gegen Ende seines Lebens die Möglichkeit entdeckte, dass einige Weiße mit ihm als Brüder im Islam leben könnten, was eine Chance auf Versöhnung andeutete, so lag diese Hoffnung in einer fernen Zukunft, einem weit entfernten Land. Ich beschloss zu fragen, wo die Menschen herkommen mochten, die bereit waren, sich für diese Zukunft zu engagieren, die in dieser neuen Welt leben würden. Eines Tages kamen Ray und ich mit einem gewissen Malik ins Gespräch, einem hochgewachsenen, hageren Burschen, der hin und wieder in unserem Team mitspielte. Malik bezeichnete sich als einen Anhänger der Nation des Islam, seit Malcolm X' Tod und seitdem er nach Hawaii gezogen sei, gehe er aber nicht mehr in die Moschee und besuche auch keine politischen Versammlungen, auch wenn er noch immer Trost im Gebet suche. Einer der Jungs, die in der Nähe saßen, muss uns gehört haben, denn er beugte sich mit wissendem Gesichtsausdruck herüber.

»Ihr sprecht über Malcolm? Malcolm sagt, wie es wirklich ist.«

»Ja«, sagte ein anderer. »Aber ich sag dir eins – nie im Leben werd ich nach Afrika in den Dschungel gehen. Oder in irgendeine gottverdammte Wüste und mit irgendwelchen Arabern auf einem Teppich sitzen. Niemals. Und ich werde nie auf meine Ribs verzichten.«

»Genau, das braucht man.«

»Und Miezen. Spricht Malcolm denn überhaupt von Miezen? Da weißt du doch gleich, das kann gar nicht funktionieren.«

Ich bemerkte, wie Ray lachte, und sah ihn streng an. »Warum lachst du?« fragte ich. »Du hast Malcolm nicht gelesen. Du weißt überhaupt nicht, was er sagt.«

Ray schnappte mir den Basketball aus der Hand und lief zum Korb am anderen Ende. »Ich weiß auch ohne Bücher, was ein Schwarzer ist«, rief er über die Schulter. Ich wollte antworten, wandte mich dann aber an Malik, hoffte, er werde mich irgendwie unterstützen. Doch der Muslim schwieg, lächelte nur versonnen.

Ich beschloss daraufhin, meine Ansichten künftig für mich zu behalten, meine innere Erregung nicht zu zeigen. Doch ein paar Wochen später wurde ich durch einen Streit in der Küche wach – die schwache Stimme meiner Großmutter, dann das tiefe Brummen meines Großvaters. Ich öffnete meine Zimmertür und sah, wie Toot ihr Schlafzimmer betrat, um sich zur Arbeit anzukleiden. Ich fragte sie, was los sei.

»Nichts. Dein Großvater hat nur keine Lust, mich zur Arbeit zu fahren, das ist alles.«

Als ich die Küche betrat, brummte Gramps irgendetwas vor sich hin und schenkte sich Kaffee ein. Ich schlug vor, dass ich Toot zur Arbeit bringen könne, wenn er zu müde sei. Das war ein kühnes Angebot, denn ich stand nicht gern früh auf. Großvater schimpfte:

»Darum geht es doch nicht. Sie will nur, dass ich mich schlecht fühle.«

»Das glaube ich nicht, Gramps.«

»Doch, sicher.« Er trank von seinem Kaffee. »Seit sie bei der Bank angefangen hat, fährt sie mit dem Bus. Ist doch einfacher, hat sie gesagt. Und jetzt, nur weil jemand sie belästigt hat, soll plötzlich alles anders werden.«

Toot lief in der Diele hin und her und warf uns einen Blick zu.

»Das ist nicht wahr, Stanley.«

Ich ging mit ihr nach nebenan und fragte sie, was vorgefallen sei.

»Gestern hat mich jemand angebettelt. An der Bushaltestelle.«

»Mehr nicht?«

Sie verzog ärgerlich den Mund. »Er war aufdringlich, Barry. Sehr aufdringlich. Ich habe ihm einen Dollar gegeben, aber er ließ nicht locker. Wenn der Bus nicht gekommen wäre, hätte er mich vielleicht angegriffen.«

Ich kehrte in die Küche zurück. Gramps spülte gerade seine Tasse aus. »Hör mal«, sagte ich, »warum darf ich sie nicht einfach bringen. Sie scheint wirklich ziemlich verängstigt.«

»Wegen eines Bettlers?«

»Ja, ich weiß – aber wahrscheinlich macht es ihr Angst, wenn sich ein großer Mann ihr in den Weg stellt. Es ist doch nichts dabei, wenn ich sie bringe.«

Gramps drehte sich zu mir um. Ich sah jetzt, dass er zitterte.

»Doch, für mich ist sehr wohl was dabei. Das ist doch schon früher passiert, dass sie von Männern belästigt wurde. Weißt du, warum sie diesmal so viel Angst hat? Ich erzähl's dir. Als du in die Küche kamst, hatte sie gerade gesagt, dass es ein Schwarzer war.« Er flüsterte das Wort. »Darum geht es. Deshalb ist sie so aufgeregt. Und ich finde, sie hat kein Recht dazu.«

Die Worte trafen mich wie ein Faustschlag in die Magengrube. Ich hatte Mühe, mir nichts anmerken zu lassen. Mit ruhiger Stimme sagte ich, dass mich eine solche Einstellung ebenfalls stören würde, versicherte aber, dass Toots Angst sich schon legen werde und wir sie in der Zwischenzeit zur Bank fahren sollten. Gramps schlurfte ins Wohnzimmer und sagte, er bedaure, mir alles erzählt zu haben. Er war auf einmal klein und alt und sehr traurig. Ich legte ihm die Hand auf die Schulter und sagte, es sei alles in Ordnung, ich könne ihn verstehen.

So verharrten wir mehrere Minuten in schmerzlichem Schweigen. Schließlich erklärte er, dass er Toot doch fahren wolle, und stand auf, um sich anzukleiden. Nachdem sie die Wohnung verlassen hatten, saß ich auf der Bettkante und dachte über meine Großeltern nach. Immer wieder hatten sie Opfer für mich gebracht. Ich war ihre einzige Hoffnung. Nie hatten sie mir Anlass gegeben, an ihrer Liebe zu zweifeln. Und damit war wohl auch nie zu rechnen. Und doch wusste ich, dass Menschen, die meine Brüder sein könnten, primitivste Ängste in ihnen auslösen konnten.

Am Abend fuhr ich nach Waikiki, vorbei an den hell erleuchteten Hotels, immer weiter in Richtung Ala-Wai-Kanal. Erst nach einer Weile erkannte ich das Haus mit seiner windschiefen Veranda und dem niedrigen Dach. Im Innern brannte Licht. Ich sah Frank in seinem Sessel, ein Buch mit Gedichten auf dem Schoß, die Lesebrille auf der Nasenspitze. Ich saß im Auto, beobachtete ihn eine Zeitlang, bevor ich schließlich ausstieg und an der Tür klopfte. Der Alte schaute kaum auf, erhob sich und machte mir auf. Drei Jahre zuvor hatten wir uns das letzte Mal gesehen.

»Was zu trinken?« fragte er. Ich nickte und beobachtete, wie er eine Flasche Whiskey und zwei Plastikbecher aus dem Küchenregal nahm. Frank sah unverändert aus, der Schnurrbart, ein bisschen weißer, hing wie toter Efeu über der schweren Oberlippe, seine Hose, die er mit Bindfaden hochhielt, hatte noch mehr Löcher.

»Wie geht's deinem Großvater?«

»Ganz gut.«

»Na, was führt dich zu mir?«

Ich zögerte. Ich erzählte, was vorgefallen war. Er nickte. »Komischer Kerl, dein Großvater«, sagte er. »Weißt du, dass wir vielleicht zwanzig Kilometer voneinander entfernt aufgewachsen sind?«

Ich schüttelte den Kopf.

»Wirklich. Wir wohnten in der Nähe von Wichita. Kannten uns natürlich nicht. Ich war schon längst fort, als er alt genug war, um sich daran zu erinnern. Vielleicht habe ich einige seiner Angehörigen gesehen. Auf der Straße. In dem Fall hätte ich vom Bürgersteig heruntergehen müssen, um ihnen Platz zu machen. Hat dein Großvater dir je von diesen Dingen erzählt?«

Ich kippte den Whiskey herunter und schüttelte wieder den Kopf.

»Na ja, hätte mich auch gewundert. Stan redet nicht gern über solche Sachen. Fühlt sich unwohl dabei. Hat mir mal von einem schwarzen Mädchen erzählt, das sich um deine Mutter kümmern sollte. War die Tochter eines Pfarrers, glaub ich. Sie gehörte richtig zur Familie. So hat er es in Erinnerung, verstehst du – das Mädchen, das sich um die Kinder anderer Leute kümmert, während ihre Mutter für andere Leute die Wäsche wäscht. Gehörte richtig zur Familie.«

Ich griff nach der Flasche, schenkte diesmal nur mir nach. Frank hatte die Augen geschlossen, den Kopf zurückgelehnt, sein großes, zerfurchtes Gesicht sah wie gemeißelt aus. »Man kann Stan nicht vorwerfen, wie er ist«, sagte Frank. »Im Grunde ist er ein anständiger Mensch. Aber er kennt mich nicht. Ebenso wenig wie das Mädchen, das sich um seine Tochter gekümmert hat. Er kann mich gar nicht kennen, jedenfalls nicht so, wie ich ihn kenne. Vielleicht können das ein paar Hawaiianer oder die Indianer im Reservat. Sie haben die Demütigung ihrer Väter und Mütter miterlebt. Aber dein Großvater wird nie wissen, was das für ein Gefühl ist. Deshalb kann er herkommen und meinen Whiskey trinken und in dem Sessel, in dem du gerade sitzt, einschlafen. Wie ein Baby. Siehst du, bei ihm könnte ich das nicht. Nie. Ganz gleich, wie müde ich bin, ich muss immer aufpassen. Ich muss vorsichtig sein, davon hängt mein Überleben ab.«

Frank schlug die Augen auf. »Was ich dir sagen will – deine Großmutter hat zu Recht Angst. Sie hat genauso recht wie Stanley. Sie weiß, dass es einen Grund gibt, wenn Schwarze hassen. So einfach ist das. Dir zuliebe wünschte ich, es wäre anders. Aber es ist nicht anders. Also kannst du dich schon mal daran gewöhnen.«

Frank schloss die Augen wieder. Sein Atem ging immer langsamer, bis es schien, als wäre er eingeschlafen. Ich überlegte, ob ich ihn wecken sollte, entschied mich aber dagegen und ging hinaus zum Auto. Der Boden unter meinen Füßen gab nach, und mir war, als würde die Erde in jedem Moment aufreißen. Ich blieb stehen, versuchte, mich zu beruhigen, und zum ersten Mal wusste ich, dass ich ganz allein war.

5

Drei Uhr nachts. Die mondhellen Straßen leer, irgendwo in der Ferne das Geräusch eines anfahrenden Autos. Die Partybesucher lagen längst irgendwo in einem Bett, zu zweit oder allein, in bierschwerem Schlaf, Hasan bei seiner neuen Lady – bleib nicht auf, hatte er gesagt und mir zugezwinkert. Und nun warten nur wir beide auf den Sonnenaufgang, Billie Holiday und ich, ihre Stimme wirbelt durch das dunkle Zimmer, nähert sich mir wie eine Geliebte.

> *I'm a fool … to want you.*
> *Such a fool … to want you.*

Ich schenkte mir noch ein Glas ein und ließ den Blick durch das Zimmer wandern: Schalen mit Salzstangenresten, volle Aschenbecher, leere Flaschen an der Wand wie eine Skyline. Klasse Party. Alle hatten gesagt: Bei Barry und Hasan ist es immer super. Alle außer Regina. Regina hatte sich nicht amüsiert. Was hatte sie gleich gesagt, bevor sie gegangen war? *Du denkst immer, es geht um dich.* Und dann die Sache mit ihrer Großmutter. Als wäre ich allein verantwortlich für das Schicksal aller Schwarzen. Als wäre ich es gewesen, der ihre Großmutter das ganze Leben lang geknebelt hätte. Zum Teufel mit Regina. Diese Arroganz in ihren Augen. Dieses Du-hast-mich-enttäuscht. Zum Teufel mit ihr. Sie kannte mich überhaupt nicht. Sie hatte keine Ahnung, wo ich herkam.

Ich ließ mich auf die Couch fallen, zündete mir eine Zigarette an und beobachtete das brennende Streichholz, das sich den Fingerspitzen näherte, bis ich ein Kribbeln auf der Haut spürte und die Flamme ausblies. *Worin besteht der Trick?* fragt der Mann. *Du musst den*

Schmerz ignorieren. Ich konnte mich nicht mehr erinnern, wo ich das gehört hatte, der Ausspruch war verloren wie ein vergessenes Gesicht. Egal. Billie kannte den Trick, das verriet ihre Stimme, diese zerrissene, gequälte Stimme. Und auch ich hatte den Trick gelernt, in den letzten beiden Jahren auf der High School, nachdem Ray an irgendeine Universität gegangen war und ich die Bücher beiseitegelegt hatte, nachdem ich aufgehört hatte, meinem Vater Briefe zu schreiben, und auch er nicht mehr geschrieben hatte. Ich war es leid, ein Durcheinander zu entwirren, das ich nicht verursacht hatte.

Ich hatte gelernt, mir keinen Kopf zu machen.

Ich blies Ringe in die Luft, erinnerte mich an diese Jahre. Haschisch hatte geholfen, Alkohol, manchmal Kokain, wenn man das entsprechende Geld hatte. Aber kein Heroin – Micky, mein potentieller Initiator, hatte allzu großen Eifer an den Tag gelegt. Hatte erklärt, er könne es blind, dabei aber gezittert wie ein klappriger Motor. Vielleicht fror er nur; wir standen in der Tiefkühlabteilung des Delis, wo er arbeitete, es waren höchstens zehn Grad minus. Aber er sah nicht aus, als zitterte er vor Kälte. Er schien zu schwitzen, das Gesicht glänzend und angespannt. Er hatte die Nadel herausgezogen, ich beobachtete ihn, wie er dastand, inmitten von Salamis und mächtigen Schinken, und in dem Moment sah ich das Bild einer Luftblase, schimmernd und rund wie eine Perle, die ruhig durch eine Vene rollte und mein Herz stillstehen ließ ...

Junkie. Pothead. Dorthin war ich unterwegs, zur endgültigen, tödlichen Rolle des jungen Möchtegern-Schwarzen. Nur, dass meine Trips nichts damit zu tun hatten, ich wollte nicht beweisen, wie schlecht es mir ging. Jedenfalls nicht damals. Mein Motiv war ganz anders, ich wollte die Frage, wer ich war, aus meinem Kopf bekommen, wollte meine innere Landschaft ebnen, meine Erinnerungen verwischen. Ich hatte herausgefunden, dass es egal war, ob man im nagelneuen Kombi des weißen Klassenkameraden kiffte oder im Schlafsaal eines Bruders, den man beim Sport kennengelernt hatte, oder am Strand mit zwei hawaiischen Kids, die von der Schule abgegangen waren und nun jede Gelegenheit nutzten, um eine Schlägerei anzufangen. Niemand fragte, ob der eigene Vater ein Manager war, der seine Frau betrog, oder ein Hilfsarbeiter, der erst mal zuschlug, wenn er nach Hause kam. Man langweilte sich vielleicht nur oder war allein. Im Club der Frustrierten war jeder willkommen. Und wenn der Rausch nicht löste, was einen bedrückte, so half er einem doch, über die Absurdität der Welt zu lachen und die Heuchelei und den billigen Moralismus und all das zu durchschauen.

So war es mir damals jedenfalls erschienen. Es hatte ein paar Jahre gedauert, bis ich begriff, wie sich Schicksale erfüllten, wie wichtig für die Überlebenden Hautfarbe und Einkommen waren, wie weich oder wie hart man fiel, wenn man am Ende abstürzte. Natürlich brauchte man so oder so ein bisschen Glück. Das hatte Pablo meist gefehlt, auch an jenem Tag, als er seinen Führerschein nicht dabeihatte und ein Polizist nichts Besseres zu tun hatte, als den Kofferraum seines Autos zu inspizieren. Oder Bruce, der von allzu vielen miesen Trips nicht wieder zurückfand und auf einer komischen Farm endete. Oder Duke, der sich nicht von dem Autowrack entfernte...

Einmal hatte ich versucht, meiner Mutter davon zu erzählen, welche Rolle das Glück in der Welt spielt. Da war ich noch auf der High School, in meinem letzten Jahr, meine Mutter war von ihren indonesischen Feldstudien nach Hawaii zurückgekehrt, und eines Tages kam sie in mein Zimmer und wollte wissen, warum Pablo verhaftet worden sei. Ich hatte ihr beruhigend zugelächelt, ihre Hand getätschelt und gesagt, sie solle sich keine Sorgen machen, ich würde keine Dummheiten machen. Diese Methode funktionierte meistens, das hatte ich gelernt. Die Leute waren zufrieden, solange man höflich war und lächelte und keine abrupten Bewegungen machte. Sie waren mehr als zufrieden, sie waren geradezu erleichtert – wie angenehm, einem wohlerzogenen jungen Schwarzen zu begegnen, der nicht andauernd zornig war.

Meine Mutter war jedoch nicht zufrieden. Sie saß einfach da, sah mich todernst an.

»Findest du nicht, dass du mit deiner Zukunft ein wenig sorglos umgehst?«

»Was meinst du?«

»Du weißt genau, was ich meine. Einer deiner Freunde ist gerade wegen Drogenbesitzes festgenommen worden. Deine Noten werden immer schlechter. Du hast noch nicht einmal angefangen, dich um einen Studienplatz zu bewerben. Jedes Mal, wenn ich mit dir darüber reden will, reagierst du genervt.«

Ich musste mir das alles nicht anhören. Nicht, dass ich mich davor drückte. Ich erzählte ihr, dass ich vorhätte, eventuell nicht zu studieren, sondern auf Hawaii zu bleiben, ein paar Kurse zu besuchen und halbtags zu arbeiten. Meine Mutter fiel mir ins Wort, bevor ich geendet hatte. Ich könne überall in Amerika studieren, sagte sie, wenn ich mich nur ein wenig anstrengen würde. »Weißt du noch, wie das geht, sich anzustrengen? Verdammt noch mal, Bar, du kannst nicht einfach faul herumhocken und darauf warten, dass dir das Glück schon weiterhilft.«

Ich schaute sie an, wie sie vor mir saß, so ernst, so überzeugt vom Lebensweg ihres Sohnes. Die Vorstellung, dass mein Lebensweg auch mit Glück zu tun haben könne, war aus ihrer Sicht ketzerisch. Für meine Mutter stand fest, dass jeder verantwortlich für sein Leben ist – sie, die Großeltern, ich. Plötzlich hatte ich Lust, diese Selbstgewissheit anzupieksen, ihr zu erklären, dass ihr Experiment mit mir gescheitert sei. Statt laut zu werden, lachte ich. »Faul herumhocken? Tja, warum eigentlich nicht? Vielleicht ist es das, was ich vom Leben will. Ich meine, sieh dir Gramps an. Er hat doch auch nicht studiert.«

Damit hatte meine Mutter nicht gerechnet. Sie wurde blass, ihre Augen flackerten unruhig. Plötzlich ahnte ich, was ihre größte Sorge war. »Ist das deine Sorge?« fragte ich. »Dass ich wie Gramps ende?«

Rasch schüttelte sie den Kopf. »Schulisch bist du schon viel weiter als er«, sagte sie. Aber die Gewissheit war aus ihrer Stimme gewichen. Statt nachzuhaken, stand ich auf und verließ das Zimmer.

Billie hatte aufgehört zu singen. Die Stille war bedrückend, und auf einmal war ich ganz nüchtern. Ich stand auf, drehte die Platte um, trank mein Glas leer und schenkte noch einmal nach. Ich hörte, wie jemand in der Wohnung über mir die Toilettenspülung betätigte und durchs Zimmer ging. Wohl noch jemand, der nicht schlafen kann und zusieht, wie sein Leben verrinnt. Das war ja das Problem mit

Alkohol und Drogen, nicht wahr? Irgendwann konnten sie dieses Verrinnen, diese Leere nicht mehr überdecken. Und das hatte ich meiner Mutter an jenem Tag vermutlich erklären wollen: dass ihr Glaube an Gerechtigkeit und Vernunft deplaziert war, dass wir letztlich nichts überwanden, dass alle Erziehung und alle guten Absichten in der Welt die Löcher nicht stopfen konnten oder einem die Macht gaben, den blinden, ziellosen Lauf der Dinge zu steuern.

Es ging mir nicht gut nach dieser Konfrontation. Es war der einzige Trumpf, den meine Mutter immer ausspielen konnte: mir ein schlechtes Gewissen zu machen. Und sie machte auch kein Hehl daraus. »Ich kann nichts dafür«, sagte sie mir mal. »Von frühauf gelernt. Aber keine Sorge«, fügte sie grinsend hinzu: »Eine gesunde Portion Schuldbewusstsein hat noch niemandem geschadet. Alle Kultur gründet darauf. Schuldbewusstsein. Ein sehr unterschätztes Gefühl.«

Später konnten wir darüber lachen, denn ihre schlimmsten Befürchtungen hatten sich nicht erfüllt. Ich hatte ohne Probleme das Abschlussexamen gemacht, von mehreren renommierten Colleges einen Studienplatz angeboten bekommen und mich dann für das Occidental College in Los Angeles entschieden, hauptsächlich deswegen, weil ich ein Mädchen aus Brentwood kennengelernt hatte, das mit der Familie auf Hawaii Urlaub machte. Aber ich tat alles mechanisch, war oft gleichgültig, auch was das Studium betraf. Selbst Frank fand meine Einstellung nicht besonders akzeptabel, aber er sagte nicht, was ich anders machen sollte.

Wie hatte er das Studium genannt? *Eine höhere Ausbildung in Kompromissfähigkeit.* Ich dachte zurück an die letzte Begegnung mit ihm, ein paar Tage vor meiner Abreise. Wir hatten eine Weile geplaudert; Frank klagte über seine Füße, über die Hühneraugen und Verwachsungen, die nur deswegen entstanden seien, weil afrikanische Füße in europäische Schuhe gezwungen worden seien. Schließlich hatte er gefragt, was ich mir vom Studium verspreche. Ich wusste keine Antwort. Er schüttelte sein mächtiges silbergraues Haupt.

»Tja«, sagte er, »das ist genau das Problem, stimmt's? Du weißt es nicht. Du bist wie alle anderen jungen Burschen. Du weißt nur, dass du demnächst aufs College gehen wirst. Und die Leute, die alt genug sind, um es besser zu wissen, die all die Jahre gekämpft haben für dein Recht, aufs College zu gehen – sie sind einfach so glücklich, dich dort zu sehen, dass sie dir die Wahrheit verschweigen. Was der wahre Preis für deine Zulassung ist.«

»Und der wäre?«

»Du musst deine Hautfarbe vor der Tür abgeben, dich von deinen Leuten distanzieren.« Er musterte mich über den Rand seiner Lesebrille. »Du musst eines verstehen, mein Junge. Du gehst nicht aufs College, um zu studieren. Sondern um *trainiert* zu werden. Sie werden dir beibringen, dass du haben willst, was du nicht brauchst. Sie werden dir beibringen, die Wörter so zu verdrehen, dass sie nichts mehr bedeuten. Sie werden dir beibringen, alles zu vergessen, was du weißt. Sie werden dich so gut trainieren, dass du glauben wirst, was sie dir über Chancengleichheit erzählen und über den *American Way of Life* und den ganzen Quatsch. Sie werden dir ein kleines Hinterzimmer zur Verfügung stellen und dich zu schicken Abendgesellschaften einladen und dir erklären, welche Zierde du für dein Volk bist. Bis du anfängst, in den Lauf der Dinge einzugreifen, dann reißen sie an deiner Kette und erklären dir, dass du ein gut ausgebildeter, gut bezahlter Nigger bist, aber eben ein Nigger.«

»Was wollen Sie mir damit sagen – dass ich nicht studieren soll?«

Frank ließ die Schultern sinken und lehnte sich seufzend zurück. »Nein. Das habe ich nicht gesagt. Du musst studieren. Ich sage nur: Bleib wachsam. Halt die Augen offen.«

Ich musste lächeln bei dem Gedanken an Frank und seine alten Black-Power-Überzeugungen. In gewisser Weise war er genauso unverbesserlich wie meine Mutter, genauso überzeugt von seinen politischen Ansichten, in den gleichen Sechziger-Jahre-Denkmustern gefangen, die auf Hawaii überlebt hatten. Halt die Augen offen, hatte er gesagt. Leichter gesagt als getan. Jedenfalls im sonnigen Los Angeles, auf dem baumbestandenen Campus von Occidental, unweit von Pasadena. Die Studenten waren nett, die Dozenten gut. Im Herbst 1979 verabschiedeten sich Carter, Benzinknappheit und amerikanische Selbstzweifel. Reagan stand vor der Tür, ein neuer Tag würde anbrechen. Wenn man den Campus verließ, fuhr man auf dem Freeway nach Venice Beach oder hinüber nach Westwood, vorbei an East

L.A. oder South Central, ohne es zu wissen, nur noch mehr Palmen, die wie Löwenzahn über die hohen Betonmauern hinwegspähten. L.A. war nicht viel anders als Hawaii, jedenfalls der Teil, den man sah, nur größer, und man fand auch leichter einen Friseur, der wusste, wie er einem die Haare schneiden sollte.

Für die meisten schwarzen Studenten an der Occidental schien das Thema Kompromiss jedenfalls nicht zu existieren. Wir waren so viele, dass wir einen Stamm bildeten, und auch in der Freizeit funktionierten wir wie ein Stamm – wir blieben zusammen, bewegten uns in Gruppen. Im ersten Jahr, als ich noch im Studentenwohnheim wohnte, gab es die gleichen Männergespräche, wie ich sie mit Ray und anderen Schwarzen auf Hawaii geführt hatte, die gleichen Klagen, die gleiche Unzufriedenheit. Ansonsten hatten wir die gleichen Sorgen wie unsere weißen Kommilitonen. Gute Noten. Später ein gut bezahlter Job. Mädchen. Ich war auf eines der bestgehüteten Geheimnisse der Schwarzen gestoßen: dass die meisten von uns keine Revolutionäre waren; dass die meisten keine Lust mehr hatten, immer nur an die Rassenfrage zu denken; dass wir vor allem deswegen unter uns blieben, weil es der einfachste Weg war, nicht über diese Dinge nachzudenken, und viel leichter, als sich die ganze Zeit verrückt zu machen oder sich dauernd zu fragen, wie die Weißen über uns dachten.

Und warum konnte ich nicht loslassen?

Ich weiß es nicht. Vermutlich hatte ich nicht den Luxus der Stammesgeborgenheit. Wer in Compton aufwächst, für den ist Überleben ein revolutionärer Akt. Man besucht das College, unterstützt von den stolzen Eltern. Sie freuen sich, dass man es geschafft hat, niemand redet von Verrat. Aber ich war nicht in Compton aufgewachsen oder in Watts. Ich hatte nur meine Selbstzweifel. Ich ähnelte mehr den schwarzen Studenten, die in den besseren Vierteln aufgewachsen waren und deren Eltern den Preis für das Ausbrechen bereits bezahlt hatten. Man erkannte sie sofort daran, wie sie redeten, mit wem sie in der Mensa zusammensaßen. Auf entsprechende Fragen erklärten sie, dass sie nicht bereit seien, sich in eine Schublade stecken zu lassen. Sie definierten sich nicht über ihre Hautfarbe. Sie waren *Menschen*.

Zum Beispiel Joyce. Sie war eine attraktive Frau, mit grünen

Augen und honigfarbener Haut und vollen Lippen. Wir wohnten während des ersten Studienjahrs in einem Studentenwohnheim, und alle Jungs waren hinter ihr her. Eines Tages fragte ich sie, ob sie zu einer Versammlung der Black Students' Association kommen wolle. Sie warf mir einen merkwürdigen Blick zu und schüttelte dann den Kopf wie ein Baby, das nicht essen will, was ihm auf dem Löffel hingehalten wird.

»Ich bin keine Schwarze«, sagte sie. »Ich habe viele Rassen in mir.« Dann erzählte sie mir von ihrem Vater, einem Italiener, dem nettesten Mann der Welt, wie sie sagte, und von ihrer Mutter, die teils Afrikanerin, teils Französin, teils Indianerin und teils irgendetwas anderes war. »Warum sollte ich mich zwischen ihnen entscheiden?« fragte Joyce. Ihre Stimme klang etwas heiser, und ich dachte schon, gleich bricht sie in Tränen aus. »Es sind nicht die Weißen, die mich zu einer Entscheidung zwingen. Vielleicht war das früher so, aber jetzt behandeln sie mich als Mensch. Nein, es sind die Schwarzen, die immer die Rassenfrage stellen. Sie zwingen mich, eine bestimmte Haltung einzunehmen. Sie sind es, die mir erklären, dass ich nicht die sein kann, die ich bin ...«

Immer die anderen. Das war das Problem bei Leuten wie Joyce. Sie sprachen von ihrem reichen multikulturellen Erbe, und alles klang ganz wunderbar, bis man bemerkte, dass sie Schwarzen aus dem Weg gingen. Es war nicht unbedingt eine bewusste Entscheidung, eher eine Frage der Schwerkraft, so wie Integration immer funktioniert, in einer Richtung. Die Minderheit passt sich der Mehrheit an, nicht umgekehrt. Nur die weiße Kultur konnte neutral und objektiv sein. Nur die weiße Kultur konnte nichtrassistisch sein und den einen oder anderen bunten Vogel in ihre Reihen aufnehmen. Nur die weiße Kultur hatte Individuen. Und wir, die studierten Mischlinge, betrachten die Situation und denken nach. Warum sollten wir uns zu den Verlierern gesellen, wenn es nicht unbedingt sein muss? Wir sind so dankbar, wenn wir uns in der Menge verlieren können, auf dem zufriedenen, gesichtslosen amerikanischen Markt; und sind empört, wenn ein Taxifahrer uns ignoriert oder die Frau im Aufzug ihre Handtasche an sich presst, nicht so sehr, weil wir wissen, dass weniger begünstigte Farbige solche Kränkungen tagtäglich erleben –

obwohl wir genau das denken –, sondern weil wir einen Anzug von Brooks Brothers tragen und tadelloses Englisch sprechen und trotzdem als ordinäre Nigger angesehen werden.

Weißt du nicht, wer ich bin? Ich bin ein *Mensch*!

Ich setzte mich auf, zündete mir wieder eine Zigarette an und kippte den Rest der Flasche ins Glas. Ich wusste, dass ich Joyce gegenüber ungerecht war. In Wahrheit verstand ich sie, sie und all die anderen schwarzen Kids, die so dachten. In ihrer Art, ihrer Ausdrucksweise, ihrem inneren Durcheinander erkannte ich mich selbst. Und genau das machte mir Angst. Wieder stellte ich, Rays Trumpfargument im Hinterkopf, meine eigene Position in Frage. Ich musste mich von ihnen distanzieren, musste mir sagen, dass ich keine Kompromisse eingegangen war – dass ich noch wach war.

Um nicht in den Ruf eines Verräters zu kommen, suchte ich mir meine Freunde sehr sorgfältig aus. Politisch aktive schwarze Studenten. Ausländische Studenten. Chicanos. Marxistische Professoren und Strukturalisten und Feministinnen und Avantgarde-Poeten. Wir rauchten und trugen Lederjacken, diskutierten nächtelang über Neokolonialismus, Frantz Fanon, Eurozentrismus und das Patriarchat. Wenn wir unsere Zigaretten auf dem Teppichboden austraten oder die Stereoanlagen so laut aufdrehten, dass die Wände zitterten, lehnten wir uns gegen die Zwänge der bürgerlichen Gesellschaft auf. Wir waren nicht desinteressiert oder unbekümmert oder unsicher. Wir waren entfremdet.

Doch diese Strategie allein brachte mir nicht die gewünschte Distanz zu Joyce oder meiner Vergangenheit. Schließlich gab es Tausende von sogenannten Campus-Radikalen, größtenteils weiße Profs, die bereitwillig toleriert wurden. Nein, man musste auch weiterhin beweisen, auf welcher Seite man stand, seine Loyalität gegenüber den schwarzen Massen zeigen, Stellung beziehen.

Ich dachte an die Zeit im Studentenwohnheim. Reggie, Marcus und ich saßen in Reggies Zimmer, der Regen prasselte ans Fenster, und wir tranken Bier. Marcus erzählte von seinem Erlebnis mit der Polizei. »Sie hatten keinen Grund, mich anzuhalten«, sagte er. »Außer, dass ich in einem weißen Viertel zu Fuß unterwegs war. Musste mich mit gespreizten Armen und Beinen vor den Streifenwagen stellen. Einer holte seine Pistole heraus. Hab aber nicht reagiert. Genau das finden sie ja so geil, diese Schweine, wenn sie Angst in den Augen eines Schwarzen sehen...«

Ich beobachtete Marcus, schlank, dunkel, straffer Rücken, die Beine breit auseinander, in weißem T-Shirt und blauem Overall. Er war sehr politisch. Er konnte von seinem Großvater erzählen, der ein Anhänger Garveys war, von seiner Mutter, einer Krankenschwester in St. Louis, die ihre Kinder allein großgezogen hatte, von seiner älteren Schwester, die bei den Panthern organisiert war, von seinen Freunden. Seine Abstammung war makellos, seine Loyalität eindeutig, und daher fühlte ich mich in seiner Gegenwart immer etwas unsicher, wie der kleine Bruder, der, was er auch tut, nie ganz an ihn heranreicht. Und genau so fühlte ich mich in diesem Moment, während Marcus von seinen Erfahrungen erzählte und plötzlich Tim hereinkam, munter »Na, Jungs« rief und sich dann an mich wandte:

»Sag mal, Barry – hast du unsere Öko-Aufgabe, kannst du sie mir geben?«

Tim war ein unpolitischer Typ. Er trug teure Pullover und gebügelte Jeans und redete wie Beaver Cleaver. Er wollte einen Abschluss in BWL machen. Seine weiße Freundin saß vermutlich oben in seinem Zimmer und wartete bei Country-Musik auf ihn. Er war zufrieden und glücklich, und ich wollte einfach nur, dass er verschwindet. Ich ging mit ihm auf mein Zimmer, gab ihm die gewünschten Unterlagen. Sobald ich wieder in Reggies Zimmer war, hatte ich das Gefühl, mich erklären zu müssen.

»Tim ist ein hoffnungsloser Fall«, sagte ich und schüttelte den Kopf. »Sollte nicht Tim heißen, sondern Tom.«

Reggie lachte, im Gegensatz zu Marcus. Der sagte: »Warum sagst du das, Mann?«

Seine Frage überraschte mich. »Weiß nicht. Er ist einfach bescheuert, das ist alles.«

Marcus trank von seinem Bier und musterte mich. »Tim ist okay, finde ich«, sagte er. »Er macht sein Ding. Drängt sich niemandem auf. Ich glaube, wir sollten uns lieber fragen, was wir selbst tun, statt andere Leute danach zu beurteilen, ob uns ihr Verhalten gefällt.«

Ein Jahr später brannte die Erinnerung an diesen Moment noch immer in mir, die Wut und die Empörung. Dass Marcus mich in Reggies Gegenwart derart zurechtgewiesen hatte. Aber er hatte recht. Er hatte mich bei einer Lüge ertappt, im Grunde bei zwei Lügen. Meine Bemerkung über Tim und was ich damit über mich selbst gesagt hatte. Überhaupt schien mein ganzes erstes Studienjahr eine einzige Lüge zu sein. Ich bewegte mich im Kreis und verwendete meine ganze Energie darauf, das zu vertuschen.

Außer bei Regina. Bei ihr hatte ich nicht das Gefühl, lügen zu müssen. Wahrscheinlich hatte mich genau das zu ihr hingezogen. Schon bei unserer ersten Begegnung, an dem Tag, als sie in den Coffeeshop kam, während Marcus mir eine Standpauke hielt wegen der Bücher, die ich las. Er hatte Regina zu uns gewinkt, ihr einen Stuhl hingeschoben.

»Sister Regina«, sagte er. »Du kennst doch Barack? Ich versuche ihm gerade klarzumachen, was für rassistisches Zeug er da liest.« Zum Beweis hielt er das Exemplar von *Heart of Darkness* hoch. Ich schnappte es ihm sofort wieder weg.

»Mann, hör auf mit dem Quatsch. Gib her.«

»Siehst du«, sagte Marcus. »Ist dir peinlich, was? Schon mit dem Buch gesehen zu werden. Ich sage dir, dieses Zeug ist Gift für dein Hirn.« Er sah auf seine Uhr. »Mist, ich komm zu spät zur Vorlesung.« Er beugte sich vor und tätschelte Regina die Wange. »Red mit ihm! Ich glaube, er ist kein hoffnungsloser Fall.«

Regina lächelte und sah ihm kopfschüttelnd hinterher. »Aha, Marcus ist mal wieder auf dem Prediger-Trip.«

Ich stopfte das Buch in meinen Rucksack. »Eigentlich hat er recht«, sagte ich. »Das Buch ist rassistisch. Für Conrad ist Afrika die Kloake der Welt. Schwarze sind Wilde, wer sich mit ihnen einlässt, holt sich eine Infektion.«

Regina blies in ihren Kaffee. »Und warum liest du es dann?«

»Weil es auf der Lektüreliste steht.« Ich hielt inne, wusste nicht, ob ich fortfahren sollte. »Und weil ...«

»Ja?«

»Weil ich das eine oder andere dabei lerne. Über Weiße. In dem Buch geht es nicht um Afrika. Oder Schwarze. Sondern um den Autor selbst. Den Europäer. Den Amerikaner. Seine Wahrnehmung der Welt. Wenn man es mit Distanz liest – es steht alles da, in dem, was gesagt und was nicht gesagt wird. Also lese ich es, um die Angst der Weißen zu verstehen. Ihre Dämonen. Wie sich bestimmte Ideen verselbständigen. Es hilft mir zu verstehen, wo der Hass herkommt.«

»Und das ist dir wichtig?«

Mein Leben hängt davon ab, dachte ich. Aber das erzählte ich ihr nicht. Ich lächelte bloß. »Nur so kann man eine Krankheit heilen, stimmt's? Wenn man sie diagnostiziert.«

Sie erwiderte mein Lächeln und trank von ihrem Kaffee. Ich hatte sie schon früher in der Gegend gesehen, meist in der Bibliothek mit einem Buch in der Hand, eine große, dunkelhäutige Frau, die Strümpfe trug und Kleider, die selbstgemacht aussahen, eine riesige Brille mit getönten Gläsern und immer ein Kopftuch. Ich wusste, dass sie ein Junior war, Veranstaltungen schwarzer Studenten mit organisierte und nicht viel ausging. Sie rührte in ihrem Kaffee und fragte: »Wie hat Marcus dich gerade angeredet? Ein afrikanischer Name?«

»Barack.«

»Ich dachte, du heißt Barry.«

»Offiziell heiße ich Barack. Das ist der Name meines Vaters. Er war Kenianer.«

»Bedeutet der Name etwas?«

»Es ist ein arabischer Name. Er bedeutet ›gesegnet‹. Mein Großvater war Muslim.«

Regina sprach den Namen ein paar Mal vor sich hin, als wollte sie prüfen, wie er klang. »Barack. Schöner Name.« Sie beugte sich vor. »Und warum sagen dann alle Barry zu dir?«

»Gewohnheit. Mein Vater hat den Namen angenommen, als er in die Staaten kam. Ich weiß nicht, ob es seine Idee war oder die eines anderen. Wahrscheinlich fand er, dass Barry einfacher auszusprechen war. Weißt schon – er wollte sich integrieren. Und ich wurde dann auch so genannt. Aus dem gleichen Grund.«

»Darf ich Barack zu dir sagen?«

Ich lächelte. »Solange du es richtig aussprichst.«

Scheinbar beleidigt verzog sie den Mund und legte den Kopf

schief, aber ihre Augen funkelten amüsiert. Den ganzen Nachmittag verbrachten wir miteinander, plauderten, tranken Kaffee. Regina erzählte mir von ihrer Kindheit in Chicago, von dem nicht vorhandenen Vater und der hart arbeitenden Mutter, von der Wohnung in der South Side, die im Winter nie richtig warm wurde und im Sommer so heiß war, dass die Leute nachts zum See gingen, um dort zu schlafen. Sie erzählte von den Nachbarn, von den Kneipen und den Billardcafés, an denen sie sonntags auf dem Weg zur Kirche vorbeikam. Sie erzählte von den Abenden in der Küche, mit Onkeln und Cousins und Großeltern, von dem Stimmengewirr, dem Lachen. In ihrer Stimme lag die Vision eines schwarzen Lebens mit all seinen Möglichkeiten, eine Vision, die mich mit Sehnsucht erfüllte – nach einer Heimat, nach einer klaren, eindeutigen Geschichte. Als wir aufbrachen, gestand ich Regina, dass ich sie beneidete.

»Warum?«

»Weiß nicht. Vielleicht wegen deiner Erinnerungen.«

Regina sah mich an und lachte dann, ein rundes, volles Lachen.

»Was ist daran so komisch?«

»Ach, Barack«, sagte sie. »Ist das Leben nicht verrückt? Und ich hab mir die ganze Zeit gewünscht, ich wäre auf Hawaii groß geworden.«

Merkwürdig, wie sehr ein einziges Gespräch einen Menschen verändern kann. Vielleicht entsteht dieser Eindruck aber erst im Nachhinein. Ein Jahr vergeht, und man weiß, man hat sich verändert, kann es aber nicht genau benennen, also schaut man zurück, um etwas zu finden, was diese Veränderung bewirkt haben könnte – ein Wort, ein Blick, eine Berührung. An jenem Nachmittag mit Regina, das weiß ich, fand ich nach einer halben Ewigkeit meine Stimme wieder. Sie blieb unsicher, klang manchmal schief. Aber in meinem zweiten Studienjahr spürte ich, wie sie stärker wurde, kraftvoller, dieser konstante, unverstellte Teil meiner selbst, eine Brücke zwischen meiner Zukunft und meiner Vergangenheit.

Ungefähr in dieser Zeit begann ich, mich in der Antiapartheidbewegung zu engagieren. Anfangs war es wohl ein Ausdruck jener radikalen Pose, an der meine Freunde und ich festhielten, ein unbewusstes Ausweichen vor unseren eigenen Themen. Doch mit der Zeit übernahm ich wichtige Aufgaben – ich knüpfte Kontakte zu Vertretern des ANC, die auf dem Campus sprechen sollten, schrieb Briefe an die Universitätsverwaltung, druckte Flugblätter, beteiligte mich an Strategiedebatten –, und ich stellte fest, dass die Leute mir zuhörten. Dies weckte meinen Hunger auf Worte – Worte, die nicht verschleiern, sondern eine Botschaft vermitteln sollten. Als jemand vorschlug, ich solle die Kundgebung eröffnen, die wir zur nächsten Kuratoriumssitzung planten, willigte ich sofort ein. Ich glaubte, dass ich bereit dafür war und im entscheidenden Moment die Menschen erreichen würde. Meine Stimme würde mich nicht im Stich lassen.

Welche Gedanken beschäftigten mich in dieser Zeit? Der Ablauf der Kundgebung war sorgfältig geplant – ich sollte ein paar einleitende Worte sprechen, dann würden einige weiße Studenten in Uniform auftreten und mich vom Podium zerren. Ein Stück Straßentheater, das die Situation von Aktivisten in Südafrika verdeutlichen sollte. Ich kannte den Ablauf, hatte am Skript mitgearbeitet. Doch als ich mich hinsetzte und Notizen für meine Rede machte, geschah etwas. In meiner Vorstellung wurde es mehr als nur eine Zwei-Minuten-Ansprache, mehr als eine Gelegenheit, meine politische Orthodoxie unter Beweis zu stellen. Ich erinnerte mich an den Besuch meines Vaters in meiner Klasse, an Corettas Gesichtsausdruck, an die Macht der Worte meines Vaters. Ich muss nur die richtigen Worte finden, sagte ich mir. Mit den richtigen Worten konnte alles anders werden – Südafrika, das Leben der Ghettokids in der Nähe, mein eigener Platz in der Welt.

Ich befand mich noch immer in diesem tranceartigen Zustand, als ich die Bühne betrat. Ich stand einfach da, weiß nicht mehr, wie lange, blinzelte in die Sonne, vor mir Hunderte gespannter Studenten. Auf dem Rasen spielten zwei Frisbeespieler. Andere standen am Rand, bereit, jeden Moment in Richtung Bibliothek zu verschwinden. Ohne auf ein Zeichen zu warten, trat ich ans Mikrophon.

»Ein Volk kämpft«, sagte ich. Meine Stimme erreichte höchstens die ersten Reihen. Ein paar Leute sahen zu mir hoch. Ich wartete, dass es ruhig wurde.

»Ich sage: ein Volk kämpft!«

Die Frisbeespieler hielten inne.

»Dieser Kampf findet auf der anderen Seite des Globus statt. Aber es ist ein Kampf, der jeden von uns angeht. Ob wir es wissen oder nicht. Ob wir es wollen oder nicht. Ein Kampf, der von uns verlangt, Partei zu ergreifen, uns zu entscheiden. Nicht zwischen Schwarz und Weiß. Nicht zwischen Arm und Reich – nein, es ist schwerer. Wir müssen uns entscheiden zwischen Menschenwürde und Sklaverei. Zwischen Recht und Unrecht. Zwischen Engagement und Gleichgültigkeit. Zwischen Gut und Böse ...«

Die Leute waren jetzt ruhig, hörten mir zu. Jemand klatschte. »Sehr gut, Barack«, rief ein anderer. »Genauso ist es.« Dann fielen die anderen ein und klatschten, und ich wusste, dass ich ihre Aufmerksamkeit gewonnen, eine Beziehung zu ihnen hergestellt hatte. Ich nahm das Mikrophon und wollte schon weiterreden, als ich merkte, dass mich jemand von hinten wegziehen wollte. Es war genau, wie wir es geplant hatten: Andy und Jonathan, mit Sonnenbrille und grimmigem Gesicht, zerrten mich von der Bühne, und ich sollte so tun, als wehrte ich mich. Doch für einen Teil von mir war dies kein Spiel, ich wollte tatsächlich auf der Bühne bleiben, wollte weiter zu den Leuten sprechen, die mir applaudieren würden. Ich hatte noch so viel zu sagen.

Aber mein Auftritt war schon vorbei. Ich stand an der Seite, als Marcus in weißem T-Shirt und Jeans, schlank und dunkel und straff und selbstbewusst, ans Mikrophon trat. Er erklärte den Leuten, was die gerade vorgeführte Szene bedeutete und warum die Stellungnahmen der Regierung zu Südafrika unerträgliches Geschwafel seien. Dann trat Regina ans Mikrophon und sprach von dem Stolz, der ihre Eltern erfüllt habe, weil sie an diesem College studieren könne, dass sie sich aber schäme, einer Universität anzugehören, die mit Geldern eines Unterdrückungsregimes finanziert werde. Ich hätte stolz sein sollen auf die beiden, sie sprachen sehr gut, die Leute waren sichtlich bewegt. Aber ich hörte schon nicht mehr richtig zu, stand wieder abseits, war der skeptische Beobachter. Ich sah uns plötzlich als die gepflegten und wohlgenährten Amateure, die wir waren, mit den schwarzen Chiffonarmbändern und den selbstgepinselten Plakaten und den ernsten jungen Gesichtern. Die Frisbeespieler spielten wieder. Als die Kuratoriumsmitglieder zu ihrer Sitzung eintrafen, blieben einige von ihnen hinter der Glasfassade des Verwaltungsgebäudes stehen, schauten uns zu, ich sah die alten weißen Männer, die das alles sehr lustig fanden, einer von ihnen winkte uns sogar zu. Das Ganze war eine Farce, sagte ich mir – die Kundgebung, die Spruchbänder, alles. Ein netter Nachmittag, eine Schultheateraufführung ohne Eltern. Und ich mit meiner einminütigen Rede – die allergrößte Farce.

Abends auf der Party kam Regina zu mir, um zu gratulieren. Ich fragte, wofür.

»Für deine tolle Rede.«

Ich riss eine Bierdose auf. »Hab mich kurz gefasst.«

Regina überging meinen Sarkasmus. »Deshalb war es ja so wirkungsvoll«, sagte sie. »Deine Worte kamen von Herzen, Barack. Die Leute wollten mehr hören. Als man dich weggezerrt hat, war das, als...«

»Hör zu, Regina, ich finde dich wirklich sehr nett. Und ich freue mich, dass dir mein kleiner Auftritt heute gefallen hat. Aber das war das letzte Mal, dass du mich hast reden hören. Das Predigen werde ich dir überlassen. Und Marcus. Ich habe beschlossen, dass es nicht meine Aufgabe ist, für Schwarze zu sprechen.«

»Und wieso?«

Ich trank einen Schluck Bier, mein Blick wanderte über die Leute, die vor uns tanzten. »Weil ich nichts zu sagen habe, Regina. Ich glaube nicht, dass unsere heutige Aktion irgendetwas bewirkt. Ich glaube nicht, dass die Situation in Soweto für die Leute, an die wir uns wenden, so furchtbar wichtig ist. Schöne Worte ändern nichts. Warum tue ich also, als wäre das Gegenteil der Fall? Ich sag dir, warum. Weil ich das Gefühl habe, dass es auf *mich* ankommt. Weil *mir* der Beifall guttut. Er verschafft mir eine Bestätigung, die nichts kostet. Mehr ist es nicht.«

»Das glaubst du doch nicht wirklich.«

»Doch.«

Sie sah mich verunsichert an, konnte nicht erkennen, ob das alles ernst gemeint war. »Na ja, fast wäre ich auf dich reingefallen«, sagte sie schließlich, in ähnlichem Tonfall wie ich. »Mir schien, ich hätte jemanden sprechen hören, der an etwas glaubt. Ein Schwarzer, der sich engagiert. Wie dumm ich doch bin.«

Ich trank wieder von meinem Bier und winkte jemandem zu, der gerade an uns vorbeikam. »Nicht dumm. Naiv.«

Sie trat einen Schritt zurück, die Hände in die Hüfte gestemmt. »Naiv? *Du* bezeichnest *mich* als naiv? Nein, nein, mein Lieber. Wenn hier jemand naiv ist, dann bist du es. Du glaubst, du kannst vor dir weglaufen. Du willst deine Gefühle nicht wahrhaben.« Sie tippte mir auf die Brust. »Soll ich dir sagen, was dein Problem ist? Du glaubst immer, es geht nur um dich. Du bist genau wie Reggie und Marcus und Steve und all die anderen. Die Kundgebung hat nur mit dir zu tun. Die Rede hat nur mit dir zu tun. Das Unrecht ist immer dein Unrecht. Ich sag dir was, Mr. Obama. Es geht nicht nur um dich. Es geht um Leute, die deine Hilfe brauchen. Kinder, die auf dich angewiesen sind. Deine Ironie und deine Spitzfindigkeiten und dein gekränktes Ego – das interessiert sie nicht. Mich übrigens auch nicht.«

In diesem Moment kam Reggie aus der Küche, noch betrunkener als ich. Er kam zu uns und legte mir den Arm um die Schulter. »Obama! Klasse Party, Mann!« Er grinste Regina zu. »Weißt du, Obama und ich, wir sind uralte Freunde. Hättest letztes Jahr mal unsere Partys sehen sollen, im Wohnheim. Mann, weißt du noch, wie wir ein ganzes Wochenende durchgemacht haben? Vierzig Stunden, kein Schlaf. Von Samstagvormittag bis Montag früh.«

Ich versuchte, das Thema zu wechseln, aber Reggie ließ sich nicht beirren. »Regina, ich sag dir, es war wild. Als die Putzfrauen am Montag auftauchten, hingen wir wie Zombies rum. Überall Flaschen, Kippen, Zeitungen. Und wie Jimmy dann schlecht wurde...« Reggie lachte und verschüttete Bier auf den Teppich. »Weißt du noch? Mann, es war so krass, die beiden mexikanischen Putzfrauen riefen nur noch *Dios Mio*, die eine tätschelte die andere auf die Schulter. Mann o Mann, waren wir verrückt...«

Ich lächelte hilflos, spürte, dass Regina mich geringschätzig musterte. Als sie schließlich den Mund aufmachte, war es, als wäre Reggie nicht da.

»Und das findest du komisch?« Ihre Stimme bebte, fast flüsterte sie. »Ist das deine Realität, Barack – ein Chaos hinterlassen, das andere aufräumen müssen? Das hätte meine Großmutter sein können, weißt du. Sie musste die meiste Zeit ihres Lebens anderen hinterherräumen. Die Leute, für die sie gearbeitet hat, fanden das bestimmt auch lustig.«

Sie schnappte ihre Tasche und ging zur Tür. Ich wollte ihr hinterherlaufen, merkte aber, dass ein paar Leute zu mir herüberstarrten, und wollte keine Szene. Reggie zog mich am Arm, schaute gekränkt und hilflos wie ein verlorenes Kind.

»Was hat sie denn?« sagte er.

»Nichts«, sagte ich. Ich nahm ihm das Bier aus der Hand und stellte es ins Bücherregal. »Sie bildet sich einfach ein paar Dinge ein.«

Ich stand auf und öffnete die Wohnungstür. Mit dem Zigarettenqualm schien auch ich wie ein Geist aus dem Zimmer zu wehen. Der Mond war nicht zu sehen, nur sein Licht zeichnete sich hinter hohen Wolken ab. Es dämmerte langsam, Tau lag in der Luft.

Schau in den Spiegel, bevor du über andere urteilst. Halte Ordnung in deinen Sachen. Es geht nicht um dich. So einfache Worte, Ermahnungen, die ich tausendmal gehört hatte, in sämtlichen Variationen – in Sitcoms und philosophischen Abhandlungen, von meinen Großeltern und meiner Mutter. Irgendwann hatte ich abgeschaltet, nicht mehr hingehört, so gefangen war ich in meinem Selbstmitleid, so entschlossen, nicht in die Fallen zu gehen, die mir in meiner Vorstellung von den Weißen gestellt wurden. Ihnen, den Weißen, wollte ich die Werte meiner Kindheit überlassen, als wären sie beschmutzt durch die über Schwarze verbreiteten Unwahrheiten.

Nur hörte ich jetzt die gleichen Dinge aus dem Mund von Schwarzen, die ich respektierte, Menschen, die mehr Grund zu Verbitterung hatten, als ich je für mich beanspruchen konnte. Wer sagt denn, dass Ehrlichkeit ein weißer Wert ist? fragten sie mich. Wer hat dir denn weisgemacht, dass deine Lage dich davon befreit, rücksichtsvoll oder fleißig oder freundlich zu sein? Dass Moral eine Farbe hat? Du hast dich verrannt, Bruder. Deine Vorstellungen von dir – wer du bist und wer du werden kannst – sind verkümmert, sind eng und klein geworden.

Ich setzte mich vor die Tür und rieb mir den Nacken. Wie war es dazu gekommen? Doch bevor die Frage Gestalt angenommen hatte, wusste ich schon die Antwort. Angst. Die gleiche Angst, die mich damals dazu gebracht hatte, Coretta von mir zu stoßen. Die gleiche Angst, die mich dazu geführt hatte, Tim abzuwerten. Die unablässige, lähmende Angst, nirgends dazuzugehören, immer ein Außenseiter zu sein, wenn ich mich nicht duckte und versteckte und verstellte, ein Außenseiter, der von allen anderen, Schwarzen und Weißen, ständig beurteilt wird.

Regina hatte recht. Es war mir nur um mich gegangen. Um meine Angst. Um meine Wünsche. Und nun? Ich stellte mir Reginas Großmutter vor, wie sie mit gebeugtem Rücken einen endlos langen Flur schrubbte. Langsam hob die alte Frau den Kopf, schaute mir in die Augen, und in ihrem müden Gesicht sah ich: Was uns verband, ging über Zorn oder Verzweiflung oder Mitleid hinaus.

Was verlangte Regina also von mir? In erster Linie Entschlossenheit. Die Entschlossenheit, gegen alles anzukämpfen, was sie erniedrigte und unfrei hielt. Nicht den einfachen Weg zu gehen. Ihre Augen sagten: Auch wenn man in einer Welt lebt, die man nicht erschaffen hat, so hat man doch das Recht, sich einzumischen. Man hat Verantwortung.

Ich sah nun nicht mehr das Gesicht der alten Frau, sondern viele andere Gesichter. Das der mexikanischen Putzfrau, die den Müll nach draußen bringt. Das Gesicht von Lolos Mutter, deren Haus gerade von den Niederländern angezündet wird. Das ernste und blasse Gesicht von Toot, die morgens um halb sieben den Bus besteigt, der sie zur Arbeit bringt. Nur aufgrund mangelnder Phantasie, aufgrund einer inneren Schwäche hatte ich geglaubt, zwischen ihnen wählen zu müssen. Sie alle wollten dasselbe von mir, alle meine Großmütter.

Meine Identität mag mit meiner Hautfarbe beginnen, aber sie hört dort nicht auf, kann dort nicht aufhören.

Das zumindest möchte ich glauben.

Ich saß noch eine Weile auf der Treppe, sah der aufgehenden Sonne zu, dachte an Regina, die ich an diesem Tag anrufen würde. Billie sang gerade ihren letzten Song. Ich summte ein paar Takte mit.

Ihre Stimme schien jetzt anders zu klingen. Unter den vielen Schichten von Verletzungen, aus dem rauhen Lachen hörte ich die Bereitschaft heraus, alles auszuhalten. Aushalten – und eine Musik machen, die noch nie gehört worden ist.

6

Meine erste Nacht in Manhattan verbrachte ich zusammengerollt auf einem schmalen Trampelpfad, unfreiwilligerweise. In L.A. hatte ich erfahren, dass eine Freundin eines Freunds ihr Apartment in Spanish Harlem, unweit der Columbia University, aufgeben wollte und dass ich angesichts der Mieten in New York zugreifen sollte. Wir einigten uns; ich telegraphierte, dass ich an einem bestimmten Augusttag eintreffen würde, und nachdem ich mein Gepäck durch den Flughafen geschleppt hatte, in die U-Bahn, vom Times Square den Broadway hinauf, von der Einhundertneunten zur Amsterdam Avenue, stand ich schließlich vor der Tür. Es war kurz nach zehn Uhr abends.

Ich drückte ein paar Mal auf die Klingel, aber es tat sich nichts. Die Straße war leer, die Häuser ringsum verrammelt, ein Haufen dunkler Silhouetten. Schließlich trat eine junge Puerto-Ricanerin aus dem Haus, die mir einen scheuen Blick zuwarf, bevor sie an mir vorbeiging. Im letzten Moment stand ich in der Haustür, bevor sie zugefallen wäre, stieg mit meinem Gepäck die Treppe hinauf, klopfte und hämmerte an die Wohnungstür. Wieder tat sich nichts, nur ein Geräusch unten in der Halle, ein Riegel wurde vorgeschoben.

New York. Genau, wie ich es mir vorgestellt hatte. Ich schaute in mein Portemonnaie – für ein Motel würde das Geld nicht reichen. Ich kannte jemanden in New York, einen gewissen Sadik, den ich in L.A. kennengelernt hatte, aber ich wusste von ihm, dass er nachts in einer Bar arbeitete. Ich konnte nur warten, also stieg ich mit meinem Gepäck wieder hinunter und hockte mich auf die Treppe. Nach einer Weile holte ich den Brief heraus, den ich seit der Abreise aus L.A. bei mir trug.

Mein lieber Sohn,

ich habe mich sehr gefreut, nach so langer Zeit von Dir zu hören. Mir geht es gut. Ich komme all meinen Verpflichtungen gegenüber meinem Land nach, wie das hier von mir erwartet wird. Gerade erst war ich zu Verhandlungen in London, es ging um finanzielle Dinge usw. Dass ich Dir so selten schreibe, liegt einfach daran, dass ich so viel unterwegs bin. In Zukunft habe ich hoffentlich etwas mehr Zeit.

Deinen Geschwistern geht es gut, sie lassen Dich grüßen. Sie finden es gut, dass Du nach dem Examen heimkehren willst. Wenn Du dann hier bist, werden wir gemeinsam überlegen, wie lange Du bleiben kannst. Barry, selbst wenn es nur ein paar Tage sind – wichtig ist, dass Du Dein Volk kennenlernst und dass Du weißt, wo Du hingehörst.

Lass es Dir gutgehen und grüß Deine Mutter, Tutu und Stanley. Ich freue mich, bald wieder von Dir zu hören.

Alles Gute,
Dad

Ich faltete den Brief zusammen und steckte ihn wieder ein. Es war mir schwergefallen, meinem Vater zu schreiben. Unsere Korrespondenz war in den vergangenen vier Jahren praktisch zum Erliegen gekommen. Ich hatte einige Ansätze gemacht, dabei versucht, den richtigen Ton zu treffen und nicht allzu viel zu erklären. *Lieber Vater. Lieber Dad. Lieber Mr. Obama.* Und nun hatte er mir geantwortet, freundlich und ruhig. Wissen, wo du hingehörst, hatte er geschrieben. Es klang so einfach, als müsste ich nur zum Hörer greifen.

»Auskunft. Welche Stadt wünschen Sie?«

»Ähm, das weiß ich nicht genau, ich dachte, Sie könnten mir bei der Suche behilflich sein. Der Name ist Obama. Wo gehöre ich hin?«

Vielleicht war es für ihn wirklich so leicht. Ich stellte mir vor, wie er in Nairobi in seinem Büro sitzt, ein hoher Beamter mit Assistenten und Sekretärinnen, die ihm Schriftstücke zum Signieren vorlegen, ein Minister, der seinen Rat sucht, zu Hause eine liebevolle

Frau und Kinder, das Dorf des Vaters nur eine Tagesreise entfernt. Irgendwie ärgerte ich mich über dieses Bild, ich versuchte, es wegzuschieben und mich stattdessen auf die Salsa-Klänge zu konzentrieren, die aus einem offenen Fenster herbeiwehten. Doch immer wieder meldeten sich diese Gedanken, beharrlich wie das Klopfen meines Herzens.

Wohin gehörte ich? Mein Gespräch mit Regina am Abend nach jener Kundgebung hätte eine Veränderung bewirken, mir zu guten Vorsätzen verhelfen können. Doch ich war wie ein Trinker nach einer heftigen Sauftour und hatte bald gespürt, dass meine Entschlossenheit mir entglitt, dass ich kein Ziel, keine Richtung mehr hatte. Noch zwei Jahre bis zum Abschlussexamen, und ich hatte keine Ahnung, was ich anschließend machen, geschweige denn, wo ich leben wollte. Hawaii lag wie ein Kindheitstraum hinter mir. Dorthin zurückzukehren konnte ich mir nicht mehr vorstellen. Und was mein Vater auch sagen mochte, Afrika konnte nicht meine Heimat sein, dafür war es zu spät. Und wenn ich mich als schwarzer Amerikaner verstand und als solcher gesehen wurde, so war dieses Selbstverständnis doch an keinen festen Ort gebunden. Ich brauchte eine Community, die tiefer ging als die übliche Verzweiflung, die meine schwarzen Freunde und mich angesichts der jüngsten Kriminalitätsstatistik packte, oder die Anerkennung, die ich beim Basketball finden mochte. Ein Ort, wo ich heimisch werden und mich ernsthaft engagieren konnte.

Als ich dann von einem Austauschprogramm zwischen Occidental und der Columbia University hörte, bewarb ich mich sofort. Wenn an der Columbia auch nicht mehr Schwarze studierten als an der Occidental, so würde ich doch im Herzen einer richtig großen Stadt sein, in unmittelbarer Nachbarschaft schwarzer Wohnviertel. In L.A. hielt mich jedenfalls nicht sehr viel. Die meisten Freunde machten in dem Jahr ihr Examen, Hasan wollte nach London und dort arbeiten, Regina wollte nach Andalusien, um dort über spanische Zigeuner zu recherchieren.

Und Marcus? Ich war nicht sicher, was mit Marcus passiert war. Eigentlich hätte er noch ein Jahr studieren müssen, aber irgendetwas war passiert, etwas, das mir bekannt war, wenn ich es auch nicht konkret benennen konnte. Ich dachte zurück an einen Abend, als wir mit ihm in der Bibliothek saßen, uns gegenüber ein iranischer Student, ein älterer Typ mit schütterem Haar und Glasauge, der sah, dass Marcus ein Buch über Sklavenwirtschaft las. Der Iraner, dessen schiefer Blick ihm etwas Bedrohliches gab, beugte sich schließlich zu Marcus und fragte ganz freundlich:

»Kannst du mir sagen, warum die Sklaverei so lange praktiziert werden konnte?«

»Für Weiße sind wir keine Menschen«, sagte Marcus. »So einfach ist das. Für die meisten gilt das noch heute.«

»Ja, verstehe. Aber ich meine, warum haben sich die Schwarzen nicht gewehrt?«

»Sie haben sich ja gewehrt. Nat Turner, Denmark Vescey...«

»Sklavenaufstände. Ja, ich habe darüber gelesen. Tapfere Männer. Aber es waren so wenige. Wäre ich ein Sklave gewesen und hätte gesehen, was diese Leute meiner Frau und meinen Kindern antun... also, ich wäre lieber gestorben. Eben das verstehe ich nicht... warum haben so viele Männer überhaupt nicht gekämpft. Bis zum Tod, verstehst du?«

Ich sah Marcus an, wartete auf seine Antwort. Doch er schwieg, nicht empört, eher in sich gekehrt, die Augen auf einen Punkt auf dem Tisch fixiert. Sein Schweigen irritierte mich, aber nach einer Weile ging ich zum Angriff über und fragte den Iraner, ob er die Namen der Abertausend kenne, die in das haifischverseuchte Wasser gesprungen seien, bevor ihr Schiff Amerika erreichte, fragte ihn, ob er auch dann lieber gestorben wäre, wenn er gewusst hätte, dass Gegenwehr nur noch mehr Leid für Frauen und Kinder bedeutet hätte. Ob denn ein Unterschied sei zwischen der Kollaboration einiger Sklaven und der Haltung einiger Iraner, die untätig zusahen, wie die SAVAK-Folterknechte brutal gegen Schahgegner vorgingen? Wie könne man andere Menschen beurteilen, wenn man nicht an ihrer Stelle gewesen sei?

Mit der letzten Bemerkung hatte der Iraner offenbar nicht gerechnet. Marcus schloss sich dem Gespräch wieder an, wiederholte, was Malcolm X über den Unterschied zwischen Hausnegern und Feldnegern gesagt hatte. Doch er schien nicht sehr überzeugt von seinen eigenen Worten, und nach einer Weile stand er plötzlich auf und ging.

Wir haben nie darüber gesprochen, Marcus und ich. Vielleicht gab es nichts zu erklären. Es gab reichlich Gründe für jemanden wie Marcus, sich an einem Ort wie Occidental unwohl zu fühlen. In den folgenden Monaten bemerkte ich Veränderungen an ihm, als würde er von Geistern verfolgt, die durch feine Ritzen in unsere sichere, sonnige Welt eingedrungen waren. Es fing damit an, dass er sein Schwarzsein stolz zur Schau trug. Er lief in bunten afrikanischen Hemden herum und forderte von der Universitätsverwaltung ein Wohnheim ausschließlich für schwarze Studenten. Mit der Zeit wurde er immer verschlossener. Er erschien nicht mehr zu den Vorlesungen, kiffte nur noch, ließ sich einen Vollbart stehen und trug Rastalocken.

Schließlich erklärte er mir, dass er eine Weile weggehen werde. »Brauch ne kleine Pause«, sagte er. Wir gingen durch einen Park in Compton, wo an dem Tag ein Open-Air-Festival stattfand. Es war ein wunderbarer Nachmittag, jeder trug kurze Hosen, Kinder tollten auf dem Rasen herum, aber Marcus wirkte abwesend und sagte kaum ein Wort. Erst als wir an einer Gruppe von Bongospielern vorbeikamen, schien er aufzutauen. Wir setzten uns neben sie unter einen Baum und sahen wie gebannt den dunklen Händen zu, die über den Trommeln hin und her wirbelten. Irgendwann fing ich an, mich zu langweilen, und schlenderte zu einer hübschen jungen Frau, die gefüllte Teigtaschen verkaufte. Als ich zurückkam, war Marcus noch da, aber jetzt spielte er, die langen Beine untergeschlagen, auf geliehenen Bongos. Sein qualmumwölktes Gesicht war ausdruckslos, die Augen zusammengekniffen, als blendete ihn die Sonne. Fast eine Stunde sah ich ihm zu, wie er ohne Rhythmus und ohne Nuancen spielte, wie wild auf die Trommeln einschlug, als wollte er ungute Erinnerungen loswerden. Und in diesem Moment wurde mir klar, dass er meine Hilfe ebenso sehr brauchte wie ich die seine, dass ich nicht der einzige Suchende war.

Vor mir lag die menschenleere New Yorker Straße. Wusste Marcus, wohin er gehörte? Wusste das überhaupt einer von uns? Wo waren die Väter, die Onkel und Großväter, die uns Orientierung geben konnten? Wo waren die Heiler, die uns helfen konnten, eine Aufgabe zu finden? Verschwunden, abgetreten, untergegangen. Es blieben nur ihre diffusen Bilder und einmal im Jahr ein Brief mit billigen Ratschlägen ...

Weit nach Mitternacht kroch ich durch einen Zaun, der zu einem kleinen Weg führte. Ich fand eine trockene Stelle, legte mich auf meine Sachen und schlief ein, die Träume von leisen Trommelrhythmen untermalt. Als ich morgens aufwachte, stand ein weißes Huhn auf dem Müllhaufen zu meinen Füßen und pickte. Auf der anderen Straßenseite wusch sich ein Obdachloser an einem offenen Hydranten, den er sich bereitwillig mit mir teilte. Noch immer war niemand in der Wohnung, aber Sadik meldete sich, als ich ihn anrief. Er sagte, ich solle mit einem Taxi zu ihm in die Upper East Side kommen.

Er begrüßte mich auf der Straße, ein kleiner kräftiger Pakistani, der zwei Jahre zuvor aus London gekommen war und merkte, dass er mit seinem spöttischen Witz und dem unverblümten Wunsch, Geld zu machen, perfekt nach New York passte. Sein Touristenvisum war längst abgelaufen, so dass er nun seinen Lebensunterhalt als Kellner verdiente, einer der vielen illegalen Arbeitsimmigranten in New York. Als wir seine Wohnung betraten, sah ich eine Frau in Unterwäsche am Küchentisch sitzen, vor ihr ein Spiegel und eine Rasierklinge.

»Sophie«, begann Sadik, »das ist Barry ...«

»Barack«, korrigierte ich und stellte mein Gepäck ab. Die Frau nickte mir vage zu und sagte zu Sadik, dass sie gleich verschwinden werde. Wir gingen wieder hinunter, in einen griechischen Coffeeshop schräg gegenüber. Ich entschuldigte mich noch einmal, so früh gekommen zu sein.

»Kein Problem«, sagte Sadik. »Gestern Abend sah sie viel hübscher aus.« Er studierte die Karte und legte sie dann beiseite. »Na dann erzähl mal, Bar-, sorry: *Barack*, was führt dich in unsere schöne Stadt?«

Ich versuchte, es zu erklären. Den ganzen Sommer hätte ich gegrübelt – über eine vertane Jugend, über den Zustand der Welt und über mich selbst. »Damit soll Schluss sein«, sagte ich. »Ich will mich nützlich machen.«

Sadik stach in das Eigelb. »Tja, Amigo..., die Welt retten, klingt alles ganz wunderbar, aber hier in New York bleibt von solch edlen Vorsätzen nicht viel übrig. Sieh dich um.« Er zeigte auf die Passanten auf der First Avenue. »Jeder will ganz oben sein. Der Stärkste überlebt. Ein gnadenloser Kampf. Mit Klauen und Zähnen. Rücksichtslos. Das ist New York, mein Freund. Aber...« Er zuckte mit den Schultern und wischte mit dem Toast etwas Ei auf. »Wer weiß. Vielleicht bist du die Ausnahme. In dem Fall ziehe ich vor dir den Hut.«

Sadik salutierte mit der Kaffeetasse und suchte schon nach sichtbaren Anzeichen von Veränderung bei mir. In den nächsten Monaten, bei unseren Fahrten durch Manhattan, beobachtete er mich wie eine große Laborratte. Er unterdrückte ein Grinsen, als ich in der U-Bahn einer älteren Frau Platz machte, den sich dann ein dicker junger Mann schnappte. Bei Bloomingdale's führte er mich an wandelnden Schaufensterpuppen vorbei, die Parfüm versprühten, und er beobachtete meine Reaktion, wenn ich die atemberaubenden Preise der Wintermäntel studierte. Er bot mir wieder an, mich bei sich unterzubringen, als ich das Apartment in der Einhundertneunten aufgab, weil es keine Heizung dort gab, und er begleitete mich aufs Gericht, als sich herausstellte, dass die Untermieter meines zweiten Apartments die Miete nicht gezahlt und sich mit meiner Kaution aus dem Staub gemacht hatten.

»Klauen und Zähne, Barack! Denk nicht so viel an andere. Überleg dir lieber, wie du mit deinem tollen Studium Geld verdienen kannst.«

Als Sadik selber auf die Straße flog, suchten wir uns eine gemeinsame Wohnung. Und nach ein paar Monaten bemerkte er, dass die Stadt tatsächlich eine Wirkung auf mich ausübte, wenn auch nicht die erwartete. Ich machte Schluss mit Drogen, lief jeden Tag fünf Kilometer, und sonntags fastete ich. Zum ersten Mal seit Jahren konzentrierte ich mich auf das Studium und führte ein Tagebuch, in das ich Gedanken und schlechte Gedichte schrieb. Wenn Sadik mit mir weggehen wollte, entschuldigte ich mich jedes Mal mit einer lauen Ausrede, zu viel Arbeit oder kein Geld. Eines Tages, bevor er die Wohnung verließ, um sich amüsantere Gesellschaft zu suchen, schleuderte er mir sein vernichtendstes Urteil an den Kopf:

»Du bist ein Langweiler geworden.«

Ich wusste, er hatte recht, auch wenn ich mir nicht erklären konnte, was eigentlich passiert war. In gewisser Weise bestätigte ich wohl, was Sadik über den Charakter New Yorks gesagt hatte, über den korrumpierenden Einfluss der Stadt. Wall Street boomte, in Manhattan war der Bär los, überall wurde gebaut, junge Leute waren schon mit dreißig absurd reich, die Modebranche florierte. Die Schönheit, der Dreck, der Lärm und der Überfluss – alles verwirrte mich. Jeder Lebensstil schien möglich, immer mehr Bedürfnisse wurden erzeugt – das elegantere Restaurant, die teurere Garderobe, der exklusivere Nachtclub, eine schönere Frau, eine potentere Droge. Weil ich nicht wusste, ob ich imstande war, einen gemäßigten Kurs zu halten, und aus der Sorge, in alte Gewohnheiten zurückzufallen, entwickelte ich die Art, wenn nicht die Überzeugungen eines Straßenpredigers, der überall Versuchungen sieht und jede Schwäche verteufelt.

Meine Reaktion war aber mehr als nur der Versuch, einen exzessiven Appetit zu zügeln, oder eine Antwort auf eine Überreizung der Sinne. Hinter all der Unrast spürte ich, wie die Welt aus den Fugen geriet. In Indonesien hatte ich schlimmere Armut gesehen, und in L.A. hatte ich die gewaltbereiten Jugendlichen erlebt. Ich hatte mich an das Misstrauen gewöhnt, das überall zwischen den Rassen herrschte. Aber erst im Moloch New York begriff ich, mit welch geradezu mathematischer Präzision die gesellschaftlichen Probleme Amerikas hier aufeinandertrafen. Die Intensität und Aggressivität der resultierenden Stammeskriege, die Gereiztheit, die nicht nur auf den Straßen herrschte, sondern auch auf den Toiletten der Columbia University, die mit üblen rassistischen Sprüchen bekritzelt waren.

Es schien, als wäre die Mitte vollständig weggebrochen. Und nirgends zeigte sich das deutlicher als in der schwarzen Community, die ich mir so liebevoll ausgemalt und der anzugehören ich so sehr gehofft hatte. Einmal besuchte ich einen schwarzen Bekannten in dessen Anwaltskanzlei, und bevor ich weiterging, zum Lunch im MoMA, schaute ich aus seinem Büro über die Stadt in Richtung East River und stellte mir ein schönes Leben auch für mich vor – ein

Beruf, eine Familie, ein Zuhause. Bis ich bemerkte, dass die einzigen anderen Schwarzen in der Kanzlei Boten oder Schreibkräfte waren, die einzigen Schwarzen im Museum die blau uniformierten Wachmänner, die die Stunden bis Feierabend zählten, wenn sie mit dem Zug nach Brooklyn oder Queens heimfuhren.

Ich streifte durch Harlem – spielte auf Plätzen, von denen ich gelesen hatte, hörte Jesse Jackson auf der Einhundertfünfundzwanzigsten eine Rede halten, saß eines Sonntags in der Abyssinian Baptist Church, lauschte den ergreifenden Chorälen – und für einen kurzen Moment sah ich, wonach ich suchte. Aber ich hatte niemanden, der mich in diese Welt hätte einführen können, und als ich mich dort in der Gegend nach einem Apartment umsah, stellte ich fest, dass die eleganten Backsteinhäuser von Sugar Hill bewohnt und unerreichbar waren, die wenigen anständigen Häuser lange Wartelisten hatten, so dass nur die unbewohnbaren Mietshäuser blieben, vor denen junge Männer Geld zählten und Trinker herumhingen und still vor sich hin weinten.

Ich nahm das alles persönlich, als Beleidigung meiner hehren Ambitionen – doch wenn ich mit Leuten, die schon eine Weile in New York lebten, über meine Beobachtungen sprach, hörte ich, dass dies alles völlig normal sei. Die Stadt sei unregierbar, sagten sie, die Polarisierung ein natürliches Phänomen wie Monsun oder Kontinentaldrift. Politische Diskussionen, wie sie an der Occidental so heftig geführt worden waren, ähnelten eher den sozialistischen Konferenzen in der Cooper Union, an denen ich manchmal teilnahm, oder den afrikanischen Kulturveranstaltungen, die im Sommer in Harlem und Brooklyn stattfanden – einige der vielen Abwechslungen, die New York bot, neben ausländischen Filmen oder Schlittschuhlaufen im Rockefeller Center. Mit etwas Geld in der Tasche konnte ich leben wie die meisten Schwarzen der Mittelschicht in Manhattan, ich konnte mir ein Motto für mein Leben wählen, konnte mir eine Collage aus den verschiedensten Stilen, Freunden, sozialen Treffpunkten und politischen Überzeugungen zusammenbauen. Doch irgendwann stellte man fest – vielleicht, wenn man Kinder hatte und sich sagte, dass man nur dann in der Stadt bleiben könne, wenn man das Geld für eine Privatschule hatte, oder wenn man nachts lieber mit dem Taxi statt mit der U-Bahn heimfuhr oder wenn man fand, dass man einen Portier im Haus brauchte –, spätestens dann stellte man fest, dass man sich unwiderruflich entschieden hatte: man stand auf der Seite der Barriere, auf der man nie stehen wollte.

Da ich diese Wahl nicht treffen wollte, streifte ich ein Jahr lang kreuz und quer durch Manhattan. Wie ein Tourist beobachtete ich die ganze Skala der Möglichkeiten, versuchte, im Leben der Menschen, die ich sah, meine eigene Zukunft zu erkennen, suchte nach einer Lücke, durch die ich wieder eintreten konnte.

In dieser freudlosen Verfassung fanden mich meine Mutter und Schwester vor, als sie mich in meinem ersten New Yorker Sommer besuchten.

»Er ist so dünn geworden«, sagte Maya zu meiner Mutter.

»Er hat nur zwei Handtücher«, rief meine Mutter, die gerade das Badezimmer inspizierte, »und drei Teller!« Sie lachten.

Sie blieben ein paar Nächte bei uns und zogen dann in eine möblierte Wohnung an der Park Avenue, die ihnen eine Freundin meiner Mutter während ihrer Abwesenheit angeboten hatte. In dem Sommer hatte ich einen Job auf einer Baustelle in der Upper West Side gefunden, so dass meine Mutter und meine Schwester tagsüber meist allein durch die Stadt zogen. Abends, beim Essen, berichteten sie ausführlich von ihren Unternehmungen – Erdbeeren mit Sahne auf der Plaza, mit der Fähre zur Freiheitsstatue, die Cézannes im Metropolitan. Ich aß schweigend, bis sie fertig waren, um dann zu einem langen Vortrag über die Probleme der Stadt und die Lage der Unterprivilegierten anzuheben. Ich ärgerte mich über Maya, weil sie Fernsehen schaute, statt die Romane zu lesen, die ich für sie gekauft hatte. Ich klärte meine Mutter darüber auf, dass ausländische Investoren und internationale Hilfsorganisationen (für eine solche arbeitete sie) die Abhängigkeit der Dritten Welt noch verstärkten. Als die beiden sich in die Küche zurückzogen, hörte ich, wie Maya sich bei meiner Mutter beklagte.

»Ist alles in Ordnung mit Barry? Ich meine, hoffentlich endet er nicht wie diese Spinner, die man hier in der Gegend sieht.«

Eines Abends, meine Mutter blätterte gerade in einer Ausgabe von *The Village Voice*, entdeckte sie einen Hinweis auf den Film *Orfeu Negro*, der gerade lief. Sie wollte ihn sich unbedingt noch am selben Abend mit uns ansehen, es sei der erste ausländische Film, den sie gesehen habe.

»Ich war erst sechzehn«, sagte sie, als wir den Aufzug betraten. »Ich war gerade von der University of Chicago angenommen worden – ich wusste noch nicht, dass Gramps mich nicht gehen lassen würde, es war Sommer, ich arbeitete als Au-pair. Zum ersten Mal stand ich wirklich auf eigenen Beinen. Mein Gott, kam ich mir erwachsen vor. Und *Orfeu Negro* war der schönste Film, den ich bis dahin gesehen hatte.«

Wir fuhren mit dem Taxi zum Kino. Der Film, Ende der fünfziger Jahre in Brasilien gedreht, wirkte fast revolutionär, weil überwiegend schwarze Darsteller mitspielten. Erzählt wurde der alte Mythos von Orpheus und Eurydike, den beiden unglücklich Liebenden, verlegt in die Zeit des Karnevals von Rio. Die schwarzen und braunen Menschen sangen und tanzten und amüsierten sich wie sorglose bunt gefiederte Vögel. Nach etwa einer halben Stunde hatte ich genug. Ich drehte mich zu meiner Mutter um, vielleicht wollte sie ja auch schon gehen. Doch auf ihrem Gesicht, von der Leinwand beleuchtet, war ein träumerischer Ausdruck. In diesem Moment war mir, als hätte ich in ihr Innerstes gesehen, in das unbekümmerte Herz des jungen Mädchens, das sie gewesen war. Plötzlich erkannte ich, dass sie dieses Bild der kindlichen Schwarzen, die ich auf der Leinwand sah, dieses Gegenbild der dunklen Wilden bei Conrad, mit nach Hawaii gebracht, all die Jahre in sich bewahrt hatte – Sinnbild der Phantasien, die für ein junges weißes Mädchen aus Kansas verboten waren, die Sehnsucht nach einem anderen Leben – warm, sinnlich, exotisch.

Ich wandte mich ab, peinlich berührt, ärgerte mich über die Zuschauer in meiner Nähe. Mir fiel ein Gespräch ein, das ich einige Jahre zuvor mit einem Freund meiner Mutter geführt hatte, einem Engländer, der für eine Entwicklungshilfeorganisation in Afrika und Asien tätig war. Er hatte gesagt, dass von all den Völkern, die er bei seiner Arbeit kennengelernt habe, die sudanesischen Dik die merkwürdigsten seien.

»In der Regel kann man nach ein, zwei Monaten Kontakt zu den Leuten herstellen. Selbst wenn man ihre Sprache nicht spricht – man kann lächeln oder einen Witz oder irgendeine Geste des Verstehens machen. Aber die Dik sind mir noch nach einem Jahr völlig fremd geblieben. Sie lachten über Dinge, die mich zur Verzweiflung trieben. Und was ich komisch fand, ließ sie völlig kalt.«

Ich hatte den Mann nicht darauf hingewiesen, dass die Dik Niloten waren, entfernte Vettern von mir. Ich hatte versucht, mir diesen blassen Engländer irgendwo in der Wüste vorzustellen, wie er einer Gruppe nackter Stammesangehöriger den Rücken zukehrt und einen leeren Himmel absucht, einsam und bitter. Als ich mit meiner Mutter und meiner Schwester das Kino verließ, erinnerte ich mich daran, was mir damals durch den Kopf gegangen war: Das Verhältnis zwischen den Rassen ist nie unbelastet, selbst die Liebe wird getrübt durch den Wunsch, im anderen etwas zu finden, was man selber nicht hat. Ob wir unsere Dämonen suchen oder unsere Erlösung, die andere Rasse wird immer bedrohlich, fremd, andersartig bleiben.

»Irgendwie kitschig, findest du nicht?« sagte Maya, während meine Mutter zur Toilette ging.

»Was?«

»Der Film. Kitschig. Genau nach Moms Geschmack.«

In den nächsten Tagen bemühte ich mich, Situationen aus dem Weg zu gehen, in denen meine Mutter und ich miteinander hätten reden müssen. Wenige Tage vor ihrer Abreise schaute ich kurz vorbei, als Maya gerade ein Nickerchen machte. Meine Mutter bemerkte den an meinen Vater adressierten Brief in meiner Hand. Ich fragte sie, ob sie eine Briefmarke habe.

»Willst du ihn besuchen?«

Ich erzählte ihr kurz von meinen Plänen, während sie eine Marke aus ihrer Geldbörse fischte. Tatsächlich waren es zwei, die wegen der Sommerhitze aneinanderklebten. Verlegen grinsend setzte sie Wasser auf, um die beiden Marken im Dampf voneinander zu lösen.

»Also, ich fände es toll, wenn ihr euch endlich mal richtig kennenlernt«, rief sie von der Küche aus. »Für einen Zehnjährigen war er wohl ein bisschen anstrengend, aber jetzt, wo du älter bist...«

Ich zuckte mit den Schultern. »Wer weiß.«

»Hoffentlich bist du nicht sauer auf ihn.«

»Warum sollte ich?«

»Weiß ich nicht.« Sie kehrte ins Wohnzimmer zurück, wo wir eine Weile saßen und den Geräuschen des Straßenverkehrs lauschten. Der Teekessel pfiff, ich frankierte meinen Brief. Und dann erzählte meine Mutter unaufgefordert eine alte Geschichte, leise, als spräche sie zu sich selbst.

»Es war nicht die Schuld deines Vaters, dass er wegging, weißt du. Ich hatte mich von ihm getrennt. Deine Großeltern waren nicht begeistert, als wir heirateten. Aber sie haben ihr Okay gegeben. Sie hätten es wohl ohnehin nicht verhindern können. Und irgendwann haben sie es akzeptiert. Dann schrieb Baracks Vater, dein Großvater Hussein, Gramps einen langen, bösen Brief. Er sei gegen die Ehe, das Blut der Obama solle nicht durch eine Weiße verunreinigt werden. Na ja, du kannst dir vorstellen, wie Gramps darauf reagiert hat. Außerdem gab es das Problem mit der ersten Frau deines Vaters ... Er sagte, sie seien geschieden, aber es war eine Stammeshochzeit, also gab es auch keine Scheidungsurkunde ...«

Ihr Kinn zitterte, sie biss sich auf die Lippen. »Dein Vater schrieb nach Kenia, dass er mich in jedem Fall heiraten werde. Dann wurdest du geboren, und wir beschlossen, zu dritt nach Kenia zu gehen, sobald er sein Abschlussexamen hatte. Aber dein Großvater Hussein schrieb noch immer an deinen Vater, drohte damit, sein Studentenvisum für ungültig erklären zu lassen. Toot war fix und fertig – sie hatte vom Mau-Mau-Aufstand gelesen, von dem die westliche Presse ein völlig übertriebenes Bild gezeichnet hatte. Toot war überzeugt, dass man dich mir wegnehmen und mir den Kopf abhacken würde.

Doch selbst da hätte es noch gut ausgehen können. Als dein Vater auf Hawaii sein Examen gemacht hatte, wurden ihm zwei Stipendien angeboten, eines für die New School hier in New York, das andere für Harvard. Die New School wollte für alle Kosten aufkommen – Kost und Logis, ein Job auf dem Campus, das Geld hätte für uns drei gereicht. Harvard wollte nur die Studiengebühren übernehmen. Aber Barack war so eigensinnig, er musste sich natürlich für Harvard entscheiden. Wie kann ich ein Angebot der besten

Universität ablehnen, sagte er. Er dachte immer nur daran, er wollte beweisen, dass er der Beste ist...«

Sie strich sich seufzend durchs Haar. »Wir waren so jung. Ich war jünger als du heute. Er war nur wenige Jahre älter. Als er uns damals auf Hawaii besuchte, wollte er, dass wir mitkommen. Aber ich war damals noch mit Lolo verheiratet, seine dritte Frau hatte ihn gerade verlassen, und ich wusste einfach nicht...«

Sie hielt inne, lachte. »Hab ich dir eigentlich erzählt, dass er zu unserer ersten Verabredung zu spät kam? Wir wollten uns um eins vor der Unibibliothek treffen. Ich kam, aber er war nicht da. Ich dachte, ich geb ihm ein paar Minuten. Es war schönes Wetter, also legte mich auf eine Bank, und im nächsten Moment war ich eingeschlafen. Eine Stunde später – eine ganze Stunde! – kommt er mit zwei Freunden an. Ich wache auf, die drei beugen sich über mich, und ich höre deinen Vater sagen, so ernst, wie er manchmal sein kann: ›Gentlemen, ich habe Ihnen ja gesagt, dass sie ein feines Mädchen ist und auf mich wartet.‹«

Meine Mutter lachte wieder, und wieder sah ich das Kind in ihr, das sie einmal gewesen war. Diesmal aber noch etwas anderes: In ihrem verwundert lachenden Gesicht sah ich, was alle Kinder irgendwann sehen, wenn sie erwachsen werden wollen – dass ihre Eltern ein eigenes Leben haben, das weit zurückgeht, über den Moment des Kennenlernens oder die Geburt eines Kindes hinaus, bis zu den Großeltern, Urgroßeltern, eine unendliche Zahl von Zufallsbegegnungen, Missverständnissen, projizierten Hoffnungen, begrenzten Möglichkeiten. Meine Mutter war das Mädchen, beeindruckt von diesem Film mit schönen schwarzen Menschen, geschmeichelt, weil mein Vater ihr den Hof machte, verwirrt und allein, und sie versuchte, sich dem Einfluss ihrer Eltern zu entziehen. Ihre Naivität an jenem Tag, als sie auf meinen Vater wartete, ging einher mit falschen Vorstellungen, eigenen Bedürfnissen. Doch es waren arglose, selbstverständliche Bedürfnisse, und vielleicht beginnt ja jede Liebe so, mit spontanen Regungen und undeutlichen Bildern, die uns die Kraft geben, unser Alleinsein zu überwinden, und die sich, wenn wir Glück haben, schließlich in etwas Festeres verwandeln. Was ich von meiner Mutter erfuhr an jenem Tag, als sie von meinem Vater erzählte, ist etwas, was die meisten Amerikaner wohl niemals von Angehörigen einer anderen Rasse hören, und deswegen werden sie sich wohl auch kaum vorstellen können, dass es das zwischen Schwarz und Weiß gibt – die Liebe eines Menschen, der das Leben des anderen in all seinen Facetten kennt, eine Liebe, die Enttäuschungen verkraftet. Meine Mutter sah meinen Vater, wie wir alle hoffen, von wenigstens einem anderen Menschen gesehen zu werden. Sie hatte versucht, dem Kind, das seinen Vater nicht kannte, eine ähnliche Sichtweise zu vermitteln. Und ich erinnerte mich an ihren Gesichtsausdruck von damals, als ich sie einige Monate später anrief, um ihr mitzuteilen, dass mein Vater gestorben war, und ich sie weinen hörte. Anschließend rief ich den Bruder meines Vaters in Boston an. Es war ein kurzes, schwieriges Gespräch. Ich flog nicht zur Beerdigung nach Kenia, schrieb der Familie meines Vaters aber einen Kondolenzbrief. Ich bat sie, mir irgendwann zu antworten, und überlegte, wie es ihnen wohl ging. Aber ich spürte keinen Schmerz, fand nur, dass ich eine Gelegenheit verpasst hatte, und sah keinen Grund, etwas anderes vorzugeben. Irgendwann würde ich nach Kenia reisen.

Ein Jahr später begegnete ich meinem Vater eines Nachts wieder, in einer kalten Zelle, in einem meiner Träume. Ich träumte, ich sei mit Freunden, deren Namen ich vergessen habe, in einem Bus unterwegs, Männern und Frauen mit verschiedenen Zielen. Wir fuhren über weite grüne Felder und Hügel, die sich vor einem orangefarbenen Himmel abhoben.

Neben mir saß ein alter weißer Mann. In dem Buch, das er in Händen hielt, las ich, dass sich in der Art unseres Umgangs mit den Alten unser Charakter offenbare. Er sei Gewerkschafter, sagte er, er wolle sich mit seiner Tochter treffen.

Wir hielten vor einem alten Hotel mit Kronleuchtern. In der Eingangshalle stand ein Klavier, auf dem Boden lagen lauter Kissen aus weichem Satin, ich nahm eines und legte es auf den Klavierschemel, der alte Mann setzte sich, er wirkte jetzt zurückgeblieben oder senil, und als ich wieder hinschaute, war er ein kleines schwarzes Mädchen, das mit den Füßen kaum die Pedale erreichte. Das Mädchen lächelte, begann zu spielen, und dann kam eine Kellnerin herein, eine junge Hispanierin, die uns stirnrunzelnd ansah, aber das Stirnrunzeln sollte ein Lachen verbergen, und sie legte einen Finger an die Lippen, als hätten wir ein Geheimnis miteinander.

Den Rest der Reise verbrachte ich schlafend. Als ich aufwachte, war niemand mehr da. Der Bus hielt, ich stieg aus und setzte mich an den Straßenrand. In einem steinernen Haus sprach ein Anwalt mit einem Richter. Der Richter meinte, dass mein Vater möglicherweise lange genug gesessen habe, vielleicht sei es an der Zeit, ihn zu entlassen. Der Anwalt protestierte heftig. Er zitierte Präzedenzfälle und Paragraphen und verwies auf die Gefahren für die öffentliche Ordnung. Der Richter zuckte mit den Schultern und stand auf.

Ich stand vor der Zelle, öffnete das Vorhängeschloss und legte es auf ein Fenstersims. Vor mir stand mein Vater, nur ein Tuch um die Lenden geschlungen, er war sehr dünn, Arme und Brust unbehaart. Er sah blass aus, die schwarzen Augen leuchteten in seinem aschgrauen Gesicht, aber er lächelte und bat den hochgewachsenen stummen Wärter mit einer Handbewegung, beiseitezutreten.

»Schau dich an«, sagte er zu mir. »So groß und so dünn. Und schon graue Haare!« Ich sah, dass er recht hatte. Ich ging zu ihm, wir umarmten uns. Ich begann zu weinen und schämte mich, konnte aber nicht aufhören.

»Barack, ich wollte dir immer sagen, wie sehr ich dich liebe«, sagte er. Er wirkte jetzt ganz klein in meinen Armen, wie ein Kind.

Er saß auf der Kante seiner Pritsche, den Kopf in die Hände gestützt, und starrte auf die Wand. Eine unendliche Traurigkeit war in seinem Gesicht. Um ihn aufzumuntern, sagte ich, ich sei nur deswegen dünn, weil ich nach ihm komme. Aber er reagierte nicht, und als ich ihm ins Ohr flüsterte, dass wir gemeinsam weggehen könnten, schüttelte er den Kopf und meinte, es sei besser, wenn ich ginge.

Ich weinte noch, als ich aufwachte, die ersten richtigen Tränen, die ich um ihn vergoss – und um mich, seinen Gefängniswärter, seinen Richter, seinen Sohn. Ich erinnerte mich an seinen einzigen Besuch, an den Basketball, den er mir geschenkt, und daran, dass er mir das Tanzen beigebracht hatte. Und vielleicht zum ersten Mal erkannte ich, dass dieses starke Bild von ihm mir Kraft gegeben hatte in all den Jahren seiner Abwesenheit, es war etwas, woran ich festhalten, ein Vorbild, dem ich nacheifern konnte.

Ich trat ans Fenster und sah hinaus, registrierte die Geräusche des Morgens – den Lärm der Müllfahrzeuge, Schritte in der Nachbarwohnung. Ich muss mich auf die Suche nach ihm machen, dachte ich, und noch einmal mit ihm reden.

Zweiter Teil

Chicago

7

1983 beschloss ich, Stadtteilarbeit zu machen.

Ich verband keine konkreten Vorstellungen damit, kannte niemanden, der auf diese Weise seinen Lebensunterhalt verdiente. Und wenn Studienkollegen mich fragten, was sie sich darunter vorstellen sollten, wusste ich keine genaue Antwort. Stattdessen sprach ich von notwendigen Veränderungen. Veränderungen im Weißen Haus, wo Reagan und seine Lakaien ihre schmutzige Politik betrieben. Veränderungen im willfährigen und korrupten Kongress. Schluss mit der manischen Selbstbezogenheit Amerikas. Veränderungen kämen aber nicht von oben, sagte ich, sondern von unten, von einer mobilisierten Basis.

Das also sei meine Idee: an der Basis arbeiten, in den schwarzen Stadtteilen. Damit sich etwas tut im Land.

Und meine Freunde, ob schwarz oder weiß, lobten meinen Idealismus, bevor sie zur Post gingen, um ihre Bewerbungen für das Master-Studium abzuschicken.

Ihre skeptische Haltung war im Grunde verständlich. Heute, im Nachhinein, kann ich meine Entscheidung als folgerichtig hinstellen, kann zeigen, dass sie Teil einer größeren Geschichte war, angefangen bei meinem Vater und meinem Großvater, meiner Mutter und ihren Eltern, meinen Erinnerungen an Indonesien, an die Bettler und Bauern und an Lolo, der von der Macht vereinnahmt wurde, bis hin zu Ray und Frank, Marcus und Regina, meinem Umzug nach New York, dem Tod meines Vaters. Heute weiß ich, dass meine Entscheidungen nicht ausschließlich in meiner Hand lagen – und so ist es ja auch tatsächlich; etwas anderes behaupten hieße, einer armseligen Vorstellung von Freiheit hinterherzulaufen.

Doch diese Erkenntnis kam erst später. Damals, in der Zeit vor dem Abschlussexamen, handelte ich meist impulsiv, wie ein Lachs, der unbeirrt stromaufwärts schwimmt, dem Ort seiner Empfängnis entgegen. Meine Ansichten kleidete ich in Theorien, die ich irgendwo gelesen hatte, in der irrigen Annahme, sie könnten allein dadurch als einigermaßen bewiesen gelten. Doch wenn ich nachts im Bett lag, entglitten mir die Theorien, wurden ersetzt durch romantische Bilder einer Vergangenheit, die nicht die meine war.

Zum größten Teil waren es Bilder der Bürgerrechtsbewegung, jene grobkörnigen Schwarzweißfotos, die jeden Februar, im »Black History Month«, verbreitet werden, die gleichen Bilder, die mir meine Mutter in meiner Kindheit gezeigt hatte. Zwei Studenten in einer Mensa, kurz vor dem Ausbruch der Unruhen. Mitglieder des SNCC* irgendwo in Mississippi, die eine Pächterfamilie dazu bewegen wollen, sich in das Wahlregister eintragen zu lassen. Ein Provinzgefängnis voller Kinder, die einander an den Händen halten und Freiheitslieder singen.

Für mich waren diese Bilder wie ein Gebet. Sie gaben mir Kraft, lenkten meine Gefühle, wie Worte das nie vermocht hätten. Sie zeigten mir (doch auch dies mag eine spätere Erkenntnis sein, ein Konstrukt voller Irrtümer), dass ich nicht allein war in meinen Kämpfen und dass Gemeinschaften in Amerika nie selbstverständlich gewesen waren, jedenfalls nicht für Schwarze. Solche Gemeinschaften mussten geschaffen, erkämpft, wie ein Garten gepflegt werden. Sie wurden stärker oder schwächer, je nachdem, wie die Träume der Menschen aussahen, und die Bürgerrechtsbewegung hatte große Träume. In den Sit-ins, den Demonstrationen, den Freiheitsliedern glaubte ich, würde die Gemeinschaft der Afroamerikaner zu etwas Größerem als der Ort, an dem man geboren, als das Haus, in dem man aufgewachsen war. Durch engagierte Arbeit an der Basis konnte man dort Mitglied werden, sich die Mitgliedschaft verdienen. Und weil diese Gemeinschaft, wie ich sie sah, noch im Entstehen war, gegründet auf der Hoffnung, die ganze amerikanische Gemeinschaft,

---

* Student Nonviolent Coordinating Committee, gegründet 1960, eine der wichtigsten Organisationen der Bürgerrechtsbewegung. (Anm. d. Ü.)

Schwarze und Weiße und Braune, werde sich neu definieren, glaubte ich, dass sie am Ende auch mich akzeptieren werde.

So stellte ich mir meine zukünftige Arbeit vor. Sie verhieß Erlösung.

In den Monaten vor dem Examen schrieb ich also an alle möglichen Bürgerrechtsorganisationen, an progressive schwarze Politiker, an Stadtteilgruppen und Mietervereine. Wenn keine Antwort kam, war ich nicht entmutigt. Ich beschloss, mir zunächst für ein Jahr ganz gewöhnliche Arbeit zu suchen, um mein Studentendarlehen zurückzahlen und vielleicht sogar etwas zurücklegen zu können. Das Geld würde ich später brauchen, sagte ich mir. Sozialarbeiter verdienten kein Geld, ihre Armut war Beweis ihrer Integrität.

Schließlich fand ich einen Job in einem Consultingbüro in Manhattan, das für multinationale Unternehmen tätig war. Wie ein Spion betrat ich jeden Morgen die Firma, setzte mich an meinen Computer und prüfte die Meldungen der Nachrichtenagenturen aus aller Welt. Soweit ich sehen konnte, war ich der einzige Schwarze in der Firma – was mich selbst mit Scham, die Sekretärinnen aber mit großem Stolz erfüllte. Sie behandelten mich wie einen Sohn, diese schwarzen Frauen, rechneten fest damit, dass ich eines Tages die Firma übernehmen werde. Manchmal, in der Mittagspause, erzählte ich ihnen von meinen wunderbaren Plänen, dann lächelten sie und lobten mich, doch ihr Blick verriet mir, dass sie insgeheim enttäuscht waren. Nur Ike, der schwarze Wachmann in der Lobby, nahm kein Blatt vor den Mund und meinte, ich würde einen Fehler machen.

»Stadtteilarbeit? Das ist was Politisches, richtig? Was versprechen Sie sich denn davon?«

Ich versuchte, ihm meine politischen Ansichten darzulegen, zu erklären, wie wichtig es sei, die Armen zu mobilisieren und der Gesellschaft etwas zurückzugeben. Doch Ike schüttelte nur den Kopf. »Mr. Barack«, sagte er. »Ich hoffe, Sie nehmen es mir nicht übel, wenn ich Ihnen einen Rat gebe. Sie müssen ihn nicht annehmen, aber ich sage es trotzdem. Vergessen Sie Ihr Projekt! Machen Sie lieber etwas, womit Sie Geld verdienen können. Keine Millionen. Genug für ein anständiges Leben. Ich sage Ihnen das, weil ich sehe, dass Sie was draufhaben. Ein junger Mann wie Sie, mit einer angenehmen

Stimme – verdammt, Sie könnten Fernsehsprecher sein. Oder Manager … Ein Neffe von mir, ungefähr in Ihrem Alter, verdient nicht schlecht. Solche Leute brauchen wir, verstehen Sie. Nicht diese Spinner, die man hier überall sieht. Leuten, die es nicht schaffen, kann man nicht helfen, und sie werden es Ihnen auch nicht danken. Wer vorankommen will, findet seinen Weg. Ach ja, wie alt sind Sie eigentlich?«

»Zweiundzwanzig.«

»Sehen Sie. Vergeuden Sie nicht Ihre Jugend, Mr. Barack. Eines Morgens werden Sie aufwachen, dann sind Sie ein alter Mann wie ich und nur noch müde und haben nichts erreicht.«

Ikes Worte nahm ich mir nicht sonderlich zu Herzen. Der Mann erinnerte mich zu sehr an meine Großeltern. Trotzdem spürte ich, dass mir mein Ziel allmählich entglitt. Ich wurde befördert, bekam ein eigenes Büro, eine Sekretärin, hatte Geld auf dem Konto. Manchmal, nach einer Unterredung mit japanischen Finanziers oder deutschen Börsianern, sah ich mein Spiegelbild in der Aufzugstür – Anzug und Krawatte, eine Aktenmappe unter dem Arm –, und für den Bruchteil einer Sekunde sah ich mich als Industrieboss, der Anweisungen erteilt und Verträge unterschreibt, bevor ich mir in Erinnerung rief, was mein Ziel war, und mir wegen meiner Willensschwäche Vorwürfe machte.

Als ich eines Tages am Computer saß, um einen Artikel über Zinssatz-Swaps zu schreiben, passierte etwas Unerwartetes. Auma rief an.

Ich war meiner Halbschwester noch nie persönlich begegnet, wir hatten uns nur hin und wieder geschrieben. Ich wusste, sie war von Kenia nach Deutschland gegangen, um dort zu studieren, und wir hatten davon gesprochen, dass ich sie einmal besuchen oder sie in die Staaten kommen könne. Doch das waren immer nur vage Ideen, wir hatten beide kein Geld, vielleicht im nächsten Jahr. Trotz der großen Entfernung war es eine herzliche Korrespondenz.

Und nun hörte ich zum ersten Mal ihre Stimme, weich und dunkel, mit einem kolonialen Akzent. Zuerst konnte ich nicht verstehen, was sie sagte, vernahm nur ihre Stimme, die zugleich vertraut und fremd klang. Auma wollte mit ein paar Freundinnen in die Staaten kommen. Ob sie mich in New York besuchen könne?

»Na klar«, sagte ich. »Du kannst bei mir wohnen. Wird auch Zeit, dass wir uns mal sehen!« Da lachte sie, und ich lachte, und dann schwiegen wir, hörten nur noch unseren Atem in der rauschenden Leitung. »Ich muss aufhören«, sagte Auma schließlich, »es ist teuer. Ich geb dir noch die Ankunftszeit durch«, und dann legten wir rasch auf, als wäre unser Kontakt eine Kostbarkeit, die man nur in kleinen Portionen genießen durfte.

Die nächsten Wochen verbrachte ich mit Vorbereitungen – Bezüge für die Bettcouch, Geschirr und Handtücher mussten gekauft, das Badezimmer saubergemacht werden. Zwei Tage vor der geplanten Ankunft rief Auma an, die Stimme belegt, ein Flüstern fast.

»Ich kann doch nicht kommen«, sagte sie. »Einer unserer Brüder, David..., er hatte einen Motorradunfall. Er ist tot. Das ist alles, was ich weiß.« Sie weinte. »Ach, Barack. Warum passiert uns das alles?«

Ich versuchte, sie zu trösten, fragte, ob ich etwas für sie tun könne, und sagte, wir würden uns ein andermal sehen. Schließlich beruhigte sie sich ein wenig. Sie müsse jetzt los, einen Flug nach Hause buchen.

»Also dann, Barack, mach's gut.«

Nachdem sie aufgelegt hatte, ging ich hinaus, erklärte meiner Sekretärin, dass ich den Rest des Tages nicht im Büro sein würde. Stundenlang wanderte ich durch Manhattan, Aumas Stimme im Ohr. In einem fernen Kontinent weint eine Frau. Ein Junge verliert auf einer dunklen Piste die Kontrolle über sein Motorrad, wird zu Boden geschleudert, die Räder drehen sich lautlos weiter. Wer sind diese Menschen, fragte ich mich, diese Fremden, in deren Adern mein Blut fließt? Was könnte diese Frau von ihrem Kummer erlösen? Welche wilden, unausgesprochenen Träume hatte dieser Junge gehabt?

Wer war ich, der ich keine Tränen über den Verlust eines Bruders vergoss?

Manchmal wundere ich mich noch heute, wie sehr dieser erste Kontakt mit Auma mein Leben verändert hat. Weniger die Beziehung an sich (die mir sehr viel bedeutete) oder die Nachricht von Davids Tod (auch das etwas Absolutes – ich würde ihm nie begegnen, und das sagt schon genug), eher der Zeitpunkt ihres Anrufs, die Abfolge von Ereignissen, die geweckten Erwartungen und enttäuschten Hoffnungen, alles in einer Zeit, als meine Vorstellung, Stadtteilarbeit zu machen, nur eine Idee war, eine vage Regung meines Herzens.

Vielleicht spielte es keine Rolle. Vielleicht war ich längst entschlossen, und Aumas Stimme erinnerte mich nur daran, dass Wunden in mir waren, die ich nicht allein heilen konnte. Und wenn David nicht gestorben und Auma wie geplant nach New York gekommen wäre und ich schon damals von ihr erfahren hätte, was ich dann später erfuhr, über Kenia, über unseren Vater..., nun ja, vielleicht hätte es bestimmte Spannungen gelöst, die in mir waren, und mir eine andere Art Gemeinschaft vor Augen geführt, vielleicht hätte ich einen anderen, einen persönlicheren Weg einschlagen können, vielleicht hätte ich Ikes Rat angenommen, hätte mich der Welt von Aktien und Fonds zugewandt und wäre in einem bürgerlichen Leben aufgegangen.

Ich weiß es nicht. Fest steht, dass ich einige Monate nach Aumas Anruf kündigte und mich ernsthaft nach einem Job im sozialen Bereich umsah. Wieder blieben meine Anfragen meist unbeantwortet, doch nach ein paar Wochen wurde ich gebeten, mich beim Direktor einer bekannten Bürgerrechtsorganisation in New York vorzustellen. Der Mann war ein hochgewachsener, gut aussehender Schwarzer, in blütenweißem Hemd, Paisley-Krawatte und roten Hosenträgern. Sein Büro war mit italienischen Sesseln und afrikanischen Plastiken und einer Bar ausgestattet. Durch ein hohes Fenster fiel die Sonne auf eine Büste von Martin Luther King.

»Gefällt mir«, sagte der Direktor, nachdem er einen Blick auf meinen Lebenslauf geworfen hatte. »Besonders die Erfahrungen in der Geschäftswelt. Das ist heutzutage das wahre Betätigungsfeld von Bürgerrechtsorganisationen. Proteste und Demonstrationen bringen nichts mehr. Wir müssen Kontakte zwischen Unternehmern, Staat und Stadtverwaltungen aufbauen.« Anhand des Jahresberichts seiner Organisation zeigte er mir die Zusammensetzung des Verwaltungsrats – ein schwarzer Pfarrer und zehn weiße Manager. »Verstehen Sie«, rief der Direktor, »Public-Private Partnership! Das ist der

Schlüssel für die Zukunft. Und hier kommen junge Leute wie Sie ins Spiel. Gebildet, selbstbewusst. Die sich in Vorstandsetagen bewegen können. Erst letzte Woche habe ich bei einem Dinner im Weißen Haus mit dem Minister für Bauwesen und Stadtentwicklung gesprochen. Wunderbarer Kerl. Einen jungen Mann wie Sie würde er bestimmt gern kennenlernen. Ich bin Demokrat, aber wir müssen lernen, mit denen zusammenzuarbeiten, die an der Macht sind.«

Er bot mir sofort die Stelle an. Ich sollte Konferenzen über Drogen, Arbeitslosigkeit, Wohnungsbau organisieren. Leute zusammenführen, wie er sagte. Ich lehnte sein großzügiges Angebot ab, fand, dass mein Platz näher an der Basis sein sollte. Drei Monate arbeitete ich in Harlem für eine Unterorganisation von Ralph Nader, versuchte, den Studenten am City College Umweltbewusstsein nahezubringen. Anschließend verteilte ich eine Woche lang Flugblätter für einen Kandidaten bei den Unterhauswahlen im Staat New York – der Mann verlor, und das vereinbarte Honorar habe ich nie gesehen.

Nach sechs Monaten stand ich ohne Geld da, war arbeitslos, ernährte mich von Dosensuppen. Auf der Suche nach Inspiration hörte ich mir in der Columbia University einen Vortrag von Kwame Touré an, dem vormaligen Stokely Carmichael vom SNCC, einer prominenten Figur der Black-Power-Bewegung. Vor dem Auditorium stritten sich zwei Frauen (eine Schwarze, eine Asiatin), die marxistische Literatur verkauften, über die historische Bedeutung Trotzkis. Touré sprach über die Möglichkeit, direkte wirtschaftliche Beziehungen zwischen Afrika und Harlem herzustellen, um den weißen kapitalistischen Imperialismus zu unterlaufen. Am Ende seiner Ausführungen fragte eine dünne junge Frau mit Brille, ob ein solches Programm angesichts der ökonomischen Verhältnisse in den afrikanischen Ländern und der Bedürfnisse der schwarzen Amerikaner überhaupt sinnvoll sei. Touré unterbrach sie: »Der Gedanke, dass das nicht praktikabel sei, zeigt nur, welcher Gehirnwäsche sie dich unterzogen haben, Schwester«, rief er. In seinen Augen war ein Leuchten wie bei einem Verrückten oder Heiligen. Minutenlang kritisierte er die bürgerliche Denkweise der Frau, während das Publikum schon nach draußen strömte. Die beiden Marxistinnen brüllten sich inzwischen an.

»Stalinistische Kuh!«

»Reformistische Ziege!«

Es war wie ein schlechter Traum. Ich lief den Broadway hinunter und stellte mir vor, wie ich neben dem Lincoln Memorial stehe und über einen leeren Pavillon blicke, inmitten von Unrat, den der Wind aufwirbelt. Die Bewegung war Jahre zuvor gestorben, in Tausende von Fragmenten zersplittert. Jeder Weg in Richtung Veränderung war ausgetreten, jede Strategie erschöpft. Und mit jeder Niederlage entfernten sich selbst jene mit den besten Absichten immer weiter von den Kämpfen derer, denen zu dienen sie vorgaben.

Oder war ich nur verrückt? Ich merkte, dass ich mit mir selbst redete, mitten auf der Straße. Die Leute, die von der Arbeit kamen, gingen mir aus dem Weg. Mir schien, als hätte ich in der Menge einige Kommilitonen erkannt, die Jacke über der Schulter, die meinem Blick auswichen.

Ich wollte meine Jobsuche fast schon aufgeben, als ich einen Anruf von Marty Kaufman erhielt. Er habe, sagte er, in Chicago eine Kampagne auf die Beine gestellt und suche einen Praktikanten. In der nächsten Woche wolle er in New York sein, und ob wir uns nicht in einem Café in der Lexington treffen könnten.

Sein Äußeres erschien mir nicht sehr vertrauenerweckend. Marty, ein mittelgroßer, dicklicher Weißer mit Dreitagebart, trug einen zerknitterten Anzug. Die Augen hinter den starken Brillengläsern sahen aus, als würde er sie ständig zusammenkneifen. Er stand auf, um mich zu begrüßen, verschüttete dabei etwas Tee auf sein Hemd.

»Na?« sagte er und tupfte den Fleck mit einer Papierserviette trocken. »Warum will jemand aus Hawaii Stadtteilarbeit machen?«

Ich setzte mich zu ihm und erzählte ein wenig von mir.

»Hmm.« Er nickte, machte Notizen in einem zerfledderten Spiralheft. »Du musst unzufrieden sein.«

»Wie meinen Sie das?«

Er zuckte mit den Schultern. »Ich weiß es nicht genau. Irgendetwas. Versteh mich nicht falsch – Unzufriedenheit ist eine Voraussetzung für den Job. Der einzige Grund, weshalb jemand Stadtteilarbeit macht. Wer zufrieden ist, sucht sich was Leichteres.«

Er bestellte noch etwas heißes Wasser und begann dann, von sich zu erzählen. Er war Jude, Ende dreißig, in New York aufgewachsen. Angefangen hatte alles mit der Studentenbewegung der sechziger Jahre. Er hatte Farmer in Nebraska, Schwarze in Philadelphia, Mexikaner in Chicago mobilisiert. Jetzt war er dabei, Schwarze und Weiße für ein Projekt zu gewinnen, bei dem es um den Erhalt von Arbeitsplätzen in Chicago ging. Er brauche einen Mitarbeiter, sagte er, einen schwarzen Mitarbeiter.

»Wir arbeiten vor allem mit den Kirchen zusammen«, sagte er. »Wenn Arme und Arbeiter etwas erreichen wollen, brauchen sie eine Art institutionelle Basis. So wie die Gewerkschaften derzeit aussehen, bleiben nur die Kirchen übrig. Dort kommen die Leute zusammen, und dort gibt es Werte, auch wenn sie unter einem Haufen Unsinn versteckt sind. Die Kirchen arbeiten aber nicht deswegen mit uns, weil sie ein gutes Herz haben. Sie geben sich aufgeschlossen – am Sonntag vielleicht eine Predigt oder eine Sonderkollekte für Obdachlose. Aber im Zweifelsfall bewegen sie sich nur, wenn man ihnen klarmacht, dass sie selbst etwas davon haben.«

Er goss heißes Wasser in seine Tasse. »Was wissen Sie eigentlich von Chicago?«

Ich dachte nach. »Größte Fleischbörse der Welt«, sagte ich.

Marty schüttelte den Kopf. »Die Schlachthöfe haben schon längst dichtgemacht.«

»Die Cubs gewinnen nie.«

»Richtig.«

»Die Stadt in Amerika, in der die Segregation besonders ausgeprägt ist«, sagte ich. »Als kürzlich ein Schwarzer, Harold Washington, zum Bürgermeister gewählt wurde, waren die Weißen nicht begeistert.«

»Sie haben also Harolds Werdegang verfolgt«, sagte Marty. »Ich staune, dass Sie nicht in seinem Team arbeiten.«

»Ich hab mich beworben, aber keine Antwort bekommen.«

Marty setzte schmunzelnd seine Brille ab und putzte sie mit dem Ende seiner Krawatte. »Ja, für einen jungen und sozial interessierten Schwarzen ist das natürlich genau der richtige Ort. Eine politische Kampagne, bei der man mitwirken kann. Ein einflussreicher Förderer – jemand, der einem beruflich weiterhelfen kann. Und Harold hat ganz sicher Einfluss. Jede Menge Charisma. Quasi die gesamte schwarze Community steht hinter ihm. Fünfzig Prozent der Hispanics und ein paar weiße Liberale. In einem haben Sie aber recht. Die ganze Atmosphäre ist polarisiert. Ein riesiges Medienspektakel. Da passiert nicht viel.«

Ich lehnte mich zurück. »Und wessen Schuld ist das?«

Marty setzte die Brille wieder auf. »Es geht nicht um Schuld«, sagte er. »Eher darum, ob Politiker, selbst so fähige wie Harold Washington, aus diesem Teufelskreis herauskommen. Eine polarisierte Atmosphäre muss für einen Politiker, ob schwarz oder weiß, nicht unbedingt abträglich sein.«

Marty bot mir zehntausend Dollar im ersten Jahr und zusätzlich eine Reisepauschale von zweitausend Dollar, damit ich mir ein Auto kaufen konnte. Wenn alles gut lief, würde er das Gehalt erhöhen. Nachdem Marty sich von mir verabschiedet hatte, ging ich zu Fuß nach Hause, immer den East River entlang, und überlegte, was ich von ihm halten sollte. Marty war clever, schien engagiert. Doch irgendetwas stimmte mich vorsichtig. Vielleicht war er eine Spur zu selbstsicher. Und dass er ein Weißer war – er hatte ja selbst gesagt, dass das ein Problem sei.

Die alten Parklampen gingen flackernd an. Ein langer brauner Kahn fuhr in Richtung Atlantik. Ich setzte mich auf eine Bank, dachte über meine Möglichkeiten nach und sah eine junge Schwarze mit ihrem Sohn näher kommen. Der Kleine zog seine Mutter zum Geländer, nebeneinander standen sie dort, der Arm des Jungen um ein Bein der Frau geschlungen, so dass sie im Dämmerlicht zu einer einzigen Silhouette verschwammen. Schließlich reckte der Junge den Kopf nach oben, er schien seine Mutter etwas zu fragen, die Frau zuckte mit den Schultern, woraufhin der Junge ein paar Schritte in meine Richtung machte.

»Entschuldigung, Mister«, rief er. »Wissen Sie, warum das Wasser manchmal in die eine Richtung und manchmal in die andere fließt?«

Die Frau lächelte und schüttelte den Kopf. Ich sagte, dass es vermutlich mit Ebbe und Flut zu tun habe. Die Antwort schien den Jungen zufriedenzustellen, er ging wieder zu seiner Mutter. Während die beiden in der Dämmerung verschwanden, wurde mir klar, dass ich nie darauf geachtet hatte, in welche Richtung der East River fließt.

Eine Woche später packte ich meine Sachen und fuhr mit dem Auto nach Chicago.

8

Ich war früher schon einmal in Chicago gewesen, in jenem Sommer vor meinem elften Geburtstag, nachdem mein Vater uns auf Hawaii besucht hatte. Toot fand, es sei an der Zeit, dass ich das amerikanische Festland kennenlerne. Vielleicht gab es einen Zusammenhang zwischen ihrem Entschluss und dem Besuch meines Vaters – abermals war er in die Welt eingebrochen, die sie und Gramps sich aufgebaut hatten, weshalb sie sich alter Zeiten vergewissern und ihre Erinnerungen an die Enkel weitergeben wollte.

Über einen Monat waren wir unterwegs, Toot, meine Mutter, Maya und ich (Gramps blieb lieber zu Hause). Wir flogen nach Seattle, fuhren dann die Küste hinunter nach Kalifornien und Disneyland, in östlicher Richtung zum Grand Canyon, durch die Great Plains nach Kansas City, dann hinauf zu den Großen Seen, um schließlich durch den Yellowstone Park wieder an die Westküste zurückzukehren. Wir fuhren meistens in Greyhound-Bussen, übernachteten in Motels und sahen jeden Abend vor dem Zubettgehen die Watergate-Anhörungen.

In Chicago verbrachten wir drei Tage, in einem Motel im South Loop. Es muss Juli gewesen sein, doch aus irgendeinem Grund sind mir die Tage als kalt und grau in Erinnerung. Das Motel verfügte über ein Hallenbad, was ich sehr beeindruckend fand, denn so etwas gab es auf Hawaii nicht. Ich stellte mich unter die Hochbahn, und wenn ein Zug vorüberdonnerte, schloss ich die Augen und brüllte, so laut ich konnte. Im Field Museum betrachtete ich zwei Schrumpfköpfe, runzelig, aber gut erhalten, handflächengroß, Augen und Mund zusammengenäht, wie ich es nicht anders erwartet hätte. Es waren Köpfe von Europäern. Der Mann hatte ein Kinnbärtchen, wie ein Konquistador, die Frau hatte wallendes rotes Haar. Ich starrte sie lange an (bis meine Mutter mich schließlich wegzog) und hatte dabei das eigentümliche Gefühl, auf eine Art kosmischen Witz gestoßen zu sein. Es war nicht so sehr die Tatsache, dass die Köpfe geschrumpft waren – das konnte ich verstehen, das war nicht viel anders als die Vorstellung, mit Lolo Tigerfleisch zu essen, diese Magie, dieser Wunsch, die Dinge zu beherrschen. Grotesk fand ich vielmehr, dass diese kleinen europäischen Gesichter in einer Glasvitrine präsentiert wurden, so dass wildfremde Leute, vielleicht sogar die eigenen Nachfahren, sehen konnten, welch schreckliches Ende diese beiden genommen hatten. Und auch, dass niemand das seltsam fand. Das harte Licht, die peniblen Informationen, die Gleichgültigkeit der Besucher, die an der Vitrine vorbeikamen – auch das war Magie, auch das ein Versuch, die Dinge zu beherrschen.

Vierzehn Jahre später erschien mir die Stadt viel schöner. Wieder war es Juli, die Sonne schimmerte durch die dunkelgrünen Bäume. Draußen auf dem See fuhren Boote, die fernen Segel wirkten wie Taubenflügel. Marty hatte erklärt, er werde in den ersten Tagen keine Zeit haben. Ich war also auf mich gestellt. Ich hatte mir einen Stadtplan gekauft und fuhr den Martin Luther King Drive hinunter bis ans südliche Ende, dann hinauf durch Cottage Grove, hinunter auf Nebenwegen, vorbei an Apartmenthäusern und leeren Grundstücken, an Einkaufsläden und Bungalows. Dabei dachte ich an das Pfeifen des Illinois Central, mit dem viele Jahre zuvor Tausende aus dem Süden gekommen waren, schwarze Männer und Frauen und Kinder, verdreckt nach der langen Reise in rußverschmutzten Waggons, mit ihren paar Habseligkeiten, unterwegs ins Gelobte Land. Ich stellte mir Frank in einem weiten Anzug mit breitem Revers vor, wie er vor dem alten Regal Theatre steht und darauf wartet, dass Duke oder Ella heraustreten. Der Postbote, den ich sah, war Richard Wright, der Briefe austrug, bevor er sein erstes Buch schrieb. Das kleine Mädchen mit Brille und Zöpfen war Regina beim Seilspringen. Ich zog eine Verbindung zwischen meinem eigenen Leben und den Gesichtern, die ich sah, stützte mich auf die Erinnerungen anderer Menschen. Auf diese Weise versuchte ich, mit der Stadt vertraut zu werden, sie mir anzueignen. Auch das eine Art Magie.

Am dritten Tag kam ich an Smitty's Barbershop vorbei, einem fünf mal zehn Meter großen Laden am Rand von Hyde Park, mit vier Frisierstühlen und einem kleinen Tisch für LaTisha, die halbtags als Maniküre arbeitete. Ich trat durch die offene Tür, der typische Geruch eines Friseursalons, nach Haarwasser und Antiseptischem, verband sich mit Männergelächter und dem leisen Brummen eines Ventilators. Smitty war ein älterer Schwarzer, grauhaarig, schmal und gebeugt. Ich setzte mich auf einen freien Stuhl und beteiligte mich bald an den üblichen Friseursalongesprächen über Sport und Frauen und Politik, intim und anonym zugleich, Gespräche unter Männern, die sich einig sind, ihre Sorgen draußen vor der Tür zu lassen.

Jemand hatte gerade von einem Nachbarn erzählt – der Mann war von seiner Frau mit ihrer Cousine im Bett überrascht und splitternackt, wie er war, mit einem Küchenmesser auf die Straße gejagt worden –, doch nun ging es wieder um Politik.

»Vrdolyak und die anderen Knallköpfe wissen einfach nicht, wann Schluss ist«, sagte der Zeitungsleser verächtlich und schüttelte den Kopf. »Bei Daley hat niemand was gesagt, als er die ganzen Iren in der Stadtverwaltung untergebracht hat. Aber sobald Harold ein paar Schwarze einstellt, damit das Verhältnis ein bisschen ausgewogener ist, sprechen sie von umgekehrtem Rassismus.«

»Mann, so ist es immer. Sobald ein Schwarzer an die Macht kommt, versuchen sie sofort, die Regeln zu ändern.«

»Noch schlimmer – die Zeitungen tun so, als hätten die Schwarzen damit angefangen.«

»Was erwartest du von einer weißen Zeitung?«

»Stimmt. Harold weiß aber, was er tut. Hält einfach still, bis zu den nächsten Wahlen.«

So sprachen Schwarze über den Chicagoer Bürgermeister, vertraut und herzlich, wie sie sonst über einen Familienangehörigen sprechen. Harold Washingtons Foto hing überall, in den Schusterläden und Kosmetiksalons, an den Straßenlaternen noch vom letzten Wahlkampf, sogar in den Schaufenstern der koreanischen Wäschereien und der arabischen Gemüsehändler, gut sichtbar, wie ein Totem, das Schutz verspricht. Von der Wand des Friseursalons schaute

Harold Washington nun auf mich herab: das gut aussehende, zerknitterte Gesicht, die buschigen Brauen, die funkelnden Augen. Als Smitty merkte, dass ich das Bild betrachtete, fragte er, ob ich am Wahltag in Chicago gewesen sei. Ich verneinte.

»Sie hätten vorher da sein müssen, um zu verstehen, was der Mann für die Stadt bedeutet«, sagte Smitty. »Vor Harold hätte man glauben können, wir seien schon immer Bürger zweiter Klasse gewesen.«

»Verhältnisse wie auf einer Plantage«, warf der Zeitungsleser ein.

»Ganz genau«, sagte Smitty. »Plantage. Schwarze in den schlechtesten Jobs. Die miesesten Wohnungen. Alltägliche Polizeigewalt. Aber als dann vor der Wahl die sogenannten schwarzen Committeemitglieder aufgetaucht sind, haben wir alle demokratisch gewählt. Unsere Seele für einen Weihnachtstruthahn verkauft. Die Weißen haben uns ins Gesicht gespuckt, und zum Dank dafür haben wir ihnen das Wahlergebnis beschert.«

Die Männer erinnerten sich an den politischen Aufstieg Harold Washingtons. Kurz nach dem Tod von Daley sen. hatte er schon einmal kandidiert, allerdings erfolglos – eine Schande, versicherten mir die Männer, die Uneinigkeit unter den Schwarzen, die Zweifel, gegen die er ankämpfen musste. Doch er hatte einen neuen Anlauf unternommen, und diesmal waren die Leute bereit. Sie standen auch dann noch hinter ihm, als in der Presse von Steuerbetrug die Rede war (»Als ob die Weißen nicht in jeder Minute ihres verdammten Lebens betrügen«). Sie hielten zu ihm, als weiße Demokraten, Vrdolyak und andere, sich mit dem Argument, ein schwarzer Bürgermeister werde die Stadt ruinieren, auf die Seite des republikanischen Kandidaten schlugen. Die Schwarzen waren am Wahltag in Rekordzahl in den Wahllokalen erschienen, Pastoren und Gangster, Jung und Alt.

Und ihr Vertrauen wurde belohnt. Smitty sagte: »Als am Abend Harolds Sieg feststand, liefen die Leute auf die Straße. Es war wie an dem Tag, als Joe Louis Max Schmeling besiegte. Die gleiche Atmosphäre. Die Leute waren stolz auf Harold und auf sich selbst. Ich bin zu Hause geblieben, aber meine Frau und ich, wir waren so aufgeregt, dass wir erst um drei Uhr ins Bett gegangen sind. Als ich am nächsten Morgen aufwachte, dachte ich: Das ist der schönste Tag meines Lebens...«

Smittys Stimme war ganz leise geworden, alle Anwesenden lächelten. Als ich das Wahlergebnis im fernen New York in der Zeitung las, hatte ich ebenfalls Stolz empfunden, den gleichen Stolz, der mich zum Fan eines jeden Footballclubs machte, der einen schwarzen Quarterback aufstellte. Aber hier spielte noch etwas anderes mit. In Smittys Stimme klang eine Leidenschaft an, die über das Politische hinausging. »Sie hätten hier sein müssen, um es zu verstehen«, hatte er gesagt. In Chicago. Aber vielleicht bedeutete es auch: hier, an meiner Stelle, ein älterer Schwarzer, in dem die Erinnerung an die Beleidigungen, die ihm sein Leben lang zugefügt wurden, an die vereitelten, chancenlosen Ambitionen noch immer brennt. Ich fragte mich, ob ich das wirklich verstehen konnte. Ich nahm es an, ging davon aus. Die Männer hatten bei meinem Anblick das Gleiche vermutet. Würden sie es auch dann noch denken, wenn sie mehr über mich wussten? Ich war mir nicht so sicher. Ich versuchte mir vorzustellen, was passieren würde, wenn Gramps in diesem Moment hereinkäme: die Unterhaltung würde aufhören, die Atmosphäre sich urplötzlich verwandeln.

Smitty reichte mir einen Spiegel, damit ich das Ergebnis seiner Arbeit begutachten konnte, befreite mich von dem Kittel und bürstete meinen Hemdkragen sauber. »Vielen Dank für die Geschichtsstunde«, sagte ich und stand auf.

»Das war gratis. Haareschneiden zehn Dollar. Ach ja, wie war der Name?«

»Barack.«

»Ah, Barack. Sind Sie Muslim?«

»Mein Großvater.«

Smitty nahm das Geld und schüttelte mir die Hand. »Also, Barack, das nächste Mal kommen Sie ein bisschen früher. Sie sahen schon ziemlich wüst aus.«

Am Spätnachmittag holte mich Marty von meinem neuen Quartier ab, und dann fuhren wir den Skyway in Richtung Süden. Nach ein paar Kilometern nahmen wir eine Ausfahrt zur Southeast Side, vorbei an kleinen Reihenhäusern aus Backstein oder grauen Schindeln und kamen schließlich zu einem großen alten Fabrikgelände, das sich über mehrere Blocks erstreckte.

»Die alte Wisconsin Steel Fabrik.«

Schweigend betrachteten wir das Gebäude, das den Geist der industriellen Vergangenheit Chicagos recht gut verkörperte, eine rohe Verbindung aus Stahl und Beton, in der Eleganz oder Ästhetik keine große Rolle spielen. Doch nun lag die Fabrik verwaist da, verrostet wie ein aufgegebenes Schiffswrack. Hinter dem Zaun lief eine gesprenkelte, räudige Katze durchs Unkraut.

»Alle haben sie hier gearbeitet«, sagte Marty, während er wendete und wieder in Richtung Stadt fuhr. »Schwarze, Weiße, Hispanics. Alle hatten den gleichen Job, arbeiteten unter den gleichen Bedingungen. Aber draußen, außerhalb der Fabrik, wollten sie nichts mit den anderen zu tun haben. Und ich rede von den Kirchenmitgliedern. Brüder und Schwester, die zu Jesus beten.«

Wir kamen zu einer Ampel. Ich bemerkte ein paar junge weiße Männer, die im Unterhemd auf einer Veranda saßen und Bier tranken. In einem Fenster hing ein Vrdolyak-Plakat, einige Burschen starrten zu mir herüber.

»Und wieso glauben Sie, die Leute würden jetzt zusammenarbeiten?« fragte ich Marty.

»Ihnen bleibt gar keine andere Wahl. Ich meine, wenn sie wieder einen Job haben wollen.«

Wir bogen auf die Schnellstraße ein. Marty begann, mehr über die Organisation zu erzählen, die er aufgebaut hatte. Die Idee dazu war ihm zwei Jahre zuvor gekommen, als er über Fabrikstilllegungen und Entlassungen in South Chicago und den südlichen Vororten las. Durch Vermittlung eines sympathisierenden katholischen Hilfsbischofs hatte er mit Pfarrern und Gemeindemitgliedern gesprochen, hatte Schwarze und Weiße über ihre beschämende Arbeitslosigkeit reden hören, über ihre Angst, die Wohnung zu verlieren oder um die Rente betrogen zu werden. Sie alle fühlten sich verraten.

Schließlich hatten zwanzig vorstädtische Kirchengemeinden vereinbart, eine gemeinsame Organisation zu bilden, die den Namen »Calumet Community Religious Conference« (CCRC) tragen sollte.

Acht Kirchen bildeten den innerstädtischen Ableger der Organisation, das Developing Communities Project (DCP). Doch alles war viel langsamer gegangen, als Marty gehofft hatte, die Gewerkschaften waren noch nicht mit im Boot, und die politischen Konflikte im Stadtrat hatten sich als große Ablenkung erwiesen. Dennoch hatte die CCRC unlängst ihren ersten größeren Erfolg errungen: eine computergestützte Jobbörse, die der Staat Illinois mit einer halben Million Dollar finanzieren wollte. Und nun waren wir, wie Marty erklärte, unterwegs zu einer Veranstaltung, auf der dieses neue Projekt gefeiert werden sollte, das erste in einer längerfristig angelegten Kampagne.

»Es wird noch eine Weile dauern, die alten Betriebe hier draußen wieder in Gang zu bekommen«, sagte er. »Zehn Jahre mindestens. Aber wenn die Gewerkschaften erst einmal mitmachen, haben wir eine gute Grundlage. Bis dahin müssen wir den Blutverlust stoppen und den Leuten kurzfristige Perspektiven eröffnen. Ihnen zeigen, wie viel Macht sie haben, wenn sie aufhören, einander zu bekämpfen, und den wahren Feind ins Visier nehmen.«

»Und wer ist der wahre Feind?«

Marty zuckte mit den Schultern. »Die Investmentbanker. Die Politiker. Die fetten Lobbyisten.«

Marty schaute mit zusammengekniffenen Augen nach vorn. Mir schien, dass er nicht so zynisch war, wie er sich gab, dass die Fabrik, vor der wir gerade gestanden hatten, eine größere Bedeutung für ihn hatte. Auch er war irgendwann in seinem Leben verraten worden.

Es dämmerte schon, als wir auf den Parkplatz einer großen Schule fuhren. Viele Leute strömten in die Aula, Leute, wie sie Marty beschrieben hatte: entlassene Stahlarbeiter, Sekretärinnen und Lastwagenfahrer, Männer und Frauen, die stark rauchten und nicht auf ihre Linie achteten, bei Sears oder Kmart einkauften, ältere Automodelle fuhren und bei besonderen Anlässen bei Red Lobster essen gingen. Ein bulliger Mann mit Priesterkragen begrüßte uns, Marty stellte ihn mir als Deacon Wilbur Milton vor, den Kopräsidenten der Organisation. Mit seinem kurzen roten Bart und den runden Backen erinnerte er an einen Weihnachtsmann.

»Willkommen!« sagte Will und schüttelte mir kräftig die Hand. »Wir haben uns schon gefragt, wann wir Sie mal zu sehen bekommen. Dachten schon, Sie sind nur eine Phantasiefigur, die Marty sich ausgedacht hat.«

Marty warf einen Blick in die Aula. »Wie sieht's aus?«

»Bis jetzt ganz gut. Alles ist vertreten. Das Büro des Gouverneurs hat gerade angerufen, er ist unterwegs.«

Marty und Will gingen in Richtung Podium, die Köpfe über das Abendprogramm gebeugt. Ich folgte ihnen, doch bald stellten sich mir drei schwarze Frauen undefinierbaren Alters in den Weg. Eine von ihnen, eine hübsche Frau mit hellrot gefärbtem Haar, stellte sich als Angela vor. Sie neigte sich zu mir herüber und flüsterte: »Sie sind Barack, stimmt's?«

Ich nickte.

»Sie können sich gar nicht vorstellen, wie sehr wir uns freuen, Sie zu sehen.«

»Stimmt«, sagte die etwas ältere Frau an Angelas Seite. Ich gab ihr die Hand. »Ich bin Shirley«, sagte die Frau und lächelte, so dass ich ihren goldenen Schneidezahn sah. Dann zeigte sie auf die dritte, dunkel und füllig. »Das ist Mona. Sieht er nicht klasse aus, Mona?«

»Absolut«, sagte Mona und lachte.

»Verstehen Sie mich nicht falsch«, sagte Angela, noch immer im Flüsterton. »Ich habe nichts gegen Marty, aber man kann einfach nicht…«

»Hey, Angela!« Marty winkte vom Podium her. »Mit Barack könnt ihr euch später unterhalten, so lange ihr wollt. Jetzt brauche ich euch hier oben.«

Die Frauen tauschten wissende Blicke aus.

»Na schön, dann wollen wir mal«, sagte Angela zu mir. »Aber wir müssen wirklich mit Ihnen reden. Bald.«

»Unbedingt«, sagte Mona. Dann entfernten sich die drei, Angela und Shirley voran, angeregt plaudernd, Mona gemächlich hinterher.

Die Aula war nun fast voll, zweitausend Leute, etwa ein Drittel dürfte per Bus aus der Innenstadt herbeitransportiert worden sein. Um sieben sang ein Chor zwei Gospellieder. Will stellte alle vertretenen Kirchen vor, und ein weißer Lutheraner erklärte Geschichte und Auftrag des CCRC. Eine Prozession von Rednern betrat dann das Podium: ein schwarzer Abgeordneter und ein weißer Abgeordneter, ein Baptistenprediger, Kardinal Bernardin und schließlich der Gouverneur, der feierlich seine Unterstützung für die neue Jobbörse versprach und Beispiele seiner unermüdlichen Arbeit für die berufstätige Bevölkerung des Staates Illinois anführte.

Für meine Begriffe war das Ganze ein bisschen dünn, wie ein Parteitag oder eine Catcher-Show. Die Leute schienen sich aber zu amüsieren. Einige schwenkten bunte Fahnen mit dem Namen ihrer Kirche, andere brachen in laute Beifallsrufe aus, wenn sie auf der Bühne einen Verwandten oder einen Freund entdeckten. Beim Anblick dieser vielen weißen und schwarzen Gesichter, einträchtig beieinander, stieg auch in mir ein gutes Gefühl auf, es war die gleiche Vision, die Marty antrieb, sein Vertrauen auf Kraft und Solidarität der Arbeiterklasse, seine Überzeugung, dass die einfachen Leute eine gemeinsame Basis finden, wenn man sie an den Tisch holt und die Politiker und Medien und Bürokraten außen vor lässt.

Am Ende der Veranstaltung sagte Marty, er müsse ein paar Leute nach Hause bringen. Also beschloss ich, in einem der Busse in die Stadt zurückzufahren. Will, neben dem zufällig ein Platz frei war, erzählte mir unterwegs von sich.

Er war in Chicago aufgewachsen und hatte in Vietnam gekämpft. Anschließend hatte er eine Praktikantenstelle bei der Continental Illinois Bank gefunden und rasch Karriere gemacht, mit allem Drum und Dran – Dienstwagen, Anzüge, ein eigenes Büro. Dann war die Bank umstrukturiert worden, und er hatte seinen Job verloren – war hoch verschuldet, am Boden zerstört. Das war der Wendepunkt in seinem Leben, ein Fingerzeig Gottes, sein Leben neu zu ordnen, über sein Ziel nachzudenken. Statt sich bei einer anderen Bank zu bewerben, wandte er sich Christus zu. Er trat der Kirchengemeinde St. Catherine's in West Pullman bei und arbeitete dort als Hausmeister. Diese Entscheidung führte zu einigen Problemen in seiner Ehe – seine Frau hatte noch immer »Umstellungsschwierigkeiten«, wie Will es nannte, aber das asketische Leben passte zu seiner neuen Mission: den wahren Glauben zu verbreiten und gegen die Heuchelei anzukämpfen, der er in der Kirche manchmal begegne.

»Viele schwarze Gemeindemitglieder sind bequem«, sagte Will. »Sie glauben, solange sie sich an den Buchstaben der Schrift halten, brauchen sie sich nicht um den Inhalt zu kümmern. Leute, die anders sind, behandeln sie wie Aussätzige, statt ihnen die Hand zu reichen. Wer nicht in den richtigen Klamotten zum Gottesdienst kommt und nicht die richtigen Worte wählt, den sehen sie komisch an. Sie sind zufrieden mit ihrem Leben, warum sollen sie sich also anstrengen. Aber das Christentum hat nichts mit Bequemlichkeit zu tun. Christus hat soziales Verhalten gepredigt. Ist mit seiner Botschaft zu den Armen gegangen, den Beladenen. Und genau das sage ich diesen Mittelschicht-Negern jeden Sonntag. Ich sag ihnen, was sie nicht hören wollen.«

»Und, hören sie zu?«

»Nein.« Will lachte. »Aber das ist ja kein Grund aufzuhören. Es ist wie mit diesem Kragen, den ich trage. Manche regen sich darüber auf. ›Das ist etwas für Priester‹, sagen sie. Aber nur, weil ich verheiratet bin und nicht geweiht werden kann, heißt das nicht, dass ich keine Berufung habe. In der Bibel steht nichts von Kragen. Also trage ich einen Kragen, damit die Leute sehen, wo ich herkomme. Ich habe sogar einen Kragen getragen, als wir vor einem Monat mit Kardinal Bernardin zusammenkamen. Alle waren ganz nervös. Und dann haben sie sich furchtbar aufgeregt, weil ich ›Joe‹ zum Kardinal gesagt habe statt ›Eure Heiligkeit‹. Aber Bernardin war cool, weißt du. Er ist ein Mann des Geistes. Ich hab gespürt, dass wir einander verstanden. Wieder Gesetze, die uns trennen, Gesetze, die der Mensch gemacht hat, nicht göttliche Gesetze. Schau, Barack, ich bin in der katholischen Kirche, aber aufgewachsen bin ich in einer Baptistenfamilie. Hätte genauso gut zu den Methodisten gehen können, zu den Pentekostianern, egal. Aber Gott hat mich zu St. Catherine's geschickt. Und ihm ist es wichtiger, dass ich anderen helfe, als dass ich mich an den Katechismus halte.«

Ich nickte, traute mich aber nicht zu fragen, was »Katechismus« bedeutete. In Indonesien war ich zwei Jahre auf eine muslimische Schule und zwei Jahre auf eine katholische Schule gegangen. Der

Lehrer an der muslimischen Schule schrieb meiner Mutter, dass ich während des Koranunterrichts ständig Grimassen schneide. Meine Mutter war nicht allzu besorgt. »Du musst Respekt haben«, sagte sie nur. Und wenn in der katholischen Schule gebetet wurde, schloss ich die Augen nicht ganz, weil ich sehen wollte, was im Klassenzimmer passierte. Nichts. Keine Engel stiegen vom Himmel. Nur eine hutzelige alte Nonne und dreißig braune Kinder, die Worte vor sich hersagten. Manchmal erwischte mich die Nonne und warf mir einen strengen Blick zu, so dass ich die Augen schnell wieder schloss. Doch das änderte nichts an dem, was ich in meinem Innern fühlte. So ähnlich war es auch jetzt, wenn ich Will zuhörte: mein stummes Zuhören war, als schlösse ich die Augen.

Der Bus hielt auf dem Kirchenparkplatz. Will ging nach vorn und bedankte sich bei allen für ihr Erscheinen. »Vor uns liegt noch ein weiter Weg«, sagte er. »Aber heute Abend habe ich gesehen, wozu wir fähig sind, wenn wir entschlossen sind. Dieses gute Gefühl, das euch alle erfüllt hat – wir müssen es uns bewahren, bis es mit unserem Viertel wieder aufwärtsgeht.«

Ein paar Leute lächelten und sagten Amen, aber beim Aussteigen hörte ich eine Frau hinter mir flüstern: »Er soll mir nichts von unserem Viertel erzählen. Wo sind denn die Jobs, von denen immer die Rede ist?«

Am nächsten Tag gab Marty mir eine lange Namensliste. Er fand, es sei Zeit, dass ich mich an die Arbeit machte. Ich sollte mit diesen Leuten sprechen. Finde heraus, was ihre Interessen sind, sagte er. Sie engagieren sich, weil sie glauben, dass sie etwas davon haben. Und wenn ich ein Thema gefunden hätte, das eine genügend große Anzahl von Leuten interessierte, könne ich eine Aktion starten, und mit vielen solcher Aktionen könne ich allmählich Einfluss gewinnen.

Themen, Aktion, Einfluss, Interessen – das waren Begriffe, die mir gefielen. Sie klangen nach Entschlossenheit und Realismus. Politik statt Religion. In den nächsten drei Wochen arbeitete ich pausenlos, um meine Interviews vorzubereiten und durchzuführen. Es war schwerer, als ich gedacht hatte. Da war einmal der innere Widerstand, den ich in mir spürte, wenn ich zum Hörer griff, um einen Termin zu vereinbaren, und an Gramps dachte, wie er Versicherungen verkaufen wollte; die Ungeduld am anderen Ende der Leitung, die Enttäuschung, wenn der Betreffende nicht zurückrief. Die meisten Hausbesuche fanden abends statt, nach Feierabend, wenn die Leute müde waren. Manchmal hatten sie den Termin vergessen, musterten mich misstrauisch durch den Türspalt, so dass ich erst erklären musste, wer ich war und was ich wollte.

Doch das waren Kleinigkeiten. Sobald diese Dinge geklärt waren, zeigte sich, dass die meisten Leute sehr gern die Gelegenheit nutzten, um sich über einen nichtsnutzigen Stadtverordneten zu beschweren oder über einen Nachbarn, der seinen Rasen nicht mähte. Je mehr Gespräche ich führte, desto deutlicher schälten sich bestimmte Themen heraus, um die es immer wieder ging. So erfuhr ich, dass die meisten Leute weiter nördlich oder in der West Side aufgewachsen waren, in den dicht besiedelten schwarzen Enklaven, die aufgrund restriktiver Gesetze im Laufe der Zeit in Chicago entstanden waren. Die Leute erinnerten sich gern an diese geschlossene, eigenständige Welt, aber sie erinnerten sich auch an die beengten Wohnverhältnisse, ohne Heizung und Licht – und an den Anblick ihrer Eltern, die mit schwerer körperlicher Arbeit den Lebensunterhalt verdienten.

Einige wenige waren ihren Eltern in die Stahlwerke oder ans Fließband gefolgt. Aber weit mehr hatten – nach der Einführung des Diskriminierungsverbots im öffentlichen Dienst – einen Job bei der Post, als Busfahrer, Lehrer und Sozialarbeiter gefunden und waren nun hinreichend abgesichert, um über die Finanzierung eines Eigenheims nachdenken zu können. Sobald die gesetzlichen Bestimmungen dies zuließen, begann man, sich in Roseland und anderen weißen Wohnvierteln nach einem Haus umzusehen – nicht, weil man unbedingt unter Weißen leben wollte, sondern weil man sich die Häuser dort, mit kleinen Gärten für die Kinder, leisten konnte, weil es Kinderspielplätze gab, weil die Schulen besser und die Läden billiger waren – oder vielleicht auch einfach deswegen, weil sie es nun konnten.

Oft musste ich an die Geschichten denken, die Gramps und Toot und meine Mutter mir erzählt hatten – Geschichten von Not und Migration, von der Sehnsucht nach etwas Besserem. Doch es gab einen unübersehbaren Unterschied zwischen dem, was ich nun hörte, und meinen Erinnerungen – so, als würde der Film meiner Kindheit rückwärtslaufen. In diesen neuen Geschichten tauchten Schilder mit der Aufschrift »Zu verkaufen« auf wie Löwenzahn unter einer Sommersonne. Steine flogen durch Fenster, und besorgte Eltern riefen ihre Kinder, die draußen spielten, hinein ins Haus. In weniger als sechs Monaten standen ganze Blocks leer, in weniger als fünf Jahren ganze Viertel.

In diesen Geschichten war es immer so: Wenn Schwarze und Weiße aufeinandertrafen, endete es stets in Zorn und Kummer.

Die Gegend hatte sich nie richtig von dieser Rassen-Eruption erholt. Geschäfte und Banken waren mit ihren weißen Kunden fortgezogen, die Einkaufsstraßen verfielen, die kommunalen Dienstleistungen hatten sich verschlechtert. Doch die Schwarzen, die nun seit zehn, fünfzehn Jahren dort wohnten, waren nicht unzufrieden, wenn sie zurückblickten. Sie hatten, gestützt auf zwei Einkommen, das Haus und das Auto abbezahlt, vielleicht auch den Söhnen und Töchtern ein Studium finanziert (auf jedem Kamin standen Fotos von der Abschlussfeier). Sie hatten ihre Häuser gepflegt, die Kinder von der Straße ferngehalten und mit den Nachbarn dafür gesorgt, dass es im Viertel ordentlich zuging.

Erst wenn sie über die Zukunft sprachen, machte sich eine gewisse Unruhe in ihren Stimmen bemerkbar. Da war von einem Cousin oder Bruder die Rede, der regelmäßig vorbeischaute und um Geld bat, oder von einem erwachsenen Sohn, der, arbeitslos, noch bei ihnen wohnte. Selbst der Erfolg derjenigen Kinder, die es geschafft hatten, die studiert hatten und in die Welt der weißen Angestellten aufgestiegen waren, ging mit einem gewissen Verlust einher – je erfolgreicher die Kinder wurden, desto größer war die Wahrscheinlichkeit, dass sie wegzogen. Für sie kamen jüngere, weniger stabile Familien, die zweite Welle ärmerer Zuwanderer, die nicht immer imstande waren, die fälligen Raten zu zahlen oder regelmäßige Reparaturen durchzuführen. Die Zahl der Autodiebstähle stieg, die Grünanlagen verwaisten. Die Leute blieben öfter zu Hause, schafften sich aufwendig gearbeitete schmiedeeiserne Türen an, überlegten, ob sie es sich leisten konnten, das Haus mit Verlust zu verkaufen und in eine wärmere Gegend zu ziehen, vielleicht wieder in den Süden zurückzukehren.

Obwohl diese Leute zu Recht das Gefühl hatten, etwas erreicht zu haben, und fraglos aufgestiegen waren, schwang in unseren Gesprächen also auch etwas anderes, Unheilvolleres mit. Die verrammelten Häuser, die verfallenden Fassaden, die zunehmend älteren Kirchengemeinden, die Kinder unbekannter Familien, die sich auf den Straßen herumtrieben – lärmende Teenager, die brüllende Babys mit Kartoffelchips vollstopften und die leeren Tüten wegwarfen – all diese schmerzhaften Wahrheiten signalisierten ihnen, dass ihr Fortschritt unsicher, womöglich nicht von Dauer war.

Es war offenbar diese Parallelität von persönlichem Fortschritt und kollektivem Niedergang, die Will so sehr beschäftigte, als wir an dem Abend nach der Veranstaltung miteinander sprachen. Sie klang an in dem Stolz einiger Männer auf die Kellerbars, die sie sich mit Lavalampen und verspiegelten Wänden eingerichtet hatten. In den Plastikbezügen, mit denen Hausfrauen ihre makellos sauberen Teppiche und Sofas schützten. In alldem sah ich den Wunsch, sich selbst zu bestätigen, dass sich die Verhältnisse tatsächlich geändert hatten, auch wenn das Verhalten einiger Leute nicht ganz in Ordnung war. »Wenn es irgend geht, vermeide ich, durch Roseland zu fahren«, hatte mir eine Frau aus Washington Heights eines Abends erklärt. »Die Leute dort sind einfach unkultiviert. Das sieht man doch schon an ihren Häusern. So etwas gab es nicht, als dort noch Weiße lebten.«

Unterscheidungen zwischen Wohnvierteln, dann einzelnen Häuserblocks und schließlich Nachbarn innerhalb eines Blocks – alles Versuche, den Niedergang aufzuhalten, sich abzugrenzen. Aber eines fiel mir auf. In der Küche der Frau, die von den rauheren Umgangsformen ihrer Nachbarn gesprochen hatte, hing gleich neben dem dreiundzwanzigsten Psalm ein Porträt von Harold Washington. Dasselbe Bild sah ich auch bei dem jungen Mann, der ein paar Blocks weiter in einem heruntergekommenen Apartment wohnte und etwas Geld verdiente, indem er bei Partys Platten auflegte. Wie die Männer in Smittys Friseursalon, so hatten diese beiden durch das Wahlergebnis zu einem neuen Selbstverständnis gefunden. Aber vielleicht war das nur eine alte, in einfacheren Zeiten entstandene Idee. Harold Washington war jemand, der sie verband. Er verhieß kollektive Erlösung, ganz ähnlich meiner Vorstellung von Stadtteilarbeit.

Ich warf Marty meinen Dreiwochenbericht auf den Schreibtisch und setzte mich, während er mit der Lektüre begann.

»Nicht schlecht«, sagte er schließlich.

»*Nicht schlecht?*«

»Mmh, nicht schlecht. Du machst Fortschritte, du hörst zu. Aber es ist noch zu abstrakt, es klingt, als würdest du eine Umfrage machen oder so. Wenn du die Leute mobilisieren willst, musst du wegkommen von den Nebensächlichkeiten. Du musst die Leute bei dem packen, was wirklich wichtig für sie ist. Was sie antreibt. Sonst wirst du nie eine Beziehung zu ihnen herstellen.«

Marty ging mir auf den Keks. Ich fragte ihn, ob ihm die Vorstellung, die Leute auszuhorchen und sich um ihr Vertrauen zu bemühen, nur um die eigene Organisation aufzubauen, nicht unangenehm sei.

»Ich bin kein Romantiker, Barack. Ich bin Aktivist.«

Was wollte er damit sagen? Unzufrieden verließ ich sein Büro. Später musste ich mir eingestehen, dass er recht hatte. Ich wusste noch immer nicht, wie sich das, was mir berichtet wurde, in Aktion übersetzen ließ. Erst am Ende meiner Interviews deutete sich eine Möglichkeit an.

Es war während eines Treffens mit Ruby Styles, einer fülligen Frau, die als Office Manager in der North Side arbeitete. Wir hatten über ihren Sohn Kyle gesprochen, einen aufgeweckten, aber schüchternen Teenager, der Probleme in der Schule hatte. Ruby erzählte, dass die Kriminalität in der Gegend zugenommen habe. Einer von Kyles Freunden war erst in der Woche zuvor angeschossen worden, genau vor ihrem Haus. Dem Jungen gehe es gut, aber inzwischen mache sie sich Sorgen um die Sicherheit ihres eigenen Sohns.

Ich war hellwach. Es klang nach einem Thema, das sie wirklich bewegte. In den nächsten Tagen brachte Ruby mich mit anderen Eltern zusammen, die ähnliche Sorgen hatten und das lustlose Vorgehen der Polizei ähnlich frustrierend fanden. Als ich vorschlug, den Polizeichef zu einer Bürgerversammlung einzuladen, auf der sie von ihren Sorgen berichten könnten, waren alle einverstanden. Eine der Frauen meinte, dass Reverend Reynolds, ein Baptistenpfarrer, vielleicht bereit sei, seine Gemeinde darauf aufmerksam zu machen. Eine Woche musste ich telefonieren, aber schließlich erreichte ich den Mann. Seine Reaktion schien vielversprechend. Reverend Reynolds war Präsident der lokalen Pastorenvereinigung –»die Kirchen kommen zusammen, um das Evangelium zu verkünden«. Er sagte, die Gruppe werde am nächsten Tag zusammentreffen, und er wolle mein Anliegen gern zur Diskussion stellen.

Ich war ganz aufgeregt. Am nächsten Vormittag traf ich in Reverend Reynolds' Kirche ein. Zwei junge Frauen in weißen Kleidern und weißen Handschuhen begrüßten mich im Foyer und führten mich in einen großen Konferenzraum, wo zehn, zwölf ältere schwarze Männer in lockerem Kreis beieinanderstanden und sich unterhielten. Ein besonders distinguiert aussehender Herr kam auf mich zu.»Sie müssen Bruder Obama sein«, sagte er und gab mir die Hand.»Ich bin Reverend Reynolds. Sie kommen genau recht – wir wollen gleich anfangen.«

Wir setzten uns an einen langen Tisch. Reverend Reynolds sprach zunächst ein Gebet, bevor er mir das Wort erteilte. Bemüht, mir meine Nervosität nicht anmerken zu lassen, berichtete ich von der anwachsenden Jugendkriminalität und dem geplanten Gespräch mit der Polizei und bat die Anwesenden, die mitgebrachten Handzettel in ihren Gemeinden zu verteilen.»Es wäre ein erster Schritt«, sagte ich.»Mit ihrer Unterstützung könnten wir zu einer Kooperation bei allen möglichen Themen kommen. Schulprobleme. Neue Jobs im Viertel…«

Während ich die letzten Flugblätter verteilte, kam ein hoch gewachsener, walnussbrauner Mann herein. Er trug einen blauen Zweireiher und ein großes goldenes Kreuz über einer scharlachroten Krawatte. Das geglättete Haar hatte er mit Pomade zu einer Elvis-Tolle gekämmt.

»Bruder Smalls«, sagte Reverend Reynolds,»Sie haben eine ausgezeichnete Präsentation versäumt. Dieser junge Mann hier, Bruder

Obama, will eine Veranstaltung über die jüngste Schießerei auf die Beine stellen.«

Reverend Smalls schenkte sich eine Tasse Kaffee ein und las das Flugblatt. »Wie heißt Ihre Organisation?« fragte er mich.

»Developing Communities Project.«

»Developing Communities…« Er runzelte die Stirn. »Erinnert mich an einen Weißen, der mal ankam und von irgendeiner Developing-Geschichte sprach. Eigenartiger Typ. Jüdischer Name. Sind Sie in einer katholischen Gemeinde?«

Ich sagte, dass einige lokale katholische Gemeinden mitmachen wollten.

»Genau, jetzt erinnere ich mich wieder.« Reverend Smalls trank einen Schluck Kaffee und lehnte sich zurück. »Ich habe diesem Weißen gesagt, dass er gleich wieder gehen könne. Wir brauchen solche Dinge hier nicht.«

»Ich…«

»Hören Sie…, wie war Ihr Name? Obamba? Hören Sie, Obamba, Sie meinen es wahrscheinlich gut. Ganz bestimmt sogar. Aber um unsere Probleme zu lösen, brauchen wir keinen Haufen weißes Geld und keine katholischen Kirchen und jüdischen Aktivisten. Die interessieren sich nicht für uns. Die Erzdiözese in Chicago wird von gnadenlosen Rassisten geführt. Weiße kommen hier angetanzt und glauben zu wissen, was gut für uns ist, sie engagieren einen Haufen studierter junger Leute wie Sie, die keine Ahnung haben. Sie wollen einfach Macht über uns haben. Das Ganze ist eine politische Sache, und damit haben wir hier nichts am Hut.«

Die Kirche, stammelte ich, habe sich immer für soziale Belange eingesetzt, doch Reverend Smalls schüttelte nur den Kopf. »Sie verstehen nicht. Mit dem neuen Bürgermeister haben wir eine neue Situation. Ich kenne den Polizeichef seit der Zeit, als er noch Streife ging. Die Stadtverordneten setzen sich allesamt für Schwarze ein. Warum sollten wir protestieren und unsere eigenen Leute unter Druck setzen? Wir alle, die wir hier an diesem Tisch sitzen, haben einen direkten Draht zum Rathaus. Fred, hast du nicht gerade mit dem Stadtverordneten wegen der Parkplatzgenehmigung gesprochen?«

Die Anwesenden waren still geworden. Reverend Reynolds räusperte sich. »Der Mann ist neu hier, Charles. Er will doch nur helfen.«

Reverend Smalls klopfte mir freundlich auf die Schulter. »Verstehen Sie mich nicht falsch. Wie gesagt, ich weiß, Sie meinen es gut. Wir brauchen junge Leute, die unserer Sache neue Impulse geben. Ich will nur sagen, dass Sie im Moment auf der falschen Seite stehen.«

Schwitzend saß ich da, während die Pastoren über einen gemeinsamen Gottesdienst diskutierten, der zu Thanksgiving im Park gegenüber stattfinden sollte. Am Ende der Sitzung bedankten sich Reverend Reynolds und einige seiner Kollegen bei mir.

»Nehmen Sie es Charles nicht krumm«, sagte einer. »Er ist manchmal ein bisschen streng.« Aber ich bemerkte, dass keiner der Pastoren meine Handzettel mitnahm. Und als ich ein paar Tage später versuchte, einige von ihnen anzurufen, erfuhr ich von ihren Sekretärinnen, dass sie an diesem Tag nicht im Büro seien.

Das Treffen mit dem Polizeichef fand wie geplant statt, erwies sich aber als ziemlicher Reinfall. Nur dreizehn Personen erschienen, die meisten Plätze blieben leer, und der Polizeichef schickte einen Vertreter. Alle paar Minuten schaute ein älteres Paar herein, das den Bingo-Saal suchte. Ich war den größten Teil des Abends damit beschäftigt, diesen Leuten den Weg zu erklären, während Ruby Styles mit düsterer Miene auf dem Podium saß und der Polizeimensch einen Vortrag über das Thema Disziplin in der Kindererziehung hielt.

Irgendwann tauchte Marty auf. Nach der Veranstaltung kam er zu mir und legte mir die Hand auf die Schulter.

»Dumm gelaufen, was?«

In der Tat. Marty half mir beim Aufräumen, und anschließend gingen wir einen Kaffee trinken. Er erklärte mir, welche Fehler ich gemacht hatte. Das Problem Jugendkriminalität sei zu allgemein – wenn man die Leute gewinnen wolle, brauche man konkrete und spezifische Themen. Ich hätte Ruby besser vorbereiten und – nicht so viele Stühle aufstellen sollen. Vor allem aber sollte ich mich bemühen, die maßgeblichen Leute in der Community kennenzulernen – mit

Flugblättern allein bekäme man die Leute an einem verregneten Abend nicht aus dem Haus.

»Ach, übrigens«, sagte Marty, als wir aufbrachen, »was ist eigentlich aus diesen Pfarrern geworden, mit denen du dich treffen wolltest?«

Ich erzählte von Reverend Smalls. Marty lachte. »War wohl ganz gut, dass ich nicht mitgekommen bin, was?«

Das fand ich nicht besonders witzig. »Warum haben Sie mich nicht vor diesem Typen gewarnt?«

»Ich hab dich gewarnt«, sagte Marty und öffnete die Wagentür. »Ich hab dir gesagt, dass Chicago polarisiert ist und dass die Politiker ihren Vorteil daraus ziehen. Und genau das ist Smalls – ein Politiker, der zufällig einen Pastorenkragen trägt. Na ja, davon geht die Welt nicht unter. Sei froh, dass du deine Lektion schon so früh gelernt hast.«

Ja, aber welche? Ich sah Martys Auto hinterher und erinnerte mich an die CCRC-Kundgebung, dachte an Smitty, an die vielen Gesichter in der Schulaula, an die Schwarzen und Weißen, die dort hingekommen waren, weil die Fabrik dichtgemacht hatte, und daran, wie selbst Marty sich verraten gefühlt hatte, an den Kardinal, einen kleinen, blassen, bescheiden wirkenden Mann in schwarzem Gewand und Brille, und an sein Lächeln, als Will ihn in die Arme nahm, so überzeugt davon, dass sie sich verstanden.

Jedes dieser Bilder war eine Lehre für mich, jedes unterschiedlich interpretierbar. Es gab so viele Kirchen, so viele Glaubensrichtungen. Manchmal schienen sie eins zu werden – die Massen vor dem Lincoln Memorial, die Freedom Riders bei ihren Sit-ins. Solche Momente waren jedoch selten. Wir sprachen dieselben Worte, mit geschlossenen Augen, aber in seinem Herzen betete jeder zu seinem eigenen Gott, wir blieben gefangen in unseren Erinnerungen, jeder klammerte sich an seine törichte Magie.

Jemand wie Smalls verstand das vermutlich. Er wusste, dass die Männer in Smittys Friseursalon den Sieg Harold Washingtons, ihren Sieg, nicht relativiert sehen wollten. Sie wollten nicht hören, dass ihre Probleme aus mehr bestanden als einem Haufen verlogener weißer Stadtverordneter oder dass von Befreiung noch lange nicht die Rede sein konnte. Marty und Smalls wussten, dass in der Politik wie in der Religion Stärke aus Gewissheit erwuchs – und dass die Gewissheit des einen stets die Gewissheit des anderen bedrohte.

Ich erkannte, dass ich ein Häretiker war. Oder noch Schlimmeres – denn selbst Häretiker müssen an etwas glauben, und sei es nur an die Wahrheit ihrer Zweifel.

9

»Altgeld Gardens« – eine Siedlung von insgesamt zweitausend Wohneinheiten in zweigeschossigen Häusern mit olivgrünen Türen und scheußlichen Fensterläden – lag am südlichen Stadtrand von Chicago. Bei den Leuten hieß die Siedlung nur »The Gardens«, doch die Ironie dieses Namens ging mir erst später auf, die Assoziation mit Frische und Gepflegtheit, die Ahnung eines unversehrten Paradieses.

Zwar gab es weiter südlich ein Wäldchen, und südlich und westlich davon verlief der Calumet, an dessen Ufer manchmal Angler standen, die ihre Leinen in das trübe Wasser warfen. Doch die Fische, die in der Brühe schwammen, waren oft eigenartig verfärbt, hatten glasige Augen und Verwachsungen hinter den Kiemen. Die Leute verzehrten den Fang nur, wenn sie nichts anderes hatten.

Im Osten, jenseits der Schnellstraße, lag die Mülldeponie Lake Calumet, die größte im Mittleren Westen.

Und im Norden, gleich hinter der Straße, befand sich das Klärwerk des Großraums Chicago. Die Bewohner von Altgeld konnten weder die Anlage noch die riesigen offenen Tanks sehen, die sich anderthalb Kilometer weit erstreckten. Vor dem Areal war im Rahmen einer Verschönerungsmaßnahme ein langer Erdwall aufgeschüttet worden, mit eilig gepflanzten Setzlingen, die einfach nicht wachsen wollten, wie dünne Haare auf einer Glatze. Aber der Gestank ließ sich dadurch nicht verbergen – ein durchdringender übler Geruch, dessen Intensität je nach Temperatur und Windrichtung schwankte und durch sämtliche Fenster drang, selbst wenn sie noch so sorgfältig verschlossen wurden.

Der Gestank, die Giftstoffe, die menschenleere Landschaft. Fast ein Jahrhundert lang war auf dieser freien Fläche rings um Altgeld der Abfall unzähliger Fabriken entsorgt worden, der Preis, den die Leute für ihre gut bezahlten Arbeitsplätze entrichtet hatten. Nun, da die Jobs verschwunden und alle, die es sich leisten konnten, weggezogen waren, schien es naheliegend, das Areal als Mülldeponie zu nutzen.

Mülldeponie – und Quartier für arme Schwarze. Altgeld mag von seiner Lage her einzigartig gewesen sein, aber es konnte mit den anderen Wohnsiedlungen der Stadt auf eine gemeinsame Geschichte zurückblicken: die Träume von Reformern, anständige Wohnungen für die arme Bevölkerung zu bauen; die Tatsache, dass solche Siedlungen immer in großer Entfernung von den weißen Vierteln errichtet wurden und dort keine funktionierenden Familien wohnten; der Umstand, dass die Chicago Housing Authority (CHA) als Selbstbedienungsladen funktionierte, was zu Misswirtschaft und Vernachlässigung führte. Altgeld stand noch nicht so schlecht da wie die Hochhaussiedlungen, die Robert Taylors und Cabrini Greens, mit ihren tintenschwarzen Treppenhäusern und den urinstinkenden Eingangsbereichen und den regelmäßigen Schießereien. Die Belegungsdichte von Altgeld lag bei konstant neunzig Prozent, die meisten Wohnungen waren gepflegt, und gewisse Details – eine gemusterte Decke über dem eingerissenen Sofapolster, an der Wand ein alter Kalender mit tropischen Strandszenen – verrieten die Sehnsucht nach einem schönen Zuhause.

Trotzdem befand sich die Siedlung in einem schlechten Zustand. Abbröckelnde Farbe an den Decken, defekte Wasserleitungen, verstopfte Toiletten, die kleinen braunen Rasenflächen verschandelt von Reifenspuren, übersät mit leeren, kaputten Blumentöpfen. Die Handwerker der CHA taten nicht einmal, als würde hier bald etwas unternommen. Die Kinder wuchsen auf, ohne je einen Garten zu Gesicht zu bekommen. Sie sahen nur, dass alles verfiel, und es bereitete ihnen Vergnügen, diesen Prozess zu beschleunigen.

Ich bog an der Hunderteinunddreißigsten nach Altgeld ab und hielt vor der Kirche Our Lady of the Gardens, einem flachen Backsteingebäude im hinteren Teil der Siedlung. Dort war ich mit einigen führenden Repräsentanten verabredet, um zu erörtern, was man hier unternehmen könne. Doch als ich den Motor abstellte und nach meiner Mappe griff, musste ich innehalten. Vielleicht war es die Umgebung, vielleicht der trostlose graue Himmel. Ich schloss die Augen und lehnte mich zurück, kam mir vor wie der Erste Offizier auf einem sinkenden Schiff.

Zwei Monate waren seit jenem verunglückten Treffen mit dem Polizeichef vergangen, und die Dinge hatten sich nicht sonderlich gut entwickelt. Es hatte keine Demonstrationen gegeben, keine Sitins, keine Freiheitslieder. Nur Missverständnisse, Leerlauf und Stress. Das Problem war auch unsere Basis, die – jedenfalls in der Innenstadt – nie besonders groß gewesen war: acht katholische Gemeinden, verteilt auf verschiedene schwarze Viertel, aber unter Führung weißer Priester. Diese Männer, meist polnischer oder irischer Abstammung, waren isoliert. Sie hatten in den Sechzigern studiert, mit dem Ziel, für die Armen da zu sein und die Wunden des Rassismus zu heilen, aber es fehlte ihnen der missionarische Eifer ihrer Vorgänger. Sie waren freundlichere, vielleicht sogar bessere Menschen, auch sanfter in ihrer modernen Art. Sie hatten erlebt, wie ihre Ermahnungen zu Brüderlichkeit und Solidarität von den wegziehenden Weißen mit Füßen getreten wurden, wie ihre Bemühungen, neue Gemeindemitglieder zu gewinnen, bei den Schwarzen (überwiegend Baptisten, Methodisten und Pentekostianern), unter denen sie nun lebten, auf Misstrauen gestoßen waren. Marty hatte ihnen klargemacht, dass sie durch die Arbeit engagierter Aktivisten aus dieser Isolation herausfinden würden, dass dadurch nicht nur der Niedergang des Viertels aufgehalten würde, sondern ihre Gemeinden auch neue Impulse erhielten. Doch es war eine zarte Hoffnung, und als ich mit ihnen sprach, hatten sie sich mit ihrer Enttäuschung schon abgefunden.

»In Wahrheit würden sich die meisten von uns am liebsten versetzen lassen«, gestand mir ein Priester. »Dass ich überhaupt noch hier bin, liegt nur daran, dass niemand meine Stelle übernehmen will.«

Noch schlechter war die Stimmung unter den Laien, bei Leuten wie Angela, Shirley und Mona, die ich bei der Veranstaltung kennengelernt hatte. Es waren optimistische, zupackende Frauen, die –

ohne einen Mann an ihrer Seite – Söhne und Töchter großzogen, mehrere Teilzeitjobs hatten, Pfadfinderinnentreffen, Modeschauen und Sommercamps für die Kinder organisierten, die jeden Tag in der Kirche auftauchten. Da keine von ihnen in Altgeld wohnte – alle drei lebten weiter westlich –, hatte ich sie einmal nach ihren Motiven gefragt.

»Sieh dich vor, Mädchen«, sagte Angela zu Shirley, worauf Mona loskicherte, »Barack will dich aushorchen. Er hat diesen Gesichtsausdruck.«

Shirley antwortete: »Barack, wir sind einfach drei alte Schachteln, die vor lauter Langeweile nicht wissen, was sie anfangen sollen. Aber...« Sie stemmte jetzt eine Hand in die Hüfte und führte filmstarmäßig die Zigarette an die Lippen, »aber wenn Mr. Right kommt, dann heißt es Bye-bye Altgeld und Hello Monte Carlo!«

In der letzten Zeit hatte ich die Frauen nur selten scherzen hören. Sie klagten darüber, dass Marty sich nicht um Altgeld kümmere, dass er arrogant sei und ihnen nicht zuhöre, wenn sie Vorschläge machten.

Vor allem beklagten sie sich über die neue Jobbörse, die wir an dem Abend mit großem Tamtam angekündigt hatten, die sich aber als Reinfall erwiesen hatte. Nach Martys Plänen sollte eine Vorstadt-Universität das Programm organisieren – das sei eine Frage der Effizienz, da die Universität bereits über die erforderlichen Computer verfüge. Doch noch zwei Monate später war kein einziger Job vermittelt worden. Die Computer arbeiteten nicht richtig, das Datenprogramm funktionierte nicht, Interessenten bewarben sich für Jobs, die nicht existierten. Marty war fuchsteufelswild, und mindestens einmal pro Woche musste er zur Universität fahren, wo er die zuständigen Leute zur Rede stellte, die aber offenbar mehr an der Finanzierung des nächsten Studienjahrs interessiert waren. Doch die Frauen von Altgeld interessierten sich nicht für Martys Probleme. Sie wussten nur, dass eine halbe Million Dollar irgendwohin geflossen war, allerdings nicht nach Altgeld. Aus ihrer Sicht war die Jobbörse nur ein weiterer Beweis dafür, dass Marty sie benutzt hatte, um sein eigenes Ding zu machen, dass die Weißen in den Vorstädten die Jobs bekamen, die ihnen versprochen worden waren.

»Marty denkt immer nur an sich«, murrten sie.

Ich hatte versucht, in dem Konflikt zu vermitteln, hatte Marty vor dem Vorwurf des Rassismus in Schutz genommen, hatte ihn gebeten, taktvoller aufzutreten. Marty meinte, ich verschwendete meine Zeit. Angela und die anderen seien nur deswegen sauer, weil er sie nicht als Projektverantwortliche engagiert habe. »Genau deswegen scheitern doch so viele sogenannte Community-Organisationen. Sie bekommen staatliche Gelder. Sie stellen irgendwelche Wichtigtuer ein, die keine Ahnung haben. Und bald sind daraus gigantische Förderprojekte geworden, mit Klienten, die versorgt werden wollen. Nicht verantwortungsbewusste Leiter, sondern Klienten mit Versorgungsanspruch.« Er spuckte die Wörter aus, als wären sie unrein. »Jesus, schon bei dem Gedanken wird mir schlecht.«

Als er sah, dass ich noch immer verärgert war, fügte er hinzu: »In diesem Job, Barack, darfst du dich nicht dauernd fragen, ob du bei den Leuten ankommst. Schlag dir das aus dem Kopf!«

Patronage, Politik, verletzte Gefühle, Rassenressentiments – für Marty war alles eins, es lenkte ab von seinem eigentlichen Ziel, stand der noblen Sache im Weg. Er versuchte noch immer, die Gewerkschaften mit ins Boot zu holen, überzeugt, dass sie uns stärken, uns unterstützen würden. Eines Tages, Ende September, bat er Angela und mich, zu einem Treffen mit Gewerkschaftern von LTV Steel zu kommen, einer der wenigen noch verbliebenen Stahlfabriken in Chicago. Einen Monat hatte er gebraucht, um das Treffen vorzubereiten, er platzte geradezu vor Energie, sprach über das Unternehmen, die Gewerkschaft und die neue Phase in unserer Kampagne.

Schließlich erschien der örtliche Gewerkschaftschef – ein junger, gut aussehender Ire, der kürzlich mit einem Reformprogramm gewählt worden war – zusammen mit zwei stämmigen Schwarzen, dem Kassenwart und dem 2. Vorsitzenden. Nachdem wir uns alle miteinander bekannt gemacht hatten, nahmen wir Platz, und Marty begann mit seinem Vortrag. Das Unternehmen wolle aus der Produktion aussteigen, und Lohnzugeständnisse würden die Probleme nur verschärfen. Wenn die Gewerkschaft am Erhalt von Arbeitsplätzen interessiert sei, müsse sie ganz neue Wege gehen. Sich mit den Kirchen zusammensetzen und einen Plan für eine Übernahme durch die Belegschaft entwickeln. Mit der Stadt über eine zeitweilige Steuerermäßigung verhandeln. Die Banken dahin bringen, dass sie Kredite zur Verfügung stellen, die in neue Technologien investiert würden, um die Produktion wieder konkurrenzfähig zu machen.

Die Gewerkschaftsvertreter hörten unruhig zu. Nachdem Marty geendet hatte, stand der Vorsitzende auf und erklärte, man wolle Martys Vorschläge gern prüfen, die Gewerkschaft müsse sich aber zunächst darauf konzentrieren, eine Entscheidung über das Angebot des Unternehmens zu treffen.

Als wir später draußen auf dem Parkplatz standen, schaute Marty verständnislos. »Sie sind nicht interessiert«, meinte er kopfschüttelnd. »Wie ein Haufen Lemminge, die auf den Abgrund zusteuern.«

Er tat mir leid. Und erst recht Angela. Sie hatte die ganze Zeit kein Wort gesagt, aber als ich losfuhr, um sie nach Hause zu bringen, sagte sie: »Von Martys Vorschlägen hab ich kein Wort verstanden.«

In diesem Moment wurde mir vermutlich klar, wie schwierig Martys Vorhaben war und wie sehr er sich verkalkuliert hatte. Nicht, dass Angela seine Ideen nicht verstanden hatte. Im Laufe unseres Gesprächs wurde deutlich, dass sie Marty genauso gut verstanden hatte wie ich. Ihre Bemerkung bedeutete vielmehr: Sie wusste nicht, inwiefern der Fortbestand der LTV Stahlfabrik für ihr eigenes Leben relevant war. Sich mit den Gewerkschaften zusammenzutun würde vielleicht den Job der wenigen Schwarzen sichern, die noch in den Fabriken arbeiteten, aber es würde nichts an der Zahl der chronisch Arbeitslosen ändern. Eine Jobbörse mochte für gelernte und erfahrene Arbeiter sinnvoll sein, die etwas anderes suchten. Schwarze Schulabbrecher würden auf diese Weise nicht lesen und schreiben oder rechnen lernen.

Mit anderen Worten: Für Schwarze war alles ganz anders. Genau wie seinerzeit für Angelas Großeltern, die von keiner Gewerkschaft aufgenommen wurden, weil sie als Lohndrücker verachtet wurden. Genau wie für ihre Eltern, denen die besten Jobs verwehrt blieben, welche die Patronage-Maschine damals zu bieten hatte, als Patronage noch kein Schimpfwort war. In seiner Entschlossenheit, den Kampf gegen die Mächtigen in Chicago aufzunehmen, gegen die Investmentbanker in ihren eleganten Büros, wollte Marty diese Probleme als Relikt einer unseligen Vergangenheit einfach ignorieren. Aber für jemanden wie Angela war die Vergangenheit zugleich Gegenwart; sie prägte ihr Leben weit mehr und konkreter als alle Solidaritätsbezeugungen. Dies erklärte, warum nicht mehr Schwarze imstande gewesen waren, in die Vorstädte zu ziehen, als das noch ging, warum nicht mehr Schwarze aufgestiegen waren, Karriere gemacht hatten. Es erklärte, warum die Arbeitslosigkeit in schwarzen Vierteln ausgeprägter und dauerhafter war und für mehr Verzweiflung sorgte. Und warum Angela nichts mehr übrig hatte für all jene, die Schwarze und Weiße gleich behandeln wollten.

Es erklärte Altgeld.

Ich sah auf meine Uhr: zehn nach zwei. Ich gab mir einen Ruck, stieg aus meinem Auto und klingelte an der Kirchentür. Angela öffnete und führte mich in einen Raum, wo die anderen schon warteten, Shirley, Mona, Will und Mary, eine ruhige, dunkelhaarige Weiße, Grundschullehrerin an St. Catherine's. Ich entschuldigte mich für mein unpünktliches Erscheinen und schenkte mir eine Tasse Kaffee ein.

»Na?« begann ich und setzte mich auf das Fensterbrett. »Warum diese langen Gesichter?«

»Wir steigen aus«, sagte Angela.

»Wer steigt aus?«

Angela zuckte mit den Schultern. »Ich. Für die anderen kann ich nicht sprechen.«

Ich sah mich um. Die anderen saßen mit gesenktem Blick da, wie Geschworene, die gerade ihr Urteil gesprochen haben.

»Tut mir leid, Barack«, sagte Angela. »Es hat nichts mit Ihnen zu tun. Wir sind einfach müde. Wir sind jetzt zwei Jahre dabei, und es kommt nichts dabei heraus..«

»Ich kann Ihren Frust verstehen, Angela. Wir sind alle ein bisschen frustriert. Geben Sie uns noch etwas Zeit. Wir ...«

»Wir haben keine Zeit mehr«, rief Shirley. »Wir können den Leuten nicht dauernd Versprechungen machen, ohne dass was passiert. Wir müssen *jetzt* etwas vorweisen.«

Ich spielte mit meiner Kaffeetasse, überlegte fieberhaft, was ich entgegnen konnte. Für einen Moment kam Panik in mir auf, die sich dann aber in Wut verwandelte. Wut auf Marty, der mich nach Chicago geholt hatte. Wut auf diese Gemeindevertreter, die so kurzsichtig waren. Wut auf mich, weil ich geglaubt hatte, ich könne die Kluft zwischen ihnen überbrücken. Plötzlich erinnerte ich mich daran, was Frank mir an jenem Abend gesagt hatte, nachdem ich gehört hatte, dass Toot sich vor einem Schwarzen fürchtete.

So ist es nun mal, hatte er gesagt. Gewöhn dich daran.

Ich sah zum Fenster hinaus. Ein paar Jungen auf der anderen Straßenseite, mit über den Kopf gezogenen Kapuzen wie Mönche, warfen Steine gegen das verrammelte Fenster eines unbewohnten Apartments. Einer zerrte an einem losen Brett, das quer über die Wohnungstür genagelt war, stolperte und fiel hin, worauf die anderen lachten. Plötzlich wollte ich bei ihnen sein, die ganze trostlose Gegend hier abreißen, Stück für Stück. Doch dann drehte ich mich wieder um.

»Ich möchte Sie etwas fragen«, sagte ich zu Angela und zeigte auf die Jugendlichen. »Was wird aus diesen Jungs da?«

»Barack...«

»Nein, nur diese eine Frage. Sie sagen, Sie sind müde, so wie die meisten Leute hier in der Gegend müde sind. Ich möchte nur wissen, wie es mit diesen Jungs weitergeht. Wer wird sich darum kümmern, dass sie eine Chance bekommen? Der Stadtverordnete? Die Sozialarbeiter? Die Banden?«

Ich hörte, wie meine Stimme lauter wurde, aber das schreckte mich nicht. »Ich bin nicht hergekommen, weil ich einen Job brauchte. Sondern weil Marty sagte, dass es hier Leute gibt, die sich ernsthaft für eine Veränderung der Verhältnisse in ihrem Viertel einsetzen. Ich weiß nicht, wie es früher war. Ich weiß nur, ich bin jetzt da und will mit euch arbeiten. Wenn es ein Problem gibt, werden wir eine Lösung finden. Wenn ihr glaubt, dass unsere Arbeit nichts bewirkt, dann bin ich der Erste, der aussteigt. Aber wenn ihr alle aussteigen wollt, möchte ich wenigstens eine Antwort auf meine Frage haben.«

Mein Ausbruch schien sie zu überraschen, auch wenn ich selbst viel überraschter war. Ich wusste, dass ich auf unsicherem Boden stand. Ich kannte die Leute nicht gut genug, vielleicht war es die falsche Taktik. Aber in dieser Situation hatte ich keine andere Karte in der Hand. Die Jungs draußen auf der Straße zogen weiter. Shirley holte sich Kaffee. Nach etwa zehn Minuten meldete sich schließlich Will zu Wort.

»Ich weiß nicht, wie ihr das seht, aber diese Situation haben wir ja schon lange. Marty weiß von unseren Problemen. Deshalb hat er Barack geholt. Stimmt's, Barack?«

Ich nickte vorsichtig.

»Die Lage ist noch immer katastrophal. Nichts hat sich verändert. Und jetzt würde ich gern wissen«, sagte er, an mich gewandt, »wie es weitergehen soll.«

Ich sagte ihm die Wahrheit. »Ich hab keine Ahnung, Will. Sagen Sie's mir.«

Will lächelte. Die Krise war vorbei, das spürte ich. Angela war bereit, noch ein paar Monate Geduld aufzubringen. Ich versprach, mich noch mehr auf Altgeld zu konzentrieren. In der nächsten halben Stunde erörterten wir, was als Nächstes zu tun war, und verteilten Aufgaben. Als wir schließlich nach draußen gingen, kam Mona zu mir und nahm meinen Arm.

»Hast du gut hingekriegt, Barack. Sieht so aus, als wüsstest du Bescheid.«

»Von wegen Mona. Ich habe keinen Schimmer.«

Sie lachte. »Na, ich werd's nicht weitersagen!«

»Danke, Mona, das ist nett!«

Am Abend rief ich Marty an und berichtete ihm. Er war nicht erstaunt: mehrere Vorstadtkirchen seien im Begriff auszusteigen. Er machte ein paar Vorschläge hinsichtlich der Jobsituation in Altgeld und empfahl mir, mich intensiver um Kontakte zu kümmern.

»Du musst noch mehr Leute ansprechen, Barack. Ich meine, Will ist großartig, aber willst du dich wirklich von ihm abhängig machen?«

Martys Überlegung leuchtete mir ein. So sympathisch ich Will fand, sosehr ich mich über seine Mitarbeit freute, seine Ideen waren manchmal recht..., nun ja, exzentrisch. Spätabends, nach getaner

Arbeit, rauchte er gern einen Joint (»Wenn Gott gewollt hätte, dass wir dieses Zeug nicht rauchen, würde er es nicht auf dieser Erde wachsen lassen«). Wenn er sich bei einer Sitzung langweilte, ging er einfach. Sooft ich ihn zu einem Gespräch mit Gemeindemitgliedern mitnahm, stritt er sich mit den Leuten, weil sie die Bibel falsch interpretierten, weil sie den falschen Rasendünger verwendeten oder weil er die Gesetzmäßigkeit der Einkommenssteuer anzweifelte (er war der Ansicht, dass die Steuer gegen die Grundrechte verstoße, und weigerte sich beharrlich, sie zu entrichten).

»Vielleicht reagieren die Leute positiver, wenn Sie mehr zuhören«, hatte ich ihm einmal gesagt.

Will hatte mit dem Kopf geschüttelt. »Mach ich ja. Das ist doch das Problem. Sie reden nur dummes Zeug.«

Nach dem Treffen in Altgeld hatte Will eine neue Idee. »Diese desorientierten Neger in St. Catherine's werden nie was auf die Beine stellen. Wenn wir etwas erreichen wollen, müssen wir damit auf die Straße gehen!« Er wies darauf hin, dass viele Leute im Umkreis von St. Catherine's arbeitslos seien und ein schweres Leben hätten. Diese Leute müssten wir ansprechen. Und weil sie vermutlich nicht gern zu einer Versammlung kämen, die eine fremde Kirche veranstaltet, sollten wir die Versammlungen auf der Straße abhalten, in West Pullman, gewissermaßen auf neutralem Boden.

Ich war zuerst skeptisch, doch da ich Initiativen nicht im Weg stehen wollte, half ich Will und Mary, einen Handzettel zu entwerfen, der in der Umgebung der Kirche verteilt werden sollte. Eine Woche später standen wir drei an einer Ecke im Herbstwind. Die Straße war leer, in den Bungalows waren die Rollos heruntergelassen. Allmählich erschienen die ersten Leute, Frauen mit Haarnetzen, Männer in Hemden oder Anoraks bildeten einen Kreis. Als sich etwa zwanzig Leute eingefunden hatten, erklärte Will unser Aktionsprogramm. »Wir möchten, dass Sie mit Ihren Nachbarn über all die Probleme reden, über die Sie sich beklagen, wenn Sie zu Hause am Küchentisch sitzen.«

»Da kann ich nur sagen: Wird auch Zeit«, rief eine Frau.

Fast eine Stunde sprachen die Leute über Schlaglöcher, Kanalisation, Stoppschilder und verwahrloste Grundstücke. Schließlich erklärte Will, dass die Versammlungen künftig in St. Catherine's stattfinden würden. Im Dämmerlicht machten wir uns auf den Rückweg zur Kirche, hinter uns die Stimmen der Leute, bald nur noch ein leises Murmeln. Will sah mich lächelnd an.

»Hab ich's nicht gesagt?«

Wir hielten die Straßenversammlungen noch in mehreren anderen Blocks ab – in der Mitte Will mit seinem Priesterkragen und der Chicago-Cubs-Jacke, während Mary mit ihren Unterschriftenlisten die Runde machte. Bald hatten wir an die dreißig Leute zusammen, die bereit waren, für wenig mehr als eine Tasse Kaffee mitzuarbeiten.

Vor einer der nächsten Versammlungen fand ich Mary allein im Gemeindesaal beim Kaffeekochen. Die Tagesordnung war ordentlich an die Wand gepinnt. Mary, die gerade nach Zucker und Milch suchte, winkte mich herbei und sagte, dass Will sich etwas verspäten werde.

»Kann ich Ihnen helfen?« fragte ich.

»Kommen Sie da ran?«

Ich nahm den Zucker vom obersten Regal. »Sonst noch etwas?«

»Nein. Ich glaube, es ist alles fertig.«

Ich setzte mich und sah zu, wie Mary die letzten Tassen bereitstellte. Sie war schwer einzuschätzen, fand ich. Mary redete nicht viel, weder über sich selbst noch über ihre Vergangenheit. Ich wusste, dass sie die einzige Weiße aus der Innenstadt war, die mit uns arbeitete, eine von vielleicht fünf Weißen, die noch in West Pullman lebten. Ich wusste, dass sie zwei Töchter hatte, eine zehn, die andere zwölf, die jüngere mit einer Gehbehinderung, die regelmäßige Therapie erforderte.

Und ich wusste, dass Mary alleinerziehende Mutter war. Von dem Vater ihrer Töchter sprach sie nie. Erst nach vielen Monaten erfuhr ich, dass sie in einer Stadt in Indiana aufgewachsen war, in einer großen irischen Arbeiterfamilie. Dort hatte sie einen Schwarzen kennengelernt, die beiden hatten sich heimlich getroffen, dann geheiratet; ihre Eltern weigerten sich daraufhin, mit ihr zu sprechen. Das Paar zog nach West Pullman, kaufte sich dort ein kleines Haus. Als dann der Mann verschwand, fand Mary sich in einer fremden Welt wieder, sie hatte nur das Haus und ihre beiden Töchter, in ihre alte Welt konnte sie nicht mehr zurück.

Manchmal schaute ich bei ihr vorbei, einfach um Hallo zu sagen, vielleicht weil ich ihre Einsamkeit spürte und die Parallelen zwischen meiner Mutter und ihr, zwischen mir und ihren Töchtern, hübschen netten Mädchen, deren Leben viel schwieriger war als meines – die Großeltern wollten nichts von ihnen wissen, von ihren schwarzen Klassenkameraden wurden sie gehänselt, und alles in dieser verpesteten Luft. Nicht, dass sie ganz allein waren. Als Marys Mann verschwand, hatten die Nachbarn ihr und den Töchtern beigestanden, hatten angeboten, bei der Reparatur des Daches mitzuhelfen, hatten sie zu Barbecues und Geburtstagsfeiern eingeladen, Mary für ihre Arbeit gelobt. Doch man konnte die Familie nur bis zu einem bestimmten Punkt akzeptieren, es gab unausgesprochene Grenzen für freundschaftliche Beziehungen zwischen Mary und den anderen Frauen, besonders den verheirateten. Ihre einzigen wirklichen Freunde waren ihre Töchter – und nun Will, dessen Geschichte und eigenwilliger Glauben ein persönliches Band zwischen ihnen schuf.

Nun war alles vorbereitet für den Abend. Mary setzte sich und beobachtete mich, wie ich letzte Notizen machte.

»Darf ich dich etwas fragen, Barack?«

»Natürlich, gern.«

»Warum bist du hier? Ich meine, warum machst du diese Arbeit?«

»Weil es so glamourös ist.«

»Nein, im Ernst. Du hast selbst mal gesagt, dass du diesen Job nicht brauchst. Und besonders religiös bist du auch nicht, oder?«

»Äh...«

»Also, warum? Warum Will und ich hier sind, weißt du ja. Es gehört zu unserem Glauben. Aber bei dir, ich weiß nicht...«

In diesem Moment ging die Tür auf, und Mr. Green kam herein, ein älterer Mann mit dicker Filzjacke und einer Mütze, deren Ohrenklappen steif herabhingen.

»Na, Mr. Green, wie geht's?«

»Gut, sehr gut. Ist schon ein bisschen kühl, aber...«

Dann kamen Mrs. Turner und Mr. Albert und der Rest der Gruppe, alle warm eingepackt, ein früher Wintereinbruch stand bevor. Sie legten die Mäntel ab, machten Kaffee und plauderten miteinander. Schließlich kam Will herein, er trug Jeans und ein rotes T-Shirt mit der Aufschrift »Deacon Will«, und nachdem er Mrs. Jeffrey gebeten hatte, ein Gebet zu sprechen, eröffnete er die Versammlung. Ich machte mir Notizen und intervenierte nur, wenn ich den Eindruck hatte, dass wir vom Thema abschweiften. Tatsächlich schien sich die Versammlung ein wenig hinzuziehen – einige Teilnehmer waren nach einer Stunde leise hinausgegangen –, als Will noch ein neues Thema ansprach.

»Bevor wir auseinandergehen«, sagte er, »möchte ich, dass wir etwas ausprobieren. Wir sind ja eine kirchliche Aktionsgruppe, das heißt, in unseren Versammlungen geht es auch um das Verhältnis, das wir zu uns selbst, zu den anderen und zu Gott haben. Ich möchte, dass wir eine Minute darüber nachdenken, was uns hierhergeführt hat, ob es Gedanken oder Empfindungen gibt, über die ihr noch nicht gesprochen habt, und dann wäre es schön, wenn ihr offen darüber reden könntet.«

Langes Schweigen. Schließlich fragte Will: »Möchte jemand zu uns sprechen?«

Alle hielten die Köpfe gesenkt.

»Gut«, sagte Will. »Dann werde ich über etwas reden, was mich schon eine ganze Weile beschäftigt. Nichts Besonderes, einfach Erinnerungen. Meine Eltern waren nicht reich oder so. Wir haben in Altgeld gelebt. Aber wenn ich an meine Kindheit zurückdenke, erinnere ich mich an wirklich schöne Zeiten. Ich erinnere mich, wie wir hinausgewandert sind, um in Blackburn Forest wilde Beeren zu pflücken. Ich erinnere mich, wie wir aus leeren Apfelsinenkisten und alten Rollschuhrädern Seifenkistenwagen gebaut haben und dann auf dem Parkplatz herumgefahren sind. Ich erinnere mich an die Schulausflüge und an die Ferien, wir haben alle Familien im Park getroffen, jeder war draußen, keiner hatte Angst, und im Sommer haben wir draußen geschlafen, wenn es im Haus zu heiß war. Ich habe so viele schöne Erinnerungen..., manchmal denke ich, ich war die ganze Zeit fröhlich, habe gelacht...«

Will hielt plötzlich inne, senkte den Kopf. Ich glaubte, er werde gleich niesen, doch als er den Kopf wieder hob, sah ich, dass ihm Tränen über die Wangen liefen. Mit heiserer Stimme fuhr er fort: »Und wisst ihr, heute sehe ich keine fröhlichen Kids mehr. Alle wirken bedrückt, irgendwas stimmt mit ihnen nicht. Sie haben niemanden, dem sie vertrauen können. Nicht ihre Eltern, nicht Gott. Nicht sich selbst. Und das ist nicht in Ordnung. Es darf nicht sein..., dass Kinder nicht mehr lachen.«

Wieder machte er eine Pause, um sich die Nase zu putzen. Und als hätte der Anblick dieses kräftigen, großen Mannes in Tränen ihre Herzen geöffnet, begannen nun auch die anderen von ihren Erinnerungen zu erzählen. Sie sprachen über das Leben in den kleinen Städten im Süden, über die Männer, die sich in den Eckläden trafen, um Neuigkeiten auszutauschen oder den Frauen bei ihren Einkäufen zu helfen, sie erzählten, wie sich die Erwachsenen um die Kinder gekümmert hatten, auch um die der Nachbarn (»Unsere Mama hatte die ganze Straße im Blick, sie hat alles gesehen, wir hatten keine Chance, irgendwelche Dummheiten zu machen«), sie sprachen über Anstand und Schicklichkeit, die in dieser vertrauten Atmosphäre bewahrt wurden. Ihre Erzählungen waren frei von Nostalgie, keine selektiven Erinnerungen, sondern wahr und überzeugend klingende Geschichten eines allgemeinen Verlustes. Das Gefühl, all diese Enttäuschungen und Hoffnungen miterlebt zu haben, bewegte die Anwesenden, ging von Mund zu Mund, und als der Letzte gesprochen hatte, war dieses Gefühl noch immer zu spüren. Dann nahmen wir uns alle an der Hand, in meiner Linken die dicke, schwielige Hand von Mr. Green, in meiner Rechten die kleine, dünne Hand von Mrs. Turner, und gemeinsam beteten wir um den Mut, Veränderungen herbeizuführen.

Ich half Will und Mary beim Aufräumen, spülte die Kaffeekanne und machte überall das Licht aus. Draußen war die Nacht klar und kalt. Ich schlug den Kragen hoch und nahm eine rasche Einschätzung des Abends vor. Will musste die Zeit besser im Blick behalten, bis zur nächsten Versammlung mussten wir uns mit den kommunalen Diensten befassen, und wir mussten mit allen Teilnehmern ein Gespräch führen. Als ich am Ende meiner Checkliste angekommen war, legte ich Will den Arm um die Schulter.

»Was du zum Schluss gesagt hast, fand ich sehr eindrucksvoll, Will.«

Er sah Mary an, beide lächelten. »Uns ist aufgefallen, dass du nicht von dir erzählt hast«, sagte Mary.

»Der Organisator muss sich zurückhalten.«

»Wer sagt das?«

»Steht im Handbuch für den Organisator. Komm, Mary, ich bring dich nach Hause.«

Will stieg auf sein Fahrrad und winkte uns noch einmal zu, bevor ich mit Mary losfuhr. Ich setzte sie vor ihrer Haustür ab, sie stieg aus und hatte schon fast das Haus erreicht, als ich mich zum Beifahrerfenster beugte und es herunterkurbelte.

»Hey, Mary!«

Sie kam noch einmal zurück, beugte sich zu mir herunter.

»Deine Frage vorhin. Warum ich das mache. Es hat mit der Versammlung heute Abend zu tun. Ich meine..., unsere Motive sind ziemlich ähnlich.«

Sie nickte und ging den Weg hinauf zu ihren Töchtern.

Eine Woche später war ich wieder in Altgeld. Angela, Mona und Shirley zwängten sich in mein kleines Auto. Mona, die hinten saß, beschwerte sich über die Beengtheit.

»Was ist das denn für ein Auto?« stöhnte sie.

Shirley schob ihren Sitz etwas vor. »Der ist für die dünnen Dinger gebaut, mit denen Barack ausgeht.«

»Und mit wem sind wir heute verabredet?«

Ich hatte drei Termine arrangiert, in der Hoffnung, endlich eine Jobstrategie zu finden, die den Leuten in Altgeld etwas bringen würde. Ein industrieller Aufschwung jedenfalls schien für uns außer Reichweite. Die großen Unternehmen hatten sich für Standorte in saubereren, aufgeräumten Vorstädten entschieden, und nicht einmal ein Gandhi hätte sie nach Altgeld holen können. Aber es gab hier noch immer Elemente einer lokalen Wirtschaft (Geschäfte, Restaurants, Theater, Dienstleistungen), die in anderen Stadtteilen als Keimzellen des öffentlichen Lebens fungierten. Wo Familien ihre Ersparnisse investierten, wo man versuchen konnte, ein eigenes Geschäft auf die Beine zu stellen, und wo es einfache Jobs gab. Wo die Wirtschaft überschaubar organisiert war und von den Leuten verstanden wurde.

Das Einkaufszentrum von Altgeld befand sich in Roseland. Also fuhren wir die Michigan Avenue entlang, vorbei an Perückenläden und Spirituosengeschäften, Bekleidungsdiscountern und Pizzerien, und standen schließlich vor einem zweigeschossigen ehemaligen Lagerhaus. Wir betraten das Gebäude durch eine schwere Stahltür und stiegen eine schmale Treppe hinunter in ein mit gebrauchten Möbeln vollgestopftes Untergeschoss. In einem kleinen Büro saß ein dünner, drahtiger Mann mit Kinnbart und einem Käppchen, das die auffällig großen Ohren noch betonte.

»Kann ich Ihnen helfen?«

Ich erklärte, wer wir waren und dass wir miteinander telefoniert hatten.

»Ja, richtig.« Er gab den beiden Männern, die links und rechts hinter ihm standen, ein Zeichen, worauf sich die beiden mit einem Kopfnicken entfernten. »Hört mal, wir haben nicht viel Zeit, es ist was dazwischengekommen. Rafiq al-Shabbaz.« Er bat uns, Platz zu nehmen.

»Ich kenne Sie«, sagte Shirley, als sie ihm die Hand gab. »Sie sind doch der Junge von Mrs. Thompson, Wally. Wie geht's Ihrer Mutter?«

Rafiq zwang sich zu einem Lächeln. Er erklärte, dass er der Vorsitzende der Roseland Unity Coalition sei, einer Organisation, die sich in vielen Bereichen engagiere, um die Sache der Schwarzen voranzubringen, und erheblichen Anteil am Wahlsieg von Bürgermeister Washington habe. Auf unsere Frage, was unsere Kirchen zur Förderung des lokalen Wirtschaftslebens beitragen könnten, gab er uns ein Flugblatt, auf dem arabischen Geschäftsleuten vorgeworfen wurde, vergammeltes Fleisch zu verkaufen.

»So machen die hier ihren Reibach«, sagte Rafiq. »Sie nehmen uns das Geld aus der Tasche und erweisen unseren Brüdern und Schwestern nicht den nötigen Respekt. Im Prinzip sieht es so aus: Die Läden gehören Koreanern und Arabern, den Juden gehören die meisten Häuser. Also, kurzfristig wollen wir erreichen, dass die Interessen der Schwarzen geschützt werden, verstehen Sie. Wenn uns zu Ohren kommt, dass einer von diesen Koreanern einen Kunden schlecht behandelt, schalten wir uns ein. Wir verlangen von ihm, dass er uns respektiert und einen Beitrag für unsere Community leistet – unsere Projekte unterstützt, irgendwas. Das ist das kurzfristige Ziel. Und das« – Rafiq zeigte auf einen Stadtplan von Roseland an der Wand, auf dem bestimmte Bereiche rot markiert waren – »ist unser längerfristiges Ziel. Grundeigentum. Ein umfassender Plan für die ganze Gegend. Schwarze Unternehmen, Begegnungszentren für die Community – all diese neun Höfe. Bei einigen Immobilien stehen wir bereits in Verhandlungen mit den weißen Besitzern, sie sollen sie uns zu einem fairen Preis überlassen. Also, wenn Sie was für Jobs tun wollen, dann machen Sie unser Projekt hier bekannt. Momentan ist es leider so, dass wir von den Leuten in Roseland nur wenig Unterstützung bekommen. Sie folgen lieber den Weißen in die Vorstädte, statt Position zu beziehen. Aber die Weißen sind nicht dumm. Sie warten nur darauf, dass wir hier wegziehen, dann kommen sie wieder zurück, weil ihnen klar ist, dass die Immobilien hier einen ziemlichen Wert haben.«

Einer der bulligen Männer kam wieder herein, Rafiq stand auf. »Ich muss los«, sagte er abrupt. »Aber hey, wir sprechen uns wieder.« Er gab jedem von uns die Hand und ging dann mit dem Mann hinaus.

»Scheinst ihn ja zu kennen, Shirley«, sagte ich, als wir wieder draußen vor dem Gebäude standen.

«Ja, bevor er sich diesen komischen Namen zulegte, hieß er Wally Thompson. Er kann sich einen neuen Namen ausdenken, aber seine Ohren kann er nicht verstecken. Er ist in Altgeld aufgewachsen – ich glaube sogar, dass er und Will die gleiche Schule besucht haben. Wally war ein großer Gangster, bevor er dann Muslim wurde.«

»Einmal Gangster, immer Gangster«, sagte Angela.

Unser nächster Termin war die lokale Handelskammer, die sich im Obergeschoss eines Ladens befand, der wie eine Pfandleihe aussah. Dort stießen wir auf einen dicken Schwarzen, der gerade Kartons vollpackte.

»Wir sind mit einem Mr. Foster verabredet«, sagte ich.

»Der bin ich«, sagte er, ohne aufzusehen.

»Wir haben gehört, dass Sie der Präsident der Handelskammer waren.«

»Ja, stimmt. Ich war. Letzte Woche bin ich zurückgetreten.«

Er bot uns drei Stühle an und wandte sich dann wieder seiner Arbeit zu. Seit fünfzehn Jahren, sagte er, betreibe er den Schreibwarenladen ein paar Häuser weiter, und die letzten fünf Jahre sei er Präsident der Kammer gewesen. Er habe versucht, die lokalen Geschäftsleute zu organisieren, sei aber nicht unterstützt worden.

»Von mir werden Sie kein schlechtes Wort über die Koreaner hören«, sagte er und stellte ein paar Kartons an der Tür ab. »Die Koreaner sind die Einzigen, die ihre Mitgliedsbeiträge bezahlen. Sie verstehen ihr Geschäft, sie wissen, was Kooperation bedeutet. Sie legen ihr Geld zusammen. Geben einander Kredite. Anders als wir. Die schwarzen Händler hier in der Gegend, wir sind wie ein Haufen Krebse in einem Eimer.« Er richtete sich auf und fuhr sich mit einem Taschentuch über die Stirn. »Ich weiß nicht. Vielleicht kann man uns nicht vorwerfen, dass wir so sind, wie wir sind. All die Jahre ohne Chance, das prägt die Leute. Und heute ist es schwerer, als es damals, vor dreißig Jahren, für die Italiener und die Juden war. Heute muss sich ein kleines Geschäft wie meines gegen die großen Unternehmen behaupten. Es ist ein aussichtsloser Kampf, wenn man es nicht wie die Koreaner macht – die ganze Familie arbeitet mit, sechzehn Stunden täglich, sieben Tage die Woche. Wir als Schwarze sind dazu nicht mehr bereit. Wir haben so lange umsonst gearbeitet, dass keiner mehr Lust hat, sich kaputtzuschuften, nur um über die Runden zu kommen. Jedenfalls sagen wir das unseren Kindern. Ich kann nicht behaupten, dass ich anders bin. Meinen Söhnen sage ich, dass ich nicht will, dass sie den Laden übernehmen. Sie sollen in einer großen Firma arbeiten, wo sie zufrieden sind ...«

Bevor wir uns verabschiedeten, fragte Angela, ob es eine Möglichkeit gebe, den Jugendlichen in Altgeld Teilzeitjobs anzubieten. Mr. Foster sah sie an, als ticke sie nicht ganz richtig.

»Jeder Geschäftsmann hier bekommt täglich dreißig Bewerbungen«, sagte er. »Erwachsene. Senioren. Erfahrene Leute, die alles machen würden. Sorry.«

Auf dem Rückweg zum Auto kamen wir an einem kleinen Laden vorbei, wo es billige Kleidung und knallbunte Pullover zu kaufen gab, im Schaufenster standen zwei antiquierte weiße Schneiderpuppen, die inzwischen schwarz übermalt waren. Der Laden war spärlich beleuchtet, aber ganz hinten sahen wir eine junge nähende Koreanerin, neben ihr ein schlafendes Kind. Diese Szene erinnerte mich an meine Kindheit, an die indonesischen Märkte, die fliegenden Händler, die Lederarbeiter, die alten Frauen, die Betelnüsse kauten und die Fliegen vom Gemüse verscheuchten.

Für mich hatten solche Märkte immer wie selbstverständlich zur natürlichen Ordnung der Dinge gehört. Doch nun, als ich über Altgeld und Roseland nachdachte, über Rafiq und Mr. Foster, sah ich diese Märkte als das, was sie waren: fragile, kostbare Errungenschaften. Die Leute, die dort ihre Waren verkauften, mögen arm gewesen sein, vielleicht noch ärmer als die Leute von Altgeld. Tag für Tag trugen sie zwanzig Kilo Brennholz auf dem Rücken, sie aßen wenig, starben jung. Und trotz dieser Armut war ihr Leben von einer Ordnung geprägt, die unter dem Firnis von Feilschen und Lärm und umherwirbelndem Staub zu erkennen war, Handelswege und Mittelsmänner, Schmiergelder, die entrichtet, alte Gepflogenheiten, die beachtet werden mussten.

Dass in Altgeld eine solche Trostlosigkeit herrschte, dachte ich, hatte mit dem Fehlen solcher Strukturen zu tun. Es war der Untergang dieser Ordnung, der Rafiq und Mr. Foster so verbittert hatte, jeden auf seine Weise. Ließ sich eine zerrissene Gesellschaft überhaupt wieder kitten? Wie lange mochte das dauern?

Länger vermutlich, als der Niedergang einer Kultur dauerte. Ich stellte mir die indonesischen Arbeiter vor, die in Fabriken, wie sie einst am Calumet gestanden hatten, nun all die Radios und Turnschuhe produzierten, die auf der Michigan Avenue verkauft wurden. Ich stellte mir dieselben Leute vor, zehn, zwanzig Jahre später, wenn ihre Fabriken aufgrund neuer Technologien oder noch niedrigerer Löhne irgendwo auf der Welt würden dichtmachen müssen. Und dann die bittere Erkenntnis, dass ihre Märkte verschwunden waren, dass sie nicht mehr wussten, wie man Basttaschen macht, dass sie ihre Möbel oder Nahrungsmittel nicht mehr selbst herstellen konnten.

Und selbst, wenn sie es sich wieder in Erinnerung riefen – die Wälder, die ihnen früher Holz lieferten, gehörten nun großen Nutzholzunternehmern, und die Taschen, die sie früher anfertigten, waren durch haltbarere Plastikartikel ersetzt worden. Die Existenz der Fabriken, der Holzunternehmen, der Kunststoffproduzenten hatte ihre Kultur längst verdrängt. Fleiß und Initiative gründeten auf einem Wertesystem, das durch Migration und Landflucht und amerikanische TV-Importe an den Rand gedrängt wurde. Manche Leute würden in dieser neuen Ordnung viel Geld machen. Manche würden nach Amerika gehen. Und die anderen, die Millionen, die in Djakarta oder Lagos oder im Westjordanland zurückblieben, würden sich in ihren verschiedenen Altgeld Gardens einrichten, in immer tieferer Verzweiflung.

Schweigend fuhren wir zu unserem letzten Termin, einer Besprechung mit der Leiterin einer Filiale des Mayor's Office of Employment and Training (MET), das Arbeitslose an Ausbildungsprojekte in der ganzen Stadt vermittelte. Wir hatten Mühe, den Ort zu finden – das Büro befand sich in einer Seitenstraße in Vrdolyaks Gegend, eine Dreiviertelstunde von Altgeld entfernt –, und als wir endlich ankamen, war die Bürochefin schon gegangen. Ihre Assistentin wusste nicht, wann sie zurück sein würde, gab uns aber einen Stapel Hochglanzbroschüren mit.

»Wozu soll das denn gut sein«, sagte Shirley und wollte schon wieder gehen.

Mona bemerkte, dass ich zögerte. »Was liest er denn da?« fragte sie Angela.

Ich zeigte ihnen die Broschüre, auf deren Rückseite alle MET-Programme in Chicago verzeichnet waren: kein einziges südlich der Fünfundneunzigsten.

»Das ist es«, sagte ich.

»Was?«

»Unser nächstes Projekt.«

Unmittelbar nach unserer Rückkehr schrieben wir einen Brief an Mrs. Cynthia Alvarez, die oberste Chefin von MET. Zwei Wochen später teilte sie uns mit, dass sie bereit sei, sich mit uns in Altgeld zu treffen. Entschlossen, meine Fehler nicht noch einmal zu machen, setzte ich alles daran, diese Begegnung gut vorzubereiten. Wir entwarfen eine Tagesordnung, baten die anderen Kirchen, Vertreter zu entsenden, und formulierten eine klare Forderung, die uns realistisch erschien: Das MET solle in der Far South Side ein Job- und Ausbildungszentrum einrichten.

Zwei Wochen Vorbereitungen, doch als es dann ernst wurde, war ich ein einziges Nervenbündel. Um sechs Uhr abends waren nur drei Leute erschienen: eine junge Frau mit ihrem sabbernden Baby, eine ältere Frau, die sich einen Stapel Kekse in eine Serviette wickelte und dann in ihre Tasche stopfte, und ein Betrunkener, der sofort auf einem der hinteren Plätze einnickte. Ich sah die vielen leeren Stühle, rechnete schon damit, dass die MET-Vertreterin in letzter Minute absagen würde, ahnte die Enttäuschung auf den Gesichtern meiner Mitstreiter, den neuerlichen Misserfolg.

Doch zwei Minuten vor sieben wurde es dann voll. Will und Mary trafen mit einer Gruppe aus West Pullman ein, Shirleys Kinder und Enkelkinder nahmen eine ganze Stuhlreihe in Beschlag, und schließlich kamen andere Bewohner von Altgeld, die Angela oder Shirley oder Mona einen Gefallen schuldeten. Vielleicht hundert Leute waren da, als schließlich Mrs. Alvarez auftauchte, eine stattliche Mexikano-Amerikanerin mit zwei jungen weißen Männern im Schlepptau.

»Ich wusste gar nicht, dass es so weit draußen ist«, hörte ich einen der Assistenten flüstern, als sie zur Tür hereinkamen. Auf meine Frage, ob ich ihm den Mantel abnehmen könne, schüttelte er nur nervös den Kopf.

»Nein, nein, ähm..., danke, ich behalte ihn lieber.«

An diesem Abend machten meine Mitstreiter ihre Sache sehr gut. Angela stellte unseren Plan vor und erklärte Mrs. Alvarez, was wir von ihr erwarteten. Die schien sich um eine klare Stellungnahme drücken zu wollen, doch Mona bestand auf einem eindeutigen Ja oder Nein. Und als Mrs. Alvarez schließlich zusagte, binnen sechs Monaten ein MET-Jobbüro in Altgeld einzurichten, reagierte das Publikum mit herzlichem Applaus. Kritisch wurde es nur ein einziges Mal, als der Betrunkene aufstand und brüllte, dass er einen Job haben wolle. Shirley ging sofort hin und flüsterte ihm etwas ins Ohr, worauf er sich wieder setzte.

»Was hast du ihm denn gesagt?« fragte ich sie später.

»Nichts für dich, du bist zu jung.«

Die Versammlung dauerte nicht länger als eine Stunde – Mrs. Alvarez und ihre Assistenten rauschten in einer blauen Limousine davon, und die Leute kamen nach vorn und schüttelten Mona und Angela die Hand. Die Frauen waren sehr zufrieden.

»Das hast du toll hingekriegt, Barack«, sagte Angela und umarmte mich.

»Hab ich euch nicht versprochen, dass wir's packen?«

»Der Junge hat so was von recht«, sagte Mona augenzwinkernd.

Ich erklärte ihnen, dass ich ein paar Tage nicht da sein würde, und ging hinaus zu meinem Auto. Ich fühlte mich beschwingt. Ich schaffe das schon, sagte ich mir, ich werde diese ganze verdammte Stadt umkrempeln. Ich zündete mir eine Zigarette an und stellte mir vor, wie ich mit den drei Frauen beim Bürgermeister aufkreuze, um mit ihm über die weitere Entwicklung in der Stadt zu reden. Im Schein einer Straßenlaterne sah ich dann den Betrunkenen, der vor sich hin torkelte und seinen überlangen Schatten anstarrte. Ich stieg aus und fragte ihn, ob er Hilfe benötige.

»Brauch dich nich«, rief er und versuchte, sich aufzurichten. »Brauch niemand, verstehste. Blödmann..., erzähl mir keinen Scheiß...«

Seine Stimme verlor sich. Bevor ich noch etwas sagen konnte, drehte er sich um und wankte mitten auf der Straße davon, verschwand allmählich im Dunkel.

10

Der Winter kam, und die Stadt verwandelte sich in eine monochrome Landschaft – schwarze Bäume, grauer Himmel über weißer Erde. Jetzt wurde es schon nachmittags dunkel, besonders wenn die Schneestürme hereinbrachen, endlose Präriestürme, bei denen der Himmel fast die Erde berührte und die Lichter der Stadt von den Wolken reflektiert wurden.

Bei solchem Wetter war die Arbeit viel anstrengender. Der Schnee drang wie feiner weißer Puder durch die Ritzen meines Autos, in meinen Kragen, in die Öffnungen meines Mantels. Wenn ich zu meinen Interviewterminen fuhr, war ich nie lange genug an einem Ort, um richtig aufzutauen, und in den verschneiten Straßen wurden die Parkplätze knapp – überall hörte man Geschichten von Autofahrern, die sich nach heftigem Schneefall um eine Parklücke stritten, sich prügelten oder schon mal die Waffe zogen. Zu unseren abendlichen Veranstaltungen kamen die Leute nun eher spärlich, riefen im letzten Moment an, um zu erklären, dass sie nicht kommen könnten, weil sie erkältet seien oder weil der Wagen nicht ansprang. Wer kam, war durchnässt und schlecht gelaunt. Manchmal, wenn ich zu diesen Veranstaltungen unterwegs war und die Sturmböen mein Auto hin und her warfen, vergaß ich für einen kurzen Moment, wo ich war, meine Gedanken ein gedämpftes Echo der Stille.

Marty fand, ich solle öfters mal freinehmen, mir ein Leben außerhalb des Jobs aufbauen. Seine Sorge war professioneller Natur. Ohne privaten Rückhalt, sagte er, verliere man den Blick für das Wesentliche und entwickle bald Burnout-Symptome. Er hatte nicht unrecht. Die Leute, mit denen ich in der Arbeit zu tun hatte, waren meist viel älter als ich, und ihre Interessen und Ansprüche waren für eine Freundschaft hinderlich. Wenn ich nicht arbeitete, verbrachte ich die Wochenenden meist allein in einem leeren Apartment und las.

Doch ich befolgte Martys Rat nicht, vielleicht auch deswegen, weil ich feststellte, dass die Beziehungen zu meinen Mitstreitern weit über bloße Freundschaft hinausgingen. Nach den Treffen ging ich gewöhnlich mit einem der Männer in eine Kneipe, wo wir Nachrichten sahen oder Oldies hörten, The Temptations, The O'Jays, die aus einer wummernden Jukebox dröhnten. Sonntags besuchte ich Gottesdienste verschiedener Gemeinden und wurde von den Frauen geneckt, weil ich mich mit Kommunion und den Gebeten nicht auskannte. Bei einer Weihnachtsparty tanzte ich mit Angela, Mona und Shirley unter einer Kugel, die glitzernde Lichtstrahlen durch den Raum warf. Ich fachsimpelte mit Ehemännern, die widerwillig mitgekommen waren, beriet Söhne und Töchter bei Collegebewerbungen und spielte mit den Enkelkindern, die auf meinem Schoß saßen.

In solchen Momenten, wenn Vertrautheit oder Müdigkeit die Distanz zwischen mir und den anderen aufhob, begriff ich, was Marty mit seinem Rat gemeint hatte, ich solle mich mehr auf die Leute einlassen. Ich weiß noch, wie ich eines Nachmittags in Mrs. Crenshaws Küche saß und die angebrannten Kekse futterte, die sie mir jedes Mal aufnötigte. Es war schon spät, ich konnte mich kaum noch erinnern, weshalb ich gekommen war, und schließlich fragte ich Mrs. Crenshaw spontan, warum sie sich noch immer als Elternvertreterin engagiere, wo ihre Kinder doch schon längst aus dem Haus seien. Daraufhin erzählte sie mir von ihrer Kindheit in Tennessee, davon, dass sie ihre Schulausbildung hatte abbrechen müssen, weil die Eltern nur ein Kind aufs College schicken konnten, einen Bruder, der dann im Zweiten Weltkrieg fiel. Sie und ihr Mann hatten viele Jahre in einer Fabrik gearbeitet, nur damit ihr Sohn nicht vorzeitig seine Schulausbildung würde abbrechen müssen – ein Sohn, der dann in Yale Jura studierte.

Eine einfache, einleuchtende Geschichte: Die Aufopferung der Eltern, die sich in ihrer Zuversicht bestätigt fanden. Erst als ich Mrs. Crenshaw fragte, was ihr Sohn zurzeit mache, sagte sie, dass bei ihm einige Jahre zuvor Schizophrenie diagnostiziert worden sei und er nun in seinem Zimmer sitze und Zeitung lese und Angst habe, aus dem Haus zu gehen. Ihre Stimme klang sehr gefasst, die Stimme eines Menschen, der in der Tragödie eine tiefere Bedeutung erkennt.

Oder Mrs. Stevens, mit der ich einmal in St. Catherine's auf den Beginn einer Versammlung wartete. Ich kannte sie nicht näher, wusste nur, dass sie sich für eine Renovierung des örtlichen Krankenhauses einsetzte. Beiläufig fragte ich sie, warum ihr das so wichtig sei, ihre Familie scheine doch ganz gesund zu sein. Da erzählte sie mir, dass sie als Zwanzigjährige wegen grauem Star fast erblindet wäre. Sie arbeitete seinerzeit als Sekretärin, und obwohl ihre Sehkraft schon so schlecht war, dass die Ärzte sie für blind erklärten, hatte sie ihrem Chef ihre Krankheit verheimlicht, weil sie befürchtete, entlassen zu werden. Tag für Tag zog sie sich auf die Toilette zurück, um die Diktate ihres Chefs mit einem Vergrößerungsglas zu lesen, bis sie alles auswendig gelernt hatte, Zeile für Zeile. Dann kehrte sie wieder an ihren Arbeitsplatz zurück, tippte die Briefe und blieb abends immer länger als die anderen, damit die Schriftstücke am nächsten Tag fertig waren. So hatte sie ihr Geheimnis etwa ein Jahr lang verborgen, bis sie schließlich das Geld für eine Operation zusammengespart hatte.

Oder Mr. Marshall, ein alleinstehender Mittdreißiger, Busfahrer bei der Chicagoer Verkehrsgesellschaft. Da er kein typischer Stadtteilaktivist war – er hatte keine Kinder und wohnte in einem Apartment –, fragte ich mich, warum ihm so viel daran gelegen war, etwas für jugendliche Drogensüchtige zu tun. Als ich ihn eines Tages zu der Werkstatt fuhr, in der sein Auto stand, stellte ich ihm diese Frage. Da erzählte er mir von seinem Vater und dessen Traum von Wohlstand in irgendeiner kleinen Stadt in Arkansas, von dessen Geschäften, die schiefgegangen waren, und wie er von anderen Männern betrogen worden war, sich dem Glücksspiel und dem Alkohol zugewandt, Haus und Familie verloren hatte und irgendwann aus einem Straßengraben gezogen wurde, wo er an seinem Erbrochenen erstickt war.

Genau das lernte ich von meinen Mitstreitern, Tag für Tag: dass die Themen, nach denen ich Ausschau halten sollte, weit über unmittelbare Alltagsprobleme hinausreichten, dass die Leute, versteckt unter Smalltalk, flüchtig angedeuteten Biographien und den üblichen Meinungen, etwas in sich trugen, das sie erklärte. Schreckliche, erstaunliche Geschichten, geprägt von Erlebnissen, die sie noch immer verfolgten oder inspirierten. Wichtige Geschichten.

Und es war diese Erkenntnis, die dazu führte, dass ich mich meinen Mitstreitern gegenüber öffnete, allmählich aus meiner Isolation herausfand. Anfangs war ich sehr vorsichtig gewesen, weil ich befürchtete, in der South Side mit meiner Biographie allzu fremd zu wirken. Ich wollte die Erwartungen der Leute nicht enttäuschen. Wenn ich ihnen aber von Toot oder Lolo oder Vater und Mutter erzählte, von meinen Freunden in Indonesien, mit denen ich Drachen steigen ließ, oder von den Partys in Punahou, nickten sie oder zuckten mit den Achseln und lachten und fragten sich, wie jemand mit meiner Geschichte so »amerikanisch« hatte werden können oder – und das verstanden die meisten überhaupt nicht – warum jemand den Winter freiwillig in Chicago verbrachte, wenn er in Waikiki am Strand liegen konnte. Dann erzählten sie mir eine Geschichte, die zu meiner passte oder sie widerlegte, jedenfalls eine Verbindung zwischen unseren unterschiedlichen Erfahrungen herstellte – ein verschollener Vater, eine kriminelle Jugend, ein unstetes Herz, ein Moment großer Würde. Mit der Zeit stellte ich fest, dass all diese Geschichten mir halfen, meine eigene Welt zu formen, dass sie mir jene Orientierung gaben, nach der ich suchte. Marty hatte recht: Es gab immer eine Community, die einem offenstand, wenn man nur tief genug grub. Aber seine Charakterisierung der Arbeit war unzureichend. Es gab auch Poesie – eine helle Welt, die unter der Oberfläche immer da war, eine Welt, die mir die Menschen bereitwillig schenkten. Ich musste sie nur darum bitten.

Aber nicht alles, was ich von meinen Mitarbeitern erfuhr, stimmte mich optimistisch. Wenn sie oft eine ungeahnte innere Stärke an den Tag legten, so zwangen sie mich auch, die unausgesprochenen Kräfte anzuerkennen, die unsere Arbeit hemmten, die Geheimnisse, die wir voreinander und vor uns selbst hatten.

So erging es mir beispielsweise mit Ruby. Nach dem misslungenen Treffen mit dem Polizeichef befürchtete ich, sie werde sich zurückziehen. Stattdessen stürzte sie sich in das Projekt, baute engagiert ein Netzwerk von Nachbarn auf, die regelmäßig zu unseren Veranstaltungen kamen, und regte an, wie man den Kontakt zu Elternvertretern verbessern, wie man die Wählerregistrierung organisieren könne. Sie war klug, talentiert, zuverlässig, politisch interessiert, aufgeschlossen – der Traum eines jeden politischen Aktivisten. Ihren Sohn, Kyle jr., konnte ich gut leiden. Er war gerade vierzehn geworden, und in seiner Unbeholfenheit – ausgelassen und übermütig, wenn wir Basketball spielten, dann wieder gelangweilt und störrisch – sah ich die Konturen meiner eigenen Jugend. Manchmal fragte Ruby mich über ihn aus, ratlos oder verzweifelt, wenn er eine schlechte Zensur bekommen oder sich geprügelt hatte.

»Letzte Woche wollte er Rapsänger werden. Heute erklärt er mir, er wolle zur Air Force und Kampfpilot werden. Wenn ich ihn nach dem Grund frage, sagt er nur: ›dann kann ich fliegen‹. Als ob ich nicht ganz dicht wär! Ich schwör dir, Barack, manchmal weiß ich nicht, ob ich ihn in den Arm nehmen oder ihm den Hintern versohlen soll.«

»Vielleicht beides«, riet ich ihr.

Eines Tages, kurz vor Weihnachten, bat ich Ruby, in meinem Büro vorbeizuschauen, damit ich ihr ein Geschenk für Kyle mitgeben könne. Ich telefonierte gerade, als sie eintrat, aber ich bildete mir ein, etwas sei anders an ihr, ohne es genau benennen zu können. Erst als ich aufgelegt hatte, sah ich, dass ihre Augen, normalerweise von einem warmen Dunkelbraun, das zu ihrem Teint passte, nun blau waren, als hätte ihr jemand runde Plastikknöpfe auf die Iris geklebt. Ruby fragte, ob etwas nicht in Ordnung sei.

»Was ist mit deinen Augen?«

»Ach so.« Sie lachte. »Das sind Kontaktlinsen, Barack. Die Firma, in der ich arbeite, stellt kosmetische Linsen her, ich kriege sie billiger. Gefallen sie dir?«

»Deine Augen sahen doch okay aus, wie sie waren.«

»Ist doch nur ein Spaß«, sagte sie und senkte den Blick. »Kleine Abwechslung, verstehst du.«

Ich wusste nicht recht, was ich sagen sollte. Schließlich erinnerte ich mich an das Geschenk und gab es ihr. »Für Kyle«, sagte ich. »Ein Buch über Flugzeuge…, ich dachte, vielleicht gefällt es ihm.«

Ruby nickte und steckte das Buch in ihre Tasche. »Das ist nett von dir, Barack, es gefällt ihm bestimmt.« Dann stand sie abrupt auf und strich sich den Rock glatt. »Also, ich muss los«, sagte sie und eilte hinaus.

Immer wieder musste ich an diesem und auch am nächsten Tag an Rubys Augen denken. Ich hatte ungeschickt reagiert, sagte ich mir, hatte erreicht, dass sie sich dieser kleinen Eitelkeit schämte, sie, die sich kaum eine Eitelkeit leisten konnte in ihrem Leben. Offensichtlich hatte ich erwartet, dass sie und die anderen Mitstreiter immun waren gegen die Bilder, die alle Amerikaner in ihrer Unsicherheit bestärken – die superschlanken Models in den Illustrierten, die Männer mit den kantigen Gesichtern am Steuer schneller Autos – Bilder, für die ich anfällig war und vor denen ich mich zu schützen suchte. Eine schwarze Bekannte, der ich von diesem Vorfall erzählte, brachte es auf den Punkt.

»Was überrascht dich denn so? Der Selbsthass, den es unter Schwarzen noch immer gibt?«

Nein, antwortete ich, eigentlich sei ich nicht überrascht gewesen. Seit diesen Fotos in *Life*, seit dieser ersten erschreckenden Begegnung mit Aufhellern waren mir die Stichworte des schwarzen Bewusstseins vertraut geworden – gutes Haar, schlechtes Haar, dicke Lippen, dünne Lippen, hellhäutig besser als schwarz. Auf dem College hatten wir oft über schwarze Mode diskutiert und das Bewusstsein, das sich darin ausdrückt, besonders die Studentinnen, die bitter lächelten, wenn sie sahen, dass die militanten Jungs stets mit hellhäutigen Frauen ausgingen, und jeden schwarzen Mann zurechtwiesen, der so töricht war, sich über die Frisur einer schwarzen Frau auszulassen.

Ich selbst hatte bei solchen Diskussionen meist geschwiegen, hatte versucht, mir über den Grad meiner eigenen Anfälligkeit selbst klar zu werden. Aber mir war aufgefallen, dass solche Gespräche selten in größeren Gruppen und nie in Gegenwart von Weißen stattfanden. Später erkannte ich, dass die Situation der meisten schwarzen Studenten an ganz überwiegend weißen Colleges zu prekär war, wir in unserer Identität viel zu unsicher waren, um uns eingestehen zu können, dass unser schwarzer Stolz brüchig war. Und gegenüber Weißen von unseren Zweifeln und unserer Verunsicherung zu sprechen, unsere innere Verfassung gerade jenen zu offenbaren, die einen Großteil dieser Probleme überhaupt erst verursacht hatten, schien absurd, wäre ja ein Ausdruck von Selbsthass gewesen – denn es bestand kein Grund zu der Annahme, dass Weiße unsere privaten Schwierigkeiten als Reflex ihrer eigenen Verfassung sehen würden und nicht als weiteren Beweis für die Pathologie der Schwarzen.

Angesichts der Kluft zwischen unseren privaten Gesprächen und unseren öffentlich Debatten hatte ich gelernt, mich nicht zu sehr auf diejenigen zu verlassen, die schwarzes Selbstbewusstsein als Heilmittel in allen Lebenslagen predigten, ob es um Drogenmissbrauch oder minderjährige Mütter oder Kriminalität unter Schwarzen ging. Als ich in Chicago eintraf, war das Wort »Selbstbewusstsein« in aller Munde, bei Aktivisten, Talkshowmoderatoren, Soziologen. Es war eine praktische Formel zur Beschreibung unserer Kränkungen, eine sterile Art, über die Dinge zu reden, die wir bis dahin für uns behalten hatten. Sobald ich aber die propagierten Eigenschaften und den Weg zu einem positiven Selbstgefühl konkret benannt haben wollte, bewegten wir uns im Kreis. Hasste man sich wegen seiner Hautfarbe oder weil man nicht lesen konnte und keine Arbeit bekam? Oder weil man als Kind nicht geliebt worden war – und war man nicht geliebt worden, weil man zu dunkelhäutig war? Oder zu hellhäutig? Oder weil sich die Mutter Heroin spritzte? Und warum machte sie das überhaupt? War diese innere Leere auf gekräuseltes Haar zurückzuführen oder auf eine ungeheizte und unzulänglich möblierte Bude? Oder hatte es damit zu tun, dass man sich in seinem tiefsten Innern als Teil einer gottlosen Welt sah?

Auf dem Weg zu persönlicher Befreiung waren solche Fragen vielleicht unvermeidlich. Ich bezweifelte aber, dass dieses ganze Gerede von Selbstbewusstsein das zentrale Element sinnvoller schwarzer Politik war. Es verlangte zu viel ehrliche Selbstbefragung, ohne die es schnell zu vagen Appellen verkam. Mit mehr Selbstbewusstsein wären vielleicht nicht so viele Schwarze arm. Aber mir war klar, dass Armut unser Selbstbewusstsein nicht stärkte. Besser, wir konzentrierten uns auf die Themen, in denen wir uns einig waren. Gib dem schwarzen Mann eine vernünftige Ausbildung und einen Job. Das schwarze Kind soll in einer sicheren, gut ausgestatteten Schule lesen und rechnen lernen. Wenn die Grundbedingungen stimmten, konnte jeder von uns sein Selbstwertgefühl entwickeln.

Ruby hatte meine Einstellung erschüttert, diese Barriere, die ich zwischen Psychologie und Politik errichtet hatte, zwischen unserem Geldbeutel und unserer inneren Verfassung. Tatsächlich war diese Episode nur das dramatischste Beispiel dessen, was ich täglich sah und hörte. Es zeigte sich, wenn ein schwarzer Aktivist mir beiläufig erklärte, dass er nie mit schwarzen Subunternehmern zusammenarbeite (»Ein Schwarzer sorgt nur für Chaos, und am Ende muss ich Weiße dafür bezahlen, dass sie das Ganze wieder in Ordnung bringen«). Oder wenn eine Frau mir erklärte, warum sie andere Leute in ihrer Kirche nicht mobilisieren könne (»Schwarze sind einfach faul, Barack, sie wollen nicht mit anpacken«). Oft fiel in solchen Zusammenhängen das Wort »Nigger«, von dem ich früher geglaubt hatte, es werde bewusst ironisch verwendet, als witzige Chiffre unserer Widerstandskraft. Bis ich zum ersten Mal eine junge Mutter hörte, die ihrem Kind mit diesem Ausdruck klarmachte, dass es nichts tauge, und streitende Teenager, die sich dieses Wort an den Kopf warfen. Seine ursprüngliche Bedeutung hatte sich nicht völlig verwandelt; wie bei den anderen Schutzmechanismen, die wir gegen mögliche Kränkungen aufbauten, war es auch bei diesem Instrument so, dass wir es zuerst gegen uns selbst richteten.

Wenn die Sprache, der Humor, die Geschichten einfacher Leute der Stoff waren, aus dem Familien, Gemeinschaften, Staaten gebildet werden, dann konnte ich diese Stärke nicht von den Verletzungen und Verzerrungen trennen, die wir in uns trugen. Und es waren die Konsequenzen dieser Tatsache, die mich am meisten irritiert hatten, als ich Rubys Augen sah. Die Geschichten, die ich von meinen Mitstreitern gehört hatte, all die Geschichten von Mut und Opfern und Überwindung großer Schwierigkeiten, waren nicht in Kämpfen gegen Pest oder Dürre oder auch nur Armut entstanden. Sie waren das Ergebnis einer besonderen Erfahrung von Hass. Dieser Hass war nicht verschwunden; er war in jedem von uns verborgen als eine Gegengeschichte, in deren Zentrum Weiße standen – manche brutal, manche unwissend, mal ein einzelnes Gesicht, mal das gesichtslose Bild eines Systems, das Macht über uns beanspruchte. Ich musste mich fragen, ob wir unsere Gemeinschaft erneuern konnten, wenn wir nicht den Geist, der in den Träumen der Schwarzen herumspukte, kollektiv bannten. Konnte Ruby sich selbst lieben ohne Hass auf blaue Augen?

All diese Fragen hatte Rafiq al-Shabbaz zu seiner Zufriedenheit gelöst. Ich sah ihn nun öfter, denn nach dem Treffen mit der MET-Chefin hatte er mich gleich am nächsten Morgen angerufen und mir einen Vortrag über die Jobbörse gehalten, deren Einrichtung wir von der Stadt forderten.

»Hör zu, Barack«, sagte er. »Dieses Jobprojekt, das ihr auf die Beine stellen wollt, sollte in den Entwicklungsplan integriert werden, an dem ich arbeite. Isolierte Aktionen sind doch völlig sinnlos, man muss immer das große Ganze im Blick haben. Du weißt gar nicht, mit welchen Kräften du es hier zu tun hast, Mann. Einflussreichen Kräften. Allen möglichen Leuten, die dir jeden Moment in den Rücken fallen.«

»Wer spricht da?«

»Rafiq. Was ist los, bin ich zu früh?«

Genauso war es. Ich legte den Hörer beiseite, machte mir einen Kaffee und ließ mir dann alles noch einmal erzählen, diesmal aber langsamer. Offensichtlich war Rafiq daran interessiert, dass die von uns vorgeschlagene Jobbörse in der Michigan Avenue eingerichtet wurde, in einem bestimmten Gebäude unweit von seinem Möbelkeller. Ich versuchte gar nicht erst, sein Motiv herauszubekommen, denn ich ahnte, dass er mir keine klare Antwort geben würde, und ohnehin glaubte ich, dass wir bei den vermutlich schwierigen Verhandlungen mit Mrs. Alvarez einen Verbündeten gebrauchen konnten. Wenn der von ihm vorgeschlagene Laden den Anforderungen entspreche, sagte ich, dann sei ich bereit, diese Option ins Gespräch zu bringen.

Rafiq und ich gingen also ein prekäres Bündnis ein, was bei den Vertretern der Kirchen nicht sehr gut ankam. Ich verstand ihre Besorgnis. Wenn wir mit Rafiq über eine gemeinsame Strategie diskutierten, hielt er jedes Mal langatmige Vorträge über irgendwelche verborgenen Machenschaften, mit denen wir zu rechnen hätten, und darüber, dass alle Schwarzen ihre Leute verrieten. Er hatte eine wirkungsvolle Verhandlungsmethode, seine Stimme wurde immer lauter und die Halsadern schwollen an, so dass Angela und Will und die anderen verstummten und ihn beobachteten, als erwarteten sie bei ihm jeden Moment einen epileptischen Anfall. Mehr als einmal musste ich mich einschalten und ihn meinerseits anbrüllen, da er sonst nicht aufgehört hätte, und dann verzog er den Mund zu einem kleinen Lächeln, so dass wir weitermachen konnten.

Wenn wir beide allein waren, konnten wir aber normal miteinander reden. Im Laufe der Zeit entwickelte ich eine gewisse Bewunderung für seine Hartnäckigkeit und Unerschrockenheit und auch für seine spezielle Aufrichtigkeit. Rafiq gab zu, dass er früher ein Bandenchef gewesen war. Über einen lokalen Muslimführer, der nichts mit Louis Farrakhans »Nation of Islam« zu tun hatte, sei er religiös geworden. »Ohne den Islam wär ich wahrscheinlich schon längst tot«, sagte er eines Tages. »War einfach total schlecht drauf. Bin in Altgeld groß geworden und hab das ganze Gift gefressen, das uns die Weißen vorsetzen. Die Leute, mit denen du zusammenarbeitest, haben genau das gleiche Problem, sie wissen es nur noch nicht. Die ganze Zeit fragen sie sich, was die Weißen von ihnen halten. Machen sich selbst verantwortlich für die ganze Scheiße, mit der sie jeden Tag konfrontiert sind, und trauen sich erst was zu, wenn der weiße Mann beschließt, dass sie okay sind. Doch im Grunde wissen sie, dass das nicht stimmt. Sie wissen, was dieses Land ihrer Mom, ihrem Dad, ihren Schwestern angetan hat. In Wahrheit hassen sie die Weißen, aber sie können es sich nicht eingestehen. Sie behalten es für sich, kämpfen gegen sich selbst. Was für eine Energieverschwendung!

Ich sag dir, was ich an den Weißen bewundere. Sie wissen, wer sie sind. Schau dir die Italiener an. Als sie hier ankamen, haben sie sich doch nicht für die amerikanische Flagge und all diese Dinge interessiert, sondern erst mal die Mafia aufgebaut, um ihre Interessen durchzusetzen. Die Iren – haben das Rathaus übernommen und ihren Jungs Jobs verschafft. Das gleiche mit den Juden... Erzähl mir bloß nicht, dass sie sich mehr für einen jungen Schwarzen in der South Side interessieren als für ihre Leute in Israel. Quatsch. Es geht immer nur um das eigene Blut, um die eigenen Leute. Punkt. Die Schwarzen sind die Einzigen, die so blöd sind und an ihre Feinde denken.«

Das war Rafiqs Wahrheit, und er verschwendete keine Energie darauf, sich kritisch damit auseinanderzusetzen. Er lebte in einer Hobbes'schen Welt, in der Misstrauen ganz normal war und alle Schwarzen zusammengehörten, von der Familie über die Moschee bis zur gesamten Community, und Begriffe wie Loyalität überflüssig waren. Diese eingeengte Perspektive hatte ihm eine gewisse Klarheit verschafft, die es ihm ermöglichte, seine Interessen zu fokussieren. Schwarze Selbstachtung, erklärte er, habe die Bürgermeisterwahl entschieden, und Junkies hätten durch schwarze Selbstachtung, unter Führung der Muslime, zu einem neuen Leben gefunden. Solange wir uns nicht verrieten, sei Fortschritt in Reichweite.

Aber was war Verrat? Seit meiner Lektüre der Autobiographie von Malcolm X hatte ich versucht, die beiden Stränge des schwarzen Nationalismus zu entflechten. Die positive Botschaft des Nationalismus – Solidarität und Selbstvertrauen, Disziplin und gemeinsame Verantwortung – durfte sich weder vom Hass auf Weiße noch von deren Großzügigkeit abhängig machen. Wir können dem Land zeigen, wo es Fehler macht, sagte ich mir und all den Freunden, die mir zuhörten, und trotzdem an seine Reformfähigkeit glauben.

Wenn ich aber mit selbsternannten Nationalisten wie Rafiq redete, begriff ich, welche Funktion die pauschale Ablehnung alles Weißen in ihrem Weltbild hatte, dass, psychologisch gesehen, das eine das andere bedingte. Wenn der Nationalist nämlich von einer moralischen Neuorientierung als dem einzigen Ausweg aus der schwarzen Misere sprach, kritisierte er implizit seine schwarzen Zuhörer: dass wir nicht so zu leben brauchten, wie wir lebten. Gewiss gab es Leute, die eine so schlichte Botschaft akzeptierten und bereit waren, ihr Leben neu auszurichten – mit der Unerschütterlichkeit, die Booker T. Washington von seinen Anhängern verlangt hatte –, aber viele erinnerten derlei Appelle an die Argumente, mit denen Weiße das Elend der Schwarzen erklärt hatten: dass wir wenn nicht genetische Defekte, so doch kulturelle Unzulänglichkeiten aufwiesen. Es war eine Botschaft, die Kausalität oder Fehler leugnete, eine ahistorische Botschaft, in der kein Platz war für Fortschritt. Für ein Volk, dem man seine Geschichte ohnehin schon geraubt hatte, das vielfach nicht über die Mittel verfügte, sich diese Geschichte anders anzueignen als in der Form, die über die Fernsehschirme flimmerte, schien das täglich Gesehene nur unsere schlimmsten Selbstbilder zu bestätigen.

Der Nationalismus lieferte jene Geschichte, ein klares Lehrstück, leicht zu vermitteln und leicht zu begreifen. Der ständige Angriff auf die Weißen, die unablässige Schilderung der brutalen Erfahrungen von Schwarzen in Amerika war der Ballast, der verhindern konnte, dass der Gedanke persönlicher und kollektiver Verantwortung in ein Meer von Verzweiflung mündete. Jawohl, die Weißen sind schuld an deiner Misere, ruft der Nationalist, nicht irgendwelche persönlichen Unzulänglichkeiten. Tatsächlich sind Weiße so herzlos und so verschlagen, dass von ihnen nichts mehr zu erwarten ist. Sie pflanzen dir den Selbsthass ein, der dich zum Trinker oder Dieb macht. Befreie dein Denken von ihnen, und du wirst wahre Freiheit finden. *Erhebe dich, du mächtige Rasse!*[*]

Diese Affektverlagerung, diese Methode, Kritik an anderen, aber nicht an uns selbst zu üben, erklärt, warum die »Nation of Islam« so erfolgreich darin war, Drogenabhängige und Kriminelle zu einer Umkehr zu bewegen. Obschon die »Nation of Islam« besonders für diejenigen attraktiv war, die am Rand der Gesellschaft lebten, so sprach sie auch den Rechtsanwalt an, der sich enorm angestrengt hatte, um gesellschaftlich aufzusteigen, und trotzdem jenes peinliche Schweigen erlebte, wenn er den Club betrat. Ebenso die jungen Studenten, die aufmerksam die Entfernung zwischen sich und dem Leben in den ärmeren Vierteln Chicagos beobachteten, mit all den Gefahren, die in dieser Distanz lagen; all die Schwarzen, denen, genau wie mir, eine innere Stimme zuflüsterte: »Du gehörst hier nicht hin.«

---

[*] Aus einem Aufruf von Marcus Garvey (1887–1940), einem der führenden Vertreter der schwarzen Befreiungsbewegung. (Anm. d. Ü.)

In gewisser Weise hatte Rafiq also recht, wenn er darauf bestand, dass alle Schwarzen im Grunde ihres Herzens potentielle Nationalisten seien. Die Wut war da, eingeschlossen und meist nach innen gerichtet. Und wenn ich an Ruby und ihre blauen Augen dachte, an die Teenager, die einander als »Nigger« bezeichneten oder noch Schlimmeres, fragte ich mich, ob Rafiq (zumindest einstweilen) nicht auch recht hatte mit seiner Ansicht, dass diese Wut sich nach außen richten sollte. Ich fragte mich, ob eine Strategie richtig war, die die Wut auf die Weißen verdrängte, die nicht schwarze Loyalität über alles stellte.

Das waren schmerzhafte Überlegungen, ebenso schmerzhaft, wie sie Jahre zuvor gewesen waren. Sie widersprachen der Moral, die mir meine Mutter mitgegeben hatte, eine Moral, die zu differenzieren wusste – zwischen einzelnen Menschen guten Willens und jenen, die mir Böses wollten, zwischen gezielter Bösartigkeit und Ignoranz und bloßer Gleichgültigkeit. Ich lebte in dieser Moral, hatte festgestellt, dass ich ihr nicht entkam, sosehr ich es auch versuchte. Aber vielleicht war es ein Wertesystem, das sich schwarze Amerikaner nicht mehr leisten konnten, vielleicht schwächte es ihre Entschlossenheit, sorgte für Verwirrung in den eigenen Reihen. Hoffnungslose Zeiten verlangten ungewöhnliche Maßnahmen, und aus Sicht vieler Schwarzer waren es chronisch hoffnungslose Zeiten. Wenn der Nationalismus eine potente, wirksame Kraft war, wenn er zur versprochenen Selbstachtung führen konnte, dann wäre die mögliche Kränkung wohlmeinender Weißer oder das innere Chaos, in das er meinesgleichen stürzte, bedeutungslos.

Wie sich zeigte, waren es meist Fragen praktischer und nicht ideologischer Natur, die meine Differenzen mit Rafiq auslösten. Einmal, nach einer besonders schwierigen Auseinandersetzung mit dem MET fragte ich ihn, ob er seine Anhänger mobilisieren könne, falls eine Demonstration gegen die Stadtverwaltung notwendig würde.

»Ich hab keine Zeit, rumzulaufen und Flugblätter zu verteilen, auf denen ich der Öffentlichkeit meinen Standpunkt erkläre«, sagte er. »Den meisten Leuten ist das doch egal. Diejenigen, die sich dafür interessieren, sind falsche Fuffziger, die sich immer irgendwo einmischen wollen. Entscheidend ist, dass wir einen Plan haben und die Stadt davon überzeugen. So macht man das – nicht mit Menschenmengen und viel Krach und so. Wenn wir einen Deal ausgehandelt haben, kannst du es bekanntgeben, mir egal, wie.«

Ich widersprach Rafiqs Ansatz. Obwohl ein erklärter Freund der Schwarzen, schien er ihnen doch großes Misstrauen entgegenzubringen. Ich wusste aber auch, dass seine Haltung auf seinen geringen Einfluss zurückzuführen war. Weder seine Organisation noch seine Moschee hatten mehr als fünfzig Mitglieder. Sein Einfluss beruhte auf keinem starken organisatorischen Rückhalt, sondern auf seiner Bereitschaft, bei jeder Versammlung aufzutauchen, die auch nur im Entferntesten mit Roseland zu tun hatte, und seine Kontrahenten verbal einzuschüchtern.

Was für Rafiq galt, galt für die ganze Stadt. Ohne die einigende Kraft von Harold Washingtons Kampagne war der Nationalismus eine Pose, kein konkretes Programm, eine Aneinanderreihung von Unzufriedenheiten und keine organisierte Kraft, Worthülsen, die im Radio und in Gesprächen immer wieder auftauchten, aber keine reale Bedeutung hatten. Unter den wenigen Gruppen, die das nationalistische Banner hochhielten, hatte nur die »Nation of Islam« eine nennenswerte Anhängerschaft. Der eloquente Louis Farrakhan konnte stets mit vollbesetzten Sälen rechnen, und noch mehr Leute hörten seine Radiosendungen. Aber die aktive Mitgliederzahl von »Nation of Islam« in Chicago war deutlich geringer – vielleicht ein paar tausend, ungefähr so viel wie in einer der größten schwarzen Gemeinden von Chicago – eine Basis, die selten, wenn überhaupt, bei Wahlkämpfen oder zur Unterstützung eines politischen Programms mobilisiert wurde. Die physische Präsenz der »Nation« in den Stadtvierteln beschränkte sich auf sauber gekleidete Männer in Anzug und Fliege, die an den Straßenecken *The Final Call* verkauften.

Gelegentlich kaufte ich diesen stets höflichen Männern ein Exemplar ihrer Zeitung ab – teils aus Mitleid wegen der dicken Anzüge, die sie im Sommer trugen, wegen der dünnen Mäntel, die sie im Winter trugen, manchmal auch, weil eine auffällige Schlagzeile mein Interesse geweckt hatte (KAUKASIERIN ERKLÄRT: WEISSE SIND TEUFEL). Auf den nächsten Seiten fanden sich

Reden von Farrakhan oder Meldungen, die direkt von AP hätten stammen können, wären sie nicht redaktionell ergänzt worden (»Der *jüdische* Senator Metzenbaum gab heute bekannt...«). Das Blatt hatte auch eine Seite Gesundes Leben, mit Rezepten aus Farrakhans schweinefleischloser Küche; Werbeanzeigen für Videokassetten mit Farrakhans Reden (Wir akzeptieren VISA/Master-Card) und für Toilettenartikel, Zahnpasta und dergleichen, die die »Nation« unter dem Produktnamen POWER auf den Markt gebracht hatte, um auf diese Weise zu erreichen, dass das Geld der Schwarzen in ihrer Community blieb.

Mit der Zeit wurden die Anzeigen für POWER-Produkte in *The Final Call* immer seltener. Farrakhans Leser und Hörer verwendeten offenbar weiterhin Crest. Dass die POWER-Kampagne ins Stocken geriet, sagte etwas über die Schwierigkeiten, mit denen jeder schwarze Unternehmer zu kämpfen hatte – den erschwerten Marktzugang, die geringe Kapitaldecke, den Vorteil, den die weiße Konkurrenz besaß, nachdem sie einen drei Jahrhunderte lang vom Markt ferngehalten hatte.

Aber vermutlich spiegelte sich darin auch der unvermeidliche Konflikt, wenn Farrakhans Botschaft auf die simple Botschaft eines »Kauft Zahnpasta!« reduziert wurde. Ich stellte mir den Sales Manager von POWER beim Studium der jüngsten Umsatzzahlen vor. Vielleicht überlegte er, ob es sinnvoll wäre, seine Produkte in Supermarktketten anzubieten, in denen vor allem Schwarze einkauften. Vielleicht überlegte er, ob ein schwarzer Supermarkt, der mit den großen landesweit operierenden Firmen konkurrierte, es sich leisten konnte, ein Produkt ins Regal zu stellen, das die weiße Kundschaft irritieren würde. Würden schwarze Kunden Zahnpasta per Versand kaufen? Und was, wenn sich zeigte, dass der billigste Lieferant von Zahnpastasubstanzen ein Weißer war?

Fragen von Konkurrenz, Markt und Nachfrage – Machtfragen. Diese Realität – dass Weiße keine Phantome waren, die man aus seinen Träumen einfach verbannen konnte, die vielmehr ganz selbstverständlich zu unserem Alltag gehörten – diese Realität erklärte letztlich, warum der Nationalismus die Gefühle ansprach und als Programm scheiterte. Solange er ein kathartischer Fluch auf die weiße Rasse war, konnte er den jungen radiohörenden Arbeitslosen beeindrucken oder den Geschäftsmann, der spätabends fernsah. Doch die Kluft zwischen dieser einheitstiftenden Leidenschaft und den praktischen Entscheidungen, die Schwarze tagtäglich treffen mussten, war groß. Überall hatte man Kompromisse zu machen. Der schwarze Buchhalter fragte: Warum soll ich in einer schwarzen Bank ein Konto eröffnen, wenn sie mir zusätzliche Scheckgebühren aufbrummt und mir nicht einmal einen Geschäftskredit gibt, weil sie das Risiko angeblich nicht eingehen kann? Die schwarze Krankenschwester sagte: Meine weißen Kollegen sind gar nicht so schlecht, und selbst wenn, könnte ich nicht einfach kündigen – wer würde morgen meine Miete bezahlen, meine Kinder ernähren?

Rafiq hatte keine Antworten auf solche Fragen. Ihm kam es weniger auf eine Veränderung der Machtstrukturen an als auf die Hautfarbe derjenigen, die die Macht hatten und von ihr profitierten. Ganz oben war aber nicht viel Platz; wenn man den Kampf aus dieser Perspektive sah, würde die Lösung der Rassenfrage lange auf sich warten lassen. Bis dahin passierten komische Dinge. Der Kampfappell von Malcolm X, sein Aufruf, dass wir das Unerträgliche nicht länger tolerieren würden, verwandelte sich in genau das, was er hatte beseitigen wollen: in einen neuerlichen Traum, in neuerliche Heuchelei, einen neuerlichen Vorwand, untätig zu bleiben. Schwarze Politiker, unfähiger als Harold Washington, erkannten, was weiße Politiker schon lange wussten: dass Rassenhass über eine ganze Reihe von Benachteiligungen hinwegtröstete. Jüngere Führer, die bekannt werden wollten, warfen mit Verschwörungstheorien um sich – Koreaner würden den Ku-Klux-Klan finanzieren, jüdische Ärzte schwarze Kleinkinder mit dem Aids-Virus infizieren. Mit dieser Methode erlangte man rasch Aufsehen, kam aber nicht unbedingt weiter. Genau wie Sex and Crime im Fernsehen, fand schwarze Wut immer einen begierigen Markt.

Die Leute, mit denen ich sprach, nahmen dieses Gerede nicht sehr ernst. Tatsächlich hatten viele bereits die Hoffnung aufgegeben, dass die Politik ihnen zu einem besseren Leben verhelfen werde, und etwas dafür zu tun, waren sie schon gar nicht bereit. Der Stimmzettel, sofern er überhaupt abgegeben wurde, war ein Ticket für eine gute Show. Schwarze, hörte ich oft, hätten nicht die Macht, sich gegen antisemitische oder asiatenfeindliche Ausfälle zu wenden. Und ohnehin brauchten Schwarze hin und wieder die Chance, Dampf abzulassen – Mann, was glaubst du denn, wie diese Leute über uns reden, wenn sie unter sich sind!

Leeres Gerede. Sehr viel mehr als der Schaden, den solches Gerede bei eventuellen Bündnispartnern anrichtete, oder die emotionalen Verletzungen, die anderen zugefügt wurden, beschäftigte mich die Kluft zwischen unseren Worten und unserem Tun und wie sich das auf uns als Einzelne und als Volk auswirkte. Diese Kluft verdarb Sprache und Denken. Sie machte uns oberflächlich und begünstigte Wunschdenken. Sie schwächte unsere Fähigkeit, uns selbst und andere für verantwortlich zu halten. Natürlich war das keine Spezialität schwarzer Politiker oder Nationalisten – Ronald Reagan hatte mit seinen rhetorischen Taschenspielertricks ziemlichen Erfolg, und das weiße Amerika war bereit, viel Geld in seine Vorstadtsiedlungen mitsamt privaten Wachdiensten zu stecken, um die unauflösliche Beziehung zwischen Schwarz und Weiß zu leugnen – Schwarze konnten sich solche Verstellung am wenigsten leisten. Ihr Überleben beruhte schon immer auf einem möglichst geringen Maß an Selbsttäuschung; im Alltag der meisten Schwarzen, denen ich begegnete, war von solchen Illusionen nichts mehr zu spüren. Statt unsere politischen Auseinandersetzungen mit dieser Aufrichtigkeit zu führen, schienen wir immer weiter davon abzukommen; wir ließen unserer kollektiven Psyche freie Bahn, auch wenn wir immer tiefer in Verzweiflung versanken.

Aber beruhte unsere Selbstachtung denn nicht auf dem ständigen Bemühen, Wort und Tat in Übereinstimmung zu bringen, einen praktikablen Weg zur Verwirklichung unserer Bedürfnisse zu finden? Es war diese Überzeugung, die mich zur Stadtteilarbeit gebracht hatte, und es war diese Überzeugung, die mich vielleicht endgültig zu der Schlussfolgerung führte, dass Reinheit – der Rasse oder der Kultur – als Grundlage für das Selbstwertgefühl des durchschnittlichen schwarzen Amerikaners ebenso wenig taugte wie für das meine. Unser Selbstbewusstsein musste auf etwas Besserem gründen als auf Abstammung. Seine Wurzeln würden in Mrs. Crenshaws Geschichte und in Mr. Marshalls Geschichte liegen müssen, in Rubys und in Rafiqs Geschichte, in all den widersprüchlichen Aspekten unserer Erfahrungen.

Ich verreiste für zwei Wochen zu meiner Familie. Nach meiner Rückkehr, an einem Samstag, rief ich Ruby an, um ihr zu sagen, dass ich mich unbedingt mit ihr treffen wolle.

»Worum geht's denn?« fragte sie nach einer langen Pause.

»Wirst schon sehen. Ich hol dich um sechs ab..., wir gehen vorher noch etwas essen.«

Unser Ziel war eine Stunde von Rubys Apartment entfernt, in einer Gegend der North Side, wo sich Jazz und Blues ein zahlungskräftiges Publikum gesucht hatten. Bei einem Vietnamesen aßen wir Nudeln mit Shrimps, wir redeten über Rubys Boss, ihre Rückenprobleme. Das Gespräch war ein wenig forciert, ohne Pause oder Nachdenken, und wir vermieden es, einander anzusehen.

Bald bezahlten wir und gingen in das benachbarte Theater, das inzwischen schon voll besetzt war. Hinter uns saß eine Gruppe schwarzer Schülerinnen. Einige studierten eifrig das Programmheft, aber die meisten flüsterten aufgeregt, kicherten und stellten ihrer Begleitperson, einer Lehrerin vermutlich, Fragen, die sie bewundernswert geduldig beantwortete.

Plötzlich wurde es dunkel, die Mädchen verstummten, ein Licht ging an, ein ganz helles Blau, und auf der Bühne erschienen sieben schwarze Frauen in wallenden Gewändern und Halstüchern, in seltsam verzerrter Haltung erstarrt. Eine braun gekleidete Frau begann mit klagender Stimme zu singen:

half-notes scattered
without rhythm / no tune
distraught laughter fallin'
over a black girl's shoulder
it's funny / it's hysterical
the melody-less-ness of her dance
don't tell a soul
she's dancing on beer cans and shingles...

In die anderen Frauen war unterdessen wieder Leben gekommen, ein Chor in den unterschiedlichsten Farben und Formen – dunkel und hell, rund und schlank, jung und nicht so jung –, der sich über die Bühne bewegte.

somebody / anybody
sing a black girl's song
bring her out
to know herself
to know you
but sing her rhythms
carin' / struggle / hard times
sing her song of life...

Die Frauen erzählten ihre Geschichten, sangen ihre Lieder. Sie sangen von verlorener Zeit und enttäuschten Träumen und davon, wie es hätte sein können. Sie sangen von den Männern, die sie geliebt, verraten, vergewaltigt, umarmt hatten. Sie sangen von den seelischen Verletzungen dieser Männer, die sie verstanden und manchmal vergaben. Sie zeigten einander ihre Striemen und die Schwielen an den Füßen; sie zeigten ihre Schönheit in der Farbe ihrer Stimme, in einer Handbewegung, eine vergehende, sich entwickelnde, nur zu erahnende Schönheit. Sie weinten um ihre abgetriebenen Kinder, um die ermordeten Kinder, die Kinder, die sie selbst einmal gewesen waren. Und während sie ihre wütenden, heftigen, liebevollen, unerschrockenen Lieder sangen, tanzten sie, jede für sich, Rumba, Bump, Walzer, schweißtreibende, herzzerreißende Tänze, bis sie schließlich zusammenfanden, schwesterlich verbunden. Und mit den Worten:

I found god in myself
and I loved her / I loved her fiercely

ging das Stück schließlich zu Ende. Die Lichter flammten wieder auf, die Frauen verbeugten sich, die Mädchen hinter uns klatschten begeistert. Ich half Ruby in den Mantel, dann gingen wir hinaus. Es war kalt geworden, die Sterne standen wie funkelnde Eiskristalle am

Nachthimmel. Allmählich wurde es warm im Auto, Ruby beugte sich herüber und gab mir einen Kuss auf die Wange.

»Danke!«

Ihre braunen Augen schimmerten. Ich nahm ihre Hand, drückte sie rasch und fuhr dann los. Während der Fahrt zurück in die South Side fiel kein einziges Wort. Es war ein kostbares Schweigen.

11

Um Viertel nach drei erreichte ich den Parkplatz. Ich rannte zum Terminal, sah die vielen Inder, Deutschen, Polen, Thailänder und Tschechen, die mit ihrem Gepäck vorbeikamen.

Mist! Ich hätte natürlich früher losfahren sollen. Vielleicht hatte sie schon versucht, mich anzurufen. Hatte ich ihr meine Büronummer gegeben? Was, wenn sie ihren Flug verpasst hatte? Was, wenn sie an mir vorbeigegangen war und wir uns nicht erkannt hatten?

Ich warf noch einen raschen Blick auf das Foto, das sie mir zwei Monate zuvor geschickt hatte und das inzwischen schon etwas abgegriffen und zerknickt war. Dann sah ich auf, und das Bild wurde lebendig: Eine Afrikanerin kam aus der Zollhalle, mit anmutig leichten Bewegungen, die Augen suchend auf mich gerichtet, ihr fein geschnittenes Gesicht erblühte wie eine Holzrose, als sie lächelte.

»Barack?«

»Auma?«

Wir umarmten uns, ich hob meine Schwester hoch, wir sahen uns an, lachten. Ich nahm ihr das Gepäck ab, und auf dem Weg zum Parkplatz hakte sie sich bei mir ein. Da wusste ich, dass ich sie liebte, so selbstverständlich, so unkompliziert und intensiv, dass ich später, als sie schon wieder abgereist war, diesem Gefühl misstraute, es mir erklären musste. Noch immer kann ich mir diese Liebe nicht erklären. Ich weiß nur, dass es aufrichtige Liebe war, noch immer ist. Dafür bin ich dankbar.

»Also«, sagte Auma während der Fahrt in die Stadt, »du musst mir alles erzählen.«

»Was denn?«

»Dein Leben natürlich.«

»Wo soll ich anfangen?«

»Wo du willst.«

Ich erzählte von Chicago und New York, von meiner Arbeit, von meiner Mutter und den Großeltern und Maya – unser Vater habe so viel von ihnen erzählt, sagte Auma, ihr komme es vor, als kenne sie alle schon. Sie erzählte von Heidelberg, wo sie Linguistik studierte, von den Schwierigkeiten, die sie in Deutschland hatte:

»Ich habe kein Recht, mich zu beklagen«, sagte sie. »Ich habe ein Stipendium, eine Wohnung. Ich weiß nicht, was ich machen würde, wenn ich noch in Kenia wäre. Aber ich fühle ich mich nicht besonders wohl in Deutschland. Die Deutschen halten sich für sehr liberal, was Afrikaner angeht, aber man muss nur ein bisschen an der Oberfläche kratzen, dann stößt man auf die alten Einstellungen, die sie von ihren Eltern mitbekommen haben. In deutschen Märchen sind Schwarze immer die Bösen. So was vergisst man nicht so schnell. Manchmal versuche ich mir vorzustellen, wie es für unseren alten Herrn gewesen sein muss, als er das erste Mal von zu Hause wegging. Ob er wohl die gleiche Einsamkeit gespürt hat…?«

Der alte Herr. So nannte Auma unseren Vater. Es klang richtig, fand ich, vertraut und zugleich distanziert, eine elementare Kraft, die man nicht ganz versteht. In meiner Wohnung nahm Auma das Foto von ihm, das auf dem Bücherregal stand, ein Porträt, das meine Mutter aufbewahrt hatte.

»Er sieht so unschuldig aus, findest du nicht auch? So jung.« Sie hielt das Foto neben mein Gesicht. »Du hast den gleichen Mund.«

Ich riet ihr, sich ein wenig hinzulegen und auszuruhen, während ich für ein paar Stunden ins Büro fahren würde.

Sie schüttelte den Kopf. »Ich bin nicht müde. Ich komme mit.«

»Du wirst dich besser fühlen, wenn du dich ein bisschen ausgeruht hast.«

»Hey, Barack! Du bist ja genau wie dein Vater. Und ihr habt euch nur einmal gesehen? Es muss im Blut liegen.«

Ich lachte, doch sie musterte mich ernst, als wäre ich ein zu entwirrendes Rätsel, Teil eines Problems, das sie, trotz ihrer Unbeschwertheit, insgeheim bedrückte.

An diesem Nachmittag fuhr ich mit ihr durch die South Side, die gleiche Tour, die ich in meinen ersten Chicagoer Tagen unternommen hatte, nur dass sie jetzt durch meine Erinnerungen angereichert war. Als wir mein Büro betraten, fanden wir Angela, Mona und Shirley vor. Sie fragten Auma über Kenia aus, wollten alles wissen, wie sie ihr Haar flocht und woher sie ihr feines Englisch hatte, es klinge wie bei der Königin von England, und gemeinsam flachsten sie über mich und meine sonderbaren Gewohnheiten.

»Sie scheinen dich ja sehr gern zu haben«, meinte Auma anschließend. »Sie erinnern mich an unsere Tanten in Kenia.« Sie kurbelte das Fenster herunter und hielt das Gesicht in den Wind, während die Michigan Avenue an uns vorbeizog, die Relikte des alten Roseland Theater, eine Werkstatt mit lauter verrosteten Autos. »Machst du es ihnen zuliebe, Barack?« fragte sie. »Ich meine, diesen Job?«

Ich zuckte mit den Schultern. »Für sie, für mich.«

Wieder trat dieser fragende, besorgte Ausdruck auf Aumas Gesicht. »Von Politik halte ich nicht viel«, sagte sie.

»Warum?«

»Ich weiß nicht. Am Ende sind die Leute immer enttäuscht.«

Bei unserer Rückkehr lag ein Brief für sie in meinem Briefkasten, von einem befreundeten deutschen Jurastudenten, wie sie sagte. Ein dicker Brief, mindestens sieben Seiten. Und während ich das Abendessen vorbereitete, saß Auma am Küchentisch und lachte und seufzte und schnalzte mit der Zunge, das Gesicht auf einmal weich und versonnen.

»Ich dachte, die magst die Deutschen nicht«, sagte ich.

Sie rieb sich die Augen und lachte. »Otto ist anders. Er ist total nett. Und manchmal behandle ich ihn ganz schlecht. Ich weiß nicht, Barack. Manchmal glaube ich, dass ich niemandem richtig vertraue. Ich denke daran, was der alte Herr aus seinem Leben gemacht hat, bei der Vorstellung, zu heiraten, läuft es mir kalt den Rücken hinunter. Und wenn ich an Otto und seine Karriere denke, dann ist klar, dass wir in Deutschland leben müssten. Ich stelle mir vor, wie es wäre, mein ganzes Leben in der Fremde zu verbringen, ich weiß nicht, ob das geht.«

Sie faltete den Brief zusammen und steckte ihn wieder in den

Umschlag. »Und du, Barack? Hast du auch diese Probleme, oder ist es nur deine Schwester, die so durcheinander ist?«

»Ich weiß, was du meinst.«

»Erzähl!«

Ich nahm zwei grüne Paprikaschoten aus dem Kühlschrank und legte sie auf das Küchenbrett. »Es gab mal eine Frau in New York, eine Weiße. Ich habe sie geliebt. Sie hatte dunkles Haar und grüne Augen. Ihre Stimme klang wie eine Windharfe. Fast ein Jahr waren wir zusammen. Meist am Wochenende, manchmal bei ihr, manchmal bei mir. Du weißt ja vielleicht, wie man in seiner privaten Welt versinken kann. Nur zwei Menschen, warm, geborgen. Die eigene Sprache. Die eigenen Gewohnheiten. So war das.

Einmal hat sie mich in das Landhaus ihrer Familie eingeladen. Die Eltern waren da, sehr nette, sehr kultivierte Leute. Es war Herbst, wunderschön, ringsum Wald, und wir sind auf einem eiskalten See Kanu gefahren, am Ufer sammelte sich goldfarbenes Laub. Die Familie kannte jeden Zentimeter der Umgebung. Sie wussten, wie die Hügel und der See entstanden waren, sie kannten die Namen der ersten weißen Siedler, ihrer Vorfahren, und die Namen der Indianer, die dort gejagt hatten. Das Haus war uralt, der Großvater hatte es von seinem Großvater geerbt. Die Bibliothek war voller alter Bücher und Bilder dieses Großvaters mit berühmten Leuten, die er gekannt hatte – Präsidenten, Diplomaten, Industrielle. Der Raum war wie von einer großen Energie erfüllt. Mir schien, als wären unsere Welten, die meiner Freundin und meine, so weit voneinander entfernt wie Kenia und Deutschland. Und ich wusste, dass ich, wenn wir zusammenblieben, letztlich in ihrer Welt leben würde. Schließlich hatte ich die meiste Zeit meines Lebens in der Welt der Weißen gelebt. In unserem Fall war ich derjenige, der wusste, dass er der Außenseiter ist.«

»Und wie ist es weitergegangen?«

Ich zuckte mit den Schultern. »Wir fingen an, uns zu streiten. Wir dachten über die Zukunft nach, und für unsere kleine warme Welt war das nicht sehr schön. Eines Abends ging ich mit ihr zu einem neuen Stück eines schwarzen Autors. Es war sehr hart, aber auch sehr witzig. Typisch schwarzer Humor. Das Publikum bestand fast nur aus Schwarzen, alle lachten und klatschten und riefen, es war wie in der Kirche. Nach der Vorstellung fing meine Freundin damit an, warum Schwarze immer so zornig sein müssen. Ich sagte, das habe mit ihren Erinnerungen zu tun – niemand frage, warum Juden sich an den Holocaust erinnern, fuhr ich wohl fort, und sie sagte, das sei etwas anderes, was ich wieder bestritt. Sie sagte, Zorn führe nirgendwohin. Wir hatten einen Riesenkrach, direkt vor dem Theater. Als wir zum Auto kamen, fing sie an zu weinen. Sie könne keine Schwarze sein, sagte sie. Sie würde ja gern, wenn sie könnte, aber es ginge nicht. Sie könne nur sie selbst sein, und ob das nicht genug sei.«

»Ach, Barack, was für eine traurige Geschichte.«

»Ja. Aber vielleicht hätte es nicht einmal dann funktioniert, wenn sie eine Schwarze gewesen wäre. Ich meine, es gibt einige schwarze Frauen, die mir das Herz gebrochen haben.« Ich lächelte und gab die zerschnittenen Paprikaschoten in den Topf. »Aber weißt du«, sagte ich, nun nicht mehr lächelnd. »Wenn ich daran denke, was meine Freundin mir an diesem Abend gesagt hat, dann schäme ich mich irgendwie.«

»Habt ihr noch Kontakt?«

»Weihnachten hat sie eine Karte geschrieben. Sie ist glücklich, sie hat jemanden kennengelernt. Und ich hab meine Arbeit.«

»Reicht dir das?«

»Manchmal ja.«

Am nächsten Tag nahm ich frei. Wir besuchten das Art Institute (ich wollte mir auch die Schrumpfköpfe im Field Museum ansehen, aber dazu hatte Auma keine Lust), schauten alte Fotos an, die ich aus meinem Kleiderschrank herausgekramt hatte, wir gingen in den Supermarkt, der Auma zu dem Kommentar veranlasste, dass Amerikaner freundlich und dick seien. Sie war eigenwillig, amüsiert, manchmal schien sie unter der Last der Welt zu stöhnen, und immer strahlte sie Selbstsicherheit aus, in der ich eine angelernte Haltung wiedererkannte – meine eigene Reaktion auf Verunsicherung.

Über unseren Vater sprachen wir nur wenig. Jedes Mal, wenn wir uns diesem Thema näherten, geriet unser Gespräch ins Stocken.

Erst nach dem Abendessen und einem langen Spaziergang am See-
ufer wurde uns klar, dass wir nicht weiterkommen konnten, wenn
wir dieses Kapitel umgingen. Ich machte Tee, und Auma begann, von
dem alten Herrn zu erzählen, soweit sie sich an ihn erinnerte.

»Ich weiß gar nicht, ob ich ihn wirklich gekannt habe, Barack«,
sagte sie. »Vielleicht hat ihn niemand gekannt. Sein Leben war so un-
stet. Selbst seine Kinder kannten ihn nur bruchstückhaft.

Ich hab mich vor ihm gefürchtet. Er war ja schon weg, als ich
geboren wurde. Da war er auf Hawaii bei deiner Mutter, später in
Harvard. Als er nach Kenia zurückkehrte, waren Roy, unser ältester
Bruder, und ich noch klein. Bis dahin hatten wir mit unserer Mutter
auf dem Land gelebt, in Alego. Ich war so jung, dass ich mich kaum
an seine Rückkehr erinnere. Ich war vier, Roy schon sechs, vielleicht
kann er dir mehr erzählen. Ich weiß nur, dass er mit einer Amerikanerin auftauchte und uns Kinder von unserer Mutter weg nach Nairobi holte. Dort lebten wir mit den beiden. Diese Frau, sie hieß Ruth,
war die erste Weiße, die ich näher kennenlernte, und plötzlich sollte
sie meine neue Mutter sein.«

»Warum bist du nicht bei deiner Mutter geblieben?«

»Ich weiß nicht genau. In Kenia bleiben die Kinder beim Vater,
wenn es zu einer Scheidung kommt, das heißt, wenn er das will. Ich
habe meine Mutter gefragt, aber sie spricht nicht gern darüber. Sie
sagt nur, dass diese neue Frau nicht mit einer anderen Ehefrau zu-
sammenleben wollte, und sie fand wohl auch, dass wir Kinder es bei
unserem Vater besser haben würden, weil er reich war.

In der ersten Zeit ging es dem alten Herrn auch wirklich gut. Er
arbeitete für ein amerikanisches Ölunternehmen, ich glaube, es war
Shell. Das war nur wenige Jahre nach der Unabhängigkeit, und der
alte Herr hatte gute Beziehungen zu den höchsten Regierungskrei-
sen. Mit vielen dieser Männer hatte er die Schulbank gedrückt. Der
Vizepräsident, die Minister, alle kamen zu uns nach Hause und tranken mit ihm und sprachen über Politik. Der alte Herr hatte ein großes
Haus und ein dickes Auto, und alle waren fasziniert von ihm, weil er
so jung war und im Ausland studiert hatte. Und er hatte eine amerikanische Frau, was damals eine Seltenheit war – obwohl er später
manchmal mit meiner richtigen Mutter ausgegangen ist. Als ob er

den Leuten etwas beweisen musste. Dass er, wenn er wollte, auch diese schöne Afrikanerin haben konnte. In dieser Zeit wurden unsere vier anderen Brüder geboren. Mark und David, das waren Ruths Kinder, die in unserem großen Haus in Westlands geboren wurden. Abo und Bernard waren die Söhne meiner Mutter, sie lebten bei ihr und der Familie auf dem Land. Roy und ich, wir kannten Abo und Bernard nicht. Sie sind nie nach Nairobi gekommen, und wenn der alte Herr sie besuchte, ist er immer allein hingefahren, ohne Ruth Bescheid zu sagen.

Wie zerrissen unser Leben war, wurde mir erst später klar, damals war ich zu jung. Für Roy war es schwerer, er war alt genug, er konnte sich erinnern, wie es in Alego gewesen war, mit unserer Mutter und unseren Leuten. Für mich war es okay. Ruth war nett und freundlich. Sie behandelte uns fast wie ihre eigenen Kinder. Ihre Eltern waren reich, sie haben uns aus Amerika tolle Geschenke geschickt. Ich war immer ganz aus dem Häuschen, wenn ein Paket von ihnen kam. Aber ich weiß noch, dass Roy sich manchmal weigerte, ihre Geschenke anzunehmen, selbst wenn es Süßigkeiten waren. Aber eines Nachts, er dachte wohl, ich schlafe, hab ich gesehen, wie er sich etwas von der Schokolade nahm, die auf der Kommode lag. Ich hab nichts gesagt, weil ich ahnte, dass er unglücklich war.

Doch dann veränderte sich unser Leben. Nach der Geburt von Mark und David kümmerte sich Ruth nur noch um die beiden. Der alte Herr kündigte bei der amerikanischen Firma und nahm eine Stelle im Tourismusministerium an. Vielleicht hatte er politische Ambitionen, und anfangs ging es aufwärts mit ihm. Doch 1966, 1967 verschärften sich die Konflikte in Kenia. Präsident Kenyatta kam aus dem größten Stamm, den Kikuyu. Die Luo, der zweitgrößte Stamm, beklagten sich, dass die besten Jobs an die Kikuyu gingen. Überall im Staatsapparat Intrigen, wohin man auch schaute. Vizepräsident Odinga, ein Luo, erklärte, dass die Regierung immer korrupter werde. Dass die Politiker, statt dem Volk zu dienen, den Platz der weißen Kolonialisten eingenommen hätten, sie rissen sich Betriebe und Ländereien unter den Nagel, die eigentlich an die Bevölkerung verteilt werden sollten. Odinga gründete seine eigene Partei, wurde aber als Kommunist unter Hausarrest gestellt. Ein anderer populärer

Luo-Minister, Tom M'boya, wurde von einem Kikuyu ermordet. Die Luo gingen auf die Straße, ihre Protestdemonstrationen wurden von der Polizei niedergeschlagen. Viele Leute kamen ums Leben. All das steigerte das Misstrauen zwischen den Stämmen.

Die meisten Freunde des alten Herrn schwiegen und richteten sich ein. Er dagegen machte den Mund auf. Er erklärte den Leuten, dass die Stammesrivalitäten das Land ruinierten und dass unfähige Leute die besten Jobs bekämen. Seine Freunde warnten ihn, baten ihn, sich mit Kritik zurückzuhalten, doch davon wollte er nichts hören. Er bildete sich immer ein zu wissen, was gut und richtig war. Einmal, als eine Beförderung anstand, beklagte er sich bei einem Minister: ›Wie können Sie mein Vorgesetzter sein? Wo ich Ihnen zeige, wie Sie Ihren Job machen müssen!‹ Als Kenyatta zugetragen wurde, dass der alte Herr ein Querulant sei, bestellte er ihn zu sich. Weil er den Mund nicht halten könne, erklärte Kenyatta, werde er erst wieder einen Job bekommen, wenn er keine Schuhe mehr an den Füßen habe.

Ich weiß nicht, was an dieser Geschichte wahr ist. Aber ich weiß, dass es für den alten Herrn wirklich schwer wurde. Denn nun hatte er den Präsidenten zum Feind. Er verlor seinen Posten, sein Name wurde auf die schwarze Liste gesetzt. Nirgendwo im Staatsdienst bekam er Arbeit. Ausländische Firmen, bei denen er sich bewarb, wurden angewiesen, ihn nicht einzustellen. Er sah sich im Ausland nach Arbeit um, bekam sogar einen Job bei der Afrikanischen Entwicklungsbank in Addis Abeba, aber kurz bevor er die Stelle antreten wollte, wurde ihm der Pass entzogen, das heißt, er konnte nicht einmal das Land verlassen.

Schließlich musste er mit einem untergeordneten Job im Ministerium für Wasserwirtschaft vorliebnehmen. Selbst das war nur möglich, weil einer seiner Freunde die Hand über ihn hielt. Er konnte zwar seine Familie ernähren, aber es war ein großer Abstieg. Der alte Herr begann zu trinken. Viele Leute, die er kannte, besuchten ihn nicht mehr, weil es zu gefährlich geworden war, mit ihm gesehen zu werden. Sie erklärten ihm, wenn er sich entschuldige, wenn er sich anders verhalte, werde alles wieder gut. Aber er weigerte sich, er blieb stur, konnte seine Meinung nicht für sich behalten.

Erst viel später habe ich das alles verstanden. Damals war das Leben zu Hause sehr schwer geworden. Der alte Herr sprach nie mit Roy oder mir, es sei denn, er schimpfte uns aus. Meist kam er spätabends betrunken nach Hause, dann hörte ich, wie er Ruth anbrüllte, sie solle etwas für ihn kochen. Ruth hat diese Entwicklung sehr verbittert. Manchmal, wenn er nicht zu Hause war, sagte sie, unser Vater sei verrückt und wir täten ihr leid. Ich hab ihr das nicht übelgenommen – wahrscheinlich sah ich das genauso. Aber ich merkte noch deutlicher, dass sie uns anders behandelte als sonst. Sie sagte, wir seien nicht ihre Kinder und sie könne uns nur bedingt helfen. Roy und ich hatten das Gefühl, dass wir ganz allein dastanden. Und als Ruth den alten Herrn verließ, wurde dieses Gefühl ziemlich real.

Ich war zwölf oder dreizehn, als sie uns verließ, nachdem der alte Herr einen schweren Verkehrsunfall hatte. Er hatte wohl getrunken, und der Fahrer des anderen Autos, ein weißer Farmer, wurde getötet. Der alte Herr war ziemlich lange im Krankenhaus, fast ein ganzes Jahr, Roy und ich haben im Grunde ganz allein gelebt. Als der alte Herr schließlich entlassen wurde, fuhr er nach Hawaii, um euch zu besuchen. Er erzählte uns, er werde dich und deine Mutter heimholen und wir würden dann eine richtige Familie sein. Aber ihr seid nicht mitgekommen, und Roy und ich waren wieder uns selbst überlassen.

Der alte Herr hatte wegen des Unfalls seinen Job im Wasserwirtschaftsministerium verloren, und wir hatten kein Zuhause mehr. Eine Zeitlang sind wir von Verwandten zu Verwandten gezogen, aber am Ende haben sie uns rausgeworfen, sie hatten selbst Probleme. Dann fanden wir ein baufälliges Haus in einem heruntergekommenen Stadtteil, dort haben wir ein paar Jahre gewohnt. Der alte Herr hatte so wenig Geld, dass er sich von Verwandten etwas leihen musste, nur um Nahrungsmittel kaufen zu können. Das muss ziemlich schlimm für ihn gewesen sein, seine Laune verschlechterte sich immer mehr. Trotz all dieser Probleme hat er Roy oder mir gegenüber nie von Sorgen gesprochen. Ich glaube, das war das Schlimmste – dass er noch immer den großen Dr. Obama herauskehrte. Wir hatten nichts zu essen, aber um den Schein zu wahren, spendete er weiterhin für wohltätige Zwecke. Manchmal habe ich mich mit ihm gestritten, aber er sagte bloß, ich sei eine dumme Göre, ich hätte keine Ahnung.

Mit Roy war es noch schlimmer. Die beiden haben sich furchtbar gestritten. Irgendwann ist Roy einfach gegangen. Er hat bei anderen Leuten gewohnt. Das heißt, ich war allein mit dem alten Herrn. Manchmal bin ich die halbe Nacht aufgeblieben, bis ich ihn nach Hause kommen hörte, ich hatte Angst, dass etwas Furchtbares passiert. Dann kam er betrunken in mein Zimmer und weckte mich, weil er Gesellschaft brauchte oder etwas essen wollte. Er sprach davon, wie unglücklich er sei und wie man ihn verraten habe. Ich war so schläfrig, ich habe nie verstanden, was er sagte. Insgeheim wünschte ich, er würde irgendwann nicht mehr heimkommen.

Meine Rettung war die Kenya High School, eine Mädchenschule, früher eine exklusiv britische Institution. Sehr streng, sehr rassistisch – erst zu meiner Zeit, als die meisten weißen Schülerinnen weggegangen waren, durften dort schwarze Lehrer unterrichten. Aber trotz allem wurde ich dort aktiv. Es war ein Internat, so dass ich während des Schuljahrs dort wohnte und nicht bei dem alten Herrn. Die Schule bot mir eine gewisse Orientierung, etwas, woran ich mich festhalten konnte.

Irgendwann konnte der alte Herr das Schulgeld nicht mehr bezahlen, so dass sie mich nach Hause schickten. Ich hab mich so geschämt. Ich hab die ganze Nacht geweint. Ich wusste nicht, was ich machen sollte. Doch ich hatte Glück. Eine der Direktorinnen erfuhr, in welcher Situation ich war, und gab mir ein Stipendium, so dass ich wieder aufs Internat gehen konnte. Ich sage es nicht gern, aber sosehr ich Mitleid mit dem alten Herrn hatte, ich war froh, dass ich nicht bei ihm wohnen musste. Ich hab mich einfach nicht mehr um ihn gekümmert, nicht mehr zurückgeschaut.

In meinen letzten beiden Schuljahren verbesserte sich seine Lage. Kenyatta starb, und irgendwie gelang es dem alten Herrn, wieder einen Job im Staatsdienst zu finden. Er arbeitete im Finanzministerium, hatte wieder Geld und auch Einfluss. Aber seine Verbitterung hat er wohl nie überwunden. Er sah ja, dass seine politisch klügeren Altersgenossen viel schneller Karriere gemacht hatten. Und für ein richtiges Familienleben war es nun zu spät. Lange Zeit lebte er in einem Hotelzimmer, auch dann noch, als er sich ein Haus hätte leisten können. Er hatte verschiedene Beziehungen – mit Europäerinnen, Afrikanerinnen –, aber es hat nie lang gehalten. Ich habe ihn nur selten gesehen, und dann wusste er nie, wie er sich mir gegenüber verhalten sollte. Wir waren wie Fremde, aber er wollte natürlich noch immer den Vater herauskehren, der mir sagt, was ich zu tun habe. Ich weiß noch, dass ich mich nicht getraut habe, ihm von meinem Deutschland-Stipendium zu erzählen. Ich hatte Angst, er würde sagen, ich sei zu jung, und dafür sorgen, dass mir das Studentenvisum wieder entzogen wird. Also bin ich ohne ein Wort des Abschieds abgereist.

Erst in Deutschland konnte ich ein etwas entspannteres Verhältnis zu ihm entwickeln. Aus diesem Abstand konnte ich sehen, was er durchgemacht hatte und dass er eigentlich gar nicht wusste, wer er war. Erst am Ende seines Lebens, das er so vertan hatte, hat er sich ein wenig geändert. Als ich ihn das letzte Mal sah, war er auf Dienstreise in Europa, er vertrat Kenia bei einer internationalen Konferenz. Ich war nervös, weil wir so lange nicht miteinander gesprochen hatten. Aber als wir uns dann in Deutschland sahen, war er ganz locker, geradezu friedlich. Wir hatten eine schöne Zeit miteinander. Weißt du, selbst in solchen Momenten, in denen er ganz unvernünftig war, konnte er so charmant sein! Er nahm mich mit nach London, wir haben in einem schicken Hotel übernachtet, in einem Club hat er mich seinen Freunden vorgestellt, überall gesagt, wie stolz er auf mich ist. Als ich auf dem Rückflug das kleine Glas bemerkte, in dem sein Whiskey serviert wurde, und sagte, dass es mir gefiele, ich würde es gern einstecken, da sagte er, das sei unnötig. Er rief die Stewardess und bat sie, mir ein paar Gläser zu bringen, so als gehörte ihm das Flugzeug. Als die Stewardess dann mit den Gläsern kam, fühlte ich mich wieder wie ein kleines Mädchen. Wie seine Prinzessin.

Am letzten Tag seines Besuchs ging er mit mir essen. Wir haben über die Zukunft geredet. Er fragte, ob ich Geld brauche, er wollte mir unbedingt etwas geben. Er sagte, sobald ich wieder in Kenia sei, werde er sich um einen anständigen Ehemann für mich kümmern. Ich fand das rührend, als könne er alles wiedergutmachen. Er war selbst gerade Vater geworden, hatte mit einer jungen Frau einen Sohn, der George hieß. Ich habe ihm gesagt: ›Roy und ich, wir sind erwachsen. Wir führen unser eigenes Leben, und was passiert ist, lässt sich nicht ungeschehen machen. Aber bei George hast du wirklich eine Chance, ein guter Vater zu sein.‹ Er nickte nur …«

Auma hatte eine Zeitlang das Foto unseres Vaters betrachtet. Nun stand sie auf und ging zum Fenster, wandte mir den Rücken zu, legte die Arme um die Schultern. Ein heftiges Beben erfasste sie. Ich trat zu ihr, legte die Arme um sie, sie schluchzte. »Ach, Barack«, sagte sie, »ich hatte gerade angefangen, ihm ein bisschen näherzukommen. Wir waren schon so weit, vielleicht hätte er sich erklären können. Manchmal glaube ich, er hätte es geschafft, hätte inneren Frieden gefunden. Als er starb, fühlte ich mich irgendwie betrogen. So, wie du dich gefühlt haben musst.«

Draußen bog ein Auto mit quietschenden Reifen um die Ecke, ein Mann bewegte sich durch den gelben Lichtkegel einer Straßenlaterne. Auma richtete sich plötzlich auf, atmete wieder ruhiger, und mit dem Ärmel wischte sie sich die Tränen ab. »Schau nur, was du mit deiner Schwester gemacht hast«, sagte sie und lachte zaghaft. »Weißt du, der alte Herr hat so viel von dir erzählt. Er hat überall Fotos von dir herumgezeigt und uns immer gesagt, wie gut du in der Schule warst. Deine Mutter und er haben sich ja geschrieben. Diese Briefe haben ihn sicher getröstet. In den wirklich schlechten Zeiten, als sich jeder von ihm abgewandt hatte, kam er mit diesen Briefen in mein Zimmer und las sie vor. Er weckte mich, ich musste ihm zuhören, und am Ende wedelte er mit dem Brief und sagte, wie freundlich deine Mutter sei. ›Schau‹, sagte er, ›es gibt noch Menschen, die sich für mich interessieren.‹ Immer wieder hat er sich das gesagt …«

Während Auma sich die Zähne putzte, richtete ich das Schlafsofa her. Bald lag sie unter der Decke und schlief. Ich selbst blieb noch auf, setzte mich auf den Stuhl, betrachtete im Schein der Schreibtischlampe ihr ruhiges Gesicht, hörte ihren ruhigen Atem, dachte über all das nach, was sie mir erzählt hatte. Mir war, als hätte jemand meine Welt auf den Kopf gestellt, als wäre ich aufgewacht und eine blaue Sonne stünde an einem gelben Himmel oder als hörte ich Tiere wie Menschen sprechen. Mein Leben lang hatte ich ein einziges Bild von meinem Vater in mir getragen, ein Bild, gegen das ich mich zuweilen aufgelehnt, das ich aber nie in Frage gestellt hatte und das ich später selbst übernahm. Der brillante Harvardabsolvent, der großzügige Freund, der aufrechte Politiker – mein Vater war all das gewesen. Und noch mehr, denn abgesehen von diesem einen Besuch auf Hawaii war er ja nie präsent gewesen, das Bild hatte also keine Kratzer abbekommen. Ich hatte nicht erlebt, was die meisten Söhne irgendwann erleben – dass der Vater an Statur verliert, seine Hoffnungen enttäuscht werden, ein Gesicht, das von Schmerz und Bedauern gezeichnet ist.

Gewiss hatte ich bei anderen Männern Schwächen erlebt – Gramps und seine Enttäuschungen, Lolo und seine Kompromisse. Aber diese beiden waren Anschauungsmaterial für mich gewesen, Männer, die ich vielleicht liebte, denen ich aber nicht nacheiferte, weiße Männer und braune Männer, deren Schicksal sich von dem meinen unterschied. Es war das Bild meines Vaters, des Schwarzen, des Sohns Afrikas, in das ich all die Eigenschaften packte, die ich selbst anstrebte, die Eigenschaften von Martin Luther King und Malcolm X, Walter DuBois und Nelson Mandela. Und wenn ich später sah, dass die Schwarzen, die ich kannte – Frank, Ray, Will, Rafiq – diesen hohen Ansprüchen nicht gerecht wurden, wenn ich sie trotzdem respektierte wegen der Kämpfe, die sie durchgemacht hatten und die ich als meine eigenen erkannte, so war die Stimme meines Vater unverändert geblieben – ermunternd, tadelnd, unzufrieden, kritisch. Du musst dich mehr anstrengen, Barry. Du musst dich für dein Volk engagieren. Wach auf, schwarzer Mann!

Jetzt saß ich da auf meinem Stuhl, im Licht der Schreibtischlampe, und dieses Bild war auf einmal verschwunden. Was war an seine Stelle getreten? Ein enttäuschter Alkoholiker? Ein untreuer Ehemann? Ein gescheiterter, einsamer Bürokrat? Hatte ich mein Leben lang mit einem Gespenst gerungen? Mir wurde schwindelig. Wenn Auma nicht im Zimmer gewesen wäre, hätte ich wahrscheinlich laut gelacht. Der König ist abgesetzt. Der grüne Vorhang geht auf. Ich kann denken, was ich will, tun, was mir gefällt. Wer, außer meinem Vater, konnte mir etwas vorschreiben? Was immer ich tat, es konnte nicht schlimmer werden als das, was er getan hatte.

Die Nacht zog sich hin. Ich versuchte, mein inneres Gleichgewicht wiederzufinden, spürte, dass ich mich über meine neue Freiheit nicht recht freuen konnte. Was würde verhindern, dass ich die gleiche Niederlage erlebte wie mein Vater? Wer würde mich vor Zweifeln schützen, mich vor all den Fallen warnen, die in einem Schwarzen offenbar angelegt sind? Die Träume meines Vaters hatten mich zumindest vor Verzweiflung bewahrt. Nun war er tot, wirklich tot. Er konnte mir nicht mehr sagen, wie ich leben sollte.

Er konnte mir allenfalls noch erzählen, was ihm zugestoßen war. Trotz der vielen neuen Informationen über ihn wusste ich noch immer nicht, wer er wirklich gewesen war. Was war aus seiner Energie geworden, aus seinen Talenten? Was hatte seine Vorstellungen geprägt? Wieder dachte ich an unsere erste und einzige Begegnung, dachte an den Mann, der genauso verunsichert gewesen sein musste wie ich, der nach Hawaii gekommen war, um seine Vergangenheit zu prüfen und vielleicht das Beste daraus mitzunehmen, den Teil seiner selbst, der ihm abhandengekommen war. Er hatte damals nicht über seine wahren Gefühle sprechen können, genauso wenig wie ich meine Bedürfnisse ausdrücken konnte. Steif hatten wir dagestanden, voller Sorge, unser wahres Ich könnte sich bei genauerem Hinsehen als unzulänglich erweisen. Nun, fünfzehn Jahre später, blickte ich auf das Gesicht der schlafenden Auma und sah, welchen Preis wir für dieses Schweigen bezahlt hatten.

Zehn Tage später saßen Auma und ich in den Hartschalensitzen des Terminals, schauten hinaus zu den Flugzeugen hinter der Glasfassade. Ich fragte Auma, woran sie gerade dachte.

»Ich hab gerade an Alego gedacht«, sagte sie lächelnd. »Home Square – das Land unseres Großvaters, der immer noch dort lebt. Es ist der schönste Ort der Welt, Barack. Wenn es in Deutschland kalt ist und ich mich einsam fühle, schließe ich manchmal die Augen und versetze mich in Gedanken dorthin. Ich sitze auf der Erde, umgeben von ausladenden Bäumen, die Großvater gepflanzt hat. Großvater redet, er erzählt mir etwas Komisches, ich höre die Kuh, die mit dem

Schwanz wedelt, die Hühner picken herum, ich rieche das Feuer in der Kochhütte. Und unter dem Mangobaum, in der Nähe der Getreidefelder, liegt der alte Herr begraben...«

Aumas Flug wurde aufgerufen. Wir blieben sitzen. Auma schloss die Augen, drückte meine Hand.

»Lass uns heimkehren, Barack«, sagte sie. »Wir müssen nach Hause und ihn besuchen.«

12

Rafiq hatte seinen Schuppen nach Kräften herausgeputzt. Über dem Eingang hing ein neues Schild, die Tür stand offen, damit die Frühlingssonne hereinfallen konnte. Die Böden waren geschrubbt, die Möbel umgestellt. Er selbst trug einen schwarzen Anzug mit schwarzer Lederkrawatte, und sein Lederkäppchen war auf Hochglanz poliert. Er stand vor einem langen Tapeziertisch an einer Seite des Raums, erklärte gerade zwei Männern, wie sie Kekse und Getränke arrangieren sollten, und rückte das Porträt von Harold Washington an der Wand zurecht.

»Gut so, Barack?« rief er.

»Perfekt, Rafiq.«

Der Bürgermeister wollte kommen, um das neue MET-Büro in Roseland einzuweihen. Das war ein großer Coup für Rafiq, der seit Wochen dafür gekämpft hatte, dass die Zeremonie in seinem Gebäude stattfindet. Nicht als Einziger. Der Stadtverordnete hatte gesagt, er würde den Bürgermeister gern zu einer Pressekonferenz in seinem Büro begrüßen. Der Senator von Illinois, ein alter Opportunist, der bei der letzten Bürgermeisterwahl dummerweise für einen der weißen Kandidaten eingetreten war, hatte versprochen, sich für jedes von uns vorgeschlagene Projekt einzusetzen, wenn er bei der Einweihung teilnehmen dürfe. Selbst Reverend Smalls hatte darauf hingewiesen, dass es nur zu unserem Vorteil wäre, wenn wir ihm die Gelegenheit gäben, seinen »guten Freund Harold« vorzustellen. So oft ich ins DCP-Büro kam, reichte mir meine Sekretärin einen Stapel Nachrichten.

»Bist ja richtig prominent geworden, Barack«, sagte sie, bevor das Telefon wieder klingelte.

Ich sah mir die Leute an, die sich in Rafiqs Lagerhalle versammelt hatten, überwiegend Lokalpolitiker mitsamt Gefolge, die immer wieder zur Tür hinausspähten, während Polizisten in Zivil mit Sprechfunkgeräten die Szene beobachteten. Ich bahnte mir einen Weg durch die Anwesenden und fand Will und Angela.

»Seid ihr bereit?«

Sie nickten.

»Vergesst nicht«, mahnte ich, »Harold zu unserer Kundgebung im Herbst einzuladen. Möglichst im Beisein seines Bürochefs. Erzählt ihm von der Arbeit, die wir hier machen, und warum...«

In diesem Moment ging ein Raunen durch die Menge, dann wurde es plötzlich still, eine Fahrzeugkolonne fuhr vor, die Tür einer Limousine flog auf, und hinter einer Phalanx von Polizisten erblickte ich den Bürgermeister in blauem Anzug und zerknittertem Trenchcoat. Sein graues Haar sah ein wenig zerzaust aus, und er war kleiner, als ich angenommen hatte. Trotzdem war er eine eindrucksvolle Erscheinung, sein Lächeln das eines Mannes auf dem Höhepunkt seiner Macht. Sofort skandierte die Menge »Ha-rold! Ha-rold!«, worauf der Bürgermeister, die Hand zum Gruß erhoben, eine kleine Pirouette drehte. Mrs. Alvarez und die Zivilpolizisten bahnten ihm den Weg durch die Menge, vorbei an dem Senator, an Rafiq und mir, vorbei an Reverend Smalls' ausgestreckter Hand. Bis er schließlich genau vor Angela stand.

»Mrs. Rider.« Er nahm ihre Hand und verbeugte sich leicht. »Sehr erfreut. Ich habe viel Gutes über Ihre Arbeit gehört.«

Angela schien fast in Ohnmacht zu fallen. Als der Bürgermeister sie bat, ihm ihre Mitarbeiter vorzustellen, kicherte sie nervös, fing sich wieder und machte ihn mit den anderen bekannt. Sie alle standen stramm wie eine Reihe Pfadfinder und grinsten einfältig. Als die Inspektion vorbei war, bot der Bürgermeister Angela seinen Arm, und gemeinsam gingen sie zur Tür, gefolgt von der Menge.

»Ist das nicht unglaublich?« flüsterte Shirley Mona zu.

Die Zeremonie dauerte vielleicht eine Viertelstunde. Die Polizei hatte zwei Blocks der Michigan Avenue abgesperrt, eine kleine Bühne war vor dem Gebäude errichtet worden, in dem das MET-Center seine Arbeit aufnehmen würde. Angela stellte alle Projektmitarbeiter und die anwesenden Lokalpolitiker vor. Will sagte ein paar Worte über das DCP. Der Bürgermeister lobte unser soziales Engagement, während der Senator, Reverend Smalls und der Stadtverordnete sich möglichst vorteilhaft hinter dem Bürgermeister in Positur setzten und für die Fotografen in die Kamera lachten. Das Band wurde durchschnitten, und das war's auch schon. Die Limousine brauste davon zum nächsten Termin, die Menge zerstreute sich, und am Ende standen nur noch ein paar von uns auf der Straße herum.

Ich ging zu Angela, die sich gerade angeregt mit Shirley und Mona unterhielt.

»Wie er Mrs. Rider sagte, echt, ich wär fast in Ohnmacht gefallen.«

»Als ob ich das nicht gemerkt hätte, Schätzchen«, meinte Shirley.

»Hier ist der Beweis, wir haben es fotografiert«, sagte Mona und hielt ihre Instamatic hoch.

Ich schaltete mich ein: »Haben wir einen Termin für die Kundgebung bekommen?«

»Und dann sagt er, so jung, wie ich aussehe, kann ich unmöglich eine vierzehnjährige Tochter haben.«

»Also, will er nun zu unserer Kundgebung kommen oder nicht?« fragte ich noch einmal.

Die drei starrten mich an: »Was für eine Kundgebung?«

Ich warf die Hände hoch und lief in Richtung Auto. Will holte mich ein. »Wohin so eilig?« fragte er.

»Keine Ahnung. Irgendwohin.« Ich wollte mir eine Zigarette anzünden, aber der Wind blies mir die Streichhölzer aus. Fluchend warf ich sie auf die Erde. »Soll ich dir mal was sagen?«

»Ja?«

»Wir verplempern unsere Zeit. Jetzt haben wir die Gelegenheit, dem Bürgermeister zu zeigen, dass wir eine ernst zu nehmende Gruppe sind, die hier was bewegen kann. Und was tun wir? Laufen rum wie eine Horde Promifans. Stehen blöd rum und grinsen und sorgen uns, ob wir mit ihm fotografiert werden...«

»Du meinst, du bist nicht mit ihm fotografiert worden?« Will schmunzelte, hielt ein Polaroidfoto hoch und legte mir dann eine Hand auf die Schulter. »Darf ich dir mal was sagen, Barack? Sei nicht so streng. Was du Zeit verplempern nennst, war für Angela und die anderen das schönste Erlebnis seit langem. Noch in zehn Jahren werden sie davon erzählen. Es hat ihnen das Gefühl gegeben, wichtig zu sein. Und du hast alles in Gang gebracht. Wenn sie vergessen haben, Harold einzuladen – na und? Wir können noch immer in seinem Büro anrufen.«

Ich stieg in mein Auto und drehte das Fenster herunter. »Vergiss es, Will, ich bin einfach frustriert.«

»Ja, das seh ich. Aber du solltest dich fragen, warum.«

»Was glaubst du?«

Er zuckte mit den Schultern. »Ich glaube, du willst einen guten Job machen. Aber ich glaube auch, dass du nie zufrieden bist. Bei dir muss alles immer ganz schnell passieren. Als ob du was beweisen musst.«

»Ich will nichts beweisen, Will.« Ich ließ den Motor an und fuhr los, aber nicht schnell genug, so dass ich noch Wills Reaktion hörte.

»Du musst uns nichts beweisen, Barack. Wir lieben dich, Mann. Jesus liebt dich.«

Fast ein Jahr war ich nun schon in Chicago, und unsere Arbeit trug allmählich Früchte. Wills und Marys Gruppe war auf fünfzig Leute angewachsen, die Müllbeseitigungsaktionen in den Wohnvierteln durchführten, Berufskundetage für Jugendliche veranstalteten, die Zusage eines Stadtverordneten erhielten, der sich um die Verbesserung der Kanalisation kümmern wollte. Mrs. Crenshaw und Mrs. Stevens hatten weiter nördlich in Park Drive die Instandsetzung von Grünanlagen und Spielplätzen erreicht, Straßen waren ausgebessert, Kanalisationsrohre verlegt, Crime-Watch-Programme eingerichtet worden. Und nun das neue Jobcenter, wo früher nur eine leere Ladenzeile gewesen war.

Mit dem Ansehen der Organisation war auch mein eigenes Ansehen gewachsen. Ich wurde zu Podiumsdiskussionen und Workshops eingeladen, Lokalpolitiker kannten meinen Namen, auch wenn sie ihn noch immer nicht richtig aussprachen. Und was unsere Mitarbeiter anging, so konnte ich nicht viel falsch machen. »Du hättest ihn in der Anfangszeit erleben sollen«, hörte ich Shirley einmal sagen,

»ein Grünschnabel. Und ich schwör dir, wenn man ihn jetzt so sieht, könnte man denken, er ist jemand anderes.« Sie klang wie eine stolze Mutter, für die ich eine Art Wunderkind war.

Die Anerkennung der Mitarbeiter, spürbare Verbesserungen, konkrete Dinge, hinter denen wir uns nicht zu verstecken brauchten. Es hätte genügen sollen. Aber Will hatte recht: Ich war nicht zufrieden.

Vielleicht hatte es mit Aumas Besuch zu tun und mit dem, was sie mir über den alten Herrn erzählt hatte. Wenn ich früher alles darangesetzt hatte, seinen Ansprüchen gerecht zu werden, so hatte ich nun das Gefühl, all seine Unzulänglichkeiten und Fehler wettmachen zu müssen. Nur wusste ich nicht genau, worin seine Fehler bestanden. Ich konnte die Hinweisschilder nicht lesen, die mich davor bewahrt hätten, die falschen Wege einzuschlagen, die er gegangen war. Weil ich immer noch ein so unklares, widersprüchliches Bild von ihm hatte – manchmal das eine, manchmal das andere, aber nie beides gleichzeitig –, war mir oft, als lebte ich nach einem vorgegebenen Drehbuch, als müsste ich, gefangen in seiner Tragödie, ihm auf seinen Irrwegen folgen.

Außerdem gab es Probleme mit Marty. Offiziell hatten wir unsere Zusammenarbeit beendet. Er hatte sich seitdem vor allem mit den Kirchengemeinden in den Vorstädten befasst, aber feststellen müssen, dass sich die Leute dort weniger um Jobs sorgten als wegen des Wegzugs von Weißen und des gleichen Sinkens der Immobilienpreise, das die South Side ein Jahrzehnt zuvor erlebt hatte.

Das waren heikle Probleme, mit denen Marty nichts mehr zu tun haben wollte. Also hatte er beschlossen, sich ein neues Betätigungsfeld zu suchen. Er hatte einen anderen Mitarbeiter eingestellt, der sich um die tägliche Arbeit kümmern sollte, und war nun im Begriff, eine Organisation in Gary auf die Beine zu stellen, einer Stadt, die wirtschaftlich darniederlag – und zwar schon so lange, dass es den Leuten völlig egal war, welche Hautfarbe der Sozialarbeiter hatte. Und eines Tages forderte Marty mich auf mitzukommen.

»Die South Side ist viel zu groß«, sagt er. »Nicht gut für deine Ausbildung. Zu viele Ablenkungen. Ist nicht deine Schuld, ich hätte es wissen müssen.«

»Ich kann nicht einfach weggehen, Marty. Ich hab gerade erst angefangen.«

Er sah mich mit grenzenloser Geduld an. »Barack, deine Loyalität ist bewundernswert. Aber du musst dir Gedanken über deinen eigenen Weg machen. Wenn du bleibst, wirst du scheitern. Du wirst aufgeben, noch ehe du eine Chance hattest, deine Fähigkeiten unter Beweis zu stellen.«

Er hatte sich alles zurechtgelegt. Wie lange er brauchen würde, um einen Nachfolger für mich zu finden und einzuarbeiten und eine angemessene Finanzierung sicherzustellen. Während Marty von seinen Plänen sprach, dachte ich daran, dass er in den drei Jahren keine Beziehungen zu den Leuten im Viertel geknüpft hatte, dass die menschliche Wärme oder Nähe, die er brauchte, anderswoher kam – von seiner kultivierten Frau, seinem gutaussehenden Sohn. In seiner Arbeit zählte nur die Idee, die ein geschlossenes System symbolisierte, die aber größer als dieses System war, größer als Angela oder Will oder die einsamen Priester, die mit ihm zusammenarbeiteten. Diese Idee konnte sich überall entzünden. Für Marty kam es nur darauf an, Verhältnisse zu finden, in der die richtigen Faktoren aufeinandertrafen.

»Marty.«

»Ja?« – »Ich gehe nirgendwohin.«

Schließlich einigten wir uns. Er wollte mir weiterhin als Supervisor zur Seite stehen (den ich dringend benötigte – das Honorar würde in seine Arbeit fließen). Doch bei unseren wöchentlichen Sitzungen machte er mir wiederholt klar, dass ich eine Entscheidung getroffen hatte, dass von meiner bescheidenen Arbeit keinerlei Gefahr ausging, dass die elegant gekleideten Männer in der City noch immer das Sagen hatten. »Das Leben ist kurz, Barack«, sagte er. »Wenn du nicht versuchst, wirklich etwas zu verändern« hier draußen, kannst du's gleich bleiben lassen.«

Ah ja. Wirklich etwas verändern. Auf dem College hatte es so einfach ausgesehen, als käme es nur auf meine persönliche Entscheidung an, so, als wollte ich für eine bessere Zensur büffeln oder keinen Alkohol mehr trinken – als ginge es nur darum, Verantwortung zu übernehmen. Erst jetzt, nach einem Jahr in der South Side, wusste ich, dass das nicht so einfach war. Wer war denn verantwortlich für eine Gegend wie Altgeld? Es gab dort keinen rassistischen Polizeichef, keine knüppelschwingenden Ordnungshüter. Nur ein paar ältere schwarze Männer und Frauen, die sich weniger durch Boshaftigkeit oder Berechnung als durch Furchtsamkeit und Machtgier auszeichneten. Leute wie Mr. Anderson, den Verwalter von Altgeld, einen glatzköpfigen Mann, der kurz vor der Pensionierung stand. Oder Mrs. Reece, eine füllige Frau mit einem Nadelkissengesicht, Vorsitzende des Mieterbeirats, die vor allem die kleinen Privilegien verteidigte, die ihr Amt mit sich brachte (ein kleines Gehalt und eine Einladung zum jährlichen Festbankett), die ihrer Tochter eine der besseren Wohnungen und ihrem Neffen einen Job im CHA verschaffte. Oder Reverend Johnson, Pastor der einzigen großen Kirche in Altgeld, der mir bei unserer ersten und einzigen Begegnung sofort erklärt hatte:

»Das Problem ist nicht der CHA, das Problem sind die jungen Mädchen hier draußen, die überhaupt nicht mehr wissen, was Sitte und Anstand ist.«

Einige Leute in Altgeld berichteten mir, dass Mr. Anderson sich nicht um die Wohnungen von Leuten kümmerte, die gegen Mrs. Reece und ihre Kandidaten seien, dass Mrs. Reece ihrerseits unter dem Einfluss von Reverend Johnson stand, dass Reverend Johnson Chef einer privaten Wachschutzfirma sei, die mit dem CHA zusammenarbeitete. Ich wusste nicht, ob das alles den Tatsachen entsprach, und letztlich spielte es auch keine große Rolle. Diese drei offenbarten nur die Haltung der meisten Leute, die in Altgeld arbeiteten: Lehrer, Drogenberater, Polizisten. Für manche ging es nur um das Gehalt, andere wollten wirklich helfen. Aber mit welchen Motiven auch immer, irgendwann sprachen alle von Erschöpfung, von einer tiefen Müdigkeit. Sie trauten sich nicht mehr zu, der allgemeinen Verschlechterung der Verhältnisse etwas entgegensetzen zu können. Also waren sie auch nicht mehr imstande, sich zu empören. Dass sie vielleicht Verantwortung trugen, war ein Gedanke, der immer mehr verblasste und Galgenhumor und heruntergeschraubten Erwartungen Platz machte.

In gewisser Weise hatte Will also recht. Ich glaubte tatsächlich, etwas beweisen zu müssen – den Bewohnern von Altgeld, Marty, meinem Vater, mir selbst. Ich wollte beweisen, dass meine Arbeit etwas bewirkte. Dass ich kein Träumer war. Als ich Will später davon erzählte, lachte er und schüttelte den Kopf. Meine unwirsche Reaktion an jenem Tag, als das Jobcenter eingeweiht wurde, war aus seiner Sicht eher ein Fall von jugendlicher Eifersucht. »Du bist der junge Hahn, Harold ist der alte. Plötzlich tritt der alte auf, und die Hühner haben nur Augen für ihn. Dem jungen Hahn wird klar, dass er das eine oder andere noch lernen muss.«

Will schien der Vergleich zu gefallen, auch ich hatte gelacht. Aber insgeheim wusste ich, dass er mich falsch verstanden hatte. Mehr als alles andere wollte ich, dass Harold Washington Erfolg hatte; er stand, wie mein Vater, für das, was möglich war; an seinen Fähigkeiten und Energien orientierten sich meine Hoffnungen. Und als ich an jenem Tag seine klugen, humorvollen Worte hörte, musste ich immerfort an die Zwänge denken, mit denen dieser Mann zu kämpfen hatte. Bis zu einem bestimmten Punkt konnte er die Verhältnisse in Chicago verbessern. Schwarze hatten nun mehr Aufstiegschancen in der Stadtverwaltung. Es gab einen schwarzen Chef der Schulbehörde, einen schwarzen Polizeichef, einen schwarzen CHA-Direktor. Harold Washingtons Präsenz tröstete, so wie Wills Heiland und Rafiqs Nationalismus trösteten. Doch nach seinem glänzendem Wahlsieg schien in Altgeld und anderswo alles beim Alten zu bleiben.

Ich fragte mich, ob er, wenn er allein war, über diese Zwänge nachdachte. Ob er sich, wie Mr. Anderson oder Mrs. Reece oder irgendeiner der schwarzen Beamten, die nun in der Innenstadt etwas zu sagen hatten, genauso gefangen fühlte wie diejenigen, für die er arbeitete – Erbe einer traurigen Geschichte, als Teil eines geschlossenen Systems, in dem sich nur wenig bewegte, das zusehends schwächer wurde und in Stagnation verfiel.

Ich fragte mich, ob auch er sich wie ein Gefangener des Schicksals fühlte.

Aus diesen trüben Gedanken holte mich Dr. Martha Collier heraus, die Direktorin von Carver Elementary, einer von zwei Grundschulen in Altgeld. Als ich sie wegen eines Termins anrief, machte sie nicht viele Worte.

»Ich kann jede Hilfe gebrauchen«, sagte sie. »Kommen Sie um halb neun.«

Die Schule, ein hufeisenförmiger Flachbau, lag am Südrand von Altgeld. Ein Wachmann zeigte mir den Weg zum Sekretariat, wo eine kräftige schwarze Frau mittleren Alters in blauem Kostüm gerade mit einer jüngeren Frau sprach, die ziemlich aufgelöst wirkte. »Du gehst jetzt nach Hause und beruhigst dich«, sagte Dr. Collier und legte ihr den Arm um die Schulter. »Ich rufe in der Zwischenzeit ein paar Leute an und kümmere mich um die Sache.« Sie begleitete die junge Frau zur Tür und wandte sich dann an mich. »Sie müssen Obama sein. Kommen Sie rein! Wollen Sie einen Kaffee?«

Bevor ich etwas sagen konnte, hatte sie sich schon an ihre Sekretärin gewandt: »Bitte einen Kaffee für Mr. Obama. Sind die Maler schon da?«

Die Sekretärin schüttelte den Kopf. Dr. Collier runzelte die Stirn. »Bitte keine Anrufe durchstellen«, sagte sie, während wir in ihr Büro gingen. »Nur diesen unfähigen Bauingenieur. Er soll wissen, was ich von ihm halte.«

Dr. Colliers Büro war spärlich möbliert, nur ein paar Urkunden für soziales Engagement hingen an den kahlen Wänden und ein Plakat, das einen schwarzen Teenager mit der Textzeile »GOTT PRODUZIERT KEINEN AUSSCHUSS« zeigte. Dr. Collier zog einen Stuhl heran und sagte: »Die junge Frau, die gerade hier war, ist die Mutter eines unserer Schüler. Ein Junkie. Ihr Freund wurde gestern verhaftet, er kann keine Kaution aufbringen. Also, schießen Sie los, was kann Ihre Organisation für jemanden wie sie tun?«

Die Sekretärin brachte meinen Kaffee. »Ich hatte gehofft, Sie würden mir ein paar Vorschläge machen«, sagte ich.

»Die ganze Gegend hier abreißen und den Leuten einen Neuanfang ermöglichen – sehr viel mehr fällt mir nicht ein.«

Sie war seit zwanzig Jahren Lehrerin, seit zehn Jahren Schuldirektorin. Konflikte mit ihren Vorgesetzten – früher nur Weiße, jetzt meist Schwarze – über Lehrmaterial und Lehrpläne und Personalfragen waren an der Tagesordnung. In Carver hatte sie ein Eltern-Schüler-Projekt initiiert, das junge Eltern dazu bringen sollte, gemeinsam mit ihren Kindern in der Schule zu lernen. »Die meisten Eltern wollen ja nur das Beste für ihr Kind«, erklärte Dr. Collier. »Sie wissen nur nicht, wie. Also beraten wir sie in Fragen von Ernährung und Gesundheit und Stress und so weiter. Sie können hier Lesen lernen, damit sie ihren Kindern zu Hause vorlesen können. Wo immer möglich, helfen wir ihnen, einen Schulabschluss zu machen, oder wir stellen sie als Hilfslehrer ein.

Allerdings können wir die Verhältnisse nicht verändern, in die diese Mädchen und ihre Babys zurückkehren. Früher oder später verlässt das Kind die Schule, und dann kommen die Eltern auch nicht mehr – «

Das Telefon klingelte, der Maler war da.

»Ich mach Ihnen einen Vorschlag, Obama«, sagte Dr. Collier und stand auf. »Sie kommen nächste Woche vorbei und sprechen mit unserer Elterngruppe. Finden raus, was ihre Probleme sind. Also, ich will Sie nicht zu irgendwas anstiften. Aber wenn die Eltern Ihnen die Hölle heiß machen, kann ich's nicht verhindern, oder?«

Sie lachte und begleitete mich hinaus auf den Korridor, wo eine lebhafte Schar von Fünf- und Sechsjährigen, begleitet von ihrer Lehrerin, auf dem Weg in ihr Klassenzimmer war. Einige winkten uns zu. Zwei Jungen wirbelten um die eigene Achse, die Arme fest in die Seite gestemmt. Ein Mädchen wollte sich seinen Pullover über den Kopf ziehen, verhedderte sich in den Ärmeln. Wie unbesorgt und vertrauensvoll sie alle wirkten, trotz der schwierigen Verhältnisse, in denen viele von ihnen aufwuchsen – vielleicht zu früh geboren, die Eltern drogenabhängig, die meisten bereits gezeichnet von einem Leben in Armut. Mit der Unbefangenheit, mit der sie sich bewegten, mit der Neugier, mit der sie jedes fremde Gesicht betrachteten, ähnelten sie allen Kindern auf der ganzen Welt. Ich musste daran denken, was Regina Jahre zuvor an einem anderen Ort gesagt hatte: *Es geht nicht um dich.*

»Sie sind wunderbar, nicht?« sagte Dr. Collier.

»Ja, stimmt.«

»Die Veränderung tritt erst später ein. In fünf Jahren ungefähr, obwohl ich das Gefühl habe, es fängt immer früher an.«

»Was für eine Veränderung?«

»Die Augen lachen nicht mehr. Ihre Stimmen klingen wie üblich, aber wenn man ihre Augen sieht, spürt man, dass sie etwas in ihrem Innern weggeschlossen haben.«

Ich begann, mehrere Stunden pro Woche mit diesen Kindern und ihren Eltern zu verbringen. Die Mütter waren allesamt Teenager, die meisten von ihnen waren in Altgeld aufgewachsen, ihre Mütter waren selbst Teenager gewesen. Sie sprachen ganz selbstverständlich von ihrer frühen Schwangerschaft, dem Schulabbruch, schwierigen Beziehungen, von Vätern, die regelmäßig auftauchten und dann wieder verschwanden. Sie erzählten von ihrem Alltag, der meist aus Warten bestand – Warten auf den Sozialarbeiter, Warten auf der Bank, wo ihnen die Sozialhilfe ausgezahlt wurde, Warten auf den Bus, mit dem sie zehn Kilometer bis zum nächsten Supermarkt fuhren, weil es dort Windeln im Sonderangebot gab.

Sie hatten gelernt, in ihrer kleinen Welt zurechtzukommen, zu überleben, ohne sich für irgendetwas zu rechtfertigen. Überraschenderweise waren sie aber nicht zynisch geworden. Sie hatten noch Ziele. Beispielsweise die Schwestern Linda und Bernadette Lowry. Mit Dr. Colliers Hilfe hatten sie den High-School-Abschluss nachgeholt. Bernadette hatte sich am lokalen College eingeschrieben, während Linda, erneut schwanger, zu Hause blieb und sich um Bernadettes Sohn Tyrone und ihre eigene Tochter Jewel kümmerte – aber auch sie wollte nach der Geburt ihres zweiten Kindes aufs College gehen. Beide waren überzeugt, einen Job zu finden – vielleicht als Ernährungsberaterin oder Sekretärin. Dann würden sie wegziehen. Einmal zeigten sie mir ein Album mit Ausschnitten aus *Better Homes and Gardens*. Sie wiesen auf die hellen, weißen Küchen und die Dielenfußböden und meinten, eines Tages würden sie auch so wohnen. Tyrone würde Schwimmunterricht bekommen, Jewel würde Ballettstunden nehmen.

Manchmal, wenn ich mir solche unschuldigen Träume anhörte, hätte ich diese jungen Mütter und ihre Babys am liebsten in den Arm genommen, sie nie mehr losgelassen. Die Mädchen spürten diesen Impuls wahrscheinlich, denn Linda, eine bemerkenswerte Schönheit, warf Bernadette dann einen verschmitzten Blick zu und fragte mich, warum ich nicht verheiratet sei.

»Hab wohl noch nicht die Richtige gefunden«, sagte ich.

Bernadette gab ihrer Schwester einen Klaps auf den Arm und rief: »Hör auf! Du machst Mr. Obama ganz verlegen.« Dann lachten sie, und ich ahnte, dass ich auf sie wohl genauso naiv gewirkt habe wie sie auf mich.

Mein Plan für die Eltern war einfach. Wir hatten noch nicht die Macht, das Wohlfahrtssystem zu verändern oder auf der lokalen Ebene Jobs zu schaffen oder das Schulbudget zu erhöhen. Aber wir konnten versuchen, die Wohnsituation in Altgeld zu verbessern, und uns um die allernötigsten Instandsetzungsarbeiten kümmern. Ein paar Siege, dann würden die Eltern den Kern einer unabhängigen Mietervereinigung bilden. Das war meine Überlegung, als ich beim nächsten Elterntreffen Formulare für Mängelanzeigen verteilte und darum bat, sie auch an die Nachbarn im jeweiligen Wohnblock weiterzugeben. Die Anwesenden waren einverstanden, aber im Anschluss an die Sitzung kam eine Frau namens Sadie Evans mit einem Zeitungsausschnitt auf mich zu.

»Das war gestern in der Zeitung, Mr. Obama«, sagte sie. »Ich weiß nicht, ob es etwas zu bedeuten hat, aber ich wollte sehen, was Sie davon halten.«

Es war eine offizielle Ausschreibung, abgedruckt im Anzeigenteil. Die CHA suchte eine Firma zur Asbestsanierung des CHA Management Office in Altgeld. Ich fragte die Eltern, ob sie über mögliche Asbestgefährdung informiert worden seien. Sie schüttelten den Kopf.

»Glauben Sie, es ist auch in unseren Wohnungen?« fragte Linda.

»Das weiß ich nicht. Aber wir können es herausfinden. Wer ist bereit, Mr. Anderson im Management Office anzurufen?«

Niemand meldete sich. »Na los, irgendjemand. Ich selbst kann nicht anrufen, weil ich nicht hier wohne.«

Schließlich hob Sadie die Hand.

Sadie wäre nicht meine erste Wahl gewesen. Sie war klein und schmal und hatte eine dünne Stimme, mit der sie furchtbar schüchtern wirkte. Sie trug knielange Kleider und hatte stets eine ledergebundene Bibel dabei. Sie war, im Gegensatz zu den anderen Eltern, verheiratet, und zwar mit einem jungen Mann, der tagsüber als Verkäufer arbeitete und sich daneben zum Pfarrer ausbilden ließ. Außerhalb ihrer Kirche hatten sie kaum Kontakte.

Ein wenig war sie also eine Außenseiterin, und ich war mir nicht sicher, ob sie für Verhandlungen mit der CHA die nötige Härte mitbrachte. Doch als ich an diesem Tag wieder in mein Büro kam, erfuhr ich von meiner Sekretärin, dass Sadie bereits einen Termin mit Mr. Anderson vereinbart und auch den anderen Eltern Bescheid gesagt hatte. Am nächsten Vormittag stand Sadie wie ein verlorenes Waisenkind vor dem CHA Management Office.

»Sieht nicht so aus, als würde sonst noch jemand kommen, was, Mr. Obama?« sagte sie mit einem Blick auf ihre Armbanduhr.

»Sagen Sie ruhig Barack zu mir«, antwortete ich. »Hören Sie, sind Sie noch immer bereit, die Sache durchzuziehen? Wenn es Ihnen unangenehm ist, finden wir vielleicht jemand anderes.«

»Ich weiß nicht. Glauben Sie denn, die machen mir Schwierigkeiten?«

»Ich finde, Sie haben das Recht, Informationen zu verlangen, die Ihre Gesundheit betreffen. Aber das heißt nicht, dass Mr. Anderson auch dieser Meinung ist. Ich werde Ihnen den Rücken stärken, und auch die anderen Eltern werden Ihnen zur Seite stehen, aber Sie sollten nichts tun, wovon Sie nicht überzeugt sind.«

Sadie sah noch einmal auf ihre Uhr. »Wir sollten Mr. Anderson nicht länger warten lassen«, sagte sie und trat ein.

Mr. Andersons Gesichtsausdruck verriet deutlich, dass er nicht mit mir gerechnet hatte. Er bat uns, Platz zu nehmen, und fragte, ob wir Kaffee wollten.

»Danke, nein«, sagte Sadie. »Ich bin sehr froh, dass wir so kurzfristig mit Ihnen sprechen können.« Sie holte die Ausschreibung aus der Manteltasche und legte sie auf Mr. Andersons Schreibtisch. »Einige Eltern in der Schule haben diese Annonce gesehen. Wir machen uns Sorgen..., ich meine, wir möchten gern wissen, ob es auch in unseren Wohnungen Asbest gibt.«

Mr. Anderson warf einen kurzen Blick auf den Zettel und legte ihn gleich beiseite. »Sie brauchen sich keine Sorgen zu machen, Mrs. Evans«, sagte er. »Wir wollen dieses Gebäude bloß renovieren, und nachdem die Bauarbeiter hier eine Wand eingerissen haben, fanden sie Asbest in den Rohrleitungen. Das wird vorsichtshalber jetzt entfernt.«

»Sollten unsere Wohnungen dann nicht auch überprüft werden, vorsichtshalber? Ich meine, gibt es dort nicht auch Asbest?«

Die Falle war gelegt. Mr. Anderson warf mir einen nervösen Blick zu, versuchte, die Lage rasch einzuschätzen. Das Problem zu vertuschen würde genauso viel Aufsehen erregen wie das Asbest selbst, dachte ich. Ein Skandal würde mir meine Arbeit erleichtern. Trotzdem hatte ich das Bedürfnis, Mr. Anderson entgegenzukommen. Er war mir eigentümlich vertraut, ein älterer Mann, vom Leben enttäuscht – dieser Gesichtsausdruck, den ich so oft bei meinem Großvater gesehen hatte. Ich wollte andeuten, dass ich sein Dilemma verstand, wollte ihm sagen, dass wir gemeinsam eine Lösung finden würden, wenn er einfach zugeben konnte, dass ihm die Probleme in Altgeld über den Kopf wüchsen und dass auch er Hilfe brauche.

Doch ich schwieg, und Mr. Anderson wandte sich ab. »Nein, Mrs. Evans«, sagte er zu Sadie, »in den Wohneinheiten ist kein Asbest. Wir haben alles gründlich überprüft.«

»Na, da bin ich aber erleichtert«, sagte Sadie. »Danke. Vielen Dank.« Sie stand auf, gab Mr. Anderson die Hand und ging zur Tür. Ich wollte gerade etwas sagen, als sie sich wieder umdrehte.

»Ach, noch etwas«, sagte sie. »Hätte ich fast vergessen. Die anderen Eltern..., also, sie möchten diese Untersuchung gern schriftlich sehen. Ich meine, die Ergebnisse. Damit sich jeder ein Bild machen kann und sich nicht um seine Kinder sorgen muss.«

»Ich..., die Unterlagen sind in der Zentrale«, sagte Mr. Anderson. »Schon abgelegt, Sie verstehen.«

»Glauben Sie, Sie könnten uns die Unterlagen bis nächste Woche zukommen lassen?«

»Ja, ähm..., natürlich. Ich werde mich darum kümmern. Nächste Woche.«

Draußen lobte ich Sadie für ihren Auftritt.

»Glauben Sie, er sagt die Wahrheit?«

»Keine Ahnung. Wir werden es schon herausfinden.«

Eine Woche verging. Sadie rief in Mr. Andersons Büro an. Sie erfuhr, dass man noch eine Woche benötige. Eine zweite Woche verging, doch niemand meldete sich bei Sadie. Wir versuchten, Mrs. Reece zu erreichen, die CHA-Bezirkschefin, und schickten dann einen Brief an den CHA-Direktor (mit Kopie an den Bürgermeister). Keine Reaktion.

»Was machen wir jetzt?« fragte Bernadette.

»Wir fahren in die Zentrale, sprechen mit dem Direktor. Wenn sie nicht zu uns kommen, kommen wir zu ihnen.«

Am nächsten Tag planten wir unsere Aktion. Wir schrieben einen zweiten Brief an den CHA-Direktor, in dem wir mitteilten, dass wir in zwei Tagen erscheinen würden, um eine Antwort in der Asbest-Angelegenheit zu erhalten. Wir gaben eine kurze Presseerklärung heraus. Die Kinder von Carver wurden mit Handzetteln nach Hause geschickt, auf denen wir die Eltern dringend ersuchten, unsere Aktion zu unterstützen. Den ganzen Abend telefonierten Sadie, Linda und Bernadette mit ihren Nachbarn.

Doch am entscheidenden Tag zählte ich nur acht Personen in dem gelben Bus vor der Schule. Bernadette und ich standen auf dem Parkplatz und versuchten, andere Eltern, die ihre Kinder abholen kamen, noch zu mobilisieren. Die einen sagten, sie hätten einen Arzttermin, andere konnten keinen Babysitter auftreiben. Manche gaben sich gar nicht erst mit Erklärungen ab und gingen an uns vorbei, als wären wir Bettler. Als Angela, Mona und Shirley eintrafen, um sich ein Bild zu machen, flehte ich sie an, mitzukommen und uns moralisch zu unterstützen. Alle schauten niedergeschlagen, bis auf Tyrone und Jewel, die Mr. Lucas, dem einzigen Vater in der Gruppe, Grimassen schnitten. Schließlich kam auch Dr. Collier hinzu.

»Das war's dann wohl«, bemerkte ich.

»Mehr als ich erwartet habe«, sagte sie. »Obamas Armee.«

»Stimmt.«

»Viel Glück!« sagte sie und klopfte mir auf die Schulter.

Der Bus fuhr an dem alten Hochofen und der Ryerson Stahlfabrik vorbei, durch den Jackson Park und bog schließlich auf den Lake Shore Drive ein. Unterwegs verteilte ich unser Aktionsprogramm und bat alle Teilnehmer, die Informationen genau durchzulesen. Mir fiel auf, dass Mr. Lucas angestrengt auf den Zettel starrte. Er war ein kleiner, freundlicher Mann, der leicht stotterte, sich mit Gelegenheitsarbeiten in Altgeld durchschlug und der Mutter seiner Kinder half, wo immer er konnte. Ich fragte ihn, ob etwas nicht in Ordnung sei.

»Ich kann nicht so gut lesen«, sagte er ruhig.

Wir starrten beide auf das eng beschriebene Papier.

»Kein Problem.« Ich ging ganz nach vorn. »Hört mal bitte zu! Ich möchte, dass wir unsere Aktion gemeinsam durchgehen, damit es jeder richtig verstanden hat. Was ist unser Ziel?«

»Eine Unterredung mit dem Direktor.«

»Wo?«

»In Altgeld!«

»Was, wenn es heißt, wir bekommen die Antwort später?«

»Wir wollen die Antwort jetzt!«

»Was, wenn sie etwas Unerwartetes tun?«

»Dann besprechen wir uns.«

»Irre!« rief Tyrone.

Das CHA-Büro befand sich in einem massiven grauen Gebäude mitten im Geschäftszentrum. Wir stiegen aus, einer nach dem andern, betraten die Eingangshalle und zwängten uns in den Aufzug. Im dritten Stockwerk betraten wir eine helle Rezeption mit einem imposanten Tresen, hinter dem eine Empfangssekretärin saß.

»Was kann ich für Sie tun?« fragte sie, ohne von ihrer Modezeitschrift aufzusehen.

»Wir hätten gern mit dem Direktor gesprochen«, sagte Sadie.

»Haben Sie einen Termin?«

»Er…« Sadie wandte sich an mich.

»Er weiß, dass wir kommen.«

»Äh, er ist momentan nicht zu sprechen.«

Sadie sagte: »Dann würden wir gern mit seinem Stellvertreter sprechen.«

Die Rezeptionistin starrte uns eisig an, aber wir ließen uns nicht einschüchtern. »Nehmen Sie bitte Platz«, sagte sie schließlich.

Die Eltern setzten sich schweigend, Shirley wollte sich eine Zigarette anzünden, doch Angela stieß sie in die Rippen.

»Es geht doch hier um unsere Gesundheit!«

»Eh zu spät bei mir, Schätzchen«, murmelte Shirley, steckte die Schachtel aber wieder ein. Ein paar Männer in Anzug und Krawatte traten aus der Tür hinter dem Empfangstresen und musterten uns flüchtig, bevor sie im Aufzug verschwanden. Linda flüsterte Bernadette etwas zu, Bernadette flüsterte zurück.

»Warum flüstern hier alle?« fragte ich laut.

Die Kinder kicherten. Bernadette sagte: »Ich komme mir vor, als wäre ich zur Schuldirektorin bestellt.«

»Hört mal her«, sagte ich. »Dieses große Büro hier haben sie gebaut, damit sich die Leute ganz klein fühlen. Vergesst nicht, dies ist eine öffentliche Behörde. Wer hier arbeitet, muss euch Rechenschaft ablegen.«

»Entschuldigung«, sagte die Rezeptionistin, »ich höre gerade, dass der Direktor Sie heute leider nicht empfangen kann. Sie möchten sich bitte an Mr. Anderson in Altgeld wenden.«

»Mit Mr. Anderson haben wir bereits gesprochen«, sagte Bernadette. »Wenn der Direktor heute nicht da ist, möchten wir mit seinem Stellvertreter sprechen.«

»Bedaure, das ist nicht möglich. Wenn Sie nicht sofort gehen, muss ich den Sicherheitsdienst rufen.«

In diesem Moment kamen mehrere Fernsehteams und Pressereporter aus dem Aufzug. »Geht es hier um die Asbestgeschichte?« fragte mich einer der Reporter.

Ich deutete auf Sadie. »Sie ist die Sprecherin.«

Die TV-Teams begannen ihre Kameras aufzubauen, und die Reporter holten ihre Notizblöcke heraus. Sadie nahm mich beiseite.

»Ich möchte nicht interviewt werden.«

»Wieso denn?«

»Keine Ahnung. Ich hab noch nie vor einer Kamera gestanden.«

»Das schaffst du schon.«

Wenig später liefen die Kameras, und Sadie gab mit zittriger Stimme ihre erste Pressekonferenz. Irgendwann kam eine Frau im roten Kostüm hereingestürmt, lächelte Sadie verkniffen zu und stellte sich als Mrs. Broadnax vor, die Assistentin des Direktors. »Tut mir furchtbar leid, dass der Direktor nicht kommen kann«, sagte sie. »Wenn Sie mir bitte folgen, wir können die ganze Sache bestimmt klären.«

»Gibt es in allen CHA-Wohnungen Asbest?« rief ein Reporter. »Wird es ein Gespräch zwischen dem Direktor und den Eltern geben?«

»Wir sind an einem möglichst guten Resultat für die Bewohner interessiert«, rief Mrs. Broadnax über die Schulter. Wir folgten ihr in einen großen Raum, in dem mehrere düster dreinblickende Männer an einem Konferenztisch saßen. Mrs. Broadnax meinte, wie nett die Kinder seien, und bot uns Kaffee und Doughnuts an.

»Wir wollen keine Doughnuts«, sagte Linda. »Wir wollen Antworten.«

Das reichte. Auch ohne meine Hilfe fanden die Eltern heraus, dass noch keine Untersuchungen durchgeführt worden waren. Man sagte ihnen zu, dass noch am selben Tag mit den entsprechenden Arbeiten begonnen werden solle. Sie vereinbarten ein Treffen mit dem Direktor, sammelten eine Handvoll Visitenkarten ein und bedankten sich bei Mrs. Broadnax. Der Termin wurde den Reportern mitgeteilt, und dann zwängten wir uns wieder in den Aufzug. Draußen auf der Straße bestand Linda darauf, dass ich allen Teilnehmern, einschließlich dem Busfahrer, eine Portion Popcorn spendierte. Während der Rückfahrt sprach ich zusammenfassend über unsere Aktion, wies auch darauf hin, wie wichtig die Vorbereitung gewesen sei und dass wir gemeinsam als Gruppe aufgetreten seien.

»Habt ihr gesehen, wie die Frau geguckt hat, als sie die ganzen Kameras sah?«

»Und diese scheißfreundliche Art, wie sie mit den Kindern umgegangen ist, nur, damit wir keine Fragen stellen.«

»War Sadie nicht phantastisch? Wir sind total stolz auf dich!«

»Ich muss unbedingt meine Cousine anrufen, damit sie ihren Videorekorder anstellt. Wir sind bestimmt im Fernsehen.«

Ich versuchte zu verhindern, dass nicht alle auf einmal redeten, aber Mona zupfte mich nur am Ärmel. »Gib's auf, Barack!« sagte sie und reichte mir eine Tüte Popcorn. »Hier!«

Ich setzte mich neben sie. Mr. Lucas hob die Kinder auf seinen Schoß, damit sie einen Blick auf die Buckingham Fountain werfen konnten. Ich kaute auf dem klebrigen Popcorn, schaute hinaus auf den See, der ruhig und türkisgrün dalag, und verspürte eine tiefe Zufriedenheit.

Diese Busfahrt veränderte mich. Es war einer dieser wichtigen Augenblicke, die nicht deshalb wichtig sind, weil sie die materiellen Existenzbedingungen betreffen (Geld, Sicherheit, Ruhm), sondern weil sie Möglichkeiten zeigen und anspornen, über Glücksgefühle und anschließende Enttäuschungen hinaus, unbeirrt festzuhalten an dem, was man für einen kurzen Moment erlebt hat. Diese Busfahrt gab mir eine Kraft, die vielleicht noch immer nachwirkt.

Das öffentliche Interesse tat natürlich gut. Am Abend jenes Tages war Sadie auf allen Fernsehkanälen zu sehen. Die Presse roch Blut, fand heraus, dass noch in einem anderen Wohnviertel der South Side asbesthaltige Rohrleitungen eingebaut waren. Stadtverordnete forderten eine politische Untersuchung, Anwälte sprachen von einer Sammelklage.

Doch wirklich Beglückendes erlebte ich während der Vorbereitung für das Treffen mit dem CHA-Direktor. Die Eltern sprachen über künftige Kampagnen. Neue Eltern, die sich engagieren wollten, kamen hinzu. Die geplante Mobilisierung wurde Wirklichkeit. Linda ging von Haus zu Haus und sammelte die Mängelanzeigen ein. Mr. Lucas, der nicht lesen konnte, erklärte den Nachbarn, wie man die Formulare richtig ausfüllte. Selbst diejenigen, die uns kritisch gegenübergestanden hatten, wollten nun mitmachen. Mrs. Reece erklärte sich bereit, als Mitveranstalterin des Treffens zu fungieren. Und Reverend Johnson ließ einige Gemeindemitglieder während des Gottesdienstes eine Erklärung abgeben. Es war, als hätte Sadies kleiner, mutiger Schritt ein Hoffnungsreservoir freigelegt, das den Bewohnern von Altgeld die Möglichkeit eröffnete, sich der Stärke bewusst zu werden, die sie die ganze Zeit über hatten.

Das Treffen sollte in der Sporthalle der Kirchengemeinde Our Lady's stattfinden, der einzigen Räumlichkeit in Altgeld, die Platz bot für die dreihundert Personen, auf deren Erscheinen wir hofften. Die führenden Aktivistinnen kamen eine Stunde früher, und noch einmal rekapitulierten wir unsere Forderungen – eine Gruppe von Mietern sollte in Zusammenarbeit mit der CHA die Asbestentsorgung im Blick behalten, und die CHA sollte einen Zeitplan für die Sanierung aufstellen. Und während wir noch über letzte Details sprachen, winkte mich Henry, der Techniker, zu sich.

»Was gibt's?«

»Die Tonanlage funktioniert nicht. Kurzschluss oder so.«

»Wir haben also keinen Lautsprecher?«

»Im Moment nicht. Ihr müsst mit diesem Ding hier vorliebnehmen.« Er zeigte auf einen armseligen Verstärker von der Größe eines kleinen Koffers und ein kleines Mikrophon, das an einem dünnen, brüchigen Kabel baumelte. Sadie und Linda kamen hinzu und starrten auf den primitiven Kasten.

»Soll das ein Witz sein?« sagte Linda.

Ich klopfte gegen das Mikrophon. »Wird schon klappen. Ihr müsst halt ein bisschen lauter sprechen. Aber seht zu, dass der Direktor euch das Mikrophon nicht wegnimmt. Sonst redet er stundenlang. Haltet es ihm einfach hin, wenn ihr eure Fragen gestellt habt. Ihr wisst schon, wie bei Oprah.«

»Wenn niemand kommt«, sagte Sadie mit einem Blick auf ihre Uhr, »brauchen wir eh kein Mikrophon.«

Doch die Leute kamen – Senioren, Jugendliche, Kinder. Um sieben hatten sich fünfhundert Leute eingefunden, eine Viertelstunde später waren es siebenhundert. Fernsehteams stellten ihre Kameras auf, und die anwesenden Lokalpolitiker baten uns, ein paar Worte an die Versammlung richten zu dürfen. Marty, der ebenfalls erschienen war, konnte kaum an sich halten.

»Barack, das ist eine Riesenchance für dich! Diese Leute sind bereit.«

Es gab nur ein Problem. Der Direktor war noch nicht da. Mrs. Broadnax sagte, er stecke in einem Stau. Also beschlossen wir, mit dem ersten Teil anzufangen. Es war acht, als wir die Präliminarien hinter uns hatten. Ich hörte schon, wie die Leute unruhig wurden, sich Luft zufächelten, denn in der Turnhalle war es heiß. In der Nähe der Tür erblickte ich Marty, der versuchte, die Leute zu einem Gesang zu animieren. Ich nahm ihn beiseite.

»Was soll das?«

»Du verlierst ihre Aufmerksamkeit. Du musst was unternehmen, sonst schlafen sie ein.«

»Setz dich bitte hin.«

Ich wollte schon resignieren und die Veranstaltung mit Mrs. Broadnax beginnen, als sich hinten im Saal Murmeln erhob und der Direktor, umgeben von Mitarbeitern, hereinkam – ein Schwarzer, mittelgroß, Anfang vierzig, elegant gekleidet. Er rückte die Krawatte zurecht und bahnte sich grimmigen Gesichts einen Weg nach vorn.

»Willkommen«, sagte Sadie in das Mikrophon. »Es sind viele Leute da, die Ihnen etwas sagen möchten.«

Die Leute klatschten, einige pfiffen. Die Scheinwerfer wurden eingeschaltet.

»Wir wollen heute Abend über ein Problem reden«, sagte Sadie, »das die Gesundheit unserer Kinder gefährdet. Aber bevor wir uns dem Thema Asbest zuwenden, sollten wir über unsere alltäglichen Probleme reden. Linda, bitte.«

Linda nahm das Mikrophon und machte den Direktor auf den Stapel Mängelanzeigen aufmerksam.

»Herr Direktor, niemand in Altgeld erwartet Wunder. Wir verlangen aber, dass sich die CHA um die einfachsten Dinge kümmert. Mehr nicht, nur die einfachsten Dinge. Die Leute hier haben alles sauber und ordentlich aufgeschrieben, all die Schäden, die sie gemeldet haben, die aber nie repariert werden. Unsere Frage also: Wollen Sie sich heute Abend, in Gegenwart all dieser Mieter, die gekommen sind, zur Zusammenarbeit bereit erklären, um all diese Mängel zu beheben?«

An die nächsten Minuten habe ich keine deutliche Erinnerung mehr. Linda hielt dem Direktor das Mikrophon hin, doch als der es ihr aus der Hand nehmen wollte, zog sie es wieder zurück.

»Bitte nur Ja oder Nein«, sagte Linda. Der Direktor erklärte, dass er auf seine Weise antworten werde, und griff wieder nach dem Mikrophon. Wieder zog Linda es ihm weg, doch diesmal ähnelte ihre Reaktion der Geste eines Kindes, das dem kleinen Bruder lockend eine Eiswaffel hinhält. Ich winkte Linda zu, das Mikrophon aus der

Hand zu geben, war aber zu weit entfernt, als dass sie mich hätte sehen können. Inzwischen hatte der Direktor seine Hand auf das Kabel gelegt, und es kam zu einem kurzen Kampf zwischen ihm und der jungen Frau in Stretchhose und Bluse. Hinter ihnen stand Sadie, reglos, mit erhitztem Gesicht und großen Augen. Aus dem Publikum, das nicht erkennen konnte, was da vor sich ging, kamen die ersten Rufe, teils an den Direktor, teils an Linda gerichtet.

Und dann ging alles drunter und drüber. Der Direktor erhob sich und verließ das Podium, strebte dem Ausgang zu. Einige Leute folgten ihm, er ging nun etwas schneller. Ich selbst lief los, doch als ich mich ins Freie vorgekämpft hatte, saß der Direktor schon in der schützenden Limousine, ein paar Leute umringten sie, drückten das Gesicht an die getönten Scheiben, einige lachten, andere fluchten, die meisten standen einfach ratlos da. Langsam, im Schritttempo, fuhr der Wagen an, bis er die Straße erreichte, dann brauste er los, rumpelte über Schlaglöcher und Bordsteinkanten und war bald aus dem Blickfeld verschwunden.

Wie benommen ging ich wieder zurück, gegen einen Strom von Menschen, der aus der Tür kam. Dort hatte sich ein Kreis um einen jungen Mann in brauner Lederjacke gebildet, in dem ich den Assistenten des Stadtverordneten wiedererkannte.

»Vrdolyak hat die ganze Sache eingefädelt«, sagte er zu den Umstehenden. »Ihr habt doch gesehen, wie dieser Weiße die Leute aufgehetzt hat. Sie wollen nur, dass Harold schlecht dasteht.«

In der Nähe stand Mrs. Reece mit einigen ihrer Leute. »Toll, was Sie da angerichtet haben«, fuhr sie mich an. »Genau das passiert, wenn Sie mit diesen jungen Leuten zusammenarbeiten. Sehr peinlich für das Viertel, Fernsehen und alles. Für die Weißen sind wir nur ein Haufen Nigger, sie erwarten ja nichts anderes von uns.«

In der Halle befand sich nur noch eine Handvoll Eltern. Linda stand allein in einer Ecke und weinte. Ich legte ihr einen Arm um die Schulter.

»Alles okay?«

»Das ist mir so peinlich«, sagte sie. »Ich weiß gar nicht, wie es dazu gekommen ist, Barack. Die vielen Leute ... Immer richte ich so ein Chaos an.«

»Ist nicht deine Schuld«, sagte ich. »Wenn, dann war es meine.«
Ich rief die anderen zusammen, sprach ihnen Mut zu. Viele Leute
seien gekommen, sagte ich, die Leute seien also bereit, sich zu engagieren. Die meisten würden uns auch weiterhin unterstützen. Wir
würden aus unseren Fehlern lernen.

»Und der Direktor weiß jedenfalls, mit wem er es zu tun hat«,
sagte Shirley.

Jemand lachte hilflos. Sadie sagte, sie müsse nach Hause. Ich erklärte, dass ich mich um das Aufräumen kümmern werde. Als ich
sah, wie Bernadette mit Tyrone auf dem Arm langsam durch die
Halle ging, krampfte sich mir der Magen zusammen. Dr. Collier
tippte mir auf die Schulter.

»Und Sie, von wem bekommen Sie Zuspruch?« fragte sie.

Ich schüttelte den Kopf.

»Sie riskieren viel, es klappt eben nicht immer.«

»Aber der Ausdruck auf ihren Gesichtern...«

»Keine Bange«, sagte Dr. Collier. »Die sind hart im Nehmen.
Nicht so hart, wie sie sich geben – keiner von uns, Sie auch nicht.
Aber sie werden darüber hinwegkommen. Solche Dinge gehören
einfach zum Erwachsenwerden. Und manchmal tut es weh, das Erwachsenwerden.«

Es hätte schlimmer kommen können. Weil sich die Veranstaltung
hingezogen hatte, brachte nur ein einziger Fernsehsender das Ge-
rangel zwischen Linda und dem CHA-Direktor. Die Morgenzei-
tung berichtete über die Enttäuschung der Mieter angesichts der
schwerfälligen Reaktion der CHA und über das verspätete
Erscheinen des Direktors. Tatsächlich konnten wir die Veranstaltung als eine Art Erfolg verbuchen, denn in der darauffolgenden
Woche tauchten in Altgeld Arbeiter in Schutzanzügen auf und
wurden überall dort tätig, wo der Asbest eine unmittelbare Gefahr
darstellte. Außerdem gab die CHA bekannt, dass man die Bun-
desregierung in Washington um Hilfsgelder in Millionenhöhe er-
sucht habe, die für die Sanierung von Altgeld eingesetzt werden
sollten.

Solche Zugeständnisse ermunterten einige Eltern, und nachdem wir unsere Wunden eine Weile geleckt hatten, kamen wir wieder regelmäßig zusammen, um zu prüfen, ob sich die CHA an ihre Versprechungen hielt. Doch ich wurde das Gefühl nicht los, dass das Fenster der Möglichkeiten, das sich für kurze Zeit geöffnet hatte, zumindest in Altgeld wieder zugeschlagen war. Linda, Bernadette, Mr. Lucas – sie alle arbeiteten weiterhin mit dem DCP, aber nur zögernd, mehr aus Loyalität mir gegenüber. Andere Mieter, die sich schon vor jenem Abend für unsere Arbeit interessiert hatten, stiegen wieder aus. Mrs. Reece lehnte es ab, mit uns zu sprechen, und obwohl ihre Kritik an unserer Vorgehensweise kaum Beachtung fand, verstärkte sie doch den Verdacht vieler Leute, dass noch so viel Engagement nichts an ihrer Situation änderte, ihnen höchstens Scherereien einbrachte, die sie nicht gebrauchen konnten.

Etwa einen Monat später trafen wir mit einem Vertreter des Bauministeriums zusammen, um die Forderung der CHA nach finanziellen Zuwendungen zu unterstützen. Die CHA hatte nicht nur Mittel für die unmittelbare Sanierung angefordert, sondern auch noch mehr als eine Milliarde Dollar für dringend erforderliche Instandsetzungsarbeiten in der ganzen Stadt. Ein hochgewachsener weißer Ministerialbeamter aus Washington ging mürrisch die Zahlen durch.

»Ich will ganz ehrlich sein«, sagte er. »Die CHA kann nicht einmal mit der Hälfte der angeforderten Gelder rechnen. Wir können Ihnen die Asbestsanierung finanzieren. Oder wir finanzieren die nötigsten Reparaturen, neue Leitungen, neue Dächer und so weiter. Aber Sie können nicht beides haben.«

»Sie erklären uns also, dass wir nach alldem schlechter dastehen als vorher.«

»Nein, nicht unbedingt. Aber das sind nun mal unsere Prioritäten, mehr ist nicht drin. Bedaure.«

Bernadette hob Tyrone auf den Schoß. »Erklären Sie ihm das!«

Sadie war schon nicht mehr dabei. Sie hatte mir am Telefon erklärt, dass sie nicht mehr im DCP mitarbeiten wolle.

»Mein Mann findet es blöd, dass ich so viel Zeit dafür aufwende, statt für die Familie da zu sein. Er sagt, dass mir die Bekanntheit zu Kopf gestiegen ist … Er findet, ich sei überheblich geworden.«

Solange sie in Altgeld wohnten, meinte ich, wäre es doch naheliegend, hier mitzuarbeiten.

»Hier wird sich nie was ändern, Mr. Obama«, sagte sie. »Wir
haben beschlossen, Geld zu sparen, und dann werden wir möglichst
bald wegziehen.«

13

»Mann, ich sag dir, es geht verrückt zu in der Welt.«

»Ja, das Leben ist verrückt.«

»Sag ich doch.«

Nach dem Mittagessen in Hyde Park schlenderten wir wieder zurück zum Auto. Johnnie war mal wieder in Gesprächslaune, wie so oft nach einem guten Essen und einem Glas Wein. Bei unserem ersten Zusammentreffen, als er noch bei einer Bürgerinitiative mitarbeitete, hatte er über das Verhältnis zwischen Jazz und Buddhismus gesprochen, dann den Po schwarzer Frauen zum Gegenstand seiner Betrachtungen gemacht und schließlich die Geldpolitik der Federal Reserve Bank analysiert. In solchen Momenten wurden seine Augen ganz groß, er redete schnell, und sein rundes, bärtiges Gesicht leuchtete wie das eines staunenden Kindes. Vermutlich hatte ich Johnnie auch deswegen angeheuert, wegen seiner Neugier, seiner Vorliebe fürs Absurde. Er war ein Philosoph des Blues.

»Nur ein Beispiel«, fuhr er fort. »Neulich war ich im State of Illinois Building verabredet. Du weißt schon, mit diesem offenen Bereich im Innern, dem großen Atrium und so. Der Typ, mit dem ich verabredet bin, verspätet sich, ich stehe also da, schaue vom zwölften Stockwerk hinunter, studiere die Architektur, und plötzlich fliegt ein Körper an mir vorbei. Selbstmord.«

»Davon hast du mir noch gar nicht erzählt.«

»Tja, ich war ziemlich fertig. Ich hab den Körper aufschlagen hören, als wär es genau neben mir. Furchtbares Geräusch. In dem Moment kommen die Büroangestellten herbeigelaufen und schauen über die Brüstung, um zu sehen, was passiert ist. Alle sehen hinunter, da unten liegt die Leiche, krumm und starr. Die Leute schrien und hielten sich die Hand vor die Augen. Aber das Merkwürdige war, die Leute gingen wieder zur Brüstung und schauten ein zweites Mal hinunter. Dann schrien sie wieder und hielten sich wieder die Hand vor die Augen. Warum? Ich meine, was haben sie denn erwartet? Na ja, die Leute sind halt komisch. Kann man nichts machen...

Jedenfalls kommt dann die Polizei, sie sperren den Ort ab und schaffen die Leiche weg. Und dann kommen die Gebäudereiniger und machen sauber. Nichts Besonderes – Besen, Lappen. Ein Leben wird aufgewischt. Die ganze Aktion dauert nicht länger als fünf Minuten. Geht ganz schnell... Ich meine, man braucht schließlich keine besonderen Geräte oder Anzüge. Aber es hat mich nachdenklich gemacht. Wie mag das wohl sein, die Überbleibsel von jemandem wegzuwischen? Jemand muss es schließlich machen. Aber wie geht es einem dann, abends beim Essen?«

»Und wer war es?«

»Noch so eine Geschichte, Barack.« Johnnie zog an seiner Zigarette und blies den Rauch langsam aus. »Es war eine junge Weiße, sechzehn, siebzehn Jahre. Eine von diesen Punks, blaue Haare, Ring in der Nase. Ich hab mich gefragt, was ihr wohl durch den Kopf gegangen ist, während sie mit dem Lift hinauffuhr. Ich meine, neben ihr standen doch bestimmt Leute, vielleicht haben sie sie wegen ihres Aussehens angestarrt und dann wieder an ihre eigenen Sachen gedacht. Beförderung, das nächste Spiel der Bulls, was auch immer. Und die ganze Zeit steht das Mädchen neben ihnen, mit seiner ganzen Verzweiflung. Muss sehr groß gewesen sein, diese Verzweiflung, denn kurz bevor sie losspringt, schaut sie bestimmt runter und weiß, dass es weh tut.«

Johnnie trat seine Zigarette aus. »Genau das meine ich, Barack. Das ganze Leben. Dieser ganze Wahnsinn. Da fragt man sich: Passiert das überall? Gibt es irgendeinen Grund für diese ganze Scheiße? Fragst du dich das manchmal auch?«

»Die Welt ist verrückt«, wiederholte ich.

»Sag ich doch, Mann.«

Wir hatten Johnnies Auto fast erreicht, als wir plötzlich einen Knall hörten, als wäre ein Luftballon geplatzt. Wir schauten in die Richtung, aus der das Geräusch gekommen war, und sahen einen jungen Mann, der um die Ecke gelaufen kam. Ich erinnere mich weder an sein Gesicht noch an seine Kleidung, aber er kann nicht älter als fünfzehn gewesen sein. Ich weiß nur noch, dass er in seinen Turnschuhen sehr schnell lief, fast lautlos, mit heftig ausholenden Bewegungen, die Brust herausgestreckt, als sprintete er auf ein imaginäres Zielband zu.

Johnnie warf sich sofort auf ein kleines Rasenstück vor einem der Häuser, und ich machte es ihm nach. Wenig später kamen zwei Jungen um dieselbe Ecke gelaufen, ebenfalls in hohem Tempo. Einer der beiden, klein und dicklich, mit Hosen, die unten zusammengebunden waren, fuchtelte mit einer kleinen Pistole herum. Im Laufen feuerte er drei Schüsse in die Richtung des ersten Jungen. Als er erkannte, dass sein Ziel außer Schussweite war, drosselte er sein Tempo und stopfte die Waffe unter sein Hemd. Sein Kumpel, dürr und mit großen Ohren, schloss zu ihm auf.

»Blödes Arschloch«, sagte der Dürre und spuckte zufrieden aus. Lachend gingen sie wie zwei Kinder die Straße hinunter, unförmige Schatten auf den Asphalt werfend.

Dann kamen Herbst und Winter. Ich hatte meine Enttäuschung wegen der Asbest-Kampagne überwunden, hatte andere Themen und Mitstreiter gefunden. Johnnie nahm mir viel Arbeit ab, und unser Budget war stabil. Den Verlust an jugendlichem Enthusiasmus machte ich durch Erfahrung wett. Und vielleicht waren es tatsächlich die große Vertrautheit mit den lokalen Gegebenheiten und meine Erfahrung, die mir das Gefühl gaben, dass sich im Frühjahr 1987 etwas verändert hatte unter den Jugendlichen der South Side, dass eine unsichtbare Grenze überschritten war, eine hässliche Entwicklung eingesetzt hatte.

Es gab nichts Konkretes, an dem ich es festmachen konnte, keine eindeutigen Statistiken. Die Schießereien, die Sirenen der Krankenwagen, die nächtlichen Geräusche von Gegenden, in denen Dealer und Banden das Sagen hatten und in die sich Polizei und Presse nur vorwagten, wenn die Leiche, in einer Blutlache auf dem Asphalt, bereits entdeckt war – all das war nicht neu. In Gegenden wie Altgeld wurden Knasterfahrungen vom Vater auf den Sohn weitervererbt.

Schon während der ersten Tage in Chicago hatte ich die Jugendlichen an den Straßenecken herumhängen sehen, wie sie, in den Wintermonaten mit der Kapuze über dem Kopf, mit ihren klobigen Sneakers aufstampften, im Sommer, nur mit einem T-Shirt bekleidet, zur Telefonzelle liefen, wenn es dort klingelte: kleine Grüppchen, die sich auflösten, sobald ein Streifenwagen lautlos auftauchte, und anschließend wieder zusammenfanden.

Nein, es war eher eine atmosphärische Veränderung, wie vor einem Gewitter. Ich spürte es, als ich eines Abends auf dem Heimweg vier Jungs bemerkte, die einen Vorgarten verwüsteten, einfach so. Ich sah es in den Augen der jungen Männer im Rollstuhl, die in jenem Frühjahr auf den Straßen auftauchten, verkrüppelt, keine Spur von Selbstmitleid, gefasst und schon so verhärtet, dass sie eher Angst einflößten als Mitleid weckten.

Das war das Neue – ein neues Verhältnis von Hoffnung und Furcht, der Eindruck, unter Erwachsenen ebenso verbreitet wie unter Jugendlichen, dass viele, wenn nicht die meisten Jungen nicht mehr zu retten waren. Selbst erfahrenen South Sidern wie Johnnie fiel die Veränderung auf. »So etwas hab ich noch nie gesehen, Barack«, sagte er eines Tages bei einem Bier. »Ich meine, es war schon früher tough, aber es gab Grenzen. Wir haben gekifft, wir haben uns geprügelt. Aber wenn ein Erwachsener sah, dass wir laut wurden oder es allzu toll trieben, dann hat er was gesagt. Und wir haben zugehört, verstehst du. Heutzutage ist davon nichts mehr übrig. Überall Drogen und Waffen. Man braucht gar nicht viele Kids mit einer Waffe – ein paar reichen schon. Jemand sagt etwas, peng, wird er umgelegt. Die Leute hören solche Geschichten, sie gehen diesen Jungs einfach aus dem Weg, versuchen gar nicht mehr mit ihnen zu reden. Wir denken in Schablonen, genau wie die Weißen. Wenn wir sie irgendwo rumhängen sehen, gehen wir in die andere Richtung. Nach einer Weile merken selbst die anständigen Kids, dass sich hier draußen niemand um sie kümmert. Also sagen sie sich, ich muss selber schauen, wo ich bleibe. Und am Ende haben wir Zwölfjährige, die ihre eigenen Gesetze aufstellen.«

Johnnie trank einen Schluck Bier. »Ich weiß nicht, Barack. Manchmal hab ich Angst. Vor Typen, denen alles egal ist, muss man Angst haben. Und wenn sie noch so jung sind.«

Als ich wieder zu Hause war, dachte ich über Johnnies Worte nach. Hatte ich Angst? Mir schien, eher nicht. Jedenfalls nicht so, wie Johnnie es gemeint hatte. In Altgeld oder anderen problematischen Vierteln spürte ich oft meine alte Angst, nicht dazuzugehören. Ich dachte aber nie daran, eventuell überfallen zu werden. Mir wäre auch nicht in den Sinn gekommen, zwischen guten und schlechten Kids zu unterscheiden. Eine solche Sichtweise war mir fremd, die Vorstellung, dass Kinder ihre Entwicklung selbst bestimmen. Ich dachte an Bernadettes fünfjährigen Sohn, der auf den Straßen von Altgeld herumtollte, zwischen Klärwerk und Müllhalde. Wo würde man ihn einordnen auf der Gut-Böse-Skala? Wenn er in einer Bande oder im Knast endete – wäre das ein Beweis für seine wahre Natur, ein fehlgeleitetes Gen..., oder wäre es nur das Ergebnis unzureichender Existenzbedingungen?

Oder Kyle. Wie erklärte man, was er durchmachte? Er war gerade sechzehn geworden. In den letzten zwei Jahren hatte er an Größe und Gewicht zugelegt, der Flaum über der Oberlippe deutete schon einen Schnurrbart an. Er war noch immer höflich zu mir, noch immer bereit, über die Bulls zu reden – in diesem Jahr, sagte er, würden sie im Endspiel stehen. Aber er war meist nicht da, wenn ich vorbeischaute, oder unterwegs zu seinen Freunden. An manchen Abenden kam Ruby bei mir zu Hause vorbei, um über ihren Sohn zu reden, einfach so, sie wisse nicht mehr, wo er sich herumtreibe, in der Schule würde er immer schlechter, seine Zimmertür sei immer verschlossen, er verheimliche ihr immer mehr.

Sie solle sich keine Sorgen machen, riet ich ihr stets, in seinem Alter sei ich viel schlimmer gewesen. Abgenommen hat sie mir das vermutlich nicht, aber es schien sie zu beruhigen. Eines Tages erklärte ich mich bereit, Kyle auf den Zahn zu fühlen. Ich würde ihn mitnehmen zum Basketball in der Sporthalle der University of Chicago. Unterwegs dorthin schwieg er die meiste Zeit, tat Fragen mit einem Schulterzucken oder einer nichtssagenden Bemerkung ab. Als ich ihn fragte, ob er noch immer zur Luftwaffe wolle, schüttelte er den Kopf. Er wolle lieber in Chicago bleiben, sich einen Job und eine eigene Wohnung besorgen. Auf meine Frage, was den Sinneswandel bewirkt habe, antwortete er, die Air Force würde einen Schwarzen niemals einen Kampfjet fliegen lassen.

Ich sah ihn empört an: »Wer hat dir denn diesen Quatsch erzählt?«

Kyle antwortete achselzuckend: »Weiß doch jedes Kind. Ist einfach so.«

»Mann, das ist die falsche Einstellung. Dir stehen alle Wege offen, wenn du bereit bist, dafür zu arbeiten.«

Kyle zog eine Grimasse und wandte den Kopf zum Fenster, dass es beschlug. »Tja…, wie viele schwarze Piloten kennen Sie denn?«

Die Sporthalle war nicht voll, wir mussten nur eine Partie abwarten, dann durften wir aufs Spielfeld. Ich hatte bestimmt ein halbes Jahr kein Basketballspiel mehr gesehen, und die Zigaretten hatten ein Übriges getan. Im ersten Spiel schnappte sich mein Bewacher den Ball direkt aus meiner Hand, was ich als Foul reklamierte, worüber sich die Spieler am Spielfeldrand kaputtlachten. Im zweiten Spiel war ich schon ziemlich schlapp.

Um mir weitere Peinlichkeiten zu ersparen, beschloss ich, in der dritten Runde auszusetzen und Kyle zuzusehen. Er spielte nicht schlecht, aber er bewachte einen Spieler, der etwas älter als ich war, einen Krankenpfleger – klein, aber aggressiv und blitzschnell. Schon bald war klar, dass er Kyle haushoch überlegen war. Er warf drei Körbe in Folge und ließ dann die üblichen Kommentare vom Stapel.

»Hast du nicht mehr drauf, Junge? Lässt dich von einem alten Mann wie mir vorführen.«

Kyle antwortete nicht, aber die Partie wurde nun aggressiver. Als der Mann sich das nächste Mal auf den Korb zubewegen wollte, versetzte Kyle ihm einen kräftigen Stoß. Der Ältere donnerte Kyle den Ball vor die Brust und rief dann einem seiner Kumpel zu: »Hast du gesehen? Diese Flasche kann mich nicht aufhalten –«

Plötzlich schlug Kyle zu. Seine Faust traf das Kinn des Mannes, so dass er zu Boden ging. Ich lief auf das Feld, während die anderen Spieler Kyle wegzerrten. Seine Augen waren weit aufgerissen, seine Stimme zitterte, während er zusah, wie der Krankenpfleger sich wieder aufrappelte und eine Menge Blut spuckte.

»Bin keine Flasche«, brummte Kyle. Und noch einmal: »Ich bin keine Flasche.«

Wir hatten Glück. Jemand hatte den Sicherheitsdienst gerufen, aber dem Krankenpfleger war es viel zu unangenehm, den Vorfall zuzugeben. Auf der Rückfahrt hielt ich Kyle einen längeren Vortrag über Gelassenheit, über Aggressivität, über Verantwortung. Meine Worte klangen phrasenhaft. Kyle saß schweigend da und starrte vor sich hin. Am Ende meiner Predigt sagte er: »Sag meiner Mama nichts, okay?«

Darin sah ich ein positives Zeichen. Ich versicherte ihm, dass ich seiner Mutter nichts sagen würde, wenn er ebenfalls schwieg, was er mürrisch akzeptierte.

Kyle war ein guter Junge, noch war ihm nicht alles egal. Ob ihn das auch in Zukunft schützen würde?

In der Woche nach dem Zwischenfall, den Johnnie und ich in Hyde Park erlebt hatten, beschloss ich, mir die staatlichen Schulen vorzunehmen.

Es war ein naheliegendes Tätigkeitsfeld. Rassentrennung war im Grunde kein Thema mehr, die Weißen hatten das System praktisch abgeschafft. Auch Überbelegung war kein Thema, jedenfalls nicht in den High Schools der schwarzen Viertel. Nur die Hälfte der Schüler blieb bis zum Abschlussexamen. Ansonsten befanden sich die Chicagoer Schulen in einem permanenten Krisenzustand – jährliche Haushaltsdefizite in Millionenhöhe, Mangel an Lehrbüchern und Klopapier, eine Lehrergewerkschaft, die mindestens alle zwei Jahre streikte, eine aufgeblähte Verwaltung, ein desinteressierter Gesetzgeber. Je mehr ich über das System erfuhr, desto größer wurde meine Überzeugung, dass eine Schulreform die einzige Lösung für die jungen Burschen auf der Straße war; dass sie ohne stabile Familien, ohne Aussicht auf einen Arbeitsplatz, mit dem man eine Familie ernähren konnte, nur mit Bildung eine Chance hatten. Und so entwickelte ich im April einen Aktionsplan für unsere Organisation und versuchte, meine Mitstreiter dafür zu gewinnen.

Die Reaktion war alles andere als überwältigend.

Zum Teil hatte das mit der eigenen Interessenlage zu tun. Ältere Kirchenmitglieder wiesen darauf hin, dass ihre Kinder schon außer Haus seien. Junge Mütter wie Angela und Mary schickten ihre Kinder auf katholische Schulen. Über den wichtigsten Ablehnungsgrund wurde aber kaum gesprochen – nämlich die unangenehme Tatsache, dass es in allen Kirchen von Lehrern, Direktoren und Schulinspektoren wimmelte. Kaum einer schickte seine Kinder auf eine staatliche Schule, dafür wussten die Leute zu gut Bescheid. Aber sie verteidigten den Status quo mit der gleichen Entschlossenheit wie die weißen Eltern zwei Jahrzehnte zuvor. Es sei einfach nicht genug Geld da, sagten sie mir (was natürlich stimmte). Und Reformen – Dezentralisierung oder Bürokratieabbau – seien nur ein Instrument, mit dem Weiße wieder die Oberhand gewinnen wollten (weniger zutreffend). Und die Schüler seien unmöglich. Faul. Undiszipliniert. Langsam. Vielleicht nicht die Schuld der Kinder, aber an den Schulen liege es ganz gewiss nicht. Vielleicht kann man nicht von schlechten Kids reden, Barack, aber es gibt ganz bestimmt viele schlechte Eltern.

Für mich zeigte sich in diesen Reaktionen jene stille Übereinkunft, die wir in den sechziger Jahren getroffen hatten – dass einige unserer Kinder aufstiegen, während die anderen weiter zurückfielen. Die Gespräche mit den Eltern machten mich wütend, und so beschlossen Johnnie und ich, trotz der lauwarmen Reaktion unserer Mitarbeiter, einige der staatlichen Schulen zu besuchen, in der Hoffnung, auch außerhalb von Altgeld junge Eltern mobilisieren zu können.

Wir begannen mit Kyles High School, die in der Gegend den besten Ruf genoss – ein Flachbau, relativ neu, aber gesichtslos, unpersönlich: kahle Betonsäulen, lange Korridore, Fenster, die sich nicht öffnen ließen und schon trüb geworden waren wie Treibhausfenster. Der Direktor, ein aufgeschlossener, sympathischer Mann namens Dr. Lonnie King, sagte, er wolle gern mit Gruppen wie der unseren zusammenarbeiten. Er erwähnte ein Förderprojekt, das einer seiner Mitarbeiter, ein Mr. Asante Moran, einzurichten versuchte, und schlug uns vor, mit dem Mann zu sprechen.

Wir folgten Kings Wegbeschreibung und gelangten schließlich zu einem kleinen Zimmer im hinteren Teil des Gebäudes. Hier ging es um lauter afrikanische Themen: an der Wand eine Landkarte des Kontinents, Plakate mit Porträts alter afrikanischer Herrscher, eine Sammlung von Trommeln und Flaschenkürbissen und ein Wandbehang aus Kente-Stoff. Hinter dem Tisch saß ein großer, eindrucksvoller Mann mit Schnurrbart und markantem Kinn. Er trug ein bunt bedrucktes Hemd und ein Armband aus Elefantenhaar. Er schien zunächst etwas unwillig – er saß vor einem Stapel Klassenarbeiten, und ich ahnte, dass wir ihn störten. Doch er forderte uns auf, Platz zu nehmen, und begann, nachdem er von unserem Projekt gehört hatte, sein Vorhaben zu erklären.

»Vor allem muss euch klar sein«, sagte er, »dass das staatliche Schulsystem nicht für die Ausbildung schwarzer Kinder da ist. Noch nie war. In den innerstädtischen Schulen geht es nur um soziale Kontrolle. Basta. Sie funktionieren wie Hühnerbatterien, sind im Grunde kleine Gefängnisse. Erst wenn schwarze Kinder aus ihrem Käfig ausbrechen und Weiße sich gestört fühlen, stellt sich die Gesellschaft überhaupt die Frage, ob diese Kinder eine Schulbildung bekommen.

Überlegt doch mal, was gehört zu einer vernünftigen Schulbildung? Dass man dem Kind einen Begriff von sich selbst, seiner Welt, seiner Kultur, seiner Community vermittelt. Das ist der Ausgangspunkt jeder Erziehung. Bildungshunger weckt man bei einem Kind nur, wenn es weiß, dass es dazugehört, dass es die Chance hat, etwas zu erreichen. Aber für ein schwarzes Kind ist alles anders. Was lernt es denn, vom ersten Tag an? Die Geschichte anderer Leute, die Kultur anderer Leute. Und mehr noch, diese Kultur, die es lernen soll, ist genau jene Kultur, die das Kind systematisch ausschließt, die ihm seine Menschenwürde nimmt.«

Asante lehnte sich mit über dem Bauch gefalteten Händen zurück. »Ist es ein Wunder, dass schwarze Kinder die Lust am Lernen verlieren? Natürlich nicht. Am schlimmsten ist es für die Jungen. Die Mädchen haben zumindest noch ältere Frauen, mit denen sie reden können, ihre Mütter, die ihnen ein Vorbild sind. Die Jungen haben nichts. Die meisten wissen nicht einmal, wer ihr Vater ist. Niemand begleitet sie auf dem Weg ins Leben ... Niemand erklärt ihnen, was es heißt, ein Mann zu sein. Und das führt direkt in die Katastrophe. Denn in jeder Gesellschaft neigen junge Männer zu aggressivem Verhalten. Entweder werden diese Tendenzen gezähmt und in produktive Bahnen gelenkt, oder sie zerstören die jungen Männer oder die Gesellschaft oder beide.

Und genau damit hat unser Projekt zu tun. Ich versuche, etwas gegen die innere Leere der Jungen zu unternehmen. Ich mache sie mit afrikanischer Geschichte, Landeskunde, mit afrikanischen Traditionen bekannt. Ich versuche, ihnen andere Werte zu vermitteln – andere Dinge als den Materialismus und Individualismus und den schnellen Genuss, den sie außerhalb der Schule permanent erleben. Ich erkläre ihnen, dass Afrikaner in Gemeinschaften leben. Dass in Afrika die Alten respektiert werden. Manche meiner weißen Kollegen fühlen sich dadurch bedroht, aber es ist nicht meine Absicht, andere Kulturen klein zu machen. Mir geht es darum, diesen jungen Leuten eine Basis zu geben. Solange sie nicht in ihren eigenen Traditionen verwurzelt sind, werden sie nie imstande sein, andere Kulturen zu akzeptieren.«

Es klopfte, ein schlaksiger junger Mann schaute zur Tür herein. Asante entschuldigte sich, er habe noch einen Termin, wolle aber gern mit uns über mögliche andere Jugendprojekte diskutieren. Er begleitete Johnnie und mich zur Tür und erkundigte sich nach meinem Namen. Ich erzählte ihm ein wenig von meinem Hintergrund.

»Dachte ich mir schon!« Asante lächelte. »Meine erste Afrikareise hat mich auch nach Kenia geführt. Kenia! Ist schon fünfzehn Jahre her, aber ich erinnere mich noch, als wäre es erst gestern gewesen. Hat mein Leben völlig verändert. Die Leute waren so freundlich. Und das Land – es war so schön. Ich hatte wirklich das Gefühl, als wäre ich heimgekehrt.« Sein Gesicht leuchtete. »Wann waren Sie zuletzt da?«

Ich zögerte: »Ich bin noch nie dort gewesen.«

Asante sah mich irritiert an. »Tja ... Wenn Sie mal hinfahren, wird es Sie auch verändern. Ganz bestimmt.« Wir gaben uns die Hand, er winkte dem jungen Mann in der Eingangshalle zu und schloss die Tür hinter sich.

Schweigend fuhren Johnnie und ich zurück. Als wir in einen Verkehrsstau kamen, sagte Johnnie: »Darf ich dich etwas fragen, Barack?«

»Sicher.«

»Warum warst du eigentlich noch nie in Kenia?«

»Weiß nicht. Vielleicht habe ich Angst vor dem, was ich herausfinde.«

»Ja.« Johnnie zündete sich eine Zigarette an und öffnete das Fenster. »Komisch«, sagte er. »Bei Asantes Bemerkungen musste ich an meinen Dad denken. Ich meine, er ist wirklich nicht gebildet. Er weiß nichts über Afrika. Nach dem Tod meiner Mutter musste er mich und meine Brüder ganz allein großziehen. Hat zwanzig Jahre als Auslieferungsfahrer bei Spiegel & Co. gearbeitet. Sie haben ihn entlassen, bevor er seine Rentenansprüche geltend machen konnte, deswegen arbeitet er noch immer – andere Firma, aber die gleiche Tätigkeit. Bringt anderen Leute die Möbel ins Haus.

Ich hatte immer das Gefühl, dass ihm das Leben keine Freude gemacht hat. An Wochenende hing er zu Hause rum, manchmal kamen Brüder von ihm, dann haben sie getrunken und Musik gehört. Und ständig haben sie über ihre Chefs geklagt, über diese Ungerechtigkeit, über jene Ungerechtigkeit. Aber wenn einer davon sprach, dass er etwas aufbauen wollte, oder wenn er eine neue Idee hatte, dann spotteten die anderen. ›Ein Nigger will sich selbständig machen, wie soll denn das gehen?‹ rief einer. Und ein anderer: ›Nimm Jimmy das Glas weg, der Wein ist ihm zu Kopfe gestiegen.‹ Dann lachten alle, aber ich spürte, dass es kein echtes Lachen war. Manchmal, wenn ich zu Hause war, sprachen meine Onkel über mich. ›Hey, Junge, hast echt was auf dem Kasten!‹ ›Hey, Junge, du redest schon genau wie ein Weißer, diese ganzen schlauen Wörter.‹

Johnnie blies den Rauch aus. »Auf der High School hab ich mich für ihn geschämt. Schuftet wie ein Ochse, sitzt mit seinen Brüdern rum und betrinkt sich. Ich hab mir geschworen, dass ich nie so enden werde. Aber weißt du, später wurde mir klar, dass mein Alter gar nicht gelacht hat, als ich ihm erzählte, dass ich aufs College will. Ich meine, er hat nie was gesagt, so oder so, aber er hat immer dafür gesorgt, dass wir, mein Bruder und ich, morgens zur Schule gegangen sind, dass wir nicht arbeiten mussten und ein bisschen Taschengeld hatten. Ich weiß noch, wie er am Tag des Abschlussexamens plötzlich auftauchte, in Jacke und Schlips, und mir die Hand geschüttelt hat. Einfach so..., er hat mir die Hand geschüttelt und ist dann wieder arbeiten gegangen.«

Der Stau hatte sich aufgelöst. Ich dachte an die Plakate in Asantes Zimmer – die Poster von Nofretete, majestätisch und dunkelhäutig auf ihrem goldenen Thron, und Shaka Zulu, mächtig und stolz in seinem Leopardenfell – und an den Tag, als ich auf Hawaii in die Bibliothek gegangen war, auf der Suche nach meinem eigenen Königreich, meinem eigenen glorreichen Geburtsrecht. Was diese Plakate wohl für den Jungen bedeuteten, dem wir in Asantes Zimmer begegnet waren. Wahrscheinlich nicht so viel wie für Asante selbst. Ein Mann, der zuhören konnte. Der dem jungen Mann eine Hand auf die Schulter legte.

»Er war aber da«, sagte ich zu Johnnie.

»Wer?«

»Dein Vater. Er war für dich da.«

Johnnie kratzte sich den Arm. »Ja, stimmt.«

»Hast du ihm das mal gesagt?«

»Nee. Wir können nicht gut miteinander reden.« Johnnie sah zum Fenster hinaus. »Vielleicht sollte ich es versuchen.«

»Ja«, sagte ich. »Vielleicht solltest du's versuchen.«

In den nächsten beiden Monaten entwickelten wir gemeinsam mit Asante und Dr. Collier ein Förderprogramm für gefährdete Jugendliche, ein langfristig angelegtes Reformprojekt, in das auch die Eltern eingebunden werden sollten. Es war eine spannende Sache, aber ich war mit den Gedanken woanders. Als wir unsere Vorschläge fertig ausgearbeitet hatten, teilte ich Johnnie mit, dass ich für ein paar Tage verreisen würde und er die geplanten Termine, auf denen wir um breite Unterstützung für unsere Vorhaben werben wollten, ohne mich wahrnehmen solle.

»Wo fährst du denn hin?« fragte er.

»Ich will meinen Bruder besuchen.«

»Wusste gar nicht, dass du einen hast.«

»Hab ihn auch erst seit kurzem.«

Am nächsten Tag flog ich nach Washington, wo mein Bruder Roy lebte. Während Aumas Besuch in Chicago hatte ich zum ersten Mal mit ihm gesprochen; sie hatte erzählt, dass Roy eine amerikanische Entwicklungshelferin geheiratet hatte und in die Staaten gezogen war. Eines Tages riefen wir ihn einfach an. Er schien sich zu freuen, von uns zu hören, als hätten wir erst am Tag zuvor miteinander telefoniert. Sein Job, seine Frau, das neue Leben in Amerika – alles war »wun-der-bar«. Wenn ich ihn besuchen wolle, wäre das »gaanz groß-ar-tig«, sagte er mit tiefer Stimme, die Silben dehnend. Ich könne bei ihnen wohnen, »gaar kein Pro-bleeem«. Er hörte sich an, als ginge es ihm gut. Als ich Auma davon erzählte, schaute sie skeptisch.

»Bei Roy weiß man nie«, sagte sie. »Er zeigt nie seine wahren Gefühle. Darin ist er wie der alte Herr. Sie haben sich nicht besonders verstanden, aber er erinnert mich in vielerlei Hinsicht an unseren Dad. In Nairobi war das jedenfalls so. Seit Davids Beerdigung haben wir uns nicht mehr gesehen, vielleicht ist er ein bisschen ruhiger geworden, seit er geheiratet hat.«

Auma hatte nicht viel mehr gesagt; ich solle einfach hinfahren, dann würde ich ihn persönlich kennenlernen. Also hatten Roy und ich vereinbart, dass ich ein verlängertes Wochenende bei ihnen verbringen würde. Er würde mir die Stadt zeigen, es werde bestimmt toll. Doch nun stand ich im Washingtoner Flughafen, und Roy war nirgends zu sehen. Als ich bei ihm zu Hause anrief, druckste er herum.

»Hör mal, könntest du heute in einem Hotel übernachten?«

»Wieso? Ist was passiert?«

»Nichts Besonderes. Wir hatten einfach Streit, ich und meine Frau. Wär vielleicht nicht so gut, wenn du heute hier übernachtest.«

»Klar. Ich...«

»Ruf mich an, wenn du ein Hotel gefunden hast, ja? Heute Abend gehen wir essen. Um acht hol ich dich ab.«

Ich nahm ein Zimmer in dem billigsten Hotel, das ich finden konnte, und wartete. Um neun klopfte es an der Tür. Draußen stand ein korpulenter Mann, die Hände in den Hosentaschen, ein breites Grinsen auf dem Gesicht.

»Hey, Bruder«, sagte er. »Wie geht's?«

Auf den Fotos, die ich von ihm hatte, war ein schlanker junger Mann in buntem Hemd zu sehen, mit Wuschellocken, Kinnbart, Schnauzer. Der Mann, der mich nun umarmte, wog bestimmt über zwei Zentner und trug eine starke Brille, unter der fleischige Wangen hervorquollen. Der Kinnbart war verschwunden, und statt des afrikanischen Hemds trug er ein graues Sportsakko mit weißem Hemd und Krawatte. Auma hatte recht – die Ähnlichkeit zwischen Roy und dem alten Herrn war irritierend. Bei seinem Anblick fühlte ich mich wieder wie als Zehnjähriger.

»Du hast zugenommen«, sagte ich.

Roy schaute hinunter auf seinen Bauch und tätschelte ihn. »Hey, dieses Fastfood, Mann. Immer nur Fastfood. McDonald's, Burger King. Man muss nicht einmal aussteigen. Zwei Beef Patties mit Spezialsauce, Salat, Käse. Ein Double Whopper mit Käse.« Er schüttelte den Kopf. »Und dann heißt es, ich kann es sofort haben. Es ist irre! Völlig irre!«

Er warf den Kopf zurück und lachte, dass sich sein ganzer Körper schüttelte, als könne er noch immer nicht fassen, welche Wunder das neue Leben bot. Es war ein ansteckendes Lachen, auch wenn ich nicht lachte. Der Toyota war viel zu klein für ihn – Roy sah aus wie ein Kind, das auf dem Jahrmarkt Autoskooter fährt. Und mit der Gangschaltung und den Verkehrsregeln schien er auf Kriegsfuß zu stehen. Zweimal wären wir fast mit einem entgegenkommenden Fahrzeug zusammengestoßen, und einmal, an einer Kreuzung, erwischte er die Bordsteinkante.

»Fährst du immer so?« brüllte ich, um die Musik zu übertönen, die aus dem Lautsprecher dröhnte.

Roy lachte, schaltete in den fünften Gang. »Bin nicht so gut, was? Mary, meine Frau, beschwert sich auch immer. Besonders seit dem Unfall...«

»Welchem Unfall?«

»Ach, nichts Besonderes. Siehst ja, ich lebe, ist noch alles dran!« Und wieder lachte er und schüttelte den Kopf, als funktioniere das Auto unabhängig von ihm, als wäre es ein neuerlicher Beweis göttlichen Schutzes, wenn wir heil ankamen.

Das mexikanische Restaurant lag an einem Jachthafen. Wir nahmen einen Tisch mit Blick über das Wasser. Ich bestellte ein Bier, Roy eine Margarita, wir plauderten eine Weile, ich erzählte von meiner Arbeit, er von seinem Job als Wirtschaftsprüfer bei einem großen Hypothekarkreditinstitut. Er aß mit Appetit, bestellte eine zweite Margarita. Lachend erzählte er, was er in Amerika alles erlebt hatte.

Doch das Gespräch wurde immer mühsamer, und schließlich fragte ich ihn, warum seine Frau nicht mitgekommen sei. Seine Fröhlichkeit war auf einmal wie weggeblasen.

»Wir werden uns wohl scheiden lassen«, meinte er.

»Das tut mir leid.«

»Sie erträgt es nicht mehr, dass ich so spät nach Hause komme. Sie sagt, ich trinke zu viel. Sie sagt, ich werde meinem Vater immer ähnlicher.«

»Und? Was denkst du?«

»Was ich denke?« Er senkte den Kopf und sah mich dann ernst an. Auf seinen Brillengläsern tanzte das flackernde Kerzenlicht in winzigen Reflexen. Er beugte sich mit seinem ganzen Gewicht vor. »Weißt du, ich hab kein gutes Verhältnis zu mir selbst«, sagte er. »Und dafür mache ich den alten Herrn verantwortlich.«

Roy erzählte von all den Schwierigkeiten, von denen Auma mir schon berichtet hatte – dass er seiner Mutter weggenommen und aus seiner vertrauten Umgebung herausgerissen worden war, von der plötzlichen Armut unseres Vaters, von den Streitereien und dem Zusammenbruch und schließlich seiner Flucht. Er war von zu Hause weggegangen, war bei Verwandten untergekommen, hatte schließlich in Nairobi studiert und nach dem Examen einen Job bei einem lokalen Wirtschaftsprüferbüro gefunden. Er hatte sich diszipliniertes Arbeiten beigebracht, war stets als Erster im Büro erschienen, wie spät es am Abend zuvor auch gewesen sein mochte. Ich spürte die gleiche Bewunderung, die ich empfunden hatte, als Auma von sich erzählt hatte, die gleiche Beharrlichkeit, die gleiche Entschlossenheit, mit der sie aus ihrer ärmlichen Herkunft herausgefunden hatten. Allerdings hatte ich bei Auma auch die Bereitschaft gespürt, die Vergangenheit hinter sich zu lassen, die Fähigkeit, wenn nicht zu vergessen, so doch zu vergeben. Roy quälte die Erinnerung an den alten Herrn. Für ihn war die Vergangenheit eine offene Wunde.

»Er war nie zufrieden«, sagte er, während der Hilfskellner unsere Teller abräumte. »Er war klug, und er war gnadenlos. Wenn man mit der zweitbesten Note nach Hause kam, fragte er, warum man nicht der Beste sei. ›Du bist ein Obama‹, hieß es dann, ›du musst der Beste sein.‹ Er hat das wirklich geglaubt. Und dann habe ich ihn gesehen, betrunken, ohne Geld, wie ein Bettler hat er gelebt. Wie kann ein so kluger Mann so tief sinken. Ich habe es nicht verstanden. Ich habe es einfach nicht verstanden.

Auch nach seinem Tod, als ich schon allein lebte, habe ich immer wieder versucht, das alles zu begreifen. Ich kam einfach nicht los von ihm. Ich weiß noch, wir mussten seine Leiche zur Bestattung nach Alego bringen, und als ältester Sohn war ich für alles verantwortlich. Die Regierung wollte ein christliches Begräbnis, die Familie ein islamisches. Von überallher kamen die Leute, und nach Stammessitte mussten wir drei Tage trauern, drei Tage lang brannte ein Feuer, und die Leute weinten und klagten. Die meisten kannte ich nicht einmal. Sie wollten essen, sie wollten Bier trinken. Manche flüsterten, der alte Herr sei vergiftet worden, ich müsse seinen Tod rächen. Manche stahlen Sachen aus unserem Haus. Dann kam es unter den Verwandten zu Streit über das Erbe. Die letzte Freundin unseres Vaters, die Mutter unseres kleinen Bruders George, wollte alles haben. Einige, wie unsere Tante Sarah, ergriffen für sie Partei. Andere stellten sich hinter meine Mutter. Ich sag dir, es war verrückt! Alles ging drunter und drüber.

Nach der Beerdigung wollte ich niemanden sehen. Nur unserem Bruder David habe ich vertraut. Er war in Ordnung. Er sah ein bisschen aus wie du, nur jünger..., er war fünfzehn, sechzehn. Seine Mutter Ruth hatte einen Amerikaner aus ihm machen wollen. Aber er rebellierte. Er liebte alle. Er lief von zu Hause weg, wohnte bei mir. Ich sagte, er solle wieder nach Hause gehen, was er aber ablehnte. Er wollte kein Amerikaner sein. Er sei Afrikaner, sagte er, er sei ein Obama.

Als er starb, war ich völlig fertig. Ich war überzeugt, dass ein Fluch über unserer Familie lag. Ich fing an zu trinken, wurde aggressiv – es war mir alles egal. Ich dachte, wenn der alte Herr sterben konnte, wenn David sterben konnte, dann musste ich auch sterben. Manchmal frage ich mich, was passiert wäre, wenn ich in Kenia geblieben wäre. Na jedenfalls, Nancy, die Amerikanerin, mit der ich mich angefreundet hatte, kehrte in die Staaten zurück. Irgendwann rief ich sie an und sagte, dass ich gern kommen würde. Sie war einverstanden. Also habe ich mir ein Ticket besorgt und das nächste Flugzeug genommen. Ohne Gepäck, ohne im Büro Bescheid zu sagen, ohne mich zu verabschieden.

Ich dachte, ich könnte neu anfangen. Jetzt weiß ich, dass man nie von neuem anfangen kann. Nicht wirklich. Man glaubt, man habe alles in der Hand, aber man ist gefangen wie eine Fliege im Spinnennetz. Vielleicht gefällt mir deshalb mein Job. Den ganzen Tag hat man nur mit Zahlen zu tun. Man addiert, subtrahiert, und wenn man exakt rechnet, hat man am Ende immer ein Ergebnis. Alles hat seine Logik, seine Ordnung. Auf Zahlen kann man sich verlassen...«

Er trank von seiner Margarita, und plötzlich redete er viel langsamer, als wäre er an einem fernen anderen Ort, als hätte unser Vater Besitz von ihm ergriffen.»Ich bin der älteste Sohn. Nach Luo-Tradition bin ich jetzt das Familienoberhaupt. Ich bin verantwortlich für dich, für Auma und die jüngeren Brüder. Ich muss mich um sie kümmern. Ich muss das Schulgeld der Jungen zahlen. Ich muss zusehen, dass Auma einen anständigen Ehemann findet. Ich muss ein Haus bauen und die Familie zusammenbringen.«

Ich legte meine Hand auf die seine.»Du musst diese Bürde nicht allein tragen, Bruder«, sagte ich.»Wir können es uns teilen.«

Doch Roy schien mich nicht zu hören. Er starrte einfach nach draußen und machte plötzlich, als wäre er aus einem Trancezustand erwacht, der Kellnerin ein Zeichen.

»Möchtest du noch etwas trinken?«

»Lass uns zahlen.«

Roy sah mich lächelnd an.»Ich seh dir an, dass du dir viele Sorgen machst, Barack. Das ist auch mein Problem. Wir müssen wohl lernen, nicht gegen den Strom zu schwimmen. Sagt man nicht so – schwimm mit dem Strom?«Er lachte jetzt, so laut, dass die Leute an den Nebentischen zu uns herüberschauten. Aber der Zauber war aus seinem Lachen verschwunden, es klang hohl und leer, fern und distanziert.

Am nächsten Tag flog ich nach Chicago zurück – Roy musste mit seiner Frau reden, und ich hatte nicht so viel Geld, um mir eine zweite Hotelübernachtung leisten zu können. Wir trafen uns zum Frühstück. Roy schien besser drauf zu sein. Am Gate verabschiedeten wir uns mit einer Umarmung, und er versprach, mich in Chicago zu besuchen, sobald alles geklärt sei. Auf dem Rückflug und während des restlichen Wochenendes wurde ich das Gefühl nicht los, dass Roy gefährdet war, dass er von alten Dämonen getrieben wurde und ich, wenn ich nur ein besserer Bruder wäre, ihn vor dem Abgrund bewahren könnte.

In Gedanken war ich noch immer bei ihm, als Johnnie am Montag Nachmittag in mein Büro kam.

»Da bist du ja!« sagte er. »Wie war's?«

»Gut. War schön, meinen Bruder zu sehen.« Ich nickte, trommelte mit den Fingerspitzen. »Und, gibt's was Neues?«

Johnnie ließ sich auf einen Stuhl fallen. »Also, wir haben uns mit dem Senator getroffen. Er hat zugesagt, sich für die Finanzierung eines Pilotprojekts einzusetzen. Vielleicht nicht gerade eine halbe Million, aber genug.«

»Gut. Und die Schuldirektoren?«

»Ich komme gerade von einer Besprechung mit Dr. King, dem Direktor von Asantes Schule. Die anderen haben noch nicht reagiert.«

»Okay. Was hat Dr. King gesagt?«

»Ihm gefiel unser Vorschlag. War ganz angetan. Als er erfuhr, dass wir eventuell staatliche Gelder kriegen, kam er richtig in Fahrt. Sagte, er würde die anderen Direktoren ermuntern, mit uns zusammenzuarbeiten. Jedenfalls haben wir seine volle Unterstützung. ›Es gibt nichts Wichtigeres als unsere Jugend‹, sagte er.«

»Klingt gut.«

»Richtig. *Klingt gut.* Ich stehe also auf und will zur Tür, da drückt er mir *dies* hier in die Hand.« Johnnie holte ein Papier aus seiner Mappe und reichte es mir. Ich las ein paar Zeilen, gab es ihm dann zurück.

»Eine Bewerbung?«

»Nicht irgendeine, Barack. Von seiner Frau. Scheint sich zu Hause zu langweilen. Und Dr. King findet, sie würde eine ›hervorragende‹ Programmdirektorin abgeben. Natürlich kein Druck. Einfach berücksichtigen, sobald das Geld da ist, wenn du verstehst, was ich meine.«

»Er hat dir die Bewerbung seiner Frau mitgegeben...«

»Nicht nur.« Johnnie holte ein zweites Papier aus seiner Mappe und wedelte damit herum. »Auch die seiner Tochter! Er sagt, *sie* wäre eine ›hervorragende‹ Beraterin...«

»Ach nee...«

»Ich sag dir, Barack, er hatte sich alles schon zurechtgelegt. Und weißt du was? Er verzieht keine Miene während unseres Gesprächs. Tut, als wäre es das Natürlichste von der Welt. Nicht zu fassen!« Johnnie schüttelte den Kopf, und dann rief er, im Ton eines Predigers: »Doktah Lonnie King! Ein Bruder mit Unternehmungsgeist! Der weiß, was er will! Das Projekt hat noch nicht einmal angefangen, aber er denkt längst weiter.«

Ich fing an zu lachen.

»Er will nicht nur *einen* Job. *Zwei* müssen es sein. Fahr hin, red mit ihm über irgendwelche Schüler, dann gibt er dir die Bewerbung seiner ganzen gottverdammten *Familie*...«

Ich rief, in passendem Tonfall: »Doktah Lonnie King!«

»Doktah Lonnie King!« Johnnie kicherte, worauf ich lachen musste, wir prusteten los, bogen uns vor Lachen und riefen immer wieder »Doktah Lonnie King!«, als wäre es die offensichtlichste Wahrheit, die simpelste Erkenntnis von der Welt. Wir lachten, bis uns die Tränen kamen, wir hielten uns die Seite, alles tat uns weh, wir konnten nicht mehr und beschlossen, ein Bier trinken zu gehen und den Rest des Tages blauzumachen.

Es ist schon weit nach Mitternacht, als draußen auf der Straße ein Auto hält, ein paar Teenager sitzen darin, das Radio haben sie so laut aufgedreht, dass in meiner Wohnung die Wände wackeln. Ich habe gelernt, solche Störungen zu ignorieren – wo sollen die Jungs auch sonst hin, sage ich mir. Doch an diesem Tag habe ich Besuch, und ich weiß, dass meine Nachbarn gerade mit ihrem Neugeborenen aus der Klinik zurückgekommen sind. Also ziehe ich mir eine kurze Hose an und laufe nach unten, um mit den nächtlichen Störenfrieden zu reden. Die Jungs verstummen, als sie mich sehen.

»Hört mal, die Leute hier in der Straße wollen schlafen. Warum amüsiert ihr euch nicht woanders?«

Die vier Jungen sagen nichts, rühren sich nicht einmal. Der Wind vertreibt meine Schläfrigkeit, auf einmal fühle ich mich schutzlos, mitten in der Nacht in Shorts auf dem Bürgersteig. Die Gesichter der Jungen sind in der Dunkelheit nicht zu erkennen, ich weiß nicht, wie alt sie sind, ob sie betrunken sind oder nüchtern, anständige Jungs oder Rowdys. Kyle könnte einer von ihnen sein. Roy könnte einer von ihnen sein. Johnnie könnte einer von ihnen sein.

Ich könnte einer von ihnen sein. Ich versuche mich an die Zeit zu erinnern, als ich in einem solchen Auto saß, erfüllt von vagen Ressentiments und der tiefen Sehnsucht, meinen Platz in der Welt zu finden. An die selbstgerechte Empörung, mit der ich Gramps wegen irgendeiner längst vergessenen Geschichte anbrülle. An die Unbekümmertheit unserer Besäufnisse. Daran, wie ich betrunken oder bekifft ins Klassenzimmer kam, wohl wissend, dass die Lehrer meinen Atem rochen, aber in meiner Arroganz wollte ich sie zu einer Reaktion provozieren. Ich beginne mich mit den Augen dieser Jungs zu sehen, eine beliebige Autoritätsfigur, und weiß, was ihnen durch den Kopf geht – wenn einer allein mich nicht fertigmachen kann, zu viert werden sie es gewiss schaffen.

Diese angestrengte Art, mich zu behaupten, während ich versuche, die Gesichter in der Dunkelheit zu erkennen! Diese Jungen mögen stärker oder schwächer sein, als ich es in ihrem Alter war, der entscheidende Unterschied ist der: Ich habe diese schwierigen Jahre in einer nachsichtigeren Welt verbracht. Diese Jungen können sich keinen Fehler leisten. Die Waffen, die sie vielleicht tragen, werden sie nicht vor dieser Wahrheit schützen. Und ebendiese Wahrheit – die sie ahnen, aber nicht zugeben können, ja sogar leugnen müssen, wenn sie überleben wollen – zwingt sie und ihresgleichen, jedes Mitgefühl abzuschütteln, das sie einmal empfunden haben mochten. Ihre rebellische Männlichkeit wird sich, anders als die meine, nicht von der Trauer über den verletzten Stolz eines älteren Mannes zähmen lassen. Nichts wird ihrer Wut etwas anhaben können, auch nicht das Gefühl von Gefährdung, das ich erlebte, wenn ich einem anderen einen Kinnhaken verpasste oder betrunken eine Schnellstraße entlangdonnerte. Schuldbewusstsein und Empathie, denke ich, bezeugen das verschüttete Gefühl, dass wir eine Ordnung brauchen, nicht zwangsläufig die bestehende gesellschaftliche Ordnung, sondern etwas Tieferes, Zwingenderes. Und dass wir ein Interesse an dieser Ordnung haben, den Wunsch, dass diese Ordnung, so unvollkommen sie manchmal auch erscheint, nie ganz aus der Welt verschwindet. Diese Jungen werden wohl sehr lange nach dieser Ordnung suchen müssen – nach irgendeiner Ordnung, in der sie nicht nur Objekte von Angst und Spott sind. Dieser Verdacht erschreckt mich, denn ich habe inzwischen einen Platz in der Welt, einen Job, feste Strukturen. Und wenn ich mir noch so oft das Gegenteil einrede, wir leben in verschiedenen Welten, diese Jungen und ich, wir sprechen eine andere Sprache, leben nach anderen Regeln.

Der Motor springt an, das Auto fährt mit quietschenden Reifen davon. Ich gehe wieder ins Haus, weiß, dass ich dumm war und Glück hatte und trotzdem Angst habe.

14

Es war ein altes Gebäude in einem der älteren Viertel der South Side, ein ordentliches Haus, das aber dringend neu verputzt werden musste und wohl auch ein neues Dach brauchte. Der Altarraum lag im Dunkeln, einige Sitzbänke wiesen Risse auf, der rote Teppich verströmte einen muffigen Geruch, und die Dielen darunter waren an manchen Stellen ausgetreten wie Kuhlen in einer Wiese. Das Büro von Reverend Philips machte einen ähnlich ungepflegten, düsteren Eindruck. Eine altertümliche Schreibtischlampe gab ein trübes Licht. Die Jalousien waren heruntergelassen. Und Reverend Philips, ein alter Mann, umgeben von Stapeln alter, verstaubter Bücher, schien Teil der Tapete zu sein, unbeweglich wie ein Porträt, nur sein weißer Bart war sichtbar, seine Stimme sonor und geisterhaft, wie die Stimme eines Traums.

Wir sprachen knapp eine Stunde miteinander, hauptsächlich über die Kirche im Allgemeinen, über die Kirche der Schwarzen, die Kirche als Institution, als Idee. Er war ein gebildeter Mann und begann unser Gespräch mit einem Abriss der Religion der Sklaven. Er sprach von den Afrikanern, die, an feindliche Gestade geworfen, um ein Feuer saßen, neue Mythen mit alten Rhythmen verknüpften und in ihren Liedern ihre radikalsten Ideen ausdrückten – Überleben, Freiheit, Hoffnung. Der Reverend erzählte von der Kirche seiner Jugend, einem kleinen weißen Holzhaus, wie er sagte, gebaut mit Schweiß und mühsam Gespartem, einem Haus, in dem sich an heißen Sonntagen all die schrecklichen Erlebnisse und offenen Wunden der Woche in Tränen und Dankbarkeit auflösten und klatschende, erhobene Hände die Glut jener unbeugsamen Ideen anfachten – Überleben, Freiheit, Hoffnung. Er sprach über den Besuch von Martin Luther King in Chicago, über die Eifersucht, die er bei einigen von dessen Kollegen beobachtet hatte, über ihre Angst, vereinnahmt zu werden, und über das Aufkommen der Muslime, deren Zorn der Reverend verstand. Es sei auch sein Zorn gewesen, sagte er, ein Zorn, vom dem er sich wohl nie völlig befreien könne, den er aber im Gebet zu zügeln gelernt habe. Und er habe sich immer bemüht, diesen Zorn nicht an seine Kinder weiterzugeben.

Dann sprach er über die Geschichte der Kirchen in Chicago. Es gab Tausende, und er schien sie alle zu kennen: die kleinen Nebenzimmer und die großen Häuser, die hellhäutigen Gemeinschaften, die beim Singen steif und ernst wie Kadetten dasaßen, und die Charismatiker, die sich heftig bewegten, als redeten ihre Körper in Gottes unverständlichen Zungen. Die meisten der größeren Kirchen in Chicago, erklärte Reverend Philips, seien eine Kombination dieser beiden Strömungen, ein Beispiel für die verborgenen Segnungen der Rassentrennung, denn der Anwalt und der Arzt hätten unmittelbar neben dem Dienstmädchen und dem Arbeiter leben und beten müssen. Wie ein kraftvoll schlagendes Herz habe die Kirche Waren, Informationen, Werte und Ideen zirkulieren lassen, Reiche und Arme, Gebildete und Ungebildete, Sünder und Errettete zusammengeführt.

Er sei nicht sicher, sagte er, wie lange seine Kirche diese Funktion noch ausüben könne. Besserverdienende Gemeindemitglieder seien in schmuckere Viertel gezogen, kämen sonntags zwar weiterhin, aus Loyalität oder Gewohnheit, seien aber nicht mehr so engagiert. Sie zögerten, wenn es galt, bei einem freiwilligen Projekt – Nachhilfe, Hausbesuche – mitzumachen, denn sie blieben nicht gern bis nach Einbruch der Dunkelheit in der Innenstadt. Sie wollten mehr Sicherheit in der Umgebung der Kirche, einen umzäunten Parkplatz. Nach seinem Tod, sagte Reverend Philips, werde kaum jemand von diesen Leuten mehr kommen. Sie würden neue Kirchen bauen, sauber wie die neuen Straßen, in denen sie wohnten. Er befürchtete, dass der Bezug zur Vergangenheit schließlich völlig verschwinden, die Erinnerung an jene frühen Versammlungen am Lagerfeuer verblassen würden ...

Seine Stimme verlor sich. Er war müde geworden. Ich bat den

Reverend, mich mit anderen Pastoren zusammenzubringen, die an meinem Vorhaben interessiert sein könnten, worauf er ein paar Namen nannte – vor allem mit Reverend Jeremiah Wright jr. solle ich reden, dem Pastor der Trinity United Church of Christ, einem dynamischen jungen Mann, der die Jugend anspreche. Er gab mir eine Telefonnummer. Ich stand auf und sagte: »Wenn wir nur fünfzig Gemeinden zusammenbringen können, ließe sich die von Ihnen geschilderte Entwicklung vielleicht umkehren.«

Reverend Philips nickte. »Vielleicht haben Sie recht, Mr. Obama. Ihre Ideen klingen interessant. Aber schauen Sie, die Kirchen hier in der Gegend sind eigenständig. Sie bestimmen selbst über ihre Angelegenheiten, die Gemeindemitglieder manchmal noch mehr als die Pastoren.« Er brachte mich zur Tür. »Ach ja, in welcher Kirche sind Sie?«

»Ich ..., ich besuche verschiedene Gottesdienste.«

»Sie gehören aber keiner Kirche an?«

»Bin wohl noch auf der Suche.«

»Ja, kann ich verstehen. Für Ihre Mission könnte es jedoch von Vorteil sein, wenn Sie in einer Kirche beheimatet sind. In welcher, ist im Grunde egal. Was Sie sich von uns Pastoren wünschen, verlangt von uns, auf einen Teil unserer seelsorgerischen Aufgaben zugunsten von Prophezeiungen zu verzichten. Das geht nicht ohne Vertrauen. Wir wollen nur wissen, woran Sie glauben.«

Draußen vor der Tür setzte ich meine Sonnenbrille auf und kam an einer Gruppe älterer Männer vorbei, die auf dem Bürgersteig ihre Liegestühle aufgestellt hatten und eine Partie Whist spielten. Es war ein wunderbarer Tag, Ende September, fünfundzwanzig Grad. Statt sofort zu meinem nächsten Termin zu fahren, beschloss ich, die Beine zur offenen Autotür hinauszustrecken und den alten Männern zuzusehen. Sie redeten nicht viel. Sie erinnerten mich an Gramps und seine Bridgepartner – die gleichen dicken, steifen Hände, die gleichen dünnen, eleganten Socken und die unglaublich schmalen Schuhe, die gleichen Schweißperlen im Nacken unter den Schirmmützen. Ich versuchte mich an ihre Namen zu erinnern, überlegte, womit sie ihren Lebensunterhalt verdient hatten, und fragte mich, welche Spuren sie wohl in mir hinterlassen hatten. Für mich waren sie ein Rätsel gewesen, und auch deswegen war ich ja nach Chicago gekommen. Und nun, da ich im Begriff war, Chicago wieder zu verlassen, fragte ich mich, ob ich sie besser verstand als damals.

Von meinem Entschluss hatte ich bislang nur Johnnie erzählt. Eine offizielle Erklärung würde ich auch später noch abgeben können. Die Antworten der Universitäten, bei denen ich mich beworben hatte, würden nicht vor Januar eingehen. Bis dahin würde unser neues Jugendprojekt auf eigenen Beinen stehen, die Finanzierung des nächsten Jahres wäre gesichert, und wenn alles klappte, würden noch weitere Kirchen mitmachen. Ich hatte Johnnie nur deswegen eingeweiht, weil ich wissen musste, ob er bereit war, zu bleiben und meinen Platz zu übernehmen – aber vielleicht auch, weil er mein Freund war und ich meinen Entschluss begründen musste. Johnnie brauchte aber keine Erklärung. Kaum hatte ich ihm erzählt, an welchen Universitäten ich mich beworben hatte – an den juristischen Fakultäten von Harvard, Yale und Stanford –, klopfte er mir grinsend auf die Schulter.

»Ich wusste es!«

»Was wusstest du?«

»Dass du die Fliege machst. Es war nur eine Frage der Zeit.«

»Und wieso?«

Johnnie lachte. »Mann, Barack..., weil du *Optionen* hast. Weil du gehen *kannst.* Ich meine, ich weiß, du bist sehr gewissenhaft und so, aber wenn jemand zwischen Harvard und Roseland wählen kann, wird er nur eine Weile in Roseland bleiben.« Wieder schüttelte er den Kopf. »Harvard! Menschenskind! Ich hoffe, du vergisst deine Freunde nicht, wenn du dann in deiner schicken Kanzlei sitzt!«

Johnnies Lachen verunsicherte mich irgendwie. Ich sagte, dass ich zurückkehren würde, dass ich nicht vorhätte, mich blenden zu lassen von dem Reichtum und der Macht, die Harvard verkörperte, und dass auch er sich davon nicht blenden lassen solle. Johnnie hob abwehrend die Hände.

»Hey, mir musst du nichts erklären. Ich bleibe ja da.«

Ich schwieg verlegen. »Na ja..., ich wollte nur sagen, dass ich wiederkomme. Das ist alles. Ich möchte nicht, dass ihr euch falsche Vorstellungen macht.«

Johnnie grinste. »Niemand macht sich falsche Vorstellungen, Barack. Mann, wir freuen uns einfach. Wir sind stolz auf dich.«

Die Sonne verschwand hinter einer Wolke; zwei Kartenspieler zogen sich ihre Windjacken an, die über den Liegestuhllehnen hingen. Ich zündete mir eine Zigarette an und dachte an das Gespräch mit Johnnie. Zweifelte er an meinen Absichten? Oder besaß ich nicht genug Selbstbewusstsein? Mir war, als hätte ich meinen Entschluss mindestens hundertmal hin und her gewendet. Ich brauchte eine Pause, das stand fest. Ich wollte nach Kenia fahren. Auma war schon wieder in Nairobi, wo sie für ein Jahr an der Universität unterrichtete. Es wäre eine ideale Zeit für einen längeren Besuch.

Und ich wollte unbedingt wieder studieren. Was ich bei den Juristen lernen würde, konnte mir dabei helfen, Veränderungen anzustoßen. Zinsraten, Unternehmensfusionen, Gesetzgebungsverfahren – mit all diesen Themen würde ich mich beschäftigen. Wie Unternehmen und Banken agieren, warum Immobilienprojekte gelingen oder scheitern. Ich würde lernen, wie Macht funktioniert, in allen Einzelheiten. Früher hätte mich dieses Wissen kompromittiert, doch nun würde ich damit zurückkehren können, dorthin, wo es gebraucht wurde, in Roseland, in Altgeld, ich würde es zurückbringen wie Prometheus das Feuer.

So hatte ich es mir gedacht, die gleiche Geschichte, die sich mein Vater achtundzwanzig Jahre zuvor ausgedacht hatte, als er das Flugzeug nach Amerika bestieg, dem Land der Träume. Auch er hatte sich wahrscheinlich gesagt, dass er einer großen Sache dienen würde und dass es keine Flucht war. Und er war ja nach Kenia zurückgekehrt, oder? Freilich als zerrissener Mensch, dessen Pläne und Träume rasch verglühten...

Würde mir das Gleiche passieren? Vielleicht hatte Johnnie recht. Jenseits der Rationalisierungen lief es vielleicht immer auf eine Flucht hinaus, Flucht vor Armut oder Langeweile oder den Fesseln der Hautfarbe. Vielleicht wiederholte ich einen Ablauf, der schon vor Jahrhunderten begonnen hatte, als Weiße, getrieben von ihrer Angst vor Bedeutungsverlust, mit ihren Gewehren und ihrem blinden Hunger afrikanischen Boden betreten hatten, um die Versklavten in Ketten abzutransportieren. Dieses erste Zusammentreffen hatte die Landkarte schwarzen Lebens von Grund auf verändert, ihr einen neuen Mittelpunkt gegeben und die Fluchtidee überhaupt erst entstehen lassen – eine Idee, die in Frank und den anderen alten Männern fortlebte, die auf Hawaii ein Refugium gefunden hatten; in Joyce, der grünäugigen Studentin an der Occidental, die einfach nur ein Mensch sein wollte; in Auma, die zwischen Deutschland und Kenia hin- und hergerissen war; in Roy, der erkannte, dass er nicht neu anfangen konnte. Und hier, in der South Side, in der Gemeinde von Reverend Philips, in der es sicher einige Leute gab, die an den Kundgebungen mit Martin Luther King teilgenommen hatten, überzeugt, für eine höhere Sache, für Rechtsstaatlichkeit und für alle Kinder Gottes einzutreten, dann aber erkannt hatten, dass der Staat unbeugsam und auf Rechtsgrundsätze kein Verlass war und dass, obwohl bestimmte Gesetze erlassen wurden und die Lynchmorde aufhörten, zu diesem freieren Leben immer noch die Flucht gehörte, wenn schon nicht physisch, so doch emotional – eine Flucht vor uns, vor unserem Wissen, hin zu den Rändern der weißen Welt, vielleicht sogar in ihr Zentrum.

Die Analogien stimmten nicht unbedingt. Für mich würde das Verhältnis zwischen Schwarz und Weiß und die Funktion der Flucht anders aussehen als für Frank oder meinen alten Herrn oder auch für Roy. Und so viel Segregation es in Chicago auch gab, so schwierig das Verhältnis zwischen den Rassen war, der Erfolg der Bürgerrechtsbewegung hatte zumindest gemeinsame Bereiche geschaffen, mehr Spielraum für Leute wie mich. Ich konnte in der schwarzen Community Sozialarbeiter oder Anwalt sein und in Downtown Chicago in einem Apartment wohnen. Oder umgekehrt in einer renommierten Anwaltskanzlei arbeiten, aber in der South Side wohnen und ein großes Haus kaufen, ein schönes Auto fahren, die NAACP und Harold Washingtons Wahlkampf mit Spenden unterstützen und Vorträge an lokalen High Schools halten. Ich sei ein Vorbild, hatten sie gesagt, ein Beispiel eines erfolgreichen Schwarzen.

War daran etwas auszusetzen? Wenn es nach Johnnie ging, offensichtlich nicht. Er hatte mich nicht kritisiert. Er und die anderen fanden nichts Bedenkliches an meinem Erfolg. Das war ja eine der Lektionen, die ich in diesen zweieinhalb Jahren gelernt hatte – dass nämlich die meisten Schwarzen ganz anders waren als der Vater meiner Träume, der Mann, von dem mir meine Mutter erzählt hatte, dieser große Idealist, der so ungeduldig urteilte. Sie ähnelten mehr meinem Stiefvater Lolo, waren praktisch denkende Leute, die wussten, dass das Leben zu hart war, um andere Leute zu verurteilen, und zu kompliziert für abstrakte Ideale. Niemand erwartete Opfer von mir – Rafiq nicht, der mich in der letzten Zeit genervt hatte, ich solle Geld von weißen Stiftungen für sein jüngstes Projekt auftreiben; Reverend Smalls nicht, der beschlossen hatte, als Senator für Illinois zu kandidieren, und sich um unsere Unterstützung bemühte. Aus ihrer Sicht reichte meine Hautfarbe als Kriterium der Zugehörigkeit zur schwarzen Community, mehr sollte man nicht tragen müssen.

Aber hatte mich nur dieser Wunsch, einfach akzeptiert zu werden, nach Chicago geführt? Es hatte noch etwas anderes gegeben, ein tieferes, stärkeres Motiv. Natürlich konnte man Schwarzer sein und sich nicht im Mindesten dafür interessieren, wie es in Roseland oder Altgeld aussah. Man musste nicht Anteil nehmen am Schicksal von Kids wie Kyle, von jungen Müttern wie Bernadette oder Sadie. Aber ehrlich zu sich selbst zu sein, andere anständig zu behandeln, die Probleme einer Community zu erkennen und an ihrer Lösung mitzuwirken – das verlangte mehr. Es erforderte ein Engagement jener Art, wie es Dr. Collier Tag für Tag in Altgeld demonstrierte. Es erforderte die Sorte Opfer, die jemand wie Asante in der Arbeit mit seinen Schülern brachte.

Es verlangte innere Gewissheit. Ich schaute hoch zu dem kleinen Fenster im Obergeschoss der Kirche, stellte mir den Pastor vor, wie er die Predigt für den nächsten Sonntag schrieb. Woran glaubst du, hatte er mich gefragt. Plötzlich merkte ich, dass ich keine Antwort hatte. Vielleicht glaubte ich noch an mich. Aber diese Art Glauben reicht nie.

Ich drückte meine Zigarette aus und ließ den Motor an, schaute beim Anfahren in den Rückspiegel und betrachtete die alten schweigsamen Kartenspieler, die langsam aus dem Blickfeld verschwanden.

Während Johnnie sich um den organisatorischen Alltag unserer Projekte kümmerte, versuchte ich, weitere schwarze Pfarrer für eine Zusammenarbeit zu gewinnen. Es war ein schleppender Prozess, denn anders als ihre katholischen Amtsbrüder waren die meisten schwarzen Pastoren außerordentlich unabhängig, hatten großen Rückhalt in ihren Gemeinden und brauchten wenig Unterstützung von außen. Am Telefon reagierten sie zunächst misstrauisch oder reserviert, fragten sich vermutlich, warum dieser Muslim – oder schlimmer noch, dieser Ire O'Bama – ihnen ihre kostbare Zeit stahl. Und ein paar, mit denen ich zusammenkam, entsprachen durchaus dem Klischee, dem man in den Romanen von Richard Wright oder den Reden von Malcolm X begegnet: alte Männer, die den Leuten süßliches Zeug erzählten, oder aalglatte Holy Rollers, die protzige Schlitten fuhren und ständig nach dem Kollektenteller schielten.

Doch wenn ich die Chance hatte, diesen Männern persönlich zu begegnen, war ich meistens beeindruckt. Alles in allem waren es nachdenkliche, engagierte Männer, deren Optimismus und innere Überzeugung sie zu meinen besten Verbündeten machten. Sie schenkten mir großzügig ihre Zeit, waren an allen möglichen Themen interessiert und gingen überraschend bereitwillig auf meine Fragen ein. Ein Pastor sprach von seiner überwundenen Spielsucht. Ein anderer erzählte von seiner Zeit als erfolgreicher Manager und heimlicher Alkoholiker. Alle sprachen von Phasen religiösen Zweifels, von der Verkommenheit auf der Welt und in ihrem eigenen Herzen, von Stolz und Fall und Neuorientierung, dem Beginn eines neuen Lebens, das sie einer größeren Sache widmeten. Das war die Quelle ihrer Zuversicht – ihr persönliches Scheitern und die anschließende Errettung. Das gab ihnen die Autorität, die Gute Nachricht zu verkünden.

Ob ich die Gute Nachricht schon vernommen hätte, fragten mich einige.

Als ich mich nach anderen Pastoren erkundigte, die bereit wären, mit mir zu reden, wurde ich an Reverend Wright verwiesen, den Mann, von dem Reverend Philips bereits gesprochen hatte. Für jüngere Pastoren schien er eine Art Mentor zu sein, seine Kirche ein Vorbild, dem sie nacheiferten. Ältere Pastoren waren zurückhaltender mit ihrem Lob, zeigten sich beeindruckt vom raschen Wachstum der Trinity-Kirche, sprachen aber doch etwas verächtlich über die Popularität, die diese Gemeinde unter den jungen Angehörigen der schwarzen Mittelschicht genoss.

Ende Oktober hatte ich schließlich die Gelegenheit, Reverend Wright zu besuchen und mir seine Kirche anzusehen. Sie lag in der Fünfundneunzigsten Straße in einem Wohnviertel unweit der Louden-Home-Siedlung. Ich hatte etwas ziemlich Imposantes erwartet, fand aber einen schlichten Klinkerflachbau vor, umgeben von Immergrün und gepflegten Hecken. Auf dem Rasen stand ein kleines Schild mit der Parole FREE SOUTH AFRICA. Im Innern des Gebäudes war es kühl. Ein Gruppe Kinder wartete darauf, von ihren Eltern abgeholt zu werden. Ein Trupp Mädchen kam vorbei, die, nach ihrer Aufmachung zu schließen, den Kurs »Afrikanische Tänze« besuchten. Vier ältere Frauen kamen aus dem Altarraum. Eine rief »Gott ist gütig!«, was die anderen mit einem impulsiven »In Ewigkeit!« beantworteten.

Schließlich kam eine hübsche Frau auf mich zu, die sich als Tracy vorstellte, eine Mitarbeiterin von Reverend Wright. Sie sagte, der Reverend werde sich ein wenig verspäten und ob sie mir einen Kaffee anbieten könne. Ich folgte ihr in die Küche im hinteren Teil des Gebäudes, wir kamen ins Gespräch, sie erzählte über die Gemeinde, aber auch über sich. Es sei ein schwieriges Jahr gewesen, sagte sie. Ihr Mann sei kürzlich gestorben, und in wenigen Wochen werde sie in eine der Vorstädte umziehen. Sie habe lange mit dieser Entscheidung gerungen, denn sie hätte die meiste Zeit ihres Lebens in der Stadt gelebt. Aber für ihren jungen Sohn sei es einfach besser. In den Vorstädten, sagte sie, lebten inzwischen schon sehr viel mehr Schwarze, ihr Sohn werde auf der Straße nicht mehr belästigt, und an seiner neuen Schule stehe Musik auf dem Lehrplan, es gebe eine richtige Band, kostenlose Instrumente und Uniformen.

»Er wollte immer in einer Band spielen«, sagte Tracy.

In diesem Moment kam ein Mann auf uns zu, ein Endvierziger mit silbernem Haar und silbernem Bärtchen. Er trug einen grauen Dreiteiler, bewegte sich langsam und methodisch, wie um Kraft zu sparen, und sah, leise vor sich hin summend, im Gehen seine Post durch.

»Na, Barack«, sagte er, als wären wir alte Bekannte, »wollen mal schauen, ob Tracy mir eine Minute mit dir abgibt.«

»Sehen Sie's ihm nach«, sagte Tracy, die nun aufstand und sich den Rock glatt strich. »Ich hätte Sie warnen sollen, der Reverend spielt manchmal gern den Clown.«

Reverend Wright grinste und führte mich in ein kleines vollgestopftes Büro. »Entschuldigen Sie bitte meine Verspätung«, sagte er und schloss die Tür hinter sich. »Wir wollen einen neuen Altarraum bauen, ich komme gerade von einer Besprechung mit den Banken. Ich sage Ihnen, Doc, diese Leute wollen einem immer noch etwas andrehen. Das Neueste ist eine Lebensversicherung. Für den Fall, dass ich morgen tot zusammenbreche. Sie glauben, ohne mich stehe die Kirche vor dem Aus.«

»Stimmt das?«

Der Reverend schüttelte den Kopf. »Ich bin nicht die Kirche, Barack. Wenn ich morgen sterbe, wird die Gemeinde hoffentlich ein anständiges Begräbnis veranstalten. Könnte sein, dass auch die eine oder andere Träne fließt. Aber sobald ich unter der Erde bin, werden sich die Leute wieder der Frage zuwenden, wie sie die Kirche in ihrem Auftrag stärken können.«

Reverend Wright war in Philadelphia als Sohn eine Baptistenpfarrers aufgewachsen. Weil er nicht in die väterlichen Fußstapfen treten wollte, war er nach dem College zu den Marines gegangen, hatte in den Sechzigern Bekanntschaft mit dem Alkohol geschlossen, mit dem Islam und dem schwarzen Nationalismus. Doch der Ruf seines Glaubens war geblieben, hatte sich immer wieder bemerkbar gemacht, so dass er schließlich in Chicago Religionswissenschaft studierte und nach sechs Jahren promovierte. Er lernte Hebräisch und Griechisch, las Tillich und Niebuhr und die schwarzen Befreiungstheologen. Der Zorn und der Humor der Straße, die Buchgelehrsamkeit und gelegentlich ein vielsilbiges Fremdwort – all das hatte ihn vor knapp zwanzig Jahren zur Trinity-Kirche geführt. Und obwohl ich von diesen biographischen Einzelheiten erst später erfuhr, wurde mir schon bei unserer ersten Begegnung klar, dass der Erfolg seiner Kirche ganz wesentlich auf seinem Talent beruhte, die verschiedenen Stränge schwarzer Lebenserfahrung wenn nicht miteinander zu versöhnen, so doch zusammenzubringen.

»Wir haben hier die unterschiedlichsten Persönlichkeiten«, sagte Reverend Wright. »Hier den Afrikaner, dort den Traditionalisten. Gelegentlich muss ich eingreifen und vermitteln, bevor es unangenehm wird. Aber das passiert ganz selten. Wenn die Leute neue Ideen haben, lass ich sie meistens einfach machen und halte mich da raus.«

Seine Methode funktionierte offenbar. Unter seiner Führung war die Kirche von zweihundert auf viertausend Mitglieder angewachsen, die verschiedensten Aktivitäten wurden angeboten, vom Yoga-Kurs bis hin zu karibischer Musik. Der Reverend freute sich besonders, dass es ihm gelungen war, Männer in die Kirche zu holen, aber er räumte ein, dass noch viel zu tun sei.

»Es gibt nichts Schwereres, als junge Brüder wie Sie zu erreichen«, sagte er. »Sie haben Angst, als Softies dazustehen. Sie wissen nicht, was ihre Kumpel dazu sagen. Sie glauben, Kirche sei Frauensache, und halten es für ein Zeichen von Schwäche, wenn ein Mann zugibt, dass er spirituelle Bedürfnisse hat.«

Die Art, wie Reverend Wright mich in diesem Moment musterte, irritierte mich. Ich beschloss, das Thema zu wechseln, mich auf vertrauteres Terrain zu begeben, und erzählte ihm von uns und unseren Projekten und dass es wichtig sei, die großen Kirchen wie die seine mit ins Boot zu holen. Der Reverend hörte mir geduldig zu und nickte schließlich.

»Ich werde versuchen, Ihnen zu helfen, wenn ich kann«, sagte er. »Aber Sie sollten wissen, dass Sie es mit uns nicht ganz leicht haben werden.«

»Das verstehe ich nicht.«

Reverend Wright zuckte mit den Schultern. »Manche meiner Amtsbrüder kritisieren uns. Sie finden uns zu radikal. Anderen sind wir nicht radikal genug. Zu emotional. Nicht emotional genug. Unsere Beschäftigung mit afrikanischer Geschichte, das Studium der Schriften...«

»Und manche werfen der Kirche vor«, unterbrach ich ihn, »dass sie zu sehr am Aufsteigermilieu orientiert ist.«

»Quatsch«, erwiderte er scharf. »Wer so etwas sagt, beweist nur, dass er nichts verstanden hat. Diese Leute starren auf die sozialen Unterschiede, die uns davon abhalten, gemeinsam zu arbeiten. Die einen sagen, der Exgangster oder der Exmuslim hat in einer christlichen Kirche nichts zu suchen. Andere halten jeden Schwarzen mit einer guten Ausbildung und einem Job und jede Kirche, in der Wert auf das Studium der Schriften gelegt wird, für verdächtig. Wir glauben nicht an diese künstlichen Differenzen. Es geht nicht darum, wie viel Geld jemand verdient, Barack. Wenn die Bullen mich anhalten und durchsuchen, interessieren sie sich nicht dafür, wie viel ich auf dem Konto habe. All diese fehlgeleiteten Brüder, wie der Soziologe von der hiesigen Universität, der behauptet, dass die Rassenfrage immer unwichtiger wird. Wo lebt er denn?«

Aber waren die Klassengegensätze nicht real? Ich erwähnte das Gespräch, das ich mit seiner Assistentin geführt hatte, wies auf die Neigung vieler Leute hin, sich aus der Schusslinie zu entfernen, sobald sie das nötige Geld hatten. Reverend Wright setzte die Brille ab und rieb sich die müden Augen.

»Ich habe Tracy gesagt, was ich davon halte«, sagte er ruhig. »Ihr Sohn wird dort draußen leben und keine Ahnung haben, wo er steht, wer er ist.«

»Die Sicherheit der eigenen Kinder zu riskieren ist nicht jedermanns Sache.«

»In diesem Land ist kein Schwarzer sicher, Barack. Das war schon immer so und wird wohl auch in Zukunft so bleiben.«

Eine Sekretärin erinnerte den Reverend an seinen nächsten Termin. Er gab mir zum Abschied die Hand und sagte mir noch zu, dass Tracy eine Liste von Mitgliedern aufstellen werde, mit denen zu reden sich lohnen würde. Draußen, in meinem Auto, blätterte ich in einer Broschüre, die in der Eingangshalle auslag. Darin wurden die Grundsätze beschrieben, die die Gemeinde 1979 beschlossen hatte. Ganz oben stand die Liebe zu Gott, »der uns die Kraft geben wird, unsere Passivität zu überwinden und schwarze christliche Aktivisten zu werden, Kämpfer für die Freiheit der Schwarzen und die Würde aller Menschen«. Es folgten die Verpflichtung gegenüber der schwarzen Community und der schwarzen Familie, Bildung, Arbeitsethos, Disziplin und Selbstachtung.

Vernünftige, ehrliche Werte – nicht viel anders als das, was Reverend Philips zwei Generationen zuvor in seiner weiß getünchten Kirche gelernt haben mochte. Doch eine Passage fiel mir auf, ein selbstbewussteres Statement, das ausführlicher Erläuterung bedurfte. Unter der Überschrift »Nein zu den Idealen der Mittelschicht« hieß es da: »Gewiss ist es statthaft, mit aller Energie gut bezahlte Jobs anzustreben, doch sollten die erfolgreichen Brüder und Schwestern, die durch Talent oder glückliche Umstände im amerikanischen Mainstream angekommen sind, nicht in die psychologische Falle der schwarzen Mittelschicht gehen und sich zu der Annahme verleiten lassen, sie seien besser als die anderen, und das ICH über das WIR stellen.«

Immer wieder musste ich an diese Worte denken, als ich in den darauffolgenden Wochen mit verschiedenen Gemeindemitgliedern von Trinity zusammenkam. Ich fand, dass Reverend Wright zumindest teilweise recht hatte, wenn er Kritik an seiner Kirche zurückwies, denn die Gemeinde bestand überwiegend aus den gleichen Lehrern und Sekretärinnen und Angestellten im öffentlichen Dienst, denen man auch in anderen großen schwarzen Kirchen Chicagos begegnete. Die Bewohner der umliegenden Wohnsiedlungen arbeiteten aktiv mit, und ein großer Teil des Budgets floss in Projekte zur Unterstützung der Armen (Rechts- und Drogenberatung).

Doch es war nicht zu bestreiten, dass unter den Mitgliedern überproportional viele Ingenieure, Ärzte, Wirtschaftsprüfer und Manager waren. Einige waren in Trinity groß geworden, andere aus anderen Kirchen übergetreten. Viele berichteten, lange Zeit areligiös gelebt zu haben – bei einigen eine bewusste Entscheidung, die mit ihrer intellektuellen oder politischen Entwicklung zu tun hatte, aber den meisten war die Kirche in einer Phase, in der sie in vorwiegend weißen Institutionen ihre Karriere verfolgt hatten, irrelevant erschienen.

Doch irgendwann waren sie an einem Punkt angelangt, wo sie das bedrückende Gefühl hatten, den Kontakt zu sich selbst verloren zu haben. Erst gelegentlich, dann regelmäßig, waren sie zur Kirche zurückgekehrt, hatten einiges von dem gefunden, was jede Religion ihren verlorenen Söhnen zu bieten hofft – ein seelisches Refugium und jene Anerkennung, die kein Gehaltskonto schenken kann; für alte Menschen die Gewissheit, Teil einer Sache zu sein, die sie überdauern würde – und, wenn das Ende schließlich käme, sie in der Erinnerung der Gemeinschaft fortleben.

Doch nicht alles, was diese Leute suchten, schien mir ausschließlich religiös motiviert zu sein. Sie kehrten nicht nur zu Jesus zurück. Mit ihrer besonderen Berücksichtigung afrikanischer Themen und der Geschichte der Schwarzen agierte Trinity als Vermittlerin von Werten und Ideen, wie es Reverend Philips schon beschrieben hatte. Allerdings funktionierte diese Transmission nicht nur in einer Richtung – vom Lehrer oder Arzt, der es als seine christliche Pflicht betrachtete, den Zuwanderern aus dem Süden bei der Anpassung an das Stadtleben behilflich zu sein. Es funktionierte auch in umgekehrter Richtung: das frühere Bandenmitglied oder die junge Mutter hatten ihre eigenen legitimen Erfahrungen (stärkere Benachteiligung, also größere Authentizität), an denen der Anwalt oder Arzt nun teilhaben konnte. Indem eine Kirche wie Trinity ihre Türen für alle öffnete, die eintreten wollten, versicherte sie ihren Mitgliedern, dass aus dem Miteinander unterschiedlicher Lebenserfahrungen ein starkes »Wir« entstehen konnte.

Es war ein machtvolles Programm, handfester als jeder krude Nationalismus und langfristig befriedigender als meine Form von Basisarbeit. Ich fragte mich aber, ob es gelingen könnte, auf diese Weise die Stadtflucht einzudämmen oder junge Männer vor dem Gefängnis zu bewahren. Würde das christliche Band zwischen einem schwarzen Schuldirektor und den Eltern eines schwarzen Schülers etwas am Schulsystem ändern? Würde Reverend Wright, gestützt auf diese Gemeinsamkeit, eine klare Position zu den jüngsten Reformvorschlägen für den öffentlichen Wohnungsbau beziehen? Und wenn Leute wie er nicht Stellung bezogen, wenn Kirchen wie Trinity sich nicht mit den wirklich Mächtigen anlegten und einen Konflikt riskierten, konnten sie dann tatsächlich hoffen, die große Gemeinschaft der Schwarzen weiterhin zusammenzuhalten?

Meine Gesprächspartner, die ich gelegentlich mit diesen Fragen konfrontierte, reagierten ähnlich verwundert wie Reverend Philips oder Reverend Wright. Die in der Broschüre genannten Grundsätze standen für sie so wenig außer Frage wie ihr Glaube an die Auferstehung Christi. Deine Ideen sind ganz interessant, sagten sie. Wenn du in unserer Kirche wärst, könntest du uns helfen, ein großes Community-Projekt auf die Beine zu stellen. Schau doch am Sonntag mal vorbei.

Ich spielte die Sache dann herunter, weil ich nicht zugeben konnte, dass ich zwischen Glauben und Dummheit, zwischen Glauben und Ergebenheit nicht mehr unterscheiden konnte. Dass ich zwar die Aufrichtigkeit in ihren Stimmen hörte, ich selbst aber ein Skeptiker war, der seine Motive in Frage stellte und deswegen nicht so rasch konvertieren konnte und überhaupt viel zu oft mit Gott stritt, als dass eine so einfache Erlösung denkbar war.

Am Tag vor Thanksgiving starb Harold Washington. Nur wenige Monate zuvor hatte er die Wiederwahl gewonnen (mit großem Abstand vor Vrdolyak und Byrne) und die Stadt aus dem Stillstand herausgeführt, der sie in den vier vorangegangenen Jahren gelähmt hatte. Diesmal hatte er einen professionelleren, sachlicheren Wahlkampf geführt, war für Konsolidierung, vernünftige Haushaltspolitik und öffentliche Bauprojekte eingetreten. Er hatte sich mit einem Friedensangebot an die alten etablierten irisch- und polnischstämmigen Lokalpolitiker gewandt. Von der Geschäftswelt, die sich mit ihm arrangiert hatte, wurde er finanziell unterstützt. Seine Position war so unangefochten, dass schließlich selbst unter seinen Anhängern kritische Stimmen laut geworden waren – schwarze Nationalisten, die irritiert waren über seine Bereitschaft, Weiße und Hispanics ins Boot zu holen, Aktivisten, die den entschlossenen Kampf gegen die Armut vermissten, und andere, die in ihrer Traumwelt lebten, lieber machtlos blieben, als Kompromisse einzugehen.

Harold Washington schenkte solchen Kritikern wenig Beachtung. Er sah keinen Grund, Risiken einzugehen, die Dinge zu forcieren. Er war fest davon überzeugt, die nächsten zwanzig Jahre Bürgermeister zu sein.

Und dann starb er: unerwartet, urplötzlich, einfach so, ein fast grotesker Tod. Das Herz eines Übergewichtigen machte nicht mehr mit.

Es war kalt und regnerisch an jenem Wochenende. Auf den Straßen im Viertel war es still. Überall weinten die Menschen. Schwarze Radiostationen brachten ständig Washingtons Reden, als wollte man den Verstorbenen wieder lebendig machen. Eine lange Schlange von Trauernden wartete vor dem Rathaus, um von dem dort aufgebahrten Toten Abschied zu nehmen. Wohin man auch blickte, die Schwarzen schienen gelähmt, verunsichert, besorgt.

Washingtons engste Mitarbeiter hatten den anfänglichen Schock bald überwunden. Sie kamen zusammen, um darüber zu diskutieren, wie es weitergehen solle, wollten Washingtons rechtmäßigen Erben bestimmen. Doch dafür war es zu spät. Es gab keine politische Organisation, keine klaren Orientierungspunkte. Alles hatte sich um diesen einen Mann gedreht, der wie eine strahlende Sonne im Mittelpunkt stand. Nun, da er nicht mehr da war, herrschte Uneinigkeit über die Bedeutung seiner Leistungen.

Es kam zu Streit unter seinen Anhängern, Fraktionen bildeten sich, Gerüchte gingen um. Als der Stadtrat am Montag einen neuen Bürgermeister wählen sollte, war die Koalition, die Washington einst ins Amt gebracht hatte, praktisch aufgelöst. Am Abend fuhr ich in die Stadt und erlebte seinen zweiten Tod. Seit dem Nachmittag hatten sich viele Leute, mehrheitlich Schwarze, vor der Stadtverordnetenversammlung eingefunden – alte Leute, Neugierige, Männer und Frauen mit Plakaten und Transparenten. Sie empörten sich über die schwarzen Stadtverordneten, die mit den Weißen einen Deal geschlossen hatten. Sie winkten mit Dollarscheinen in Richtung des liebenswürdigen schwarzen Stadtverordneten, der von den weißen Stadtverordneten unterstützt wurde, beschimpften ihn als Verräter und Onkel Tom. Sie riefen ihre Parolen und schworen, nicht von der Stelle zu weichen.

Doch die Macht war geduldig. Sie wusste, was sie wollte. Sie konnte warten. Nach Mitternacht, kurz bevor die Abstimmung schließlich stattfinden sollte, öffnete sich für einen Moment die Tür des Sitzungssaals, und ich sah zwei Stadtverordnete in vertrautem Gespräch. Der eine, ein Schwarzer, war Harolds Mann, der andere, ein Weißer, war Vrdolyaks Mann. Sie flüsterten, ein Lächeln huschte über ihr Gesicht, dann sahen sie die noch immer protestierende Menge, und sofort unterdrückten sie ihr Lächeln, große, massige Männer in Zweireihern, in den Augen den gleichen hungrigen Blick – Männer, die Bescheid wussten.

Bald darauf beschloss ich zu gehen. Ich drängte mich durch die Menge und bahnte mir einen Weg über die Daley Plaza zu meinem Auto. Der Wind war kalt und rasiermesserscharf. Ein selbstgemaltes Plakat wirbelte durch die Luft, SEIN GEIST LEBT WEITER stand darauf in dicken schwarzen Lettern. Und darunter das Foto, das ich so oft in Smittys Friseursalon gesehen hatte, das attraktive, zerknitterte Gesicht, das breite Lächeln, die freundlichen Augen, nun flog es wie ein Blatt im Herbstwind über den leeren Platz.

Die Monate vergingen atemberaubend schnell, und ständig wurden wir daran erinnert, was alles noch zu erledigen war. Wir arbeiteten gemeinsam mit anderen Gruppen an einer Schulreform. Wir trafen uns mit den Mexikanern in der Southeast Side, um Vorschläge für eine bessere Umweltpolitik in dieser Gegend zu formulieren. Ich nervte Johnnie mit meinem Versuch, ihm all die Dinge beizubringen, die zu lernen ich drei Jahre benötigt hatte.

»Mit welchen Leuten hast du diese Woche gesprochen?«

»Also, da wäre zunächst Mrs. Banks von der True Vine Holiness Church. Scheint vielversprechend zu sein... Moment, genau, hier steht's: Lehrerin, interessiert an Bildungsfragen. Ich bin sicher, sie wird mit uns zusammenarbeiten.«

»Was macht ihr Mann?«

»Ähm, hab vergessen, sie zu fragen.«

»Wie steht sie zur Lehrergewerkschaft?«

»Mann, Barack, ich hatte nur eine halbe Stunde...«

Im Februar kam der Zulassungsbescheid aus Harvard, ein Brief mit vielen Informationen. Er erinnerte mich an das Päckchen aus Punahou, das ich in jenem Sommer vor vierzehn Jahren erhalten hatte. Ich musste an Gramps denken, der die ganze Nacht aufgeblieben war und die Broschüre mit all den Hinweisen studiert hatte, die Informationen über Musikkurse, Collegevorbereitung, Singgruppen und Abschlussfeiern. Ich dachte daran, wie er diese Broschüre geschwenkt und sie als mein Kapital bezeichnet hatte, mir erklärt hatte, dass die Kontakte, die ich an einer Schule wie Punahou knüpfe, mich durch das ganze Leben begleiten würden. Ich würde mich in guten Kreisen bewegen, und die Welt würde mir offenstehen. Lächelnd hatte er mir über das Haar gestrichen, nach Whiskey riechend und mit feuchten Augen, als kämen ihm bald die Tränen. Und ich hatte sein Lächeln erwidert, hatte so getan, als verstünde ich ihn, obwohl ich mich in Wahrheit nach Indonesien zurücksehnte, wo ich barfuß ein Reisfeld entlanglaufen, mit den nackten Füßen im kühlen nassen Schlamm versinken würde, während die anderen Jungen einem zerfetzten Drachen hinterherrannten.

Ungefähr so fühlte ich mich jetzt.

Mittags sollte in unserem Büro eine Sitzung mit den rund zwanzig Pastoren stattfinden, die mit uns zusammenarbeiten wollten. Die meisten der Eingeladenen sowie die wichtigsten unserer Mitarbeiter erschienen. Wir diskutierten über Strategien für das nächste Jahr, über die Konsequenzen, die sich aus Harold Washingtons Tod ergeben hatten. Wir sprachen über ein Fortbildungsseminar, über Finanzen, über die Notwendigkeit, weitere Kirchen für unsere Arbeit zu mobilisieren. Und ganz zum Schluss verkündete ich, dass ich im Mai aufhören und Johnnie meinen Platz übernehmen würde.

Niemand war überrascht. Alle kamen anschließend zu mir und gratulierten. Reverend Philips versicherte mir, eine kluge Entscheidung getroffen zu haben. Angela und Mona sagten, sie hätten immer gewusst, dass einmal etwas Großes aus mir würde. Shirley fragte, ob ich einen Neffen von ihr beraten würde, der nach einem Sturz in einen Gully Schadenersatz fordern wolle.

Einzig Mary wirkte irritiert. Nachdem die meisten Pastoren gegangen waren, half sie Will, Johnnie und mir noch beim Aufräumen. Auf meine Frage, ob ich sie mit dem Auto irgendwohin bringen könne, schüttelte sie den Kopf und zog sich ihren Mantel über.

»Was habt ihr Männer nur?« sagte sie mit etwas zittriger Stimme, an Will und mich gewandt. »Immer diese Unruhe. Warum seid ihr nie zufrieden mit dem, was ihr habt?«

Ich wollte schon etwas erwidern, dachte dann an ihre beiden Töchter, die zu Hause auf sie warteten, die nie ihren Vater kennenlernen würden. Stattdessen begleitete ich Mary hinaus, umarmte sie und kehrte wieder in das Sitzungszimmer zurück. Will beugte sich gerade über einen Teller mit übrig gebliebenen Chicken Wings.

»Magst du auch?« fragte er.

Ich schüttelte den Kopf, setzte mich zu ihm an den Tisch. Will beobachtete mich eine Weile, kauend, die Finger leckend.

»Fällt dir wohl bisschen schwer wegzugehen, was?« sagte er schließlich.

Ich nickte. »Stimmt.«

Er trank von seinem Mineralwasser und gab einen kleinen Rülpser von sich. »Na, drei Jahre sind schnell vorbei.«

»Woher weißt du, dass ich zurückkomme?«

»Ich weiß nicht, woher«, sagte er und schob seinen Teller beiseite. »Ich weiß es einfach.« Und dann stand er auf, ohne noch etwas zu sagen, wusch sich die Hände, stieg auf sein Fahrrad und fuhr davon.

Am Sonntagmorgen wachte ich um sechs auf. Draußen war es noch dunkel. Ich rasierte mich, bürstete die Fusseln von meinem einzigen Anzug und traf um halb acht in der Kirche ein. Die meisten Bänke waren schon voll besetzt, ein weiß behandschuhter Platzanweiser bahnte mir den Weg, vorbei an älteren Matronen mit breitkrempigen federbesetzten Hüten, vorbei an ernst dreinschauenden Männern in Anzug und Krawatte und braunen Käppchen, vorbei an Kindern im Sonntagsstaat. Eine Mutter aus Dr. Colliers Schule winkte mir, ein Offizieller der CHA, mit dem ich ein paar Mal aneinandergeraten war, nickte mir kurz zu. Ich arbeitete mich bis in die Mitte einer Reihe vor und zwängte mich zwischen eine dicke alte Frau, die nicht beiseiterückte, und eine junge vierköpfige Familie. Der Vater in seiner groben Wolljacke schwitzte schon jetzt, während die Mutter die beiden Jungen links und rechts ermahnte, still zu sitzen.

»Wo ist Gott?« fragte der eine.

»Halt die Klappe!« entgegnete der Ältere.

»Gebt endlich Ruhe, ihr beiden«, sagte die Mutter.

Die Hilfspastorin von Trinity, eine ältere grauhaarige Frau, verlas zunächst die Gemeindemitteilungen, bevor sie, von schläfrigen Stimmen begleitet, ein paar traditionelle Kirchenlieder intonierte. Dann zog der Chor, in weißem Gewand und Halstuch, singend und in die Hände klatschend den Mittelgang hinunter und stellte sich hinter dem Altar auf, und die Orgel begleitete die immer schneller wirbelnden Trommeln:

I'm so glad, Jesus lifted me!
I'm so glad, Jesus lifted me!
I'm so glad, Jesus lifted me!
Singing Glory, Ha-le-lu-yah!
Jesus lifted me!

Und während die Gemeinde in den Gesang einstimmte, trat Reverend Wright mit den Diakonen unter das mächtige Kruzifix, das von der Decke hing. Der Reverend verharrte schweigend, während die Andacht gelesen wurde, sein Blick wanderte prüfend über die Gesichter in den vorderen Reihen, und er beobachtete, wie der Kollektenkorb herumgereicht wurde. Schließlich stieg er auf die Kanzel und verlas die Namen derjenigen, die in der letzten Woche gestorben waren, die Namen der Kranken, und jedes Mal ertönte irgendwo ein Seufzer, ein Murmeln.

»Nehmen wir einander an der Hand«, sagte der Reverend, »wenn wir zu Füßen dieses alten, knorrigen Kreuzes knien und beten...«

»Jaa...«

»Herr, wir sind gekommen, um dir zu danken für alles, was du für uns getan hast... Wir wollen dir vor allem für Jesus danken. Herr, wir kommen aus den unterschiedlichsten Schichten. Die einen gelten als höher, die anderen als niedriger..., aber vor dir, vor diesem Kreuz sind wir alle gleich. Herr, wir danken dir! Wir danken dir für Jesus, der unsere Last trägt und unsere schwere Bürde teilt, Herr, wir danken dir...«

Reverend Wright hatte seiner Predigt an diesem Sonntag das Motto »Die Kühnheit der Hoffnung« gegeben. Er begann mit einer Stelle aus dem Buch Samuel – mit der Geschichte von Hanna, die, unfruchtbar und von ihren Rivalinnen verhöhnt, unter Tränen zu ihrem Gott gebetet hatte. Die Geschichte, sagte der Reverend, erinnere ihn an eine Predigt, die ein Amtsbruder vor einigen Jahren bei einer Konferenz gehalten habe, in der er schilderte, wie er bei einem Museumsbesuch plötzlich vor einem Gemälde mit dem Titel *Die Hoffnung* stand.

»Das Bild zeigt eine Harfenspielerin«, erklärte Reverend Wright,

»eine Frau, die auf einem hohen Berg sitzt; wenn man genauer hinschaut, sieht man, dass sie übel zugerichtet ist, sie trägt zerfetzte Lumpen am Leib, und an ihrer Harfe ist nur noch eine kümmerliche Saite übrig. Am unteren Bildrand, im Tal, sieht der Betrachter eine Welt, in der Hunger und Krieg, Zwist und Elend herrschen.

Es ist diese Welt, in der an Bord von Kreuzfahrtschiffen jeden Tag mehr Nahrungsmittel weggeworfen werden, als die meisten Bewohner von Port-au-Prince in einem ganzen Jahr zur Verfügung haben, die Welt, die von der Habgier der Weißen gelenkt wird, mit Apartheid in der einen Hemisphäre, Apathie in der anderen… Das ist die Welt! Auf der die Hoffnung ruht!«

Und so ging es weiter in dieser Meditation über eine zugrunde gerichtete Welt. Während die Jungen neben mir mit dem Kirchenblatt herumspielten, sprach Reverend Wright von Sharpeville und Hiroshima, von der Abgestumpftheit der Politiker in Washington und im Staat Illinois. Doch allmählich wurden seine Geschichten von Elend und Leid immer konkreter, immer unmittelbarer. Der Reverend sprach von der Not, die die Gemeinde am nächsten Tag wieder erleben würde, von den Sorgen der Menschen ganz unten im Tal, die nicht wüssten, wie sie die Stromrechnung bezahlen sollten. Aber auch vom Kummer derjenigen, die weiter oben waren, näher am Gipfel: von der Frau, die vielleicht keine materielle Not litt, die von ihrem Mann aber als Dienstmädchen, Köchin, Chauffeurin und Callgirl in einer Person behandelt wurde, von dem Kind, dessen reiche Eltern mehr auf die Frisur ihres Sprösslings achteten als auf seine Erziehung.

»Ich frage euch, leben wir nicht alle in dieser Welt?«

»Ja, ganz genau.«

»Wie Hanna haben auch wir bittere Zeiten erlebt! Täglich erfahren wir Zurückweisung und Verzweiflung.«

»So ist es!«

»Aber stellen wir uns noch einmal das Gemälde vor. Hoffnung! Die Harfenistin schaut nach oben, genau wie Hanna, leise Klänge steigen auf gen Himmel. Sie wagt es, zu hoffen… Sie hat die Kühnheit…, mit dieser einen Saite, die ihr noch geblieben ist, zu musizieren, Gott zu preisen!«

Die Leute begannen nun, laut zu sprechen, sie erhoben sich von ihren Plätzen, klatschten und riefen, es war wie ein kräftiger Wind, der die Stimme des Reverend hinauf bis in die Dachsparren trug. Um mich herum hörte ich all die Klänge der letzten drei Jahre. Den Mut und die Angst von Ruby und Will. Den Stolz und den Zorn von Männern wie Rafiq. Den Wunsch, loszulassen, wegzulaufen, sich einem Gott anzuvertrauen, der einem die Verzweiflung irgendwie nehmen würde.

Und in diesem einen Klang – Hoffnung! – hörte ich noch etwas anderes. Hier, unter diesem Kreuz, in Tausenden von Kirchen überall in Chicago, sah ich die Geschichten von Schwarzen eins werden mit den Geschichten von David und Goliath, von Moses und Pharao, von den Christen in der Löwengrube, von Hesekiels Totenfeld. Diese Geschichten – von Überleben und Freiheit und Hoffnung – waren unsere Geschichte, meine Geschichte; das Blut war unser Blut, die Tränen waren unsere Tränen; und am Ende war diese schwarze Kirche an diesem strahlend hellen Tag wieder das Gefäß, in dem die Geschichte eines Volkes aufbewahrt wurde für künftige Generationen, weitergetragen in eine größere Welt. Unsere Entbehrungen und Siege verwandelten sich in etwas Besonderes und zugleich allgemein Menschliches, in Erfahrungen nicht nur von Schwarzen; in den Geschichten und Liedern, die unseren Weg aufzeichneten, konnten wir Erinnerungen wachhalten, deren wir uns nicht zu schämen brauchten, Erinnerungen, die unmittelbarer waren als die Geschichten aus dem alten Ägypten, Erinnerungen, die alle Menschen studieren und hochhalten konnten – und die uns einen Neuanfang ermöglichen konnten. Und wenn ich hin und wieder das Gefühl hatte, dass diese sonntägliche Kommunion unsere Existenz vereinfachte, die realen Konflikte unter uns verschleierte oder leugnete und ihr Versprechen sich nur durch Handeln verwirklichen ließe, so spürte ich doch zum ersten Mal, dass in diesem Geist der Keim einer Chance angelegt war, über unsere kleinen beschränkten Träume hinauszuwachsen.

»Die Kühnheit der Hoffnung! Ich erinnere mich noch gut an das Lied, das meine Großmutter sang: ›Irgendwo gibt es eine gute Seite … ‹ ›Ruhe nicht, ehe du sie gefunden hast!‹«

»Jaaa.«

»Die Kühnheit der Hoffnung! In Zeiten, als wir die Miete nicht bezahlen konnten. In Zeiten, in denen es so aussah, als würde ich es nie zu etwas bringen..., mit fünfzehn verhaftet wegen Autodiebstahl, und doch sangen Momma und Daddy:

Thank you Jesus. Thank you, Je-sus.
Thank you, Jesus. Thank you, Jesus.
Thank you, Jesus.
Thank you, Lo-ord.
You brought me fro-om
A mighty long way, mighty long way.

Das habe ich nicht verstanden, dieses Lied. Warum haben sie ihm gedankt für ihre Sorgen und Nöte? Aber ich habe nur die horizontale Dimension ihres Lebens gesehen. Ich habe nicht verstanden, dass sie von der vertikalen Dimension sprachen. Sie haben von ihrer Beziehung zu Gott gesprochen! Ich habe nicht verstanden, dass sie ihm schon im Voraus dankten für alles, was sie für mich erhofften. Herr, ich danke dir, dass du mich nicht aufgegeben hast, als ich dich aufgab! Jesus, ich danke dir...«

Der Chor stimmte wieder seinen Gesang an, die Gemeinde applaudierte all jenen, die nun zum Altar schritten, um dem Aufruf des Reverend Folge zu leisten. Ich spürte eine leise Berührung auf meinem Kopf und bemerkte dann, dass der ältere Junge mir mit besorgtem Gesichtsausdruck ein Taschentuch reichte. Seine Mutter sah mich lächelnd an, bevor sie sich wieder dem Altar zuwandte. Erst als ich mich bei dem Jungen bedankte, merkte ich, dass mir Tränen über die Wangen liefen.

»O Jesus«, flüsterte die alte Frau neben mir, »ich danke dir, dass wir diesen weiten Weg gehen durften.«

Dritter Teil

Kenia

15

In Heathrow starteten wir bei stürmischem Wetter. Eine Gruppe junger Engländer in schlecht sitzenden Blazern bevölkerte den hinteren Teil des Flugzeugs. Einer von ihnen, ein schlaksiger blasser Typ mit Pickeln im Gesicht, saß neben mir. Zweimal las er sehr konzentriert die Anweisungen für den Notfall, und sobald wir in der Luft waren, fragte er mich, wohin ich unterwegs sei. Ich sagte, ich wolle nach Nairobi, meine Familie besuchen.

»Nairobi soll ja ganz schön sein. Vielleicht mach ich dort mal Zwischenstation, irgendwann. Ich selbst bin nach Johannesburg unterwegs.« Er erzählte, dass er und seine Kollegen im Rahmen ihres Geologiestudiums ein zwölfmonatiges Praktikum bei südafrikanischen Bergbauunternehmen absolvieren würden. »Anscheinend fehlt es an ausgebildeten Fachleuten. Wenn wir Glück haben, bieten sie uns anschließend eine feste Stelle an. Bessere Verdienstmöglichkeiten gibt es eigentlich nicht – es sei denn, man ist bereit, sich auf einem Ölbohrturm in der Nordsee den Arsch abzufrieren. Aber das ist nichts für mich.«

Ich wies darauf hin, dass viele schwarze Südafrikaner bestimmt großes Interesse an einer solchen Ausbildung hätten.

»Ja, da haben Sie sicher recht«, sagte er. »Ich selbst hab für die Rassenpolitik dort nichts übrig. Das ist eine Schande.« Und nach einer Pause: »Andererseits sieht es im restlichen Afrika ziemlich düster aus. Nach allem, was man so hört. In Südafrika verhungern die Schwarzen wenigstens nicht wie in manchen dieser gottverlassenen Länder. Beneide sie nicht, aber verglichen mit so einem armen Teufel in Äthiopien...«

Eine Stewardess kam mit Kopfhörern den Gang entlang, die

man gegen eine Gebühr mieten konnte. Mein Sitznachbar zückte sein Portemonnaie. »Also, ich halte mich aus der Politik raus. Was soll ich mich da einmischen. Zu Hause ist es ja nicht viel anders. Die ganzen Arbeitslosen, die alten Knacker im Parlament, die immer den gleichen Stuss reden. Ich finde, man sollte sich um seine eigenen Angelegenheiten kümmern.« Er fand die Buchse für den Kopfhörer und setzte ihn sich auf.

»Wecken Sie mich bitte, wenn es Essen gibt«, sagte er, stellte die Sitzlehne nach hinten und schloss die Augen.

Ich holte ein Buch aus meinem Handgepäck und versuchte zu lesen. Es war ein Porträt verschiedener afrikanischer Länder, geschrieben von einem westlichen Journalisten, der zehn Jahre in Afrika gelebt hatte, als Afrika-Experte galt und sich offenbar sehr viel auf sein ausgewogenes Urteil einbildete. Die ersten Kapitel beschäftigten sich mit der Geschichte des Kolonialismus: mit den künstlich geschürten Stammeskonflikten, den willkürlich gezogenen Grenzen, den Vertreibungen, Verhaftungen, den großen und kleinen Demütigungen. Die frühen Heroen des Befreiungskampfes wie Kenyatta und Nkrumah wurden gebührend erwähnt, ihre spätere Hinwendung zum Despotismus zumindest teilweise mit der Interessenlage während des Kalten Kriegs erklärt.

Doch schon im dritten Kapitel hatte sich die Gegenwart vor die Vergangenheit geschoben. Hungersnöte, Seuchen, immer neue Militärjuntas und Putschversuche ungebildeter junger Männer, die ihre Kalaschnikow wie einen Hirtenstab in der Hand hielten – wenn Afrika eine Geschichte hatte, schien der Autor sagen zu wollen, dann war sie angesichts der katastrophalen Zustände auf dem Kontinent bedeutungslos geworden.

Arme Teufel, gottverlassene Länder.

Ich legte das Buch beiseite, spürte einen vertrauten Zorn in mir aufsteigen, der mich in seiner Verschwommenheit umso mehr irritierte. Auf wen war ich so zornig? Der junge Engländer neben mir schnarchte leise, die Brille saß ihm schief auf der Nase. Ärgerte ich mich über ihn? War es seine Schuld, dass ich keine Antworten auf seine Fragen hatte, trotz all der Kenntnisse und Theorien, über die ich verfügte? Konnte ich ihm vorwerfen, dass er Karriere machen wollte? Vielleicht war ich nur wütend, weil er wie selbstverständlich davon ausging, ich als Amerikaner, auch als schwarzer Amerikaner, würde seine düstere Sicht von Afrika teilen – eine Annahme, die zumindest für seine Welt einen gewissen Fortschritt signalisierte, mir selbst aber nur meine eigene Widersprüchlichkeit vor Augen führte: ein Amerikaner, im Westen nicht völlig zu Hause, und zugleich ein Afrikaner, der in ein fremdes Land reiste.

Schon während meines ganzen Europatrips hatte ich mich gereizt und verunsichert gefühlt. So war es nicht geplant. Es sollte doch nur ein kurzer Zwischenaufenthalt sein, eine gute Gelegenheit, Orte zu sehen, die ich nicht kannte. Drei Wochen war ich allein quer durch den Kontinent gereist, mit Bus und Eisenbahn, den Reiseführer in der Hand. Ich trank Tee an der Themse, und im Jardin du Luxembourg schaute ich den Kindern zu, die unter den Kastanien spielten. Ich stand mittags auf der Plaza Mayor mit ihren langen Schatten, die mich an De Chirico erinnerten, sah die Schwalben durch den kobaltblauen Himmel segeln, ich beobachtete die Abenddämmerung über dem Palatin, wartete auf die ersten Sterne, lauschte dem Wind, der leise von Sterblichkeit flüsterte.

Und eine Woche später war mir klar, dass ich einen Fehler gemacht hatte. Nicht, dass Europa nicht schön war. Alles war genau so, wie ich es mir vorgestellt hatte. Nur hatte es nichts mit mir zu tun. Mir war, als erlebte ich die romantischen Empfindungen eines anderen; zwischen mir und all diesen Orten, die mir wie museale Ausstellungsobjekte erschienen, stand meine eigene unvollständige Geschichte. Ich ahnte, dass mein Zwischenaufenthalt in Europa nur ein weiterer Versuch war, der Auseinandersetzung mit meinem Vater aus dem Weg zu gehen. Herausgerissen aus meiner Sprache, aus meiner Arbeit, aus meinem Alltag – und ohne die ständige Konfrontation mit der Rassenfrage, die mir so vertraut geworden war und die ich (verrückterweise) als Zeichen meiner Reife betrachtete –, hatte ich in mich selbst hineinschauen müssen und dort nur große Leere gefunden.

Würde Kenia diese Leere ausfüllen? Meine Freunde in Chicago waren davon überzeugt. Es wird wie in *Roots* sein, hatte Will bei meiner Abschiedsparty gesagt. Asante hatte von einer Pilgerfahrt gesprochen. Für sie, wie für mich, war Afrika eher eine Idee als ein konkreter Ort, ein Gelobtes Land mit uralten Traditionen und grandiosen Landschaften, edlen Kämpfen und sprechenden Trommeln. Aus der Ferne konnten wir Afrika annehmen, wie es uns gefiel, so wie ich meinen Vater angenommen hatte. Was würde passieren, wenn ich diese Distanz aufgab? Ich stellte mir vor, dass mich die Wahrheit befreien würde. Und wenn das eine Chimäre war? Wenn die Wahrheit mich enttäuschen, der Tod meines Vaters mir nichts bedeuten würde, ebenso wenig wie die Tatsache, dass er mich im Stich gelassen hatte, und mich mit ihm oder Afrika nur ein Name verbinden würde, ein bestimmtes Blut oder die Verachtung der Weißen?

Ich löschte das Licht, schloss die Augen, ließ die Gedanken schweifen, dachte an den Afrikaner, dem ich in Spanien begegnet war, auch er ein Reisender. Irgendwo zwischen Madrid und Barcelona hatte ich in einer Taverne auf den Nachtbus gewartet, ein paar alte Männer saßen an Tischen und tranken Wein aus kleinen stumpfen Gläsern. In der Ecke stand ein Billardtisch, und aus irgendeinem Grund hatte ich die Bälle genommen und eine Partie angefangen, hatte mich an die Abende mit Gramps in den Bars der Hotel Street erinnert, mit den Prostituierten und den Zuhältern und Gramps als dem einzigen Weißen in dem Lokal.

Irgendwann kam ein Mann im dünnen Wollpullover hinzu und fragte, ob er mich zu einem Kaffee einladen könne. Er sprach kein Englisch, und sein Spanisch war nicht viel besser als meines, aber er lächelte gewinnend, und es war klar, dass er einfach Anschluss suchte. Er komme aus dem Senegal, erzählte er, und fahre als Wanderarbeiter kreuz und quer durch Spanien. Er zeigte mir das abgegriffene Foto einer jungen Frau mit runden, glatten Wangen. Seine Frau, sagte er; leider habe sie zu Hause bleiben müssen. Sobald er genug Geld gespart habe, werde er schreiben und sie nachkommen lassen.

Schließlich saßen wir beide im Bus nach Barcelona. Wir sprachen nicht viel, doch er versuchte immer wieder, mir die Unterhaltungsshow zu erklären, die auf dem Bordfernseher lief. Im Morgengrauen hielten wir vor einem alten Busbahnhof, wir stiegen aus, mein Reisegefährte winkte mich zu sich zu einer kurzen, dicken Palme am Straßenrand. Aus seiner Reisetasche holte er eine Zahnbürste, einen Kamm und eine Flasche Wasser, die er mir feierlich überreichte. So wuschen wir uns, bevor wir uns die Taschen über die Schulter warfen und in Richtung Innenstadt wanderten.

Wie hieß er gleich? Ich kann mich nicht mehr daran erinnern. Jetzt war er nur einer von vielen Hungrigen, die von zu Hause weggegangen waren, eines von vielen Kindern der ehemaligen Kolonien – Algerier, Westinder, Pakistani –, die nun in einer armseligen, planlosen Invasion gegen die Barrikaden der früheren Kolonialherren anstürmten. Doch er war mir sehr vertraut erschienen – auch wenn wir aus völlig anderen Gegenden der Welt kamen, so unternahmen wir doch die gleiche Reise. Als wir uns schließlich voneinander verabschiedeten, sah ich ihm noch lange hinterher, dieser schlanken Gestalt, die langsam in der Ferne verschwand, und am liebsten wäre ich mitgegangen, auf offenen Wegen unter einem blauen Himmel, aber ich wusste, dass es ein romantischer Wunsch war, so unrealistisch wie das Bild, das ich von meinem Vater oder von Afrika hatte. Bis ich mir wieder in Erinnerung rief, dass dieser Senegalese mich zu einem Kaffee eingeladen und mir seine Wasserflasche angeboten hatte, und das war real, und vielleicht durfte man auch nicht mehr erwarten: eine Zufallsbekanntschaft, ein paar Dinge, die man von sich erzählt, kleine freundliche Gesten…

Eine Turbulenz schüttelte unsere Maschine. Die Flugbegleiter servierten das Abendessen. Ich weckte den jungen Engländer, der mit eindrucksvoller Präzision aß und mir dabei von seiner Kindheit in Manchester erzählte. Irgendwann döste ich ein. Als ich wieder aufwachte, verteilte die Stewardess gerade Zollformulare, wir befanden uns im Landeanflug. Draußen war es noch dunkel. Ich presste das Gesicht ans Fenster, sah hier und da Lichter, schwach und dünn wie Glühwürmchen, die allmählich zu einem großen Schwarm in Gestalt einer Stadt anwuchsen. Und am östlichen Horizont eine sanft geschwungene Bergkette, die sich schwarz vor einem langen zarten Lichtstreif abzeichnete. Als wir auf afrikanischem Boden aufsetzten, sah ich dünne, zartrosa glühende Wolkenstreifen am Himmel.

Auf dem Kenyatta International Airport war nicht viel los. Die Beamten tranken ihren morgendlichen Tee, während sie die Pässe kontrollierten, und in der Gepäckhalle spuckte ein ratterndes Förderband langsam Koffer und Taschen aus. Auma war nirgends in Sicht. Ich setzte mich auf mein Handgepäck und zündete mir eine Zigarette an. Bald näherte sich ein Wachmann mit Holzknüppel. Ich sah mich um, suchte einen Aschenbecher, wahrscheinlich war ich im Nichtraucherbereich, aber der Wachmann hielt mir keine Standpauke, sondern fragte, ob ich eine Zigarette für ihn übrig hätte.

»Zum ersten Mal in Kenia?« fragte er, während ich ihm Feuer gab.

»Ja.«

»Aha.« Er setzte sich neben mich. »Sie kommen aus Amerika. Vielleicht kennen Sie ja den Sohn meines Bruders, Samson Otieno. Er studiert in Texas. Ingenieurwissenschaften.«

Ich sagte, dass ich noch nie in Texas gewesen sei und daher auch nicht die Gelegenheit hatte, seinen Neffen kennenzulernen. Der Wachmann schien enttäuscht und zog ein paar Mal rasch hintereinander an seiner Zigarette. Inzwischen hatten die letzten Passagiere meines Fluges die Ankunftshalle verlassen. Ich fragte den Mann, ob noch mehr Gepäck komme.

»Glaub nicht«, sagte er. »Aber wenn Sie hier warten wollen, seh ich mal nach, ob ich jemanden finde, der Ihnen weiterhelfen kann.«

Während er in einem kleinen Korridor verschwand, stand ich auf und streckte mich. Meine ganze Vorfreude hatte sich verflüchtigt. Schmunzelnd dachte ich daran, wie ich mir die Heimkehr ausgemalt hatte – die Wolken würden sich auflösen und die Erde erbeben, während die Ahnen feierlich emporstiegen. Stattdessen war ich müde und fühlte mich verloren. Ich wollte schon nach einem Telefon suchen, als der Wachmann in Begleitung einer auffallend schönen Frau zurückkam, dunkel, schlank, hochgewachsen, in einer Uniform von British Airways. Sie stellte sich als Miss Omoro vor und erklärte, dass mein Koffer versehentlich nach Johannesburg weitergeflogen sei.

»Entschuldigen Sie bitte diese Panne«, sagte sie. »Wenn Sie das Formular hier ausfüllen, können wir in Johannesburg anrufen und veranlassen, dass das Gepäckstück mit der nächsten Maschine zurückgebracht wird.«

Ich füllte den Zettel aus, Miss Omoro überflog ihn rasch und sah mich dann neugierig an: »Sind Sie zufällig mit Dr. Obama verwandt?« fragte sie.

»Ja, das war mein Vater.«

»Tut mir sehr leid, dass er gestorben ist. Ihr Vater war ein guter Freund meiner Familie. Er hat uns oft besucht, als ich ein Kind war.«

Wir kamen ins Gespräch, redeten über meinen Besuch in Kenia, Miss Omoro erzählte, sie habe in London studiert und würde gern in die Staaten kommen. Ich merkte, dass ich versuchte, das Gespräch mit ihr in die Länge zu ziehen – nicht so sehr, weil sie so schön war (sie hatte einen Verlobten erwähnt), sondern weil sie meinen Namen erkannt hatte. So etwas war mir noch nie passiert, nicht auf Hawaii, nicht in Indonesien, nicht in L.A. oder New York oder Chicago. Zum ersten Mal in meinem Leben spürte ich die Sicherheit, die ein Name bietet, merkte, dass er bei anderen Leuten mit einer ganzen Geschichte verbunden war, weshalb sie nicken und sagen: »Ah, Sie sind der Sohn von dem und dem.« Hier in Kenia sollte niemand danach fragen, wie man meinen Namen schrieb, oder Schwierigkeiten mit der Aussprache haben. Mein Name, und damit auch ich, gehörte in ein durchaus problematisches Geflecht von Beziehungen und Verbindungen, von dem ich noch nicht viel wusste.

»Barack!« Ich drehte mich um und sah Auma hinter einem zweiten Wachmann, der sie nicht in den Gepäckbereich lassen wollte, auf und ab springen. Ich entschuldigte mich bei Miss Omoro, lief zu Auma, wir umarmten uns lachend und ausgelassen wie bei ihrem ersten Besuch. Auma wandte sich an eine hochgewachsene dunkelhäutige Frau, die lächelnd neben uns stand: »Barack, das ist Tante Zeituni, die Schwester unseres Vaters.«

»Herzlich willkommen«, sagte Zeituni und drückte mir einen Kuss auf beide Wangen.

Ich berichtete von meinen Koffer und dass ich jemandem begegnet sei, der den alten Herrn von früher kannte, doch als ich mich nach Miss Omoro umdrehte, war sie nirgendwo zu sehen. Der Wachmann konnte mir nicht sagen, wo sie hingegangen war. Er zuckte mit den Schultern und meinte, sie sei für heute wohl nach Hause gefahren.

Auma fuhr einen alten hellblauen Volkswagen. Das Auto war eine Art Geldanlage für sie: weil Kenianer, die im Ausland leben, ein Auto zollfrei einführen durften, hatte sie sich ausgerechnet, dass ihr der Wagen während ihrer einjährigen Dozentur an der Universität Nairobi gute Dienste leisten würde und sie ihn dann vielleicht mit etwas Gewinn weiterverkaufen konnte. Leider hustete und keuchte der Motor, und auf dem Weg zum Flughafen war auch noch der Auspufftopf abgefallen. Als wir mit stotterndem Motor auf die vierspurige Schnellstraße fuhren, hielt Auma das Lenkrad mit beiden Händen so fest umklammert, dass ich mir ein Lachen nicht verkneifen konnte.

»Soll ich aussteigen und schieben?« fragte ich.

Zeituni guckte streng: »Barry, kein kritisches Wort über dieses Auto! Es fährt hervorragend, muss nur an ein paar Stellen neu lackiert werden. Auma hat mir das Auto schon versprochen, wenn sie wieder abreist.«

Auma schüttelte den Kopf. »Deine Tante nimmt den Mund ein bisschen voll, Barack. Ich hab nur gesagt, dass wir darüber reden können.«

»Worüber sollen wir denn reden?« sagte Zeituni und zwinkerte mir zu. »Ich schwör dir, Auma, einen besseren Käufer als mich findest du nicht.«

Nun redeten die beiden durcheinander, fragten, wie meine Reise gewesen sei, erzählten von den Plänen, die sie gemacht hatten, zählten all die Leute auf, die ich besuchen müsse. Links und rechts erstreckte sich weites, flaches Land, Savanne zumeist, gelegentlich ein einsamer Dornbaum, die Landschaft wirkte uralt und unberührt. Allmählich nahm der Verkehr zu, immer mehr Leute tauchten auf, die unterwegs zur Arbeit waren. Die Männer knöpften sich noch das dünne Hemd zu, die Frauen gingen aufrecht, bunte Tücher um den Kopf gewickelt. Autos fuhren kreuz und quer, auch mal auf der falschen Spur und gegen den Kreisverkehr, wichen Schlaglöchern, Fahrradfahrern und Fußgängern aus, und klapprige Sammeltaxis – *matatus*, wie sie hier heißen – blieben urplötzlich stehen, um noch mehr Passagiere einzuladen. Das alles war mir sonderbar vertraut, als wäre ich schon einmal hier entlanggefahren. Und dann fiel mir Indonesien ein, vor mir meine Mutter und Lolo im Gespräch, der gleiche Geruch von brennendem Holz und Diesel, die gleiche Stille im Zentrum des morgendlichen Berufsverkehrs, der gleiche Ausdruck auf den Gesichtern der Leute, für die ein neuer Tag begann, die kaum mehr erwarteten, als ihn gut zu überstehen, und vielleicht ein wenig hofften, Glück zu haben oder an das Glück von gestern anknüpfen zu können.

Wir setzten Zeituni vor den Kenya Breweries ab, einem großen, grauen Fabrikkomplex, wo sie als Programmiererin arbeitete. Sie stieg aus, beugte sich noch einmal zu mir, um mir einen Kuss auf die Wange zu geben, und sagte dann mit mahnend erhobenem Finger zu Auma: »Pass gut auf Barry auf, damit er uns nicht wieder verlorengeht.«

Als wir wieder auf der Schnellstraße waren, fragte ich Auma, was Zeituni damit gemeint hatte – *nicht wieder verlorengeht*.

»Das ist so ein Ausdruck«, sagte sie achselzuckend. »Meistens bedeutet es, dass man jemanden lange nicht gesehen hat. ›Du warst verschwunden‹, sagen sie. Oder: ›Geh nicht verloren.‹ Manchmal hat es eine ernstere Bedeutung. Wenn ein Sohn oder ein Ehemann in die Stadt zieht oder in den Westen geht, wie unser Onkel Omar in Boston. Immer versprechen sie, nach beendeter Ausbildung zurückzukehren. Sie versprechen, die Familie nachkommen zu lassen, sobald es geht. Zuerst schreiben sie einmal die Woche, dann nur noch einmal im Monat. Und dann gar nicht mehr. Keiner sieht sie jemals wieder. Sie sind verlorengegangen, verstehst du, selbst wenn man wüsste, wo sie sind.«

Der Volkswagen keuchte im Schatten von Eukalyptusbäumen und Lianen eine ansteigende Straße hinauf. Hinter Hecken und Blumenrabatten standen elegante alte Villen, die, wie Auma mir erklärte, einst den Briten gehört hatten, nun aber überwiegend von hohen kenianischen Beamten und ausländischen Diplomaten bewohnt wurden. Oben auf der Anhöhe bogen wir rechts ab und parkten am Ende eines Schotterwegs vor einem gelben, zweigeschossigen Haus, dessen Wohnungen die Universität an ihre Mitarbeiter vermietete. Vor dem Haus erstreckte sich eine große, abschüssige Rasenfläche, an deren unterem Ende Bananenstauden und hohe Bäume standen, und noch ein Stück weiter floss ein trüber Bach in einem breiten Graben mit lauter Feldsteinen.

Aumas Wohnung, ein kleines, komfortables Apartment mit hohen Terrassentüren, durch die das Sonnenlicht hereinflutete, lag im Erdgeschoss. Überall Bücherstapel, an einer Wand hing eine bunte Fotokollektion, Atelieraufnahmen und Schnappschüsse der großen Familie, von Auma selbst zusammengestellt. Über ihrem Bett hing ein großes Poster einer schwarzen Frau, die das Gesicht zu einer sich entfaltenden Blüte emporrichtete, darunter die Worte »Ich habe einen Traum«.

»Und wie sieht dein Traum aus, Auma?« rief ich und stellte mein Gepäck ab.

Auma lachte. »Das ist mein größtes Problem, Barack. Zu viele Träume. Frauen mit Träumen haben immer Probleme.«

Man muss mir meine Erschöpfung von der Reise angesehen haben, denn Auma schlug vor, ich solle mich ein wenig ausruhen, während sie zur Arbeit ging. Ich legte mich auf das schmale Bett, das sie für mich vorbereitet hatte, und schlief unter dem Summen der Insekten draußen vor dem Fenster sofort ein. Als ich aufwachte, war Auma noch nicht wieder zurück. Es dämmerte. Von der Küche aus bemerkte ich einen Haufen schwarzgesichtiger Affen unter einem Banyanbaum. Die älteren hockten da und sahen den jüngeren zu, die sich durch die langen, gewundenen Äste schwangen. Ich wusch mir das Gesicht über dem Spülbecken, setzte Teewasser auf und öffnete die Tür zum Hof. Die Affen hielten inne, schauten alle zu mir herüber. Nur wenige Schritte entfernt erhob sich wie in einem Traum ein langhalsiger Vogel mit lautem Schlagen seiner riesigen grünen Flügel, stieß mehrere tiefe Schreie aus und flog davon, fernen Wäldern entgegen.

Auma und ich beschlossen, an diesem Abend zu Hause zu bleiben, zu kochen und zu plaudern. Tags darauf gingen wir zu Fuß in die Stadt, streiften ziellos herum, sahen uns einfach um. Das Zentrum war kleiner, als ich erwartet hatte, und von der Kolonialarchitektur war noch vieles erhalten: reihenweise weiß getünchte Häuser aus einer Zeit, in der Nairobi kaum mehr gewesen war als ein Außenposten für die Erbauer britischer Eisenbahnen. Neben diesem Viertel war eine zweite Stadt entstanden, mit Hochhäusern und eleganten Geschäften und modernen Hotels, wie man sie genauso gut in Singapur oder Atlanta finden konnte. Es war eine faszinierende Mischung, ein Kontrast, der sich überall offenbarte, wohin wir auch gingen: vor der Mercedes-Niederlassung eine Schar Massai-Frauen, die zum Markt unterwegs waren, die Köpfe kahl geschoren, schlank, in roten *shukas*, mit bunten Ringen in den lang gezogenen Ohrläppchen; die Bankangestellten vor dem Eingang einer offenen Moschee, die sich ihrer Schuhe entledigten und die Füße wuschen, um sich mit Bauern und Arbeitern zum Nachmittagsgebet zu versammeln. Es war, als wollte sich die Geschichte Nairobis nicht säuberlich aufteilen lassen, als stießen Vergangenheit und Gegenwart immer wieder mit viel Lärm aufeinander.

Wir gingen zur alten Markthalle, in der es nach reifen Früchten und Schlachterei roch. Am hinteren Ende gelangte man ins Freie, zu einem Gewusel von Marktständen, wo Stoffe, Körbe, Messingschmuck und andere Dinge feilgeboten wurden. Ich blieb an einem der Stände stehen und betrachtete die kleinen geschnitzten Holzfiguren. Es waren genau die gleichen Figuren, die mir mein Vater damals geschenkt hatte – Elefanten, Löwen, Trommler in Stammeskleidung. Es sind nur Kleinigkeiten, hatte der alte Herr gesagt ...

»He, Mister«, rief der junge Mann hinter dem Stand. »Eine schöne Halskette für Ihre Frau!«

»Das ist meine Schwester.«

»Sie haben eine sehr schöne Schwester. Schauen Sie, das würde ihr gut stehen.«

»Wie viel?«

»Nur fünfhundert Shilling. Sehr schön!«

Auma runzelte die Stirn und erwiderte etwas auf Suaheli. »Er hat dir den *wazungu*-Preis genannt«, sagte sie. »Den Preis für Weiße.«

»Ah«, rief der junge Mann. »Für einen Kenianer sind es natürlich nur dreihundert.«

Hinter dem Stand saß eine alte Frau, die Glasperlen auf eine Schnur zog. Sie zeigte auf mich und sagte etwas, worüber Auma schmunzeln musste.

»Was hat sie gesagt?«

»Sie findet, du siehst wie ein Amerikaner aus.«

»Sag ihr, dass ich ein Luo bin«, sagte ich und klopfte mir an die Brust.

Die Alte lachte und fragte Auma, wie ich hieß. Über die Antwort musste sie noch lauter lachen. Sie winkte mich zu sich und nahm meine Hand. »Sie sagt, du siehst nicht wie ein Luo aus«, sagte Auma, »aber du hast ein freundliches Gesicht. Sie sagt, sie hat eine Tochter, die du kennenlernen solltest, und wenn du ihr eine Limonade spendierst, lässt sie dir die beiden Figuren und die Halskette, die sie gerade macht, für fünfhundert Shilling.«

Der junge Mann ging los, um Limonade für uns alle zu besorgen. Wir setzten uns auf Schemel, die die alte Frau hinter einer großen Truhe hervorzog. Sie erzählte von ihrem Geschäft, von der Standmiete, die sie bezahlen müsse, und von ihrem zweiten Sohn, der zur Armee gegangen sei, weil im Dorf kein Land mehr zur Bewirtschaftung übrig war. Am Stand gegenüber flocht eine Frau bunte Basttaschen. Neben ihr schnitt ein Mann lange Lederstreifen zurecht, aus denen Schnüre für Geldbeutel gemacht wurden.

Ich sah diesen flinken Händen zu, wie sie nähten und schnitten und flochten, und lauschte der Stimme der alten Frau, die die Arbeitsgeräusche und die Rufe der Händler überlagerte, und in diesem Moment erschien mir die Welt völlig transparent. Ich stellte mir den immer gleichen Tagesablauf vor, jeden Morgen wachte man auf und wusste, dass alles so war wie gestern, die Dinge, die man benutzte, waren einem vertraut, sie erzählten die Geschichte derjenigen, die sie hergestellt hatten, und man konnte glauben, dass alles einen Zusammenhang ergab, auch ohne Computer und Faxgeräte. Und die ganze Zeit zog eine Prozession schwarzer Gesichter vorbei, runde Babygesichter und die zerfurchten Gesichter der Alten, schöne Gesichter, bei deren Anblick ich verstand, was in Asante und anderen schwarzen Amerikanern bei ihrem ersten Afrikabesuch vorgegangen sein musste. Ein paar Wochen oder Monate konnte man die Freiheit erleben, nicht beobachtet zu werden, zu glauben, dass die Haare so wachsen, wie es sein soll, und dass der Körper sich so bewegt, wie er sich bewegen soll. Man konnte einen Mann sehen, der wie ein Verrückter Selbstgespräche führte, man las in der Zeitung von einem Verbrecher und dachte über die sittliche Verwahrlosung nach, ohne daran denken zu müssen, ob der Verbrecher oder der Verrückte etwas über das eigene Schicksal sagte. Hier war die Welt schwarz, hier fiel man nicht auf. Man konnte herausfinden, welchen Weg man gehen wollte, ohne eine Lüge zu leben oder Verrat zu begehen.

Wie reizvoll wäre es doch, mit diesem unversehrten Moment nach Amerika zurückzufliegen, diese Unbeschwertheit einzupacken, so wie der junge Mann Aumas Halskette einpackte, dieses Gefühl mitzunehmen und es auszupacken, wann immer mich der Mut verließ.

Aber das war natürlich nicht möglich. Wir tranken unsere Limonade aus. Geld wechselte den Besitzer. Wir verließen den Markt. Der Moment war verflogen.

Wir betraten die Kimathi Street, die nach einem der Anführer des Mau-Mau-Aufstands benannt ist. Vor der Abreise hatte ich ein Buch über Kimathi gelesen, und nun erinnerte ich mich an ein Foto von ihm: einer von mehreren Männern, die in den Wäldern lebten und die lokale Bevölkerung auf den Kampf einschworen – der Prototyp des Guerillakämpfers. Er hatte sich eine geschickte Verkleidung gewählt (Kimathi und die anderen Mau-Mau-Führer hatten davor in britischen Regimentern gedient), ein Image zugelegt, das die Ängste der Kolonialmacht ansprach, die gleiche Angst, die Nat Turner einst im Süden ausgelöst hatte und die nun bekiffte Straßengangster bei weißen Chicagoern auslösten.

Der Mau-Mau-Aufstand war natürlich längst Vergangenheit. Kimathi war gefangen genommen und hingerichtet worden. Kenyatta war aus der Haft entlassen und als erster Präsident Kenias eingesetzt worden. Den Weißen, die auf gepackten Koffern saßen, hatte er versichert, dass ihre Geschäfte und Unternehmen nicht verstaatlicht würden, ihr Landbesitz unangetastet bliebe, solange der Staat in schwarzer Hand sei. Kenia wurde der Musterschüler Afrikas, ein Vorbild an Stabilität, das sich vorteilhaft abhob von dem Chaos in Uganda und dem gescheiterten Sozialismus in Tansania. Ehemalige Freiheitskämpfer kehrten in ihre Dörfer zurück oder traten in die

Verwaltung ein oder kandidierten als Parlamentsabgeordnete. Kimathi wurde ein Name auf Straßenschildern, vor ihm brauchten die Touristen keine Angst mehr zu haben.

Als Auma und ich mittags auf der Terrasse des New Stanley Hotel saßen, nutzte ich die Gelegenheit, diese Touristen zu beobachten. Man sah sie überall, Deutsche, Japaner, Engländer, Amerikaner, fotografierend, ein Taxi herbeiwinkend, sich der Straßenhändler erwehrend, oft in Safarianzügen, in denen sie wie Filmstatisten aussahen. Auf Hawaii hatten wir Kinder über Touristen wie diese, mit ihrem Sonnenbrand und den blassen, dünnen Beinen, gelacht und uns in unserer offensichtlichen Überlegenheit gesonnt. Doch hier in Afrika fand ich die Touristen nicht mehr so komisch. Ich empfand sie eher als Zumutung, fast schon beleidigend in ihrer Naivität. Die Selbstverständlichkeit ihres Auftretens offenbarte eine Freiheit, die Auma und ich nie erleben würden, ein unerschütterliches Selbstvertrauen, das demjenigen vorbehalten ist, der in eine imperiale Gesellschaft hineingeboren wird.

Genau in diesem Moment sah ich, dass an einem der Nachbartische eine amerikanische Familie Platz nahm. Sofort setzten sich zwei afrikanische Kellner breit lächelnd in Bewegung. Da Auma und ich noch nicht bestellt hatten, gab ich den beiden Kellnern, die in der Nähe der Küche standen, ein Zeichen, in der Annahme, dass sie uns wohl übersehen hatten. Eine Weile gelang es ihnen, meinem Blick auszuweichen, doch schließlich raffte sich der ältere der beiden auf und brachte uns die Speisekarte. Er wirkte jedoch sehr unwillig und ließ sich auch nicht mehr blicken. Aumas Gesicht verdüsterte sich zusehends, und wieder gab ich unserem Kellner ein Zeichen, der dann auch kam und stumm unsere Bestellung notierte. Inzwischen hatten die Amerikaner schon längst ihr Essen bekommen, während unser Tisch noch nicht einmal gedeckt war. Zufällig hörte ich, wie ein junges blondes Mädchen mit Pferdeschwanz sich darüber beschwerte, dass es kein Ketchup gab. Auma stand auf.

»Komm, wir gehen!«

Sie machte ein paar Schritte in Richtung Ausgang, drehte sich dann plötzlich um und ging zurück zum Kellner, der uns gelangweilt beobachtete.

»Sie sollten sich schämen«, sagte Auma mit bebender Stimme zu ihm. »Sie sollten sich schämen.«

Der Kellner antwortete barsch auf Suaheli.

»Interessiert mich nicht, wie viele Kinder Sie zu versorgen haben. Sie können Ihre eigenen Leute nicht wie den letzten Dreck behandeln. Hier...« – Auma zog einen zerknitterten Hundert-Shilling-Schein aus ihrer Geldbörse –, »ich kann mein verdammtes Essen selbst bezahlen.«

Sie warf den Geldschein auf den Boden und marschierte hinaus. Eine ganze Weile liefen wir einfach die Straße entlang, ohne Ziel, bis ich ihr in der Nähe der Hauptpost schließlich vorschlug, uns dort auf eine Bank zu setzen.

»Alles okay?« fragte ich Auma.

Sie nickte. »War blöd von mir, das Geld so wegzuwerfen.« Sie legte ihre Geldbörse neben sich, und eine Zeitlang sahen wir dem Verkehr zu. »Weißt du, wenn ich mit einer Afrikanerin zusammen bin, lassen sie uns in keinen Hotelclub«, sagte sie schließlich. »Die *askaris* verwehren uns den Eintritt, weil sie uns für Prostituierte halten. Das Gleiche passiert in den großen Bürohochhäusern. Wenn man dort nicht arbeitet, wird man aufgehalten, bis man erklärt, was man dort will. Wenn man aber einen deutschen Freund dabeihat, sind alle die Freundlichkeit in Person. ›Guten Abend, Miss‹, sagen sie dann. ›Wie geht es Ihnen?‹« Auma schüttelte den Kopf. »Darum lacht ganz Afrika über uns – egal, wie hoch unser BSP ist, egal, was man hier alles kaufen kann. Kenia ist die Hure Afrikas, Barack. Sie macht die Beine breit für jeden, der zahlen kann.«

Ich gab Auma zu bedenken, dass sie zu streng sei, dass man in Djakarta oder Mexiko-Stadt ganz ähnliche Dinge erleben könne – das alles sei doch nur eine ökonomische Frage. Doch ich spürte, dass meine Worte nichts an Aumas Verbitterung änderten. Vermutlich hatte sie sogar recht. Nicht alle Touristen in Nairobi kamen wegen der wilden Tiere. Manche kamen, weil Kenia ganz schamlos die Wiederbegegnung mit einer Epoche verhieß, in der das Leben der Weißen wie selbstverständlich auf dem Rücken der Schwarzen ruhte, ein Zeitalter der Unschuld, bevor Kimathi und andere zornige junge Männer in Soweto oder Detroit oder im Mekongdelta als Straßenkriminelle und Revolutionäre aufbegehrten. In Kenia konnte der Weiße noch immer durch Tania Blixens Anwesen streifen und sich in eine Romanze mit einer geheimnisvollen jungen Baronin hineinträumen oder unter den Deckenventilatoren des Lord Delamare Hotel Gin trinken, vor sich die Porträts eines zufriedenen Hemingway nach erfolgreicher Jagd, umringt von grimmig dreinschauenden Trägern. Er konnte sich ohne Angst oder Schuldgefühle von einem Schwarzen bedienen lassen, über den Wechselkurs staunen und ein großzügiges Trinkgeld geben. Und wenn er beim Anblick leprakranker Bettler draußen vor dem Hotel eine leichte Übelkeit empfand, konnte er auf ein jederzeit verfügbares Tonikum zurückgreifen. Schließlich sind die Schwarzen jetzt die Herren im Land. Dies ist ihr Land, wir sind nur Touristen.

Wusste unser Kellner, dass das Land jetzt den Schwarzen gehörte? Bedeutete ihm das etwas? Vielleicht früher. Er war bestimmt so alt, dass er sich an die »Uhuru!«-Rufe erinnerte und an das Hissen der neuen Fahne. Aber diese Erinnerungen mochten ihm nun fern erscheinen, geradezu phantastisch und naiv. Er hat gelernt, dass die gleichen Leute, die das Land vor der Unabhängigkeit beherrschten, das Land weiterhin beherrschen, dass er weiterhin nicht in den Restaurants essen oder in den Hotels übernachten kann, die der weiße Mann gebaut hat. Er sieht das Geld, das über seinem Kopf durch die Luft wirbelt, und die Technik, die aus ihrem Robotermaul Waren spuckt. Wenn er ehrgeizig ist, wird er die Sprache des weißen Mannes lernen, sich mit den Maschinen des weißen Mannes vertraut machen und versuchen, finanziell über die Runden zu kommen, genau wie der Computertechniker in Newark oder der Busfahrer in Chicago, mal begeistert, mal frustriert, meist aber resigniert. Und wenn man ihm erklärt, dass er den Interessen der Neokolonialisten dient oder etwas in der Art, wird er erwidern: jawohl, ich diene, wenn es nicht anders geht. Wer dient, kann sich zu den Glücklichen zählen. Wer nicht so viel Glück hat, driftet ab in dunklere Geschäfte und Nebenjobs, und viele gehen unter.

Aber vielleicht sind dem Kellner solche Gedanken völlig fremd. Vielleicht klammert er sich noch immer an die Mau-Mau-Geschichten, so wie er sich an die nächtliche Stille im Dorf erinnert und an das Geräusch, das entstand, wenn seine Mutter Hirse stampfte. Etwas sagt ihm noch immer, dass die Lebensart des weißen Mannes nicht die seine ist, dass die Gegenstände, die er täglich benutzt, nicht seine sind. Er versetzt sich zurück in eine Zeit, die er nur auf eigenes Risiko verlässt. Der Macht seiner Erinnerungen entkommt er nicht. Und so pendelt er zwischen zwei Welten, in jeder unsicher, ohne festen Boden unter den Füßen, und hält sich an die Spielregeln, mit denen er die unendliche Armut abwehren kann, darauf bedacht, seinen Zorn nur an denen auszulassen, die in der gleichen Situation sind.

Eine Stimme sagt ihm: Ja, es hat Veränderungen gegeben, die alten Verhältnisse existieren nicht mehr, du musst möglichst schnell eine Möglichkeit finden, wie du satt wirst und erreichst, dass der weiße Mann dich nicht mehr auslacht.

Eine Stimme sagt: Nein, eher wirst du die Erde niederbrennen.

Am Abend fuhren wir hinaus nach Kariako, einer unregelmäßig sich ausbreitenden Siedlung, umgeben von Müllhalden. Der Mond war hinter dichten Wolken verschwunden, und es nieselte. Auf der dunklen Treppe kam uns ein junger Mann entgegengestürmt, der in die Nacht hinauslief. Oben angekommen, stieß Auma eine angelehnte Tür auf.

»Barry! Da bist du ja endlich!«

Eine kleine, füllige Frau mit einem fröhlichen braunen Gesicht umarmte mich kräftig. Hinter ihr standen vielleicht fünfzehn Personen, die alle lachten und wie Zuschauer bei einer Parade winkten. Die Frau sah zu mir auf und runzelte dann die Stirn.

»Du erinnerst dich nicht an mich, stimmt's?«

»Ich...«

»Ich bin Tante Jane. Ich hab damals angerufen, als dein Vater starb.« Sie lächelte und ergriff meine Hand. »Komm, ich mach dich mit den anderen bekannt. Zeituni kennst du ja schon. Das hier...«, sagte sie und führte mich zu einer älteren Frau, die ein grün gemustertes Kleid trug, »das ist meine Schwester Kezia. Sie ist die Mutter von Auma und Roy Obama.«

Kezia nahm meine Hand und sagte meinen Namen, gefolgt von ein paar Worten Suaheli.

»Sie sagt, ihr zweiter Sohn sei endlich nach Hause gekommen«, übersetzte Jane.

»Mein Sohn«, wiederholte Kezia auf Englisch und nickte und drückte mich an sich. »Mein Sohn ist heimgekehrt.« Wir setzten die Runde fort, schüttelten die Hände von Tanten, Cousinen, Neffen und Nichten. Jeder begrüßte mich neugierig und ohne Scheu, als wäre es das Alltäglichste von der Welt, einen Verwandten kennenzulernen. Für die Kinder hatte ich Schokolade mitgebracht, und nun standen sie da und schauten höflich, während die Erwachsenen ihnen erklärten, wer ich war. Mein Blick fiel auf einen jungen Mann, sechzehn oder siebzehn, der an der Wand stand und uns aufmerksam beobachtete.

»Das ist Bernard, einer deiner Brüder«, erklärte Auma.

Ich ging zu ihm und gab ihm die Hand. Wir sahen uns an. Ich wusste nicht recht, was ich sagen sollte, mir fiel nichts anderes ein, als zu fragen, wie es ihm ginge.

»Gut«, sagte er, worauf alle Anwesenden lachten.

Nun, da ich reihum vorgestellt worden war, dirigierte mich Jane zu einem kleinen Tisch, auf dem Schüsseln mit Ziegencurry, gebratenem Fisch, Mangold und Reis standen. Alle griffen zu und aßen. Ich musste von Hawaii und von Chicago erzählen und von meiner Arbeit im Stadtteil. Sie nickten höflich, schauten aber ein wenig verunsichert, doch schließlich erwähnte ich, dass ich im Herbst in Harvard mein Jurastudium beginnen würde.

»Ah, das ist gut, Barry«, sagte Jane, die gerade an einem Knochen knabberte. »Dein Vater hat dort studiert. Wir werden alle stolz auf dich sein, genau wie auf deinen Vater. Schau, Bernard, du musst genauso fleißig studieren wie dein Bruder.«

»Bernard glaubt, er wird mal ein Fußballstar«, sagte Zeituni.

»Stimmt das, Bernard?« wollte ich wissen.

»Nein«, erwiderte er. Die Aufmerksamkeit war ihm sichtlich unangenehm. »Ich hab früher gespielt.«

»Na, vielleicht können wir ja irgendwann mal spielen.«

Er schüttelte den Kopf. »Inzwischen spiele ich lieber Basketball, wie Magic Johnson.«

Allmählich legte sich die anfängliche Aufregung, und die Kinder wandten sich wieder dem großen Schwarzweißfernseher zu, wo über die Wohltaten des Präsidenten berichtet wurde: der Präsident eröffnet eine Schule, der Präsident tadelt ausländische Journalisten und verschiedene kommunistische Elemente, der Präsident ruft die Nation auf, dem Prinzip *nyayo* (»Fußspuren zum Fortschritt«) zu folgen. Auma führte mich durch die übrige Wohnung, die aus zwei ganz mit alten Matratzen ausgelegten Schlafzimmern bestand.

»Wie viele Leute wohnen hier denn?« fragte ich.

»Das weiß ich nicht genau«, sagte Auma. »Es ändert sich ständig. Jane kann einfach nicht nein sagen, also landet jeder Verwandte, der nach Nairobi zieht oder einen Job verliert, unweigerlich hier. Oder sie lassen ihre Kinder da. Der alte Herr und meine Mutter haben Bernard oft hiergelassen. Jane hat ihn praktisch großgezogen.«

»Kann sie es sich denn leisten?«

»Eigentlich nicht. Sie hat einen Job als Telefonistin, was aber nicht so viel einbringt. Aber sie klagt nie. Sie kann selbst keine Kinder bekommen, deswegen kümmert sie sich um die Kinder der anderen.«

Wir gingen wieder ins Wohnzimmer, wo ich mich auf ein altes Sofa fallen ließ. In der Küche besorgten Zeituni und die jüngeren Frauen den Abwasch. Die Kinder stritten sich um die Schokolade, die ich mitgebracht hatte. Ich betrachtete die Szene – die ausgeleierten Sitzmöbel, den uralten Kalender, die ausgeblichenen Fotos, die blauen Keramikengel auf den Zierdeckchen. Im Grunde war es nicht viel anders als in Altgeld. Die gleichen Generationen von Müttern und Töchtern und Kindern. Das gleiche Gewirr aus lauten Stimmen und dem Fernseher im Hintergrund. Das ständige Kochen und Aufräumen, die Tröstungen für Groß und Klein. Die gleiche Abwesenheit von Männern.

Gegen zehn verabschiedeten wir uns mit dem Versprechen, jeden der Verwandten zu besuchen. Auf dem Weg zur Tür nahm uns Jane beiseite. »Du musst unbedingt mit Barry zu Tante Sarah fahren«, flüsterte sie Auma zu und dann mir: »Sarah ist die ältere Schwester deines Vaters. Die Erstgeborene. Sie will dich unbedingt sehen.«

»Sicher«, sagte ich, »aber warum ist sie denn heute Abend nicht gekommen? Lebt sie weit weg von hier?«

Jane warf Auma einen raschen Blick zu, sie tauschten sich stumm aus. »Komm, Barack«, meinte Auma schließlich, »ich erklär's dir unterwegs im Auto.«

Die Straßen waren leer und regennass. Als wir an der Universität vorbeikamen, sagte Auma schließlich: »Jane hat recht. Du solltest Sarah besuchen. Aber ich komme nicht mit.«

»Und warum nicht?«

»Es hat mit dem Erbe unseres Vaters zu tun. Sarah gehört zu denjenigen, die sein Testament nicht anerkennen. Sie hat überall erzählt, dass Roy, Bernard und ich nicht die Kinder unseres alten Herrn sind.« Auma seufzte. »Ich weiß nicht. Irgendwie kann ich sie verstehen. Sie hatte es schwer im Leben. Sie hatte nie die Chancen, die unser Vater hatte, konnte nicht studieren oder ins Ausland gehen. Das hat sie verbittert. Sie gibt meiner Mutter und mir die Schuld an ihrer Situation.«

»Was ist der Besitz des alten Herrn denn wert?«

»Nicht viel. Vielleicht eine kleine staatliche Rente. Ein wertloses Stück Land. Ich versuche, mich da herauszuhalten. Wenn es überhaupt etwas gibt, ist es wohl schon längst für Anwälte draufgegangen. Weißt du, alle haben so viel von dem alten Herrn erwartet. Er hat sie in dem Glauben gelassen, er sei ein reicher Mann, obwohl er nichts besaß. Und statt einfach weiterzumachen, warten sie nun und streiten sich, weil sie glauben, der alte Herr werde sie aus seinem Grab heraus irgendwie retten. Bernard hat dieses Abwarten und Nichtstun schon verinnerlicht. Er ist wirklich gescheit, aber er sitzt den ganzen Tag nur herum. Er hat die Schule geschmissen und wird so schnell keine Arbeit finden. Ich habe ihm gesagt, dass ich ihm helfen kann, in einer Berufsschule anzufangen, nur damit er nicht untätig herumsitzt. Er sagt: okay, aber wenn ich ihn frage, ob er sich irgendwo beworben oder mit einem Schuldirektor gesprochen hat, dann stellt sich heraus, dass er nichts unternommen hat. Manchmal habe ich das Gefühl, es wird überhaupt nie etwas passieren, wenn ich Bernard nicht an der Hand nehme und jeden Schritt mit ihm gehe.«

»Vielleicht kann ich helfen.«

»Ja, vielleicht kannst du mit ihm reden. Aber jetzt, wo du aus Amerika gekommen bist, gehörst du ebenfalls zum großen Kreis der

Erben. Deshalb will Sarah ja unbedingt mit dir sprechen. Sie glaubt, ich lasse dich nicht zu ihr, weil du derjenige bist, dem alles gehört.«

Der Regen hatte wieder eingesetzt, als wir vor Aumas Haus ankamen. Eine einsame Glühbirne, die an einer Hauswand hing, warf undeutliche Schattenlinien über Aumas Gesicht. »Ich finde das alles so ermüdend, Barack«, sagte sie leise. »Du glaubst gar nicht, wie sehr ich mich in Deutschland nach Kenia gesehnt habe. Ich habe immer nur an zu Hause gedacht. Ich dachte, hier würde ich mich nie einsam fühlen, hier hat man überall seine Familienangehörigen, niemand wird in ein Altersheim abgeschoben, niemand überlässt seine Kinder wildfremden Leuten. Und dann bin ich wieder hier und soll allen helfen. Mir ist, als streckten alle Leute die Hände nach mir aus, und ich verliere den Boden unter den Füßen. Ich fühle mich schuldig, weil ich mehr Glück hatte als sie. Ich habe studiert, ich kann einen Job bekommen. Aber was kann ich machen, Barack? Ich bin doch nur ein Mensch.«

Ich nahm Aumas Hand. Wir blieben noch ein paar Minuten im Auto sitzen, lauschten dem allmählich nachlassenden Regen. »Du wolltest doch wissen, was mein Traum ist«, sagte Auma schließlich. »Manchmal träume ich davon, dass ich auf dem Land unseres Großvaters ein wunderschönes Haus baue. Ein großes Haus, in dem wir alle zusammen wohnen. Wir könnten Obstbäume pflanzen, wie Großvater, und unsere Kinder würden das Land kennenlernen und Luo sprechen und von den alten Leuten lernen. Das Haus würde ihnen gehören.«

»Wir können das alles machen, Auma.«

Sie schüttelte den Kopf. »Ich sag dir, was ich dann denke. Ich überlege, wer sich in meiner Abwesenheit um das Haus kümmert. Wer sorgt dafür, dass die undichte Wasserleitung repariert oder der Zaun instand gesetzt wird. Es ist furchtbar egoistisch, ich weiß. Wenn diese Gedanken kommen, werde ich immer ganz wütend auf unseren Vater, weil er dieses Haus für uns nicht gebaut hat. Wir sind doch seine Kinder, Barack. Warum müssen wir uns um alles kümmern? Alles geht drunter und drüber. Es ist zum Verrücktwerden. Ich war mir selbst überlassen, genau wie Bernard. Inzwischen habe ich mich daran gewöhnt, dass ich ein eigenständiges Leben führe, wie eine

Deutsche. Alles ist organisiert. Wenn etwas kaputtgeht, sorge ich dafür, dass es repariert wird. Wenn etwas nicht klappt, übernehme ich die Verantwortung. Wenn ich Geld habe, schicke ich es nach Hause, und die Familie kann damit machen, was sie will. Ich bin nicht von ihr abhängig und sie nicht von mir.«

»Das klingt traurig.«

»Ja, Barack, ich weiß. Deshalb komme ich ja immer wieder hierher. Deshalb habe ich ja noch immer meinen Traum.«

Nach zwei Tagen war mein Koffer noch immer nicht da. Im Stadtbüro von British Airways hieß es, ich solle am Flughafen nachfragen, aber wenn wir dort anriefen, war jedes Mal besetzt. Schließlich schlug Auma vor, zum Flughafen hinauszufahren und direkt nachzufragen. Am Schalter fanden wir zwei junge Frauen, die sich angeregt über einen jüngst eröffneten Nachtclub unterhielten. Ich unterbrach ihr Gespräch mit der Frage nach meinem Koffer, worauf die eine gleichgültig in dem Stapel von Papieren blätterte.

»Ich finde hier nichts«, sagte sie.

»Bitte schauen Sie noch einmal.«

Die Frau zuckte mit den Schultern. »Wenn Sie wollen, können Sie heute um Mitternacht vorbeischauen. Dann kommt eine Maschine aus Johannesburg an.«

»Mir wurde gesagt, dass mir der Koffer zugestellt wird.«

»Bedaure, ich habe hier keine Unterlagen. Wenn Sie wollen, können Sie hier ein Formular ausfüllen.«

»Ist Miss Omoro da? Sie ...«

»Omoro hat Urlaub.«

Auma drängte mich beiseite. »Mit wem können wir sonst noch sprechen? Sie scheinen ja überhaupt nicht Bescheid zu wissen.«

»Wenden Sie sich an das Stadtbüro, wenn Sie mit jemand anderem reden wollen«, sagte die Frau barsch und wandte sich wieder ihrer Kollegin zu.

Auma fluchte noch immer leise vor sich hin, als wir das Stadtbüro von British Airways betraten. Es befand sich in einem Hochhaus, in dessen Aufzug eine klare Stimme in britischem Englisch die Etagen bekannt gab. Die Rezeptionistin saß unter Fotos von Löwenjungen und tanzenden Kindern. Sie erklärte erneut, dass wir am Flughafen vorsprechen müssten.

»Ich möchte gern mit dem Manager sprechen«, sagte ich bemüht ruhig.

»Tut mir leid, Mr. Maduri ist in einer Besprechung.«

»Hören Sie, Miss, wir kommen gerade vom Flughafen. Dort hat man uns hierhergeschickt. Vor zwei Tagen hieß es, man würde mir meinen Koffer zustellen. Am Flughafen weiß anscheinend niemand, dass er überhaupt verschwunden ist. Also...« Ich hielte inne. Die Empfangsdame hatte eine steinerne Maske aufgesetzt und war weder für Bitten noch Drohungen erreichbar. Auma ging es offenbar ähnlich wie mir, auch sie schien allmählich die Geduld zu verlieren. Wir ließen uns in die Sessel fallen, wussten nicht recht, was wir als Nächstes tun sollten, als sich plötzlich eine Hand auf Aumas Schulter legte. Auma drehte sich um und sah, dass die Hand einem dunklen, drahtigen Mann in blauem Blazer gehörte.

»Hey, Onkel! Was machst du denn hier?«

Auma machte mich mit dem Mann bekannt, der über mehrere mir nicht ganz nachvollziehbare Ecken mit uns verwandt war. Auf seine Frage, ob wir eine Reise vorhätten, berichtete Auma, was vorgefallen war.

»Kein Problem«, sagte unser Onkel. »Maduri ist ein guter Freund von mir. Ich bin heute Mittag zum Lunch mit ihm verabredet.« Er wandte sich ärgerlich an die Rezeptionistin, die unsere Unterhaltung interessiert verfolgt hatte.

»Mr. Maduri weiß bereits, dass Sie hier sind«, sagte sie mit einem Lächeln. Wie sich zeigte, war Mr. Maduri ein schwergewichtiger Mann mit Knollennase und Krächzstimme. Nachdem wir unsere Geschichte erzählt hatten, griff er sofort zum Telefon. »Hallo? Ja, hier Maduri. Mit wem spreche ich? Passen Sie auf, hier ist ein Mr. Obama, er vermisst seinen Koffer. Ja, Obama. Er wartet schon eine ganze Weile auf sein Gepäck. Was? Ja, schauen Sie nach! Sofort!« Bald darauf klingelte das Telefon. »Gut, schicken Sie es an...« Er gab Aumas Büroanschrift durch, legte dann auf und erklärte, dass der Koffer noch am Nachmittag dort vorbeigebracht werde.

»Rufen Sie mich an, wenn es weiter Probleme gibt«, sagte er.

Wir bedankten uns bei den Männern und brachen sofort auf, aus Sorge, Göttin Fortuna könne es sich doch noch anders überlegen. Unten angekommen, blieb ich vor einem großen Porträt von Kenyatta stehen, das im Fenster eines Büros hing. Die Augen des Mannes strahlten selbstbewusst und listig, die kräftige, ringgeschmückte Hand lag auf dem geschnitzten Stab eines Kikuyu-Ältesten. Auma trat neben mich.

»Hier fängt alles an«, sagte sie. »Der Große Häuptling. Dann sein Assistent oder seine Familie oder sein Freund oder sein Stamm. Ganz egal, ob man ein Telefon, ein Visum oder einen Job braucht. Wer sind deine Verwandten? Wer sind deine Freunde? Wenn du niemanden kennst, kannst du gleich einpacken. Unser Vater hat das nie verstanden. Er kehrte heim und dachte, weil er studiert hatte und gutes Englisch sprach und sich in seinem Fachgebiet auskannte, würde er ein einflussreiches Amt bekommen. Er hat vergessen, was diese Gesellschaft hier zusammenhält.«

»Er war verloren«, sagte ich ruhig.

Auf dem Rückweg zum Auto dachte ich daran, was Auma mir einmal erzählt hatte. Eines Abends hatte der alte Herr sie gebeten, in den Dorfladen zu gehen und ihm Zigaretten zu besorgen. Sie machte ihn darauf aufmerksam, dass sie kein Geld hatten, doch er schüttelte nur ungeduldig den Kopf.

»Sei nicht so dumm«, sagte er. »Sag dem Kaufmann einfach, dass du die Tochter von Dr. Obama bist und dass ich später bezahle.«

Auma ging los und sagte ihr Sprüchlein. Der Kaufmann lachte und schickte sie fort. Da sie sich nicht nach Hause traute, ging sie bei einem Verwandten vorbei, dem der alte Herr mal einen Job verschafft hatte, und bat ihn, ihr etwas Geld zu leihen. Als sie schließlich wieder zu Hause ankam, nahm der alte Herr die Zigaretten und schimpfte mit ihr, so lange getrödelt zu haben.

»Siehst du«, sagte er und öffnete das Päckchen, »ich hab dir ja gesagt, es klappt. Die Leute hier kennen Obama.«

Ich spüre die Anwesenheit meines Vaters, während Auma und ich durch die Straßen gehen. Ich sehe ihn in den Schülern, die an uns vorbeilaufen, mit schlanken schwarzen Beinen, die sich wie Kolbenstangen zwischen blauen Shorts und übergroßen Schuhen bewegen.

Ich höre ihn in dem Lachen der beiden Studenten, die in einem Lokal sitzen und Tee trinken und Samosas essen. Ich rieche ihn im Zigarettenrauch des telefonierenden Geschäftsmannes, der eine Hand über das Ohr hält und in den Hörer brüllt, im Schweiß des staubbedeckten Tagelöhners, der mit entblößtem Oberkörper Kies auf eine Schubkarre schaufelt. Der alte Herr ist da, denke ich, auch wenn er nichts zu mir sagt. Er ist hier, er will, dass ich verstehe.

16

Bernard stand um Punkt zehn vor der Tür. Er trug ausgeblichene blaue Shorts und ein viel zu kleines T-Shirt, in den Händen einen alten orangefarbenen Basketball, den er wie eine Opfergabe hielt.

»Fertig?« fragte er.

»Gleich. Muss mir nur noch die Schuhe anziehen.«

Er folgte mir in die Wohnung und trat zum Schreibtisch, an dem ich gearbeitet hatte. »Du hast ja wieder gelesen, Barry«, sagte er und schüttelte den Kopf. »Deine Freundin wird sich mit dir langweilen, wenn du immer die Nase in Bücher steckst.«

Ich setzte mich hin und band die Schnürsenkel zu. »Ja, ich weiß.«

Er warf den Ball in die Luft. »Bücher interessieren mich nicht. Ich bin ein Mann der Tat. Wie Rambo.«

»Okay, Rambo«, sagte ich und ging zur Tür. »Dann wollen wir mal sehen, wie lange wir brauchen.«

Bernard sah mich skeptisch an. »Bis zum Sportplatz ist es weit. Wo ist das Auto?«

»Auma ist damit zur Arbeit gefahren.« Ich ging auf die Veranda und machte ein paar Dehnübungen. »Sie sagt, es sind nur anderthalb Kilometer. Genau richtig zum Aufwärmen.«

Bernard machte halbherzig ein paar Übungen mit, bevor wir losliefen, den Schotterweg entlang zur Hauptstraße. Es war schönstes Wetter, ein leichter Wind wehte, und bis auf eine Frau mit einem Korb Brennholz auf dem Kopf war die Straße leer. Nach einem halben Kilometer blieb Bernard urplötzlich stehen, Schweißperlen glänzten auf seiner hohen, glatten Stirn.

»Ich bin jetzt aufgewärmt, Barry«, keuchte er. »Ich finde, wir sollten gehen.«

Der Universitätscampus lag unweit des Stadtzentrums. Die unkrautdurchzogenen Basketballplätze befanden sich oberhalb der Leichtathletikanlagen. Ich sah Bernard beim Ballwerfen zu und dachte, was für ein angenehmer, unkomplizierter Begleiter er in diesen letzten Tagen gewesen war. Er hatte mich auf meinen Streifzügen durch Nairobi begleitet, wenn Auma mit dem Korrigieren von Examensarbeiten beschäftigt war. Wie ein Beschützer nahm er meine Hand, wenn wir uns durch eine Menschenmenge drängten, unendlich geduldig, wenn ich stehen blieb, um mir ein Gebäude anzusehen oder ein Schild zu lesen, an dem er täglich vorbeikam. Er amüsierte sich über meine Art, aber ganz ohne die gelangweilten oder unwilligen Gesten, die ich in seinem Alter an den Tag gelegt hätte.

Diese freundlich-treuherzige Art ließ ihn jünger erscheinen als seine siebzehn Jahre. Aber er war tatsächlich siebzehn, in einem Alter, wo etwas mehr Unabhängigkeit, etwas mehr Eigenwilligkeit gar nicht so schlecht gewesen wären. Bernard hatte ja auch deswegen so viel Zeit für mich, weil er nichts Besseres zu tun hatte. Er war geduldig, weil es ihm egal war, wohin wir gingen. Ich musste mit ihm darüber reden, das hatte ich Auma versprochen – ein Gespräch unter Männern...

»Hast du Magic Johnson schon mal gesehen?« fragte Bernard, während er sich auf einen Wurf konzentrierte. Der Ball ging durch den netzlosen Korb. Ich warf ihm den Ball wieder zu.

»Nur im Fernsehen.«

Bernard nickte. »In Amerika hat jeder ein Auto. Und ein Telefon.« Es waren eher Feststellungen als Fragen.

»Die meisten. Nicht alle.«

Er warf, diesmal prallte der Ball am Korb ab. »Ich glaube, dort ist es schöner«, sagte er. »Vielleicht komme ich nach Amerika. Ich könnte dir in deiner Firma helfen.«

»Ich habe noch keine Firma. Vielleicht, wenn ich mit dem Studium fertig bin...«

»Man findet bestimmt leicht Arbeit.«

»Nicht jeder. Für viele ist es schwer. Vor allem für Schwarze.«

Er hielt den Ball. »Aber es ist nicht so schlimm wie hier.«

Wir sahen uns an. Ich stellte mir einen Basketballplatz in den

Staaten vor, in der Nähe eine Schießerei, im Treppenhaus ein Typ, der Stoff verkauft – das war ein Bild. Lachende Jungen, die auf dem Hinterhof spielen und von ihrer Mutter zum Mittagessen hereingerufen werden. Auch das stimmte. Beide Bilder stießen sich, versetzten mich in eine Art Sprachlosigkeit. Zufrieden mit meinem Schweigen, dribbelte Bernard wieder los.

Als es in der Sonne zu heiß wurde, gingen wir in eine nahe gelegene Eisdiele. Bernard bestellte einen Schoko-Eisbecher und begann, methodisch zu essen, jedes Mal einen halben Teelöffel. Ich zündete mir eine Zigarette an und lehnte mich zurück.

»Auma sagt, dass du eventuell auf eine Berufsschule gehen willst.«

Er nickte vage.

»Wofür interessiert du dich denn?«

»Keine Ahnung.« Er dachte eine Weile nach. »Vielleicht Automechaniker. Ja..., ich glaube, Automechaniker ist nicht schlecht.«

»Hast du schon versucht, dich irgendwo zu bewerben?«

»Nee. Nicht wirklich.« Er aß wieder einen Löffel. »Die Schule kostet Geld.«

»Wie alt bist du, Bernard?«

»Siebzehn«, sagte er vorsichtig.

»Siebzehn.« Ich nickte und blies den Rauch zur Decke. »Du weißt, was das bedeutet, ja? Es bedeutet, du bist fast ein Mann. Jemand mit Verantwortung, gegenüber deiner Familie, gegenüber dir selbst. Ich will damit nur sagen: Es wird Zeit, dass du dich für etwas entscheidest, was dich interessiert. Vielleicht Automechaniker, vielleicht etwas anderes. Aber wie auch immer, du musst dir ein Ziel setzen und es verfolgen. Auma und ich können dir beim Schulgeld helfen, aber dein Leben musst du schon allein in die Hand nehmen. Du musst dich ein bisschen bemühen. Verstehst du?«

»Ja.«

Wir saßen eine Weile schweigend da und starrten auf den Löffel, mit dem Bernard in der mittlerweile flüssigen Masse herumrührte. Für meinen Bruder, dessen einziger Fehler darin bestand, in der zerrissenen Welt unseres Vaters auf der falschen Seite geboren zu sein, mussten meine Worte hohl klingen. Offenbar nahm er sie mir nicht übel. Noch nicht. Er muss sich aber gefragt haben, warum ich so tat, als müssten meine Lebensweisheiten auch für ihn gelten. Er wünschte sich nur ein paar Kleinigkeiten, die ihn an unser freundschaftliches Verhältnis erinnern würden – Kassetten mit Bob Marley, vielleicht meine Basketballschuhe, wenn ich abgereist war. So wenig, und was ich ihm anbot – Rat, Ermahnungen, meine eigenen Vorstellungen –, war noch weniger.

Ich trat meine Zigarette aus und schlug vor aufzubrechen. Als wir hinaus auf die Straße traten, legte er mir den Arm um die Schulter.

»Schön, dass du hier in der Gegend bist, großer Bruder«, sagte er, winkte mir noch einmal zum Abschied zu und verschwand in der Menge.

Familie – was ist das? Nur eine genealogische Angelegenheit, Eltern und Nachkommen, Kinder wie ich? Oder ein sozialer Verband, eine wirtschaftliche Einheit, optimal für Kindererziehung und Arbeitsteilung? Oder etwas ganz anderes, sagen wir: ein Ort gemeinsamer Erinnerungen? Ein Hort der Liebe? Ein Fundament, das Sicherheit gibt?

Ich konnte verschiedene Möglichkeiten aufzählen. Aber ich bin nie bei einer eindeutigen Antwort angekommen, war mir schon früh darüber im Klaren, dass in meinem Fall ein solches Unterfangen erfolglos bleiben musste. Stattdessen zog ich mehrere Kreise um mich, die sich im Laufe der Zeit und in der Begegnung mit neuen Gesichtern verschoben, mir aber doch die Illusion ließen, die Dinge beeinflussen zu können. Ein innerer Kreis, in dem Liebe und Ansprüche selbstverständlich waren. Ein zweiter Kreis, in dem Liebe ausgehandelt wurde, Verpflichtungen freiwillig eingegangen wurden. Dann ein dritter Kreis, der Bereich von Kollegen und Bekannten, aber auch der gut gelaunten grauhaarigen Frau in Chicago, bei der ich meine Lebensmittel einkaufte. Und schließlich ein ganz weiter Kreis, der eine Nation oder ein Volk oder eine bestimmte Haltung umfasste und Verpflichtungen nicht mehr mit einem Gesicht oder einem Namen verknüpfte, sondern mit dem, was ich mir selbst abverlangte.

In Afrika fiel diese meine Astronomie ziemlich schnell in sich zusammen. Meine Familie schien überall präsent zu sein – in Geschäften, auf der Post, auf der Straße und im Park, stets gab es großen Trubel um Obamas verlorenen Sohn. Wenn ich beiläufig erwähnte, dass ich irgendetwas brauchte, ein Notizbuch oder Rasiercreme, konnte ich darauf bauen, dass eine meiner Tanten darauf bestand, mich in den entferntesten Winkel von Nairobi zu begleiten, wo es ein besonders günstiges Angebot gab, ganz gleich, wie viel Zeit es kostete und wie viel Umstände es für sie bedeutete.

»Ah, Barry..., gibt es Wichtigeres, als dem Sohn meines Bruders zu helfen?«

Musste ein Cousin zu seinem großen Leidwesen feststellen, dass Auma außer Haus war und sich nicht um mich kümmerte, lief er drei Kilometer zu Fuß, um mich vielleicht anzutreffen und mir Gesellschaft zu leisten.

»Ah, Barry, warum hast du nichts gesagt? Komm, wir gehen, ich mach dich mit meinen Freunden bekannt.«

Und abends, nun ja, Auma und ich fügten uns einfach den endlosen Einladungen von Onkeln und Neffen und Cousins ersten und zweiten Grades, die uns aufforderten, mit ihnen zu essen, egal, wie spät es war und ob wir schon gegessen hatten, und deren Einladung auszuschlagen ein Affront gewesen wäre.

»Ah, Barry..., Kenia ist vielleicht kein reiches Land, aber solange du da bist, gibt es immer etwas zu essen für dich.«

Zuerst reagierte ich auf diese Aufmerksamkeit wie ein Kind auf mütterliche Zuwendung – dankbar, vorbehaltlos dankbar. Es entsprach meiner Vorstellung von Afrika und Afrikanern, die sich so deutlich von der zunehmenden Vereinzelung in Amerika abhob, was nichts mit der Hautfarbe, sondern mit kulturellen Unterschieden zu tun hatte. Was im Westen für Fortschritt und Mobilität geopfert wurde, war hier – wie in den Dörfern Indonesiens, aber auch in Irland oder Griechenland – im Wesentlichen noch intakt: das lebendige Zusammengehörigkeitsgefühl der Leute, die menschliche Wärme.

Doch allmählich mischten sich Anspannung und Zweifel in meine Freude. Manches hatte mit dem zu tun, worüber Auma an jenem Abend im Auto geredet hatte – das deutliche Bewusstsein, mich in einer vergleichsweise glücklichen Situation zu befinden, und die schwierigen Fragen, die sich daraus ergaben. Nicht, dass unsere Verwandten Not litten. Jane und Zeituni hatten feste Jobs, Kezia kam mit dem Verkauf von Kleidung über die Runden. Wenn es finanziell allzu eng wurde, konnten die Kinder für eine Weile aufs Land geschickt werden; ich erfuhr, dass ein Bruder namens Abo bei einem Onkel in Kendu Bay wohnte, wo es immer etwas zu tun gab, Essen auf dem Tisch stand und er ein Dach über dem Kopf hatte.

Trotzdem war das Leben in Nairobi nicht leicht, und es wurde zunehmend schwieriger. Man trug gebrauchte Sachen, Arztbesuche beschränkten sich auf absolute Notfälle. Fast alle jüngeren Familienmitglieder waren arbeitslos, selbst die zwei oder drei, die – trotz scharfer Konkurrenz – an einer der kenianischen Universitäten studiert hatten. Sollten Jane oder Zeituni jemals krank werden, ihre Firmen dichtmachen oder sie entlassen, gab es kein staatliches Sicherheitsnetz, das sie hätte auffangen können. Es gab nur die Familie, nur die Angehörigen, die mit ähnlichen Schwierigkeiten zu kämpfen hatten.

Nun gehörte auch ich zur Familie, rief ich mir in Erinnerung, nun hatte auch ich Pflichten. Aber was hieß das konkret? In Amerika konnte ich solche Dinge in politisches Engagement übersetzen, eine gewisse Selbstverleugnung daraus ableiten. In Kenia kamen mir solche Strategien hoffnungslos abstrakt, ja geradezu egoistisch vor. Engagement für die Sache der Schwarzen würde Bernard keinen Job verschaffen. Von einem Glauben an demokratische Teilhabe würde sich Jane keine neue Bettwäsche kaufen können. Zum ersten Mal im Leben dachte ich ernsthaft über Geld nach – dass ich selber keines hatte, dass die Leute danach strebten und dass man sich damit unzweifelhaft einen gewissen Frieden kaufen konnte. Ein Teil von mir wollte dem Bild entsprechen, das meine neuen Verwandten von mir hatten – Firmenjurist oder Geschäftsmann, die Hand locker auf dem Füllhorn, jederzeit bereit, die Reichtümer der westlichen Welt wie Manna auszugießen.

Aber natürlich war ich das nicht. Auch in Amerika musste man Abstriche machen, wenn man Geld verdienen, vorankommen wollte – die gleichen Abstriche, die Auma machte, weil sie den Ansprüchen der Familie gerecht werden wollte. Sie hatte zwei Jobs in diesem Sommer – neben ihrer Uni-Tätigkeit gab sie kenianischen Geschäftsleuten Deutschunterricht. Mit dem gesparten Geld wollte sie nicht nur Großmutters Haus in Alego renovieren, sondern auch ein Stück Land in der Nähe von Nairobi kaufen, das an Wert gewinnen würde, eine Art Lebensversicherung. Auma lebte mit Plänen, Terminen, Kalkulationen und Kontoauszügen – alles Dinge, die notwendig waren, um in der modernen Welt zurechtzukommen. Das Problem war nur, dass sie aufgrund ihrer zeitlichen Verpflichtungen gezwungen war, die Familienangelegenheiten zu reduzieren, und ihre finanzielle Situation verlangte, die ständig an sie herangetragenen Bitten um Geld abzulehnen. Und wenn das passierte – wenn sie nach Hause fuhr, bevor Jane das Essen auftrug, weil der Abend mit zwei Stunden Verspätung angefangen hatte, oder wenn sie es ablehnte, acht Personen in ihrem VW mitfahren zu lassen, weil das Auto nur für vier gedacht war und die Sitzpolster in Mitleidenschaft gezogen würden – dann warf man ihr gekränkte Blicke zu, dann nahm man übel. Ihre Rastlosigkeit, ihre Unabhängigkeit, ihre Neigung, für die Zukunft zu planen – all das erschien den anderen Familienmitgliedern irgendwie unnatürlich. Unnatürlich … und unafrikanisch.

Es war das gleiche Dilemma, auf das mich der alte Frank auf Hawaii hingewiesen hatte, es waren die gleichen Spannungen, die Kinder in Altgeld erlebten, wenn sie ihre Hausaufgaben mit allzu viel Begeisterung machten, es waren die gleichen Schuldgefühle des Überlebenden, die auch mich vermutlich plagen würden, wenn es mir tatsächlich gelingen sollte, Geld zu verdienen, und ich auf dem Weg ins Büro an den jungen Burschen an der Ecke vorbeigehen müsste. Ohne Macht für die Gruppe, die noch größer war als die Großfamilie, würden wir durch unsere Erfolge andere immer zurücklassen. Und vielleicht war es diese Tatsache, die mich so sehr irritierte – dass selbst hier, in Afrika, die gleichen irrsinnigen Verhaltensmuster galten; dass niemand mir sagen konnte, was meine Blutsbande verlangten oder wie diese Forderungen mit der übergreifenden Idee einer humanen Gesellschaft zu vereinbaren waren. Es schien, als improvisierten Auma, Roy, Bernard und ich die ganze Zeit. Als wäre die Landkarte, die früher einmal die Richtung und Intensität unserer

Liebe verzeichnet hätte, der Code, der den Zugang zu unseren Möglichkeiten eröffnete, vor langer Zeit verlorengegangen, begraben zusammen mit den Ahnen in einer stummen Erde.

Am Ende meiner ersten Woche in Nairobi fuhr ich mit Zeituni zu Tante Sarah hinaus. Auma wollte nicht mitkommen, bot aber an, uns mit dem Auto zu ihrer Werkstatt zu bringen, die sich in Sarahs Nähe befand, den restlichen Weg sollten wir zu Fuß gehen. Am Samstagmorgen fuhren Auma und ich also los, holten Zeituni ab und fuhren in östlicher Richtung, vorbei an unverputzten Häusern und Müllhalden, bis wir schließlich an den Rand eines breiten Tals mit Namen Mathare kamen. Auma fuhr noch ein Stück den Höhenkamm entlang und blickte hinunter auf die Slumsiedlung, meilenweit Wellblechdächer, die in der Sonne schimmerten wie Sumpflilien, krumm und schief, das ganze Tal ausfüllend.

»Wie viele Leute leben dort?« fragte ich.

Auma zuckte mit den Schultern. »Was meinst du, Tante? Eine halbe Million?«

»Das war letzte Woche. Inzwischen bestimmt eine Million.«

Auma fuhr wieder zurück. »Genaue Zahlen gibt es nicht, Barack. Die Siedlung wächst ständig. Die Leute kommen vom Land auf der Suche nach Arbeit und bleiben am Ende hier hängen. Eine Weile hat die Stadtverwaltung versucht, die Siedlung abzureißen. Wegen der unhygienischen Verhältnisse, wie es hieß – das sei eine Beleidigung für das Image von Kenia. Sie schickten Bulldozer, und die Leute verloren das wenige, das sie besaßen. Aber natürlich konnten sie nirgendwohin gehen. Sobald die Bulldozer verschwunden waren, bauten die Leute ihre Hütten einfach wieder auf.«

Wir hielten vor einem windschiefen Wellblechschuppen, aus dem ein Mechaniker und mehrere Lehrlinge kamen, um Aumas VW zu inspizieren. Zeituni und ich versprachen, in einer Stunde wieder zurück zu sein, und begannen unseren Fußmarsch auf einer breiten Piste. Es war schon sehr heiß, nirgendwo Schatten. Beiderseits der Straße standen kleine Hütten aus Flechtwerk und Lehm und Karton und aufgesammeltem Lattenholz. Alles sah sehr ordentlich aus, vor jeder Hütte war gekehrt, und überall sahen wir Schneider und Schuster und Möbeltischler, die am Straßenrand ihr Handwerk ausübten, und Frauen und Kinder, die an wackeligen Ständen Gemüse verkauften.

Schließlich gelangten wir zu einer geteerten Straße, an der mehrere Betonhäuser standen, acht, vielleicht zwölf Stockwerke hoch und doch eigentümlich unfertig, die Holzbalken und der unverputzte Zement waren den Elementen ausgesetzt, als hätten sie einen Luftangriff erlebt. Wir betraten eines der Häuser, stiegen die schmale Treppe hinauf und gingen einen langen, düsteren Korridor entlang, an dessen hinterem Ende wir ein junges Mädchen erblickten, das auf einem kleinen Balkon Wäsche zum Trocknen aufhängte. Zeituni ging zu dem Mädchen, das uns wortlos zu einer kleinen, schiefen Tür führte. Wir klopften. Es öffnete eine dunkle Frau mittleren Alters, klein, aber kräftig gebaut, mit harten, glasigen Augen in einem breiten, grobknochigen Gesicht. Sie nahm meine Hand und sagte etwas auf Luo.

»Sie sagt, sie schämt sich, dass der Sohn ihres Bruders sie in einer so armseligen Umgebung sehen muss«, dolmetschte Zeituni.

Wir betraten ein kleines Zimmer, drei mal vier Meter, in dem ein Bett, eine Kommode, zwei Stühle und eine Nähmaschine standen. Zeituni und ich setzten uns auf die Stühle, die junge Frau, die uns zu Sarahs Wohnung geführt hatte, brachte lauwarme Limonade. Sarah saß auf dem Bett und beugte sich vor, um mein Gesicht zu studieren. Auma hatte gesagt, dass sie ein wenig Englisch verstand, doch jetzt sprach Sarah überwiegend Luo. Auch ohne Zeitunis Hilfe ahnte ich, dass sie nicht glücklich war.

»Sie möchte wissen, warum du sie erst jetzt besuchst«, sagte Zeituni. »Sie sagt, sie sei das älteste Kind deines Großvaters Hussein Onyango und du hättest sie vor allen anderen besuchen sollen.«

»Sag ihr, dass das keine Respektlosigkeit meinerseits war«, sagte ich und sah sie dabei an, war mir aber nicht sicher, ob sie mich verstand. »Seit meiner Ankunft hier war so viel los – ich konnte einfach nicht früher kommen.«

Sarahs Tonfall klang nun schärfer. »Sie sagt, die Leute, bei denen du wohnst, erzählen dir bestimmt Lügen.«

»Sag ihr, dass ich nichts Abfälliges über sie gehört habe. Sag ihr, dass Auma nur wegen des Erbstreits nicht mitgekommen ist.«

Sarah schnaubte und polterte wieder los. Als sie schließlich aufhörte, blieb Zeituni stumm.

»Was hat sie gesagt, Zeituni?«

Zeituni schaute Sarah unverwandt an, während sie meine Frage beantwortete. »Sie sagt, der Prozess sei nicht ihre Schuld. Sie sagt, Kezia stecke dahinter – Aumas Mutter. Sie sagt, die Kinder, die sich als Obamas ausgeben, seien in Wahrheit keine Obamas. Sie sagt, sie hätten sich alles unter den Nagel gerissen, und die wahren Obamas müssten wie Bettler leben.«

Sarah nickte, ihre Augen glühten. »Ja, Barry«, begann sie plötzlich auf Englisch. »Ich habe mich um deinen Vater gekümmert, als er klein war. Meine Mutter, Akumu, ist auch die Mutter deines Vaters. Akumu ist deine richtige Großmutter, nicht die Frau, zu der du Granny sagst. Akumu, die Frau, die deinen Vater geboren hat – ihr solltest du helfen. Und mir, der Schwester deines Vaters. Sieh nur, wie ich lebe. Warum hilfst du den anderen und uns nicht?«

Bevor ich antworten konnte, begannen Zeituni und Sarah, auf Luo zu streiten. Schließlich stand Zeituni auf und strich sich den Rock glatt. »Komm, Barry, wir gehen.«

Ich wollte schon aufstehen, doch Sarah nahm meine Hand und sagte, nun weicher:

»Gibst du mir etwas? Für deine Großmutter?«

Ich nahm meine Börse, spürte die Blicke der beiden Tanten, während ich das Geld zählte, das ich dabeihatte – kenianische Shilling im Wert von vielleicht dreißig Dollar. Ich gab Sarah die Scheine, die sie sich rasch in die Bluse steckte, bevor sie meine Hand wieder ergriff.

»Bleib noch, Barry«, sagte sie. »Ich möchte dich mit…«

»Barry, wir müssen los, du kannst später noch einmal vorbeikommen«, sagte Zeituni. »Lass uns gehen.«

Die Straße draußen lag in einem dunstig gelben Licht. In der windstillen Hitze hingen mir die Kleider schlaff am Leib. Zeituni war sichtlich erregt. Sie war eine stolze Frau, die Szene mit Sarah muss ihr peinlich gewesen sein. Und dann die dreißig Dollar – weiß der Himmel, die hätte sie gut gebrauchen können…

Nachdem wir etwa zehn Minuten schweigend gegangen waren, fragte ich, worüber sie sich gestritten hätten.

»Ach nichts, Barry. Das kommt vor bei alten Frauen, die keinen Mann haben.« Sie versuchte zu lächeln, aber es sah sehr verkrampft aus.

»Komm schon, sag mir die Wahrheit.«

»Ich weiß nicht, was die Wahrheit ist. Jedenfalls nicht die ganze. Ich weiß, dass Sarah immer ein engeres Verhältnis zu ihrer Mutter Akumu hatte. Für Barack zählte nur meine Mutter, Granny, die alle Kinder großgezogen hat, nachdem Akumu gegangen war.«

»Warum ist Akumu denn gegangen?«

»Ich weiß nicht genau. Das musst du Granny fragen.«

Wir überquerten die Straße, dann fuhr Zeituni fort: »Dein Vater und Sarah waren sich sehr ähnlich, weißt du, auch wenn sie sich nicht immer verstanden. Sie war klug wie er. Und unabhängig. Als wir klein waren, hat sie mir oft erzählt, dass sie eine Ausbildung haben wollte, um unabhängig zu sein. Sie wollte von keinem Mann abhängig sein. Deshalb hat sie am Ende viermal geheiratet. Keine Ehe hielt. Der erste Mann starb, den anderen hat sie den Laufpass gegeben, weil sie faul waren oder versuchten, auf ihre Kosten zu leben. Ich bewundere sie dafür. Die meisten Frauen in Kenia arrangieren sich. Ich hab mich auch lange Zeit arrangiert. Sarah hat einen hohen Preis für diese Unabhängigkeit bezahlt.«

Zeituni wischte sich mit dem Handrücken den Schweiß von der Stirn. »Na, jedenfalls, nach dem Tod ihres ersten Mannes fand sie, dass dein Vater sie und ihr Kind unterstützen sollte, weil er als Einziger in den Genuss einer Schulbildung gekommen war. Deshalb konnte sie Kezia und die Kinder nicht leiden. Für sie war Kezia nur ein hübsches Ding, das alles haben wollte. Du musst wissen, Barry, nach Luo-Tradition erbt das männliche Kind alles. Sarah befürchtete, dass nach dem Tod deines Großvaters alles an Barack und seine Frauen gehen und für sie nichts mehr übrig bleiben würde.«

»Aber das ist doch noch lange kein Grund, Lügen über die Kinder des alten Herrn zu verbreiten.«

»Stimmt, aber ...«

»Was aber?«

Zeituni blieb stehen. »Als dein Vater beschloss, mit dieser Amerikanerin Ruth zusammenzuleben, na ja, manchmal hat er Kezia besucht. Gemäß Tradition war sie ja noch seine Frau. Und dann, während eines seiner Besuche wurde Kezia schwanger, mit Abo, dem Bruder, den du noch nicht kennst. Allerdings hat Kezia in dieser Zeit auch mit einem anderen Mann zusammengelebt. Als sie dann wieder schwanger wurde, mit Bernard, wusste also niemand, wer…« Zeituni sprach es nicht aus.

»Weiß Bernard davon?«

»Inzwischen ja. Verstehst du, für deinen Vater war das nicht wichtig. Er hat gesagt, alle sind seine Kinder. Er scheuchte diesen anderen Mann davon und gab Kezia Geld für die Kinder, sooft es ihm möglich war. Aber nach seinem Tod konnte niemand beweisen, dass er sie auf diese Art akzeptiert hatte.«

Wir kamen zu einer befahreneren Straße. Vor uns wich eine trächtige Ziege blökend einem entgegenkommenden *matatu* aus. Zwei kleine Mädchen in braunroter Schuluniform, die runden Köpfe fast kahl geschoren, hüpften singend und einander an der Hand haltend über einen Graben. Eine alte Frau mit einem ausgeblichenen Tuch auf dem Kopf winkte uns zu sich, ihre Waren zu begutachten: zwei Blechbüchsen mit Bohnen, säuberlich aufgestapelte Tomaten, Trockenfisch, der wie Silbermünzen an einem Stück Draht hing. Die Frau sah erschöpft aus. Wer war diese Frau? Meine Großmutter? Eine Unbekannte? Und was war mit Bernard – sollte ich ihm jetzt andere Gefühle entgegenbringen? An einer Bushaltestelle sah ich ein paar junge Männer auf die Straße laufen, alle hochgewachsen und schwarz und schlank, und plötzlich sah ich Bernards Gesicht in jedem von ihnen, überall in diesem Land, auf der ganzen Welt. Hungrige, ehrgeizige, hoffnungslose Männer, sie waren alle meine Brüder…

»Jetzt weißt du, wie schwer dein Vater es hatte.«

»Was?« Ich rieb mir die Augen, blickte auf und sah, dass Zeituni mich anstarrte.

»Ja, Barry. Dein Vater hatte es schwer. Ich sage dir, sein Herz war viel zu groß. Das war sein Problem. Er hat jedem gegeben, der ihn um etwas gebeten hat. Und alle sind zu ihm gekommen. Weißt du, er war einer der Ersten im ganzen Distrikt, die im Ausland studiert haben. Die Leute hier kannten sonst niemanden, der in einem

Flugzeug geflogen ist. Darum haben sie alles von ihm erwartet. ›Ah, Barack, du bist doch jetzt ein hohes Tier. Gib mir etwas! Hilf mir!‹ Immer diese Forderungen der Familie. Und er konnte nicht Nein sagen, er war so großzügig. Weißt du, selbst für mich musste er sorgen, als ich schwanger war, obwohl er schwer enttäuscht von mir war. Er wollte, dass ich studiere, aber ich habe nicht auf ihn gehört und bin mit meinem Mann fortgegangen. Und als mein Mann anfing, mich auszunutzen, und ich gehen musste, ohne Geld, ohne Job – was meinst du wohl, wer mich aufgenommen hat? Jawohl, dein Vater. Deshalb, ganz gleich, wie die anderen über ihn denken, werde ich ihm immer dankbar sein.«

Wir näherten uns der Autowerkstatt. Wir sahen Auma im Gespräch mit einem Mechaniker und hörten den ächzenden Motor ihres alten VW. Hinter einer Reihe von Benzinfässern kam ein nackter Junge hervorgelaufen, vielleicht drei Jahre alt, die Füße völlig teerverschmiert. Wieder blieb Zeituni stehen, als wäre ihr plötzlich übel geworden, und spuckte aus.

»Als dein Vater dann ganz unten war«, fuhr sie fort, »vergaßen ihn die Leute, denen er vorher geholfen hatte. Sie lachten ihn aus. Selbst seine Verwandten wollten ihn nicht im Haus haben. Jawohl, Barry, sie haben sich geweigert! Sie haben ihm gesagt, es sei zu riskant. Ich weiß, wie sehr ihn das gekränkt hat, aber er hat niemandem einen Vorwurf gemacht. Dein Vater kannte keinen Groll. Und als er rehabilitiert wurde und es mit ihm wieder aufwärtsging, habe ich festgestellt, dass er denselben Leuten half, die ihn verraten hatten. Ach, ich habe ihn einfach nicht verstanden. Ich habe ihm gesagt: ›Barack, du solltest dich nur um dich und deine Kinder kümmern! Die anderen haben dich schlecht behandelt. Sie sind zu faul, um zu arbeiten.‹ Und weißt du, was er geantwortet hat? Er hat gesagt: ›Woher weißt du, dass sie diese Kleinigkeiten nicht vielleicht nötiger brauchen als ich?‹«

Zeituni winkte Auma mit einem gezwungenen Lächeln zu und fuhr fort: »Ich erzähle dir das alles, damit du eine Ahnung davon bekommst, unter welchem Druck dein Vater hier stand. Damit du ihn nicht allzu streng beurteilst. Und damit du aus seinem Leben lernst. Wenn du etwas besitzt, wollen alle etwas davon abhaben. Du musst also irgendwo Grenzen ziehen. Wenn alle zur Familie gehören, gehört niemand zur Familie. Ich glaube, dein Vater hat das nie begriffen.«

Ich erinnere mich an ein Gespräch, das ich einmal in Chicago hatte, als ich dort Stadtteilarbeit machte. Ich sprach mit einer Frau, die in einer großen Familie im ländlichen Georgia aufgewachsen war. Fünf Brüder und drei Schwestern, sie hatten in beengten Verhältnissen gelebt. Sie erzählte mir von den letztlich erfolglosen Bemühungen ihres Vaters, das kleine Stück Land zu bewirtschaften, vom Gemüsegarten der Mutter, von den zwei Schweinen, die sie besaßen, und von den Ausflügen mit ihren Geschwistern an den Fluss, wo sie angelten. Im Laufe ihrer Erzählungen stellte sich heraus, dass zwei der drei Schwestern, von denen sie sprach, in Wahrheit schon bei der Geburt gestorben waren, aber in Gedanken blieben sie bei ihr, geisterhafte Wesen mit Namen und Alter und Charakter, zwei Schwestern, die sie begleiteten, wenn sie zur Schule ging oder Arbeiten verrichtete, die sie trösteten, wenn sie traurig war, oder beruhigten, wenn sie sich ängstigte. Für diese Frau war die Familie nicht bloß ein Raum für die Lebenden gewesen. Auch die Toten hatten Ansprüche, prägten ihre Träume.

Und nun war ich dran. Kurz nach meinem Besuch bei Sarah liefen Auma und ich vor der Filiale von Barclay's Bank einem Freund des alten Herrn über den Weg. Ich merkte, dass Auma sich nicht an den Namen des Mannes erinnerte, also gab ich ihm die Hand und stellte mich vor. Er lächelte: »Sieh mal an – wie groß du geworden bist! Wie geht's deiner Mutter? Und deinem Bruder Mark? Ist er schon fertig mit dem Studium?«

Zuerst war ich verdutzt. Kannte ich den Mann? Und dann erklärte Auma, dass ich Barack sei, ein anderer Bruder, der in Amerika aufgewachsen sei, Sohn einer anderen Mutter. David lebe nicht mehr. Und dann die verlegenen Reaktionen – der Mann nickte (»Entschuldige, das wusste ich nicht«), sah mich aber noch einmal an, als wollte er sich vergewissern, dass stimmte, was er gehört hatte. Auma tat, als sei die Situation völlig normal, während ich dastand und überlegte, wie es ist, für den Geist eines Verstorbenen gehalten zu werden.

Später, in ihrer Wohnung, fragte ich Auma, wann sie Mark und Ruth zuletzt gesehen habe. Sie legte den Kopf an meine Schulter und schaute zur Decke.

»Bei Davids Beerdigung«, sagte sie. »Da redeten sie schon lange nicht mehr mit uns.«

»Wieso?«

»Ich hab dir doch erzählt, dass Ruths Scheidung sehr bitter war. Nachdem sie sich von dem alten Herrn getrennt hatte, heiratete sie einen Tansanier. Mark und David nahmen seinen Namen an. Sie schickte sie auf eine internationale Schule, und sie wurden wie Ausländer erzogen. Sie wollte nicht, dass sie Kontakt zu uns haben.« Auma seufzte. »Ich weiß nicht. Vielleicht weil Mark älter war, fügte er sich und brach den Kontakt zu uns ab. Aber David, der Teenager, rebellierte. Er erklärte Ruth, dass er Afrikaner sei, und nannte sich Obama. Manchmal schwänzte er die Schule, um den alten Herrn und den Rest der Familie zu besuchen, und so lernten wir ihn überhaupt kennen. Er war sofort jedermanns Darling. Er war so nett und lustig, weißt du, auch wenn er manchmal nicht zu bändigen war.

Ruth wollte ihn auf ein Internat schicken, hoffte wohl, dass er dort zur Vernunft kommt. Aber David rannte weg. Monatelang hat ihn niemand gesehen. Irgendwann lief er Roy über den Weg. David war abgerissen, dünn, bettelte Fremde um Geld an. Er lachte, als er Roy sah, und erzählte von seinem Leben auf der Straße, dass er *bhang* an seine Freunde verkaufte. Roy bat ihn, nach Hause zurückzukehren, aber David weigerte sich, also hat er ihn bei sich aufgenommen und Ruth Bescheid gesagt, dass es ihrem Sohn gut gehe und er bei ihm wohne. Als Ruth das hörte, war sie erleichtert, aber auch wütend. Sie bat David heimzukommen, doch er weigerte sich. Sie hat das Arrangement mit Roy dann stillschweigend akzeptiert, in der Hoffnung, David werde es sich irgendwann anders überlegen.«

Auma trank von ihrem Tee. »Das war die Zeit, als er diesen tödlichen Unfall hatte. Als er bei Roy wohnte. Sein Tod hat allen das Herz zerrissen – besonders Roy. Die beiden standen sich wirklich nahe. Ruth hat das nie verstanden. Sie dachte, wir hätten David beeinflusst. Ihr das Kind weggenommen. Und ich glaube, sie hat uns nie verziehen.«

Ich beschloss, nicht mehr über David zu sprechen, denn ich spürte, wie schmerzhaft die Erinnerungen für Auma waren. Doch nur wenige Tage später fanden wir bei der Heimkehr einen Wagen vor dem Haus vor, dessen Fahrer, ein braunhäutiger Mann mit ausgeprägtem Adamsapfel, Auma einen Umschlag aushändigte.

»Was ist es?« fragte ich.

»Eine Einladung von Ruth«, sagte sie. »Mark ist für den Sommer aus Amerika gekommen. Sie lädt uns zum Abendessen ein.«

»Möchtest du gehen?«

Auma schüttelte verächtlich den Kopf. »Ruth weiß, dass ich jetzt fast sechs Monate hier bin. Sie interessiert sich nicht für mich. Sie ist neugierig auf dich, nur deswegen lädt sie uns ein. Sie will dich mit Mark vergleichen.«

»Vielleicht sollte ich gehen«, sagte ich ruhig.

Auma sah sich die Einladung noch einmal an, gab sie dann dem Fahrer und sagte etwas auf Suaheli zu ihm. »Ich komme mit«, sagte sie und betrat die Wohnung.

Ruth wohnte in Westlands, einem gepflegten Villenviertel, in dem braun uniformierte Männer den Zugang zu jedem Grundstück bewachten. Unterwegs fiel leichter Nieselregen. Die erfrischende Kühle erinnerte mich an Punahou, an Manoa Street und Tantalus Street, wo meine wohlhabenden Klassenkameraden wohnten. Wie neidisch ich gewesen war, wenn sie mich einluden und wir hinter dem Haus spielten oder im Swimmingpool badeten. Und was mir noch aufgefallen war – dass in diesen großen, schönen Villen eine stille Verzweiflung zu herrschen schien. Das leise Schluchzen der Schwester hinter einer Tür. Der Anblick einer Mutter, die am Nachmittag verstohlen zum Ginglas griff. Der Vater, der allein in seinem Zimmer vor dem Fernseher saß und mit verbissenem Gesicht zwischen verschiedenen Basketballspielen hin und her schaltete. Vielleicht stimmte dieser Eindruck von Einsamkeit nicht, vielleicht war es nur eine Projektion meiner eigenen Stimmung, aber so oder so, ich hatte Lust, einfach fortzurennen, so wie David auf einem fernen Kontinent fortgerannt war, in den Lärm der Straßen, zurück in das

Chaos und das Lachen, das in diesem Chaos entstand, zurück in die Sorte Schmerz, die ein Junge verstehen konnte.

Wir gelangten zu einem der bescheideneren Häuser im Viertel und fuhren die Auffahrt hinauf. Eine weiße, grauhaarige Frau trat aus dem Haus, um uns zu begrüßen. Hinter ihr stand ein Schwarzer, so groß wie ich und ähnlich aussehend, mit wuscheliger Afro-Frisur und Hornbrille.

»Kommt doch herein«, sagte Ruth. Wir gaben einander steif die Hand und betraten ein großes Wohnzimmer, wo ein älterer, schon etwas kahlköpfiger Schwarzer mit Safarijacke saß und einen kleinen Jungen auf dem Schoß hatte. »Das ist mein Mann«, sagte Ruth, »und das ist Marks kleiner Bruder Joey.«

»Hey, Joey«, sagte ich und beugte mich zu dem Kleinen, um ihm die Hand zu geben. Mit seiner honigfarbenen Haut und den zwei fehlenden Schneidezähnen sah er richtig süß aus. Ruth fuhr ihm durchs Haar und sagte dann zu ihrem Mann: »Wolltet ihr nicht in den Club?«

»Jaja«, sagte der Mann und stand auf. »Komm, Joey ..., war nett, euch kennenzulernen.« Der Junge stand reglos da, sah Auma und mich mit einem hellen, neugierigen Lächeln an, bis sein Vater ihn schließlich schnappte und ihn nach draußen trug.

»Na dann«, sagte Ruth, führte uns zur Couch und schenkte Limonade ein. »Ich muss schon sagen, es war eine ziemliche Überraschung, als ich hörte, dass du hier bist, Barry. Ich habe Mark gesagt, wir sollten unbedingt mal sehen, was aus diesem anderen Sohn von Obama geworden ist. Du heißt doch Obama, richtig? Deine Mutter hat ja wieder geheiratet. Warum hat sie denn an deinem Namen festgehalten?«

Ich lächelte, als hätte ich die Frage nicht verstanden. »Na, Mark«, sagte ich, an meinen Bruder gewandt, »Ich höre, du bist in Berkeley.«

»Stanford«, sagte er. Seine Stimme war tief, sein Akzent durch und durch amerikanisch. »Ich bin im letzten Jahr.«

»Es muss schwer sein«, meinte Auma.

»Es geht«, sagte er.

»Sei nicht so bescheiden, mein Lieber«, rief Ruth. »Was Mark studiert, ist so kompliziert, dass nur eine Handvoll Leute es wirklich versteht.« Sie tätschelte ihm die Hand und wandte sich dann an mich. »Ich höre, du wirst in Harvard studieren, Barry. Genau wie Obama. Du musst sein Köpfchen geerbt haben. Hoffentlich nicht auch alles andere. Du weißt ja, er war ziemlich verrückt. Der Alkohol hat alles noch schlimmer gemacht. Hast du ihn eigentlich mal kennengelernt? Ich meine, deinen Vater?«

»Nur einmal. Als ich zehn war.«

»Na, da hast du Glück gehabt. Das erklärt wahrscheinlich, warum etwas Anständiges aus dir geworden ist.«

Und so verging die nächste Stunde. Ruth sprach abwechselnd über die Misserfolge meines Vaters und über Marks hervorragende Leistungen. Fragen richtete sie nur an mich, so dass Auma nichts anderes übrigblieb, als stumm in der Lasagne herumzustochern. Ich wollte gleich nach dem Essen aufbrechen, doch Ruth schlug vor, dass Mark uns das Familienalbum zeigte, während sie den Nachtisch brachte.

»Ich bin sicher, sie interessieren sich nicht dafür, Mutter«, sagte Mark.

»Natürlich interessieren sie sich dafür«, sagte Ruth und fuhr mit eigentümlich ferner Stimme fort: »Es sind Fotos von Obama, aus seiner Kindheit...«

Mark nahm ein großes Fotoalbum vom Bücherregal, dann setzten wir uns auf die Couch und betrachteten die Bilder. Auma und Roy, dünn und aufgeschossen, mit langen Beinen und großen Augen, halten die beiden kleineren Kinder in den Armen. Der alte Herr und Ruth irgendwo an einem Strand. Die ganze Familie, fein gemacht für einen Abend in der Stadt. Es waren unbeschwerte Szenen, und alle waren mir eigentümlich vertraut, wie eine andere Welt, die sich hinter meinem Rücken abgespielt hatte, Reflexe meiner lang gehegten Phantasien, die ich sogar vor mir selbst geheimgehalten hatte. Die Vorstellung etwa, mein Vater werde meine Mutter und mich nach Kenia heimholen. Der Wunsch, dass wir alle unter einem Dach leben – meine Mutter und mein Vater und meine Schwestern und Brüder. So hätte es sein können, dachte ich beim Anblick dieser Bilder. Es war ein unerfüllter Traum geblieben, die Realität hatte dann ganz anders ausgesehen. Dieser Gedanke machte mich so traurig, dass ich wegschauen musste.

Während der Rückfahrt bat ich Auma um Entschuldigung, weil ich sie in diese unangenehme Situation gebracht hatte. Sie zuckte nur mit den Schultern.

»Es hätte schlimmer sein können«, sagte sie. »Aber Mark tut mir leid. Er scheint einsam zu sein. Weißt du, es ist nicht leicht, in Kenia ein Mischling zu sein.«

Ich sah zum Fenster hinaus, dachte an meine Mutter, dachte an Toot und Gramps und daran, wie dankbar ich ihnen war – für ihre Art und für die Geschichten, die sie mir erzählt hatten. »Sie ist noch immer nicht darüber hinweggekommen.«

»Wer?«

»Ruth. Sie hängt noch immer an unserem Vater.«

»Ja, das stimmt wohl«, sagte Auma nach einer Weile. »Genau wie wir.«

In der folgenden Woche rief ich Mark an und fragte, ob er Lust hätte, sich mit mir zum Mittagessen zu treffen. Er zögerte zunächst, schlug dann aber ein indisches Restaurant in der Stadt vor. Er war lockerer als bei unserer ersten Begegnung, selbstironisch, witzig, erzählte von Kalifornien und von den Rivalitäten an der Universität. Ich fragte ihn, wie es ihm in Kenia gehe.

»Gut«, sagte er. »Es ist schön, Mom und Dad zu sehen. Und Joey – er ist richtig toll.« Mark schnitt ein Stück von seinem Samosa ab und schob es sich in den Mund. »Was das Land angeht – ich bin nicht sicher, ob ich mich hier heimisch fühle. Für mich ist Kenia einfach ein armes afrikanisches Land.«

»Hast du nie die Vorstellung, irgendwann mal hier zu leben?«

Mark trank von seiner Coke. »Nein«, sagte er. »Ich meine, für einen Physiker gibt es hier kaum Arbeit, in einem Land, wo die einfache Bevölkerung kein Telefon hat.«

Ich hätte in diesem Moment einlenken sollen, aber irgendetwas – vielleicht sein überzeugter Tonfall oder die vage Ähnlichkeit zwischen uns – ließ mich nachhaken. »Hast du nie das Gefühl, dass dir vielleicht etwas entgeht?«

Mark legte Messer und Gabel beiseite und sah mir, zum ersten Mal an diesem Tag, direkt in die Augen.

»Ich weiß, worauf du hinauswillst«, sagte er sehr bestimmt. »Du glaubst, dass ich den Kontakt zu meinen Wurzeln verliere und so.« Er wischte sich den Mund ab und ließ seine Serviette auf den Teller fallen. »Nun ja, hast schon recht. Irgendwann habe ich beschlossen, nicht mehr darüber nachzudenken, wer mein leiblicher Vater ist. Für mich war er schon zu Lebzeiten tot. Ich wusste, dass er trank und sich nicht um seine Frau und seine Kinder kümmerte. Das reichte.«

»Es hat dich wütend gemacht.«

»Nein. Nur gefühllos.«

»Und das stört dich nicht? Ich meine, diese Gefühllosigkeit?«

»Ihm gegenüber nicht. Anderes berührt mich sehr wohl. Beethovens Symphonien. Shakespeares Sonette. Ich weiß, einem Afrikaner sollten andere Dinge am Herzen liegen. Aber warum soll ich mir von anderen vorschreiben lassen, was ich zu empfinden habe. Versteh mich recht, ich schäme mich nicht, dass ich ein halber Kenianer bin. Ich frage mich aber nicht dauernd, was das heißt. Wer ich *wirklich* bin.« Er zuckte mit den Schultern. »Was weiß ich. Vielleicht sollte es mir wichtig sein. Kann schon sein, wenn ich genauer hinschaue, dass ich dann ...«

Ich spürte, dass Mark ganz kurz zögerte, wie ein Bergsteiger, der befürchtet, den Halt zu verlieren. Doch im nächsten Moment hatte er sich schon wieder gefangen und bat den Kellner um die Rechnung.

»Wer weiß«, sagte er. »Fest steht nur, dass ich diesen ganzen Stress nicht gebrauchen kann. Das Leben ist auch ohne Übergepäck schwer genug.«

Ich bezahlte. Wir standen auf und verließen das Lokal. Draußen tauschten wir unsere Adressen aus und versprachen, einander zu schreiben. Die Unaufrichtigkeit tat mir in der Seele weh. Zu Hause erzählte ich Auma, wie es gewesen war. Sie sah einen Moment lang weg und brach dann in bitteres Lachen aus.

»Was ist denn so komisch?«

»Ich dachte gerade, wie verrückt das Leben ist. Weißt du, unmittelbar nach dem Tod unseres Vaters haben die Anwälte Kontakt zu allen möglichen Erbberechtigten aufgenommen. Im Gegensatz zu meiner Mutter hat Ruth die Dokumente, mit denen sie beweisen kann, wer Marks Vater war. Von all seinen Kindern ist es also nur Mark, dessen Ansprüche unanfechtbar sind.«

Wieder lachte sie. Ich betrachtete das Foto an der Wand, das gleiche Foto, das ich schon in Ruths Album gesehen hatte – drei Brüder und eine Schwester, die in die Kamera lächeln.

17

Gegen Ende meiner zweiten Woche in Kenia fuhren Auma und ich auf eine Safari.

Auma war nicht begeistert von meinem Vorschlag. Als ich ihr die Broschüre zeigte, schüttelte sie ungnädig den Kopf. Wie die meisten Kenianer zog sie eine direkte Linie zwischen Wildreservaten und Kolonialismus. »Was glaubst du denn, wie viele Kenianer sich so etwas leisten können?« fragte sie. »Statt die Flächen landwirtschaftlich zu nutzen, werden sie den Touristen zur Verfügung gestellt. Die *wazungu* sorgen sich mehr um einen toten Elefanten als um hundert schwarze Kinder.«

So ging es ein paar Tage hin und her. Ich gab Auma zu bedenken, dass sie darauf verzichte, ihr Land kennenzulernen, nur weil andere Leute eine bestimmte Ideologie vertraten. Sie habe keine Lust, erwiderte sie, Geld dafür auszugeben. Schließlich lenkte sie ein, aber nicht etwa, weil ich sie überzeugt hatte, sondern aus Mitleid mit mir.

»Wenn dich da draußen ein Tier auffrisst«, sagte sie, »würde ich mir das nie verzeihen.«

Und so lud an einem Dienstagmorgen um sieben unser Fahrer, ein kräftiger Kikuyu namens Francis, unser Gepäck auf das Dach eines weißen Minivans. Mit von der Partie waren außerdem ein spindeldürrer Koch namens Rafael, ein dunkelhaariger Italiener, der Mauro hieß, sowie die Wilkersons, ein englisches Paar etwa Anfang vierzig.

Bald hatten wir Nairobi hinter uns gelassen, fuhren auf einer staubigen Piste durch offenes Land, durch grüne Hügel, vorbei an kleinen *shambas* inmitten von Maisfeldern. Keiner von uns sagte ein Wort. Es herrschte ein verlegenes Schweigen, das mich an bestimmte

Situationen in den Staaten erinnerte, an das kurze Zögern, ehe man mich eine Bar oder ein Hotel betreten ließ. Ich dachte an Auma und Mark, an meine Großeltern auf Hawaii, an meine Mutter in Indonesien und daran, was Zeituni gesagt hatte. *Wenn alle zur Familie gehören, gehört niemand zur Familie.* War das so? Ich war mit der Vorstellung nach Kenia gekommen, meine vielen disparaten Welten vielleicht zu einem harmonischen Ganzen verbinden zu können. Doch alles schien noch viel komplizierter geworden zu sein. Ich erinnerte mich an den Vortag, als Auma und ich die Safari gebucht hatten. Wie die meisten kleinen Geschäfte in Nairobi, gehörte das Reisebüro Asiaten. Auma war sofort auf hundertundachtzig.

»Schau, wie arrogant sie sind«, hatte sie mir zugeflüstert, während eine junge Inderin ihre schwarzen Angestellten herumkommandierte. »Sie bezeichnen sich als Kenianer, wollen mit uns aber nichts zu tun haben. Sobald sie etwas Geld beisammenhaben, überweisen sie es nach London oder Bombay.«

Aumas Haltung hatte mich irritiert. »Wie kannst du, nach allem, was in Uganda passiert ist, den Asiaten einen Vorwurf machen, wenn sie ihr Geld ins Ausland schaffen?« hatte ich sie gefragt. Und ihr dann von meinen indischen und pakistanischen Freunden in Amerika erzählt, die sich für die Belange der Schwarzen einsetzten, die mir Geld geliehen hatten, als ich in der Klemme steckte, und mich aufgenommen hatten, als ich keine Bleibe hatte. All das hatte Auma nicht beeindruckt.

»Ach, Barack, manchmal bist du so naiv!«

Und nun beobachtete ich sie, während sie zum Fenster hinaussah. Was hatte ich mit meiner Predigt erreichen wollen? Meine schlichten Formeln für Dritte-Welt-Solidarität trafen für Kenia nicht zu. Die Inder in diesem Land waren Außenseiter, wie die Chinesen in Indonesien und die Koreaner in der South Side von Chicago, geschickte Geschäftsleute, die unter sich blieben, am Rand der Gesellschaft agierten, auffällig und daher leicht Opfer von Rassenhass. Von persönlicher Schuld konnte nicht die Rede sein. Es war historisch bedingt, eine bedauerliche Realität.

Jedenfalls beschränkten sich die Konflikte in Kenia nicht darauf; es gab noch feinere Trennlinien. Beispielsweise zwischen den vierzig schwarzen Stämmen. Auch sie waren eine Realität. Man bemerkte das Stammesdenken kaum unter Aumas Freunden, jüngeren Kenianern, modernen Akademikern, für die der Begriff der Nation eine große Rolle spielte. Stammesdenken machte sich bei ihnen erst bei der Partnerwahl bemerkbar oder in späteren Jahren, wenn sich zeigte, ob es ihrer beruflichen Karriere diente oder hinderlich war. Doch das waren Ausnahmen. Die meisten Kenianer orientierten sich weiterhin an alten Identitäten, an noch älteren Loyalitäten. Selbst Jane oder Zeituni überraschten mich manchmal mit erstaunlichen Bemerkungen: »Die Luo sind intelligent, aber faul« oder »Die Kikuyu sind geldgierig, aber tüchtig« oder »Die Kalenjin – nun ja, man sieht doch, was aus dem Land geworden ist, seit sie an der Macht sind«.

Wenn ich derlei Klischees bei meinen Tanten hörte, versuchte ich, mit ihnen darüber zu diskutieren. »Unsere Rückständigkeit hat auch mit dieser Denkweise zu tun«, sagte ich dann. »Wir gehören alle zu einem Stamm. Wir sind Schwarze. Wir sind Menschen. Schaut doch, wohin das Stammesdenken in Nigeria oder Liberia geführt hat.«

Und Jane erwiderte dann: »Ach, die Westafrikaner, die spinnen. Das waren doch alles Kannibalen!«

Und Zeituni sagte: »Du redest genau wie dein Vater, Barry. Er hatte auch diese Vorstellungen von den Leuten.«

Sollte heißen: auch er war naiv, auch er argumentierte historisch. Und schau, was aus ihm geworden ist ...

Aus diesen Gedanken wurde ich herausgerissen, als unser Kleinbus plötzlich vor einer kleinen *shamba* hielt. Francis bat uns, sitzen zu bleiben. Wenig später kam er wieder aus dem Haus in Begleitung eines einheimischen jungen Mädchens, das vielleicht zwölf oder dreizehn Jahre alt war, Jeans und eine ordentlich gebügelte Bluse trug und eine kleine Tasche dabeihatte. Francis half ihr beim Einsteigen und wies auf den Sitz neben Auma.

»Ist das Ihre Tochter?« fragte Auma und beeilte sich, dem Mädchen Platz zu machen.

»Nein«, sagte Francis, »sie ist die Tochter meiner Schwester. Sie beobachtet gern die Tiere und bettelt ständig, ich soll sie mal mitnehmen. Ich hoffe, niemand hat etwas dagegen.«

Alle schüttelten den Kopf und schenkten dem Mädchen, dem die Aufmerksamkeit sichtlich unangenehm war, ein freundliches Lächeln.

»Wie heißt du?« fragte Mrs. Wilkerson.

»Elizabeth«, flüsterte sie.

»Du kannst gern bei mir im Zelt schlafen, Elizabeth«, sagte Auma. »Mein Bruder schnarcht nämlich.«

Ich zog ein Gesicht. »Hör nicht auf sie«, sagte ich und hielt ihr eine Packung Kekse hin. Sie nahm einen und knabberte schüchtern ringsherum. Auma schnappte sich die Packung und bot sie Mauro an. Der nahm sich ebenfalls einen Keks, worauf Auma die Packung weiter herumgehen ließ.

Die Straße führte nun in eine kühlere Berggegend, wo Frauen barfuß gingen und Brennholz und Wasser trugen und kleine Jungen auf wackeligen Karren saßen und mit einer Peitsche auf den Esel einschlugen. Immer seltener kamen wir an einer *shamba* vorbei, es gab Busch und Wald, bis die Bäume zur Linken plötzlich aufhörten und wir nur noch den offenen, weiten Himmel sahen.

»Das Great Rift Valley!« rief Francis.

Wir stiegen aus und blickten vom Rand des steil abfallenden Kraters nach Westen. Tief unter uns erstreckte sich eine endlose Savanne bis an den Horizont, von wo der Blick durch hohe weiße Wolken wieder zurückkehrte. Rechts erhob sich ein einzelner Berg wie eine Insel in einem ruhigen Meer, dahinter eine Reihe zerklüfteter und schattendunkler Gebirgskämme. Nur zwei Dinge verrieten die Präsenz von Menschen – eine schmale Straße, die nach Westen führte, und eine Satellitenstation, deren gigantische weiße Schüssel sich zum Himmel öffnete.

Etwas weiter nördlich bogen wir von der Hauptstraße auf eine Schotterpiste ab, auf der es nur langsam vorwärtsging. Die Schlaglöcher waren manchmal so breit wie die ganze Straße, und wenn uns Lastwagen entgegenkamen, mussten wir auf die Böschung ausweichen. Schließlich erreichten wir die Straße, die wir von oben gesehen hatten, und fuhren in die Ebene hinein. Das Land war ausgedörrt, überwiegend Buschgras und Dornengestrüpp, Steine und dunkle Felsen. Wir kamen an Gazellenherden vorbei, ein einzelnes Gnu äste an einem Baum, in der Ferne, kaum zu erkennen, Zebras und eine Giraffe. Kein einziger Mensch war zu sehen, bis nach etwa einer Stunde ein Massai-Hirte auftauchte, aufrecht und schlank wie der Stab in seiner Hand, mit dem er eine Herde Langhornrinder durch einen ausgetrockneten Wasserlauf führte. In Nairobi hatte ich nur wenige Massai gesehen, aber ich hatte viel über sie gelesen. Ich wusste, dass sie sich als Viehzüchter und unerschrockene Krieger den Respekt der Briten erworben hatten, weshalb sie – obschon man Verträge mit ihnen immer wieder gebrochen und sie selbst in Reservate abgedrängt hatte – trotz ihrer Niederlage zu einem Mythos geworden waren, vergleichbar den Cherokee oder Apatschen, den edlen Wilden von Coffeetable-Books und Ansichtskarten. Ich wusste auch, dass diese Massai-Begeisterung des Westens andere Kenianer, die die Lebensart der Massai peinlich fanden und die begehrliche Blicke auf deren Land warfen, wütend machte. Die Regierung hatte versucht, für die Kinder der Massai Schulpflicht einzuführen und den Landbesitz der Erwachsenen in einer Art Kataster zu erfassen. Die Bürde des schwarzen Mannes, verkündete der Staat: unsere benachteiligten Brüder zivilisieren.

Und während wir immer weiter in ihr Land hineinfuhren, fragte ich mich, wie lange sich die Massai würden halten können. In Narok, einer kleinen Ortschaft, wo wir tankten und zu Mittag aßen, umringte eine Schar von Kindern in Khaki-Shorts und alten T-Shirts unseren Minibus, um, ebenso aufdringlich wie ihre Altersgenossen in Nairobi, billigen Schmuck und kleine Erfrischungen feilzubieten. Zwei Stunden später, an der Einfahrt zum Wildpark, beugte sich ein hochgewachsener Massai, der nach Bier roch und eine Yankee-Mütze trug, durch das Wagenfenster und schlug uns vor, ein traditionelles *boma* zu besuchen.

»Nur vierzig Shilling Eintritt«, sagte er lachend. »Fotos kosten extra.«

Während Francis im Büro des Wildhüters irgendwelche Dinge erledigte, stiegen wir aus und folgten dem Massai in einen großen, kreisförmigen Compound, der durch Dornengestrüpp nach außen geschützt war. Den äußeren Ring bildeten flache Lehmhütten, in der Mitte standen Rinder und ein paar nackte Kinder. Einige Frauen winkten uns heran, um uns ihre gerippten Kürbisse zu zeigen; eine von ihnen, eine schöne junge Frau mit einem Baby auf dem Rücken, zeigte mir einen US-Vierteldollar, den ihr jemand in die Hand gedrückt hatte. Ich erklärte mich bereit, die Münze in kenianisches Geld umzutauschen, und durfte dafür ihr Hütte besichtigen, einen beengten, stockdunklen, etwa anderthalb Meter hohen Raum, in dem gekocht und geschlafen wurde und auch die neugeborenen Kälber Platz fanden. Der Rauch war so beißend, dass ich schon nach kurzer Zeit wieder nach draußen flüchtete, und am liebsten hätte ich noch die Fliegen verscheucht, die sich in zwei Ringen um die geschwollenen Augen des Babys legten.

Francis wartete am Auto auf uns. Wir fuhren durch das Tor, eine kleine kahle Anhöhe hinauf. Und dort, auf der anderen Seite des Hügels, hatte man einen wunderbaren Ausblick auf eine endlos weite, sanft gewellte Ebene, sandfarben und geschmeidig wie ein Löwenfell, durchsetzt mit Wäldern und Dornbäumen. Links weidete eine riesige Herde Zebras mit ihren lächerlich symmetrischen Streifen auf dem weizengelben Gras, rechts flüchtete ein Trupp Gazellen in den Busch. Und in der Mitte standen Tausende Gnus mit traurig gesenkten Köpfen und hängenden Schultern, die viel zu mächtig schienen für die dünnen Beine. Francis fuhr langsam weiter, bahnte sich einen Weg durch die Herde, die sich vor uns teilte und hinter uns wieder zusammenfand wie ein Schwarm Fische, und ihre Hufe donnerten auf die Erde wie eine Flutwelle gegen das Ufer.

Ich warf Auma einen Blick zu. Sie hatte den Arm um Elizabeth gelegt, beiden schauten wortlos lächelnd hinaus.

Am Ufer eines gewundenen braunen Flusses, unter einem großen Feigenbaum, auf dem eine Schar lärmender Stare saß, errichteten wir unser Lager. Es war schon spät, doch nachdem wir die Zelte aufgebaut und Holz gesammelt hatten, blieb noch etwas Zeit für eine kurze Fahrt zu einer nahe gelegenen Wasserstelle, an der sich Topis und Gazellen versammelt hatten. Bei unserer Rückkehr brannte schon ein Feuer. Wir setzten uns und aßen, was Rafael zubereitet hatte, und Francis erzählte von sich. Er hatte eine Frau und sechs

Kinder, die daheim in Kikuyuland lebten. Sie hatten ein Stück Land, auf dem sie Kaffee und Mais anbauten; an freien Tagen übernahm er die schwereren Arbeiten – Hacken und Pflanzen. Er arbeite gern für das Reisebüro, sagte er, wenn er nur nicht so oft von seiner Familie getrennt wäre. »Am liebsten würde ich nur auf dem Land arbeiten«, sagte er, »aber das geht wegen der KCU nicht.«

»KCU? Was ist das?« fragte ich.

»Die Kenya Coffee Union. Das sind Gauner. Sie schreiben uns vor, was wir wann anpflanzen dürfen. Ich kann meinen Kaffee nur an sie verkaufen, und sie verkaufen ihn weiter ins Ausland. Sie sagen, dass die Preise fallen, aber ich weiß, dass sie trotzdem hundertmal mehr einnehmen als wir. Und wohin geht der Rest?« Francis schüttelte verächtlich den Kopf. »Es ist schlimm, wenn der Staat seine eigene Bevölkerung bestiehlt.«

»Du sprichst sehr offen«, sagte Auma.

Francis zuckte mit den Schultern. »Vielleicht ändert sich etwas, wenn mehr Leute ihre Meinung sagen. Schauen Sie, die Straße, auf der wir heute Vormittag entlanggekommen sind. Letztes Jahr wurde sie angeblich ausgebessert. Aber sie haben nur Kies verwendet, der beim ersten Regen weggespült wurde. Von dem eingesparten Geld hat sich wahrscheinlich irgendein Bonze ein Haus gebaut.«

Francis starrte ins Feuer und strich über seinen Schnurrbart. »Na ja, ist wohl nicht nur Schuld der Regierung«, sagte er nach einer Weile. »Selbst wenn alles ordentlich gemacht wird – wir Kenianer zahlen nicht gern Steuern. Wir sind misstrauisch, wenn wir unser Geld hergeben sollen. Bei armen Leuten ist dieses Misstrauen natürlich begründet. Aber auch die Reichen, deren Transporter die Landstraße benutzen, zahlen keine Steuern. Sie wollen von ihrem Profit nichts abgeben, selbst wenn ihre Fahrzeuge dauernd kaputtgehen. So denken hier die Leute, verstehen Sie. Schuld haben immer die anderen.«

Ich warf einen Ast ins Feuer. »In Amerika gibt es diese Haltung auch«, sagte ich.

»Wahrscheinlich haben Sie recht«, sagte er. »Aber ein reiches Land wie Amerika kann sich diese Dummheit vielleicht leisten.«

In diesem Moment näherten sich zwei junge Massai dem Feuer.

Francis hieß sie willkommen, und während sie sich zu uns setzten, erklärte er, dass sie in dieser Nacht unsere Wächter seien. Die beiden Burschen, deren hohe Wangenknochen sich im Schein des Feuers abzeichneten, machten einen ruhigen Eindruck. Unter der blutroten *shuka* schauten die langen Gliedmaßen hervor, und die Speere, die vor ihnen in der Erde steckten, warfen lange Schatten. Einer, der Wilson hieß, sprach Suaheli. Er erzählte, er lebe in einem *boma* ein paar Meilen weiter östlich. Und während sein schweigsamer Gefährte mit der Taschenlampe die Dunkelheit abtastete, fragte Auma, ob das Camp schon einmal von wilden Tieren angegriffen worden sei.

»Nichts Ernstes«, sagte Wilson und grinste, »aber wenn Sie nachts mal rausmüssen, sollten Sie sich von einem von uns begleiten lassen.«

Francis fragte die beiden Männer nach den Bewegungen verschiedener Tiere aus. Ich entfernte mich ein Stück vom Feuer und schaute zu den Sternen empor. Jahrelang hatte ich sie nicht mehr in einer solchen Pracht gesehen. Hier, ohne die störenden Lichter der Stadt, funkelten sie rund und groß und hell wie Juwelen. Ich bemerkte eine dunstige Fläche am sonst klaren Himmel und entfernte mich noch weiter vom Feuer, in der Annahme, es sei vielleicht der Rauch, fand dann aber, dass es eine Wolke sein musste. Und während ich noch überlegte, warum sie sich nicht bewegte, hörte ich Schritte hinter mir.

»Die Milchstraße«, sagte Mr. Wilkerson.

»Wirklich?«

Er zeigte mir die Sternbilder, das Kreuz des Südens. Mr. Wilkerson war ein schmächtiger, freundlicher Mann mit einer runden Brille und blondem Haar. Zuerst hatte ich ihn für einen Wissenschaftler oder Angestellten gehalten, der die ganze Zeit am Schreibtisch sitzt. Doch im Laufe des Tages war mir aufgefallen, dass er vielerlei praktische Kenntnisse besaß, um die ich ihn beneidete. Er konnte sich mit Francis ausführlich über den Motor eines Land Rover austauschen, er hatte sein Zelt aufgebaut, bevor ich die erste Zeltstange in den Boden gerammt hatte, und er kannte die Namen aller Vögel und Bäume, die wir sahen.

Ich war also nicht überrascht, als er mir erzählte, dass er seine Kindheit in Kenia verbracht hatte, auf einer Teeplantage im Hochland. Er schien nicht sehr gern über die Vergangenheit zu reden. Er sagte nur, seine Eltern hätten nach der Unabhängigkeit ihr Land verkauft und seien nach England zurückgekehrt, um sich in einem ruhigen Vorort von London niederzulassen. Er selbst habe Medizin studiert und in Liverpool praktiziert, wo er auch seine Frau, eine Psychiaterin, kennengelernt habe. Nach einigen Jahren habe er sie schließlich überzeugen können, mit ihm nach Afrika zu gehen. Sie hätten sich gegen Kenia entschieden, wo es sehr viel mehr Ärzte gab als anderswo auf dem Kontinent, und sich stattdessen in Malawi niedergelassen. Dort hätten sie in den letzten fünf Jahren im staatlichen Gesundheitswesen gearbeitet.

»Mir unterstehen acht Ärzte für eine Region mit einer halben Million Bewohnern«, sagte er. »Und immer fehlt es an Medikamenten – von dem, was der Staat kauft, landet mindestens die Hälfte auf dem Schwarzmarkt. Wir können uns also nur um die Grundversorgung kümmern, die in Afrika ja ohnehin das Allerwichtigste ist. Die Leute sterben an allen möglichen Krankheiten, die bei entsprechender Prävention verhindert werden könnten. Dysenterie, Windpocken. Und jetzt Aids – in manchen Dörfern liegt die Infektionsrate bei fünfzig Prozent. Der reinste Wahnsinn.«

Es waren schlimme Sachen. Doch in den Schilderungen seines Berufsalltags – Brunnen graben, den Mitarbeitern auf dem Land zeigen, wie man Kinder impft, Kondome verteilen – wirkte er weder zynisch noch sentimental. Ich fragte ihn, warum er nach Afrika zurückgekehrt sei. Er antwortete sofort, als wäre ihm diese Frage schon oft gestellt worden.

»Ich bin hier zu Hause. Das Land, die Leute...« Er setzte die Brille ab und rieb die Gläser mit einem Taschentuch sauber. »Schon seltsam, wissen Sie. Wenn man längere Zeit hier gelebt hat, kommt einem England klein und eng vor. Die Engländer besitzen so viel, aber sie haben keine Lebensfreude. Ich habe mich dort fremd gefühlt.«

Er setzte die Brille wieder auf. »Mir ist natürlich klar, dass irgendwann Schluss ist, über kurz oder lang. Das ist mein Job – mich

überflüssig zu machen. Die malawischen Ärzte, mit denen ich arbeite, sind wirklich sehr gut. Kompetent und engagiert. Wenn wir nur ein vernünftig ausgestattetes Lehrkrankenhaus hätten, könnten wir die Zahl der Ärzte im Nu verdreifachen. Und dann...«
»Und dann?«

Er wandte sich wieder dem Feuer zu. »Vielleicht ist Afrika doch nicht mein Zuhause«, sagte er, und mir schien, als hörte ich ein leises Zittern in seiner Stimme. »Die Sünden der Väter, wissen Sie. Ich kann das inzwischen akzeptieren.« Er hielt einen Moment inne und sah mich dann an.

»Aber es ist so schön hier«, sagte er und ging dann zu seinem Zelt.

Morgendämmerung. Im Osten, über einem schwarzen Wäldchen, wurde es hell, der Himmel erst tiefblau, dann orange, dann sahnegelb. Die Wolken verloren ihre purpurne Färbung, lösten sich auf, zurück blieb ein einsamer Stern. Als wir unser Camp verließen, sahen wir eine Karawane von Giraffen, die langen Hälse alle im gleichen Winkel geneigt, schwarze Silhouetten vor der aufgehenden roten Sonne, sonderbare Markierungen an einem uralten Himmel.

So war es den ganzen Tag – als schaute ich wieder mit Kinderaugen, die Welt ein Buch mit aufklappbaren Bildern, ein Märchen, ein Bild von Henri Rousseau. Ein Löwenrudel im zertrampelten Gras, gähnend. Büffel, deren Hörner wie billige Perücken aussahen, pickende Vögel auf den lehmverkrusteten Rücken. Flusspferde mit pinkfarbenen Augen und Nasenlöchern, die sich wie Murmeln auf dem Wasser bewegten. Elefanten, die ihre Segelohren hin und her bewegten.

Und vor allem die Stille, die so gut zu den Elementen passte. In der Abenddämmerung stießen wir unweit unseres Camps auf ein Rudel Hyänen, die das Gerippe eines Gnus ausweideten. Mit ihren bluttriefenden Schnauzen und den kohlschwarzen Augen sahen sie im schwächer werdenden orangefarbenen Licht wie dämonische Hunde aus. Neben ihnen Aasgeier, die mit ernstem Blick geduldig warteten und davonhüpften, wenn eine Hyäne ihnen zu nahe kam. Eine wilde Szene. Wir sahen lange zu, beobachteten dieses grausame

Naturschauspiel, die Stille nur unterbrochen vom Knacken eines Knochens, vom Wind oder dem dumpfen Geflatter eines Geiers, der sich von der Erde erhob, bis er schließlich mit würdevoll ausgebreiteten Flügeln lautlos durch die Luft schwebte. So muss die Schöpfung ausgesehen haben, dachte ich. Die gleiche Stille, die gleichen Geräusche zermalmter Knochen. Dort, in der Dämmerung über dem Hügel, stellte ich mir vor, war der erste Mensch erschienen, nackt und rauh, in der Faust einen Feuerstein, noch ohne Worte für Angst und Hoffnung, für die Furcht beim Anblick des Himmels, ohne eine Ahnung seiner eigenen Sterblichkeit. Wenn wir uns nur an diesen ersten Moment erinnern könnten, an das erste gemeinsame Wort – an die Zeit vor Babel.

Nach dem Abendessen setzten wir das Gespräch mit unseren Massai-Wächtern fort. Wilson erzählte, er und sein Gefährte seien kürzlich in die Gruppe der *moran* aufgenommen worden, der unverheirateten jungen Krieger, die in der Massai-Tradition eine große Rolle spielen. Jeder hatte zum Beweis seiner Männlichkeit einen Löwen erlegt und an zahlreichen Beutezügen teilgenommen. Heutzutage würden keine Kriege mehr geführt, und auch Überfälle auf Rinderherden seien komplizierter geworden – erst im letzten Jahr sei ein Freund von ihnen von einem Kikuyu-Viehzüchter erschossen worden. Für Wilson sei es Zeitverschwendung gewesen, *moran* zu sein. Er war nach Nairobi gegangen, um sich dort Arbeit zu suchen, und hatte aufgrund seiner geringen Schulbildung schließlich einen Job als Wachmann bei einer Bank gefunden. Es sei furchtbar langweilig gewesen. Schließlich war er nach Hause zurückgekehrt, um zu heiraten und sich um sein Vieh zu kümmern. Kürzlich war ein Rind von einem Löwen gerissen worden, und obwohl es inzwischen gesetzlich verboten war, hatten er und vier Kollegen den Löwen bis in das Wildreservat verfolgt.

»Wie tötet man einen Löwen?« fragte ich.

»Fünf Mann umringen ihn und werfen ihren Speer«, sagte Wilson. »Der Löwen stürzt sich dann auf einen Mann. Dieser Mann versteckt sich unter seinem Schild, während die anderen vier die Sache zu Ende bringen.«

»Klingt gefährlich«, sagte ich einfältig.

»Meist kommt man mit ein paar Kratzern davon. Aber manchmal kehren nur vier der fünf zurück.«

Wilson klang nicht wie ein Angeber, eher wie ein Mechaniker, der eine aufwendige Reparatur erklärt. Vielleicht war es seine Gelassenheit, die Auma zu der Frage brachte, was aus einem toten Massai werde. Wilson guckte zunächst etwas verständnislos, doch dann schüttelte er schmunzelnd den Kopf.

»Wir Massai glauben nicht daran«, sagte er fröhlich. »An ein Leben nach dem Tod. Wenn man stirbt, ist das Leben zu Ende. Man kehrt zurück in die Erde. Das ist alles.«

»Und was sagen Sie dazu, Francis?« fragte Mauro.

Francis, der schon eine ganze Weile in einer kleinen rot gebundenen Bibel gelesen hatte, schaute auf und lächelte. »Die Massai sind tapfere Männer«, sagte er.

»Wurden Sie christlich erzogen?« fragte Auma.

Francis nickte. »Meine Eltern haben sich schon vor meiner Geburt taufen lassen.«

Mauro starrte in das Feuer. »Ich bin aus der Kirche ausgetreten. Zu viele Vorschriften. Finden Sie nicht, Francis, dass das Christentum manchmal nicht gut ist? Der Missionar hat Afrika völlig verändert. Er hat den Kolonialismus gebracht, die Religion der Weißen.«

Francis legte die Bibel in den Schoß. »Als ich jung war, hat mich das sehr beschäftigt. Die Missionare waren Menschen, und als Menschen haben sie gefehlt. Jetzt bin ich älter. Ich weiß, dass auch ich fehlen kann. Das ist nicht Gottes Schuld. Ich erinnere mich auch, dass manche Missionare die Leute in Dürrezeiten ernährt haben. Manche haben den Kindern Lesen und Schreiben beigebracht. Insofern haben sie gute Werke getan. Wir können uns immer nur bemühen, ein gottgefälliges Leben zu führen, gelingen wird uns das nie völlig.«

Mauro ging zu seinem Zelt, und Francis wandte sich wieder seiner Bibel zu. Auma las Elizabeth eine Geschichte vor. Dr. Wilkerson stopfte seine Hose, seine Frau saß neben ihm und schaute ins Feuer. Ich sah zu den Massai hinüber und fragte mich, was sie wohl von uns hielten. Wahrscheinlich fanden sie uns komisch. Ihr Mut, ihre Härte ließen mich an meiner auftrumpfenden Art zweifeln. Aber waren

Francis und Auma und die Wilkersons nicht genauso bewundernswert in ihrem Mut? Vielleicht hatte Afrika diesen Mut besonders nö-
tig. Anständige, aufrichtige Männer und Frauen, die realistische Ziele
engagiert und entschlossen verfolgen.

Allmählich erlosch das Feuer. Die anderen gingen, einer nach
dem anderen, ins Bett, bis nur noch Francis und ich und die beiden
Massai übrig waren. Als ich aufstand, sang Francis ein Kikuyu-Lied,
dessen Melodie mir irgendwie bekannt vorkam. Gedankenverloren
hörte ich eine Weile zu. Ich glaubte diese melancholische Weise zu
verstehen, stellte mir vor, wie sie in der klaren schwarzen Nacht zum
Himmel aufstieg, direkt zu Gott.

Unmittelbar nach unserer Rückkehr von der Safari erfuhren wir, dass
Roy eine Woche früher als erwartet eingetroffen war. Er war plötzlich, mit einem Koffer in der Hand, in Kariakor angekommen und
hatte erklärt, er habe es in Washington nicht mehr ausgehalten und
den Flug um eine Woche vorverlegt. Die ganze Familie war aus dem
Häuschen, aber das große Begrüßungsfest sollte erst nach unserer
Rückkehr stattfinden. Bernard, der uns die Neuigkeit überbrachte,
wollte sofort mit uns aufbrechen. Unruhig trat er von einem Bein
aufs andere, als wäre jede Minute, die er nicht in der Gesellschaft des
ältesten Bruders verbrachte, eine unverzeihliche Pflichtvergessen-
heit. Auma, die nach den zwei Nächten im Zelt noch ganz steif war,
wollte aber unbedingt noch ein Bad nehmen.

»Keine Sorge«, sagte sie zu Bernard, »Roy hat es gern drama-
tisch.«

In Janes Wohnung herrschte große Geschäftigkeit, als wir dort
ankamen. In der Küche waren die Frauen dabei, Mangold und Yams
zu putzen, Hühnchen zu zerteilen und *ugali* zu rühren. Im Wohnzimmer deckten die jüngeren Kinder den Tisch oder brachten den
Erwachsenen Erfrischungsgetränke. Der Mittelpunkt war Roy, der,
breitbeinig dasitzend und beide Arme über die Rücklehne des Sofas
ausgestreckt, die ganze Szene zufrieden verfolgte. Er winkte uns herbei, um uns mit einer Umarmung zu begrüßen. Auma, die ihn seit
seinem Weggang in die Staaten nicht mehr gesehen hatte, trat einen
Schritt zurück und musterte ihn.

»Mann, bist du dick geworden!« rief sie.

»Ja, stimmt!« sagte Roy lachend. »Richtige Männer haben richtigen Appetit. Dabei fällt mir ein ...« – er schaute in Richtung Küche –, »wo bleibt denn mein zweites Bier?«

Im selben Moment erschien Kezia auch schon, glücklich lächelnd, mit einer Dose Bier. »Barry«, sagte sie auf Englisch, »Roy ist der älteste Sohn. Er ist das Oberhaupt der Familie.«

Eine zweite Frau, die ich nicht kannte, korpulent, mit schweren Brüsten und knallrot geschminkten Lippen, schmiegte sich an Roy und legte den Arm um ihn. Kezia zog sich, plötzlich nicht mehr lächelnd, wieder in die Küche zurück.

»Baby«, sagte die Frau zu Roy, »hast du eine Zigarette?«

»Ja, Moment ...« Roy klopfte die Hemdtaschen ab. »Kennst du eigentlich meinen Bruder Barack? Barack, das ist Amy. An Auma erinnerst du dich ja.« Roy fand die Zigaretten und gab Amy Feuer. Amy machte einen tiefen Zug und blies, während sie sich zu Auma vorbeugte, den Rauch in Kringeln aus.

»Natürlich erinnere ich mich. Wie geht's, Auma? Du siehst echt super aus! Und was für eine schöne Frisur du hast. So natürlich!«

Amy griff nach Roys Flasche. Der stand auf und ging zum Esstisch, nahm einen Teller und beugte sich schnuppernd über die dampfenden Töpfe. »*Chapos!*« rief er und nahm sich drei Chapatis. »*Sukuma-wiki!*« rief er laut und tat sich einen Löffel Gemüse auf. »*Ugali!*« brüllte er und schnitt zwei große Stücke von dem Maiskuchen ab. Bernard und die Kinder beobachteten jede seiner Bewegungen und wiederholten leise seine Worte. Unsere Tanten und Kezia strahlten zufrieden. Seit meiner Ankunft hatte ich sie nicht so glücklich gesehen.

Nach dem Essen, während Amy den Tanten beim Abwasch half, saß Roy zwischen mir und Auma. Er sei mit großen Plänen gekommen, erzählte er. Er wolle eine Import-Export-Firma gründen und typisch kenianische Produkte in Amerika verkaufen. »*Chondos.* Stoffe. Schnitzereien. Sehr gefragt in den Staaten. Werden bei Festivals und Kunstausstellungen und in Afrikaläden angeboten. Ich habe schon ein paar Muster besorgt, die ich mitnehme.«

»Tolle Idee«, sagte Auma. »Zeig mal, was du gefunden hast.«

Roy bat Bernard, die roten Plastiktüten aus einem der Schlafzimmer zu holen. In den Tüten waren mehrere Holzschnitzereien von jener Sorte, wie sie in den Touristenzentren massenhaft gekauft werden. Auma betrachtete die Objekte mit skeptischem Gesicht.

»Wie viel hast du dafür ausgegeben?«

»Vierhundert Shilling pro Stück.«

»So viel! Da hat man dich übers Ohr gehauen. Bernard, warum hast du nichts gesagt?«

Bernard zuckte nur mit den Schultern, während Roy ein wenig pikiert schaute.

»Wie gesagt, es sind nur Muster«, meinte er und legte die Figuren wieder in die Verpackung. »Eine Investition. Damit ich weiß, was der Markt hergibt. Kein Gewinn ohne Risiko, stimmt's, Barack?«

»Sagt man.«

Roys Enthusiasmus meldete sich rasch wieder zurück. »Na bitte. Sobald ich weiß, was der Markt hergibt, werde ich Zeituni meine Bestellungen schicken. Wir werden die Firma langsam aufbauen. Ganz langsam. Und wenn alles gut läuft, können Bernard und Abo für die Firma arbeiten. Was, Bernard? Du kannst für mich arbeiten.«

Bernard nickte andeutungsweise. Auma musterte ihn und wandte sich dann wieder an Roy: »Und deine anderen Pläne?«

Roy lächelte. »Amy.«

»Amy?«

»Amy. Ich werde sie heiraten.«

»*Wie bitte?* Wann habt ihr euch zum letzten Mal gesehen?«

»Vor zwei, drei Jahren. Ist das so wichtig?«

»Du hattest also nicht viel Zeit, es dir zu überlegen.«

»Sie ist eine Afrikanerin. *Das* zumindest steht fest. Sie *versteht* mich. Nicht wie diese Europäerinnen, die dauernd ihre Männer kritisieren.« Roy nickte emphatisch und sprang dann hoch, wie von einer unsichtbaren Schnur gezogen, und lief in die Küche. Er nahm Amy in den einen Arm und reckte den anderen mit der Bierflasche in die Höhe.

»Alle mal herhören! Jetzt, wo wir alle zusammen sind, müssen wir einen Toast ausbringen! Auf alle, die heute nicht unter uns sind! Und auf ein Happy End!« Mit feierlicher Miene begann er, das Bier auf den Boden zu kippen. Mindestens die Hälfte ergoss sich über Aumas Schuhe.

»Uahhh!« rief sie und wich zurück. »Was soll das?«

»Die Ahnen müssen trinken«, rief Roy fröhlich. »Das ist eine afrikanische Sitte.«

Auma nahm eine Serviette und wischte sich das Bier von den Beinen. »Draußen im Freien, Roy, nicht im Zimmer. Also wirklich, du bist manchmal so was von unbekümmert! Und wer macht sauber? Du?«

Roy wollte schon antworten, als Jane mit einem Aufwischlappen herbeieilte. »Keine Aufregung«, sagte sie und wischte den Boden auf. »Wir sind so glücklich, dass er da ist.«

Nach dem Essen brachen wir auf, um in einem nahe gelegenen Club zu tanzen. Auf der dunklen Treppe hörte ich Auma vor sich hin murmeln.

»Ihr Männer!« sagte sie zu mir. »Könnt euch alles herausnehmen. Hast du gesehen, wie sie ihn behandeln? Glaubst du, sie sagen ein kritisches Wort? Und diese Geschichte mit Amy. Das macht er doch nur, weil er einsam ist. Ich hab nichts gegen Amy, aber sie hat genauso wenig Verantwortungsgefühl wie er. Wenn sie zusammen sind, wird alles nur noch schlimmer. Meine Mutter, Jane, Zeituni – alle wissen Bescheid. Aber sagen sie einen Ton? Nein. Weil sie Angst haben, ihn zu beleidigen, selbst wenn es zu seinem Besten ist.«

Auma öffnete die Autotür und sah sich nach den anderen um, die gerade aus dem Schatten des Hauses auftauchten. Roys Gestalt überragte die anderen wie ein Baum, die Arme ausgebreitet auf den Schultern seiner Tanten. Bei seinem Anblick wurde Aumas Gesicht etwas weicher.

»Na ja, es ist nicht seine Schuld«, sagte sie und ließ den Motor an. »Du siehst ja, wie er sich ihnen gegenüber verhält. Der Familienmensch. Ganz anders als ich. Bei ihm haben sie nicht das Gefühl, sie müssten sich rechtfertigen.«

Der Club »Garden Square« stellte sich als ein flacher, schummriger, verräucherter Schuppen heraus. Es war rammelvoll, als wir eintrafen. Die Gäste waren fast ausschließlich Einheimische, ältere Leute, Sekretärinnen, Angestellte, die an wackeligen Plastiktischen saßen. Wir schoben zwei leere Tische zusammen und bestellten. Auma setzte sich neben Amy.

»Roy hat mir erzählt, ihr wollt heiraten.«

»Ja, ist das nicht wunderbar? Es ist echt toll mit ihm. Sobald er sich eingerichtet hat, will er mich nach Amerika holen.«

»Und die Trennung? Machst du dir keine Gedanken? Ich meine…«

»Andere Frauen?« Amy lachte und zwinkerte Roy zu. »Das interessiert mich offen gestanden nicht.« Sie legte ihren fleischigen Arm um Roys Schulter. »Solange er mich gut behandelt, kann er tun, was er will. Stimmt's, Baby?«

Roy saß mit unbewegter Miene da, als ginge ihn das Gespräch nichts an. Ihm und Amy war anzumerken, dass sie ein, zwei Bier über den Durst getrunken hatten. Und ich sah, dass Jane Kezia einen unruhigen Blick zuwarf. Ich beschloss, das Thema zu wechseln, und fragte Zeituni, ob sie schon mal in dem Club gewesen sei.

»Ich?« Zeituni machte ein beleidigtes Gesicht. »Hör zu, Barry, wenn es irgendwo eine Tanzveranstaltung gibt, dann geh ich hin. Ich bin eine ausgezeichnete Tänzerin, die Leute hier können dir das bestätigen. Was sagst du, Auma?«

»Du bist Spitze.«

Zeituni legte den Kopf schief. »Siehst du, Barry! Deine Tante kann wirklich gut tanzen. Und soll ich dir verraten, wer mein bester Partner war? Dein Vater! Er war richtig gut. Als wir jünger waren, haben wir an vielen Wettbewerben teilgenommen. Ich werd dir eine Geschichte über ihn erzählen. Einmal war er nach Alego gekommen, um deinen Großvater zu besuchen. Er hatte an dem Abend versprochen, irgendwelche Arbeiten für ihn zu erledigen, ich erinnere mich nicht mehr, was. Aber statt zu arbeiten, ist er losgezogen und hat sich mit Kezia zum Tanzen getroffen. Weißt du noch, Kezia? Das war, bevor sie geheiratet haben. Ich wollte mitgehen, aber Barack sagte, ich sei zu jung.

Na jedenfalls, an diesem Abend kamen sie spät nach Hause. Und Barack hatte ein paar Bier zu viel getrunken. Er versuchte, Kezia in seine Hütte zu schmuggeln, aber der Alte war noch wach und hörte

Schritte. Dein Großvater hatte ein gutes Gehör, trotz seines Alters. Und sofort ruft er Barack zu sich. Barack tritt ein. Der Alte sagt kein Wort, sieht Barack nur an und schnaubt wie ein wütender Bulle. Hmmmmph! Hmmmmph! Und die ganze Zeit spähe ich durchs Fenster hinein, denn ich bin sicher, dass der Alte seinen Sohn mit dem Rohrstock schlagen wird, und bin noch immer wütend auf Barack, weil er mich nicht zum Tanzen mitgenommen hat.

Und dann passierte etwas Unglaubliches. Statt wegen seiner späten Heimkehr um Entschuldigung zu bitten, ging Barack zum Grammophon und legte eine Platte auf, drehte sich um und rief nach Kezia, die sich draußen versteckt hielt. ›Frau!‹ rief er, ›komm her!‹ Kezia war so verängstigt, dass sie sofort hereinkam. Barack nahm sie in die Arme und fing an, mit ihr zu tanzen, im Haus seines Vaters, sie wirbelten herum, als wären sie in einem riesigen Ballsaal.«

Zeituni schüttelte lachend den Kopf: »Nun ja, so etwas hatte dein Großvater noch nie erlebt. Barack musste sich auf eine strenge Strafe gefasst machen, da war ich mir ganz sicher. Der Alte hat lange Zeit kein Wort gesagt. Er saß einfach da und schaute seinem Sohn zu. Dann brüllte er, wie ein Elefant, noch lauter als Barack: ›Frau! Komm her!‹ Und sofort kam meine Mutter, diejenige, zu der du Granny sagst, aus ihrer Hütte herbeigelaufen, wo sie gerade Sachen geflickt hatte. Sie wollte wissen, warum alle so brüllten. Da stand dein Großvater auf und hielt ihr die Hand hin. Meine Mutter schüttelte den Kopf und warf ihm vor, er wolle sich über sie nur lustig machen, aber er ließ nicht locker, so dass bald alle vier tanzten, die Männer mit ernstem Gesicht, während sich die beiden Frauen ansahen, als wollten sie sagen, dass ihre Männer nun völlig den Verstand verloren hätten.«

Wir lachten über diese Geschichte, und Roy bestellte noch eine Runde für alle. Gern hätte ich Zeituni noch weiter über unseren Großvater ausgefragt, doch in diesem Moment nahm die Kapelle auf der Bühne Platz. Die Musiker wirkten zunächst wenig überzeugend, doch kaum war die erste Note erklungen, schien der ganze Ort wie verwandelt. Die Leute strömten auf die Tanzfläche. Zeituni griff nach meiner Hand, Roy nahm Aumas Hand, Amy nahm Bernards Hand, und bald tanzten wir alle, mit leichten, rhythmischen

Bewegungen. Hochgewachsene pechschwarze Luo und kleine braune Kikuyu, Kamba und Meru und Kalenjin. Alle lachten und riefen durcheinander und amüsierten sich prächtig. Roy schob sich mit hochgestreckten Armen langsam um Auma herum, die über ihren verrückten Bruder Tränen lachte, und in diesem Moment sah ich in Roys Gesicht den gleichen Ausdruck, den ich Jahre zuvor in Gramps' Gesicht gesehen hatte, als er mir das Tanzen beibrachte – diesen Ausdruck von selbstverständlicher Freiheit.

Nach drei, vier Nummern gingen Roy und ich mit unserem Bier nach draußen, um eine Pause einzulegen. Die kühle Luft kitzelte meine Nase. Ich war ein bisschen beschwipst.

»Wie schön, hier zu sein«, sagte ich.

»Sprach der Dichter.« Roy lachte und trank von seinem Bier.

»Nein, wirklich. Es ist einfach schön, hier zu sein, bei dir und Auma und den anderen. Als wenn wir …«

In diesem Moment hörten wir hinter uns das Geräusch einer Flasche, die zu Boden fiel. Ich schnellte herum und sah zwei Männer, die einen dritten, kleineren Mann zu Boden stießen, der eine Hand an den Kopf hielt und sich mit der anderen Hand vor den Schlägen eines Knüppels zu schützen versuchte. Ich wollte schon hingehen, doch Roy hielt mich zurück.

»Misch dich da nicht ein«, flüsterte er.

»Aber …«

»Vielleicht sind es Polizisten. Mann, Barack, du hast keine Ahnung, wie es ist, die Nacht in Nairobi in einer Zelle zu verbringen.«

Der Mann auf dem Boden hatte sich zusammengekrümmt, um sich vor den Schlägen zu schützen. Doch plötzlich sprang er los wie ein gefangenes Tier, das eine Fluchtchance sieht, kletterte auf einen der Tische und von dort über den Lattenzaun. Die beiden anderen schienen zu überlegen, ob sie ihn verfolgen sollten, ließen es aber sein. Offenbar war es ihnen nicht die Mühe wert. Einer nickte Roy und mir stumm zu, dann verschwanden die beiden wieder im Innern. Ich war jetzt völlig nüchtern.

»Das war übel«, sagte ich.

»Ja … Aber weißt du, was der andere vielleicht angestellt hat?«

Ich rieb mir den Nacken. »Hast du schon mal gesessen?«

Roy trank wieder von seinem Bier und ließ sich in einen der Metallstühle fallen. »In der Nacht, als David starb.«

Ich setzte mich neben ihn. Roy erzählte mir die ganze Geschichte. Sie waren ausgegangen, wollten etwas trinken, sich amüsieren. Sie waren mit Roys Motorrad zu einem nahe gelegenen Club gefahren, und Roy hatte dort eine Frau kennengelernt. Sie waren ins Gespräch gekommen, er fand sie nett, hatte ihr ein Bier spendiert, dann war ein Mann aufgetaucht und hatte ihn zur Rede gestellt. Er hatte sich als Ehemann der Frau ausgegeben, hatte sie am Arm gepackt. Die Frau hatte sich gewehrt, war hingefallen, woraufhin Roy den Mann aufgefordert hatte, sie in Ruhe zu lassen. Es kam zu einem Kampf. Die Polizei erschien, und weil Roy seine Papiere nicht dabeihatte, musste er mit auf die Wache. Er wurde in eine Zelle gesteckt, in der er mehrere Stunden zubrachte, bis David schließlich auftauchte und es erreichte, zu ihm vorgelassen zu werden.

Gib mir die Motorradschlüssel, hatte David gesagt, *ich hol dir deine Papiere.*

Nein, fahr einfach nach Hause.

Mann, du kannst hier nicht die ganze Nacht bleiben. Gib mir die Schlüssel…

Roy hielt inne. Wir saßen da, starrten auf die übergroßen Schatten, die sich auf dem Zaun abzeichneten.

»Roy, es war ein Unfall«, sagte ich schließlich. »Es war nicht deine Schuld. Quäl dich nicht!«

Doch bevor ich noch etwas anderes sagen konnte, hörten wir Amys Stimme hinter uns.

»Hey, Jungs!« rief sie. »Wir suchen euch die ganze Zeit!«

Ich wollte sie schon fortschicken, doch Roy stemmte sich ruckartig hoch, so dass sein Stuhl umkippte.

»Komm schon, Frau!« sagte er und fasste Amy um die Taille. »Lass uns tanzen!«

18

Am späten Nachmittag um halb sechs rumpelte unser Zug nach Kisumu aus dem alten Bahnhof von Nairobi. Jane hatte beschlossen, zu Hause zu bleiben, aber alle anderen waren mitgekommen – Kezia, Zeituni und Auma in einem Abteil, Roy, Bernard und ich im nächsten. Während die anderen noch dabei waren, ihr Gepäck zu verstauen, öffnete ich das Fenster und schaute hinaus, sah die weite Kurve, in die sich der Zug legte, und dachte daran, dass die Eisenbahn die Kolonisierung Kenias entscheidend vorangetrieben hatte.

Diese Bahnlinie – tausend Kilometer, von Mombasa am Indischen Ozean bis hinauf zum Ostufer des Victoria-Sees – war seinerzeit das bedeutendste technische Projekt in der Geschichte des Empires. Fünf Jahre dauerte der Bau, und mehrere hundert indische Arbeiter kamen dabei ums Leben. Als die Strecke fertig war, stellten die Briten fest, dass es keine Passagiere gab, auf die sie die Kosten ihres Unternehmens hätten abwälzen können. Also gab man das Land zur Besiedlung frei, holte Europäer ins Land, Kaffee und Tee wurden angebaut. Und natürlich brauchte es einen Verwaltungsapparat, der bis in das Herz eines fremden Kontinents reichte, und Missionen und Kirchen, um die Furcht zu bannen, die ein unbekanntes Land auslöste.

Mir kam es wie eine uralte Geschichte vor. Ich wusste aber, dass das Jahr 1895, in dem die ersten Gleise verlegt wurden, auch das Geburtsjahr meines Großvaters Hussein Onyango war. Und sein Land war nun unser Reiseziel. Bei diesem Gedanken wurde die Geschichte der kenianischen Eisenbahn, die Geschichte dieses Zuges, für mich wieder lebendig. Ich versuchte mir vorzustellen, was ein namenloser britischer Offizier bei der Jungfernfahrt dieses Zuges empfunden haben mochte, in seinem Abteil mit Gasbeleuchtung, beim Blick über die weite Savanne. Hatte er so etwas wie Triumph dabei empfunden, dass das strahlende Licht der europäischen Zivilisation endlich auch das afrikanische Dunkel erfasste? Oder hatte er eine leise Ahnung, dass das ganze Unternehmen töricht war, dass das Land und seine Bewohner am Ende gewinnen und die imperialen Träume verblassen würden? Ich versuchte, mir den Afrikaner vorzustellen, der dieses stählerne, qualmende Ungetüm beobachtete, das zum ersten Mal sein Dorf passierte. Hatte er den Zug mit neidischem Blick verfolgt, sich vorgestellt, eines Tages in dem Abteil zu sitzen, in dem der Engländer saß, endlich erlöst von der Bürde seines Daseins? Oder schauderte ihn bei dem Gedanken an Krieg und Zerstörung?

Meine Vorstellungskraft versagte. Und so kehrte ich zurück in die Realität, sah nun statt der Savanne die endlosen Dächer von Mathare. Wir kamen an einem offenen Markt vorbei, wo uns ein paar Kinder zuwinkten. Ich winkte zurück. Im selben Moment sagte Kezia hinter mir etwas auf Luo, und Bernard zupfte an meinem Hemd.

»Sie sagt, du sollst nicht den Kopf zum Fenster hinaushalten. Sonst kriegst du noch einen Stein ab.«

Der Schlafwagenschaffner kam, um zu verkünden, dass das Abendessen ab sofort serviert werde und er in der Zwischenzeit das Abteil herrichten werde. Wir gingen also in den Speisewagen, fanden auch einen freien Tisch. Der Waggon war ein Inbild verblichener Eleganz – die originale Holzvertäfelung war noch vorhanden, aber stumpf, das Tafelsilber echt, aber die einzelnen Teile passten nicht zueinander. Doch das Essen war hervorragend, es gab kühles Bier, und am Ende der Mahlzeit fühlte ich mich sehr wohl.

»Wie lange brauchen wir bis Home Square?« fragte ich und tunkte den letzten Saucenrest von meinem Teller auf.

»Morgen früh sind wir in Kisumu«, sagte Auma. »Von dort noch einmal fünf Stunden mit dem Bus oder *matatu*.«

»Übrigens«, sagte Roy und zündete sich eine Zigarette an, »es heißt nicht Home *Square*, sondern Home *Squared*.«

»Was bedeutet das?«

»Ach, das haben die Kids in Nairobi immer gesagt«, warf Auma ein. »Die Leute haben ihr normales Haus in Nairobi und außerdem noch eins auf dem Land, dort, wo die Familie herkommt. Die Heimat der Vorfahren. Selbst der größte Minister oder Unternehmer denkt so. Er hat eine Villa in der Stadt und baut sich eine kleine Hütte auf dem Land, auf seinem Boden. Vielleicht fährt er nur ein-, zweimal im Jahr dorthin. Aber wenn man ihn fragt, wo er herkommt, wird er die Hütte als sein wahres Zuhause bezeichnen. Und wir haben in unserer Schulzeit immer von Heimat hoch zwei gesprochen, wenn wir nach Alego fuhren. *Home Squared.*«

»Für dich, Barack, können wir Heimat hoch drei sagen«, meinte Roy.

Auma lehnte sich lächelnd zurück, lauschte dem rhythmischen Rattern der Räder. »Der Zug weckt so viele Erinnerungen in mir. Weißt du noch, Roy, wie sehr wir uns gefreut haben, wenn wir nach Hause fuhren? Es ist so schön dort, Barack! Überhaupt nicht wie Nairobi. Und Granny – es ist wunderbar mit ihr! Du wirst sie mögen, Barack. Sie hat so viel Humor.«

»Den brauchte sie auch in ihrer langen Ehe mit dem Tyrannen«, sagte Roy.

»Mit dem Tyrannen?«

»So nennen wir unseren Großvater«, sagte Auma. »Weil er so streng war.«

Roy lachte. »Unglaublich streng. Bei Tisch mussten alle von Porzellantellern essen, wie in einem englischen Haushalt. Und wehe, man sagte etwas Falsches oder benutzte die falsche Gabel – sofort gab's was mit dem Stock. Und manchmal erfuhr man erst am nächsten Tag, warum man geschlagen worden war.«

Zeituni machte eine unwillige Handbewegung. »Ach, ihr Kinder kanntet ihn doch nur als alten und schwachen Mann. Als er jünger war, war ich sein Liebling, sein Schatz. Trotzdem. Wenn ich irgendetwas getan hatte, was nicht richtig war, hab ich mich vor lauter Angst den ganzen Tag vor ihm versteckt. Selbst zu seinen Gästen war er streng. Wenn er Besuch bekam, hat er immer ein paar Hühner geschlachtet. Aber wenn seine Gäste gegen die Sitten verstießen, also etwa beim Händewaschen nicht einem Älteren den Vortritt ließen, hat er sie ohne Zögern geschlagen, selbst Erwachsene.«

»Das klingt, als wäre er sehr beliebt gewesen«, sagte ich.

Zeituni schüttelte den Kopf. »Er genoss großes Ansehen, weil er ein guter Bauer war. Sein Compound in Alego gehörte zu den größten in der ganzen Gegend. Er war sehr geschickt, alles gedieh bei ihm. Er hat bei den Engländern die ganzen Methoden gelernt. Das war in der Zeit, als er für sie als Koch arbeitete.«

»Ich wusste nicht, dass er Koch war.«

»Er besaß Land, aber in Nairobi hat er lange für die *wazungu* gearbeitet. Für sehr prominente Leute. Während des Weltkriegs war er im Dienst eines britischen Hauptmanns.«

Roy bestellte noch ein Bier. »Vielleicht ist er deswegen so streng geworden.«

»Ich weiß nicht«, sagte Zeituni. »Ich glaube, mein Vater war immer so. Streng, aber gerecht. Ich erzähl euch noch eine Geschichte, die ich als junges Mädchen erlebt habe. Eines Tages stand ein Mann mit einer Ziege an der Leine vor unserem Compound. Er wollte quer durch unser Land gehen, weil er auf der anderen Seite wohnte und nicht den ganzen Umweg machen wollte. Großvater erklärte dem Mann also: ›Wenn du allein bist, kannst du jederzeit mein Land betreten. Aber heute darfst du das nicht, denn du hast eine Ziege dabei, die meine Pflanzen frisst.‹ Nun ja, der Mann wollte nicht hören. Stundenlang hat er auf Großvater eingeredet, er werde aufpassen, und die Ziege werde ganz brav sein. Er redete und redete, bis Großvater mich schließlich herbeirief und sagte: ›Bring mir Alego.‹ So nannte er seine *panga* ...«

»Seine Machete.«

»Richtig, seine Machete. Er hatte zwei, und sie waren immer scharf. Jeden Tag schliff er sie mit einem Stein. Die eine nannte er Alego, die andere Kogelo. Ich lief also in seine Hütte und brachte ihm diejenige, die bei ihm Alego hieß. Und dann sagte er zu dem Mann: ›Also, pass auf. Ich habe dir gesagt, dass du nicht weitergehen darfst, aber du willst ja nicht hören. Also mache ich dir ein Angebot. Du darfst mit deiner Ziege mein Land betreten. Wenn sie aber ein einziges Blatt von einer meiner Pflanzen frisst, auch nur ein halbes Blatt, werde ich deine Ziege töten.‹

Nun ja, ich war zwar noch sehr jung, aber ich wusste, dass der Mann wirklich dumm sein musste, wenn er den Vorschlag meines

Vaters akzeptierte. Wir gingen also los, der Mann mit seiner Ziege vorneweg, mein Vater und ich hinterher. Wir waren vielleicht zwanzig Schritte gegangen, als die Ziege den Hals streckte und ein Blatt abriss. Im selben Moment, ratsch!, sauste die Machete schon herunter und säbelte den Kopf der Ziege ab. Der Besitzer rief entsetzt: ›Ai, ai, was hast du getan, Hussein Onyango?‹ Aber dein Großvater wischte seine *panga* ab und sagte: ›Wenn ich etwas ankündige, muss ich es auch tun. Wie sollen die Leute sonst wissen, dass ich es ernst meine?‹ Später versuchte der Besitzer der Ziege, deinen Großvater vor dem Stammesrat anzuklagen. Die Ältesten hatten Mitleid mit dem Mann, denn der Tod einer Ziege war keine Lappalie. Aber als sie die Geschichte hörten, mussten sie ihn wegschicken. Dein Großvater war im Recht, denn er hatte den Mann ja gewarnt.«

Auma schüttelte den Kopf. »Kannst du dir das vorstellen, Barack?« fragte sie. »Also, manchmal glaube ich wirklich, dass die Probleme in dieser Familie mit ihm angefangen haben. Er war der Einzige, dessen Ansichten für unseren Vater wichtig waren. Er war der Einzige, vor dem er Angst hatte.«

Der Speisewagen hatte sich inzwischen geleert. Ungeduldig ging der Kellner auf und ab, so dass wir beschlossen aufzubrechen. Die Schlafkojen waren schmal, aber die Bezüge kühl und einladend. Ich lag noch lange wach, lauschte dem Rattern der Räder und dem gleichmäßigen Atem meiner Brüder und dachte an die Geschichten unseres Großvaters. Mit ihm hatte alles angefangen, hatte Auma gesagt. Es klang überzeugend. Wenn ich nur imstande wäre, seine Geschichte zusammenzufügen, dachte ich, dann würde sich vielleicht auch alles andere aufklären.

Irgendwann schlief ich ein. Im Traum lief ich eine Dorfstraße entlang. Vor den runden Hütten spielten nur mit Perlenketten bekleidete Kinder, ein paar alte Männer winkten mir zu. Doch dann fiel mir auf, dass mich die Leute ängstlich beobachteten und in ihre Hütten liefen, wenn ich näher kam. Ich hörte Leopardengebrüll und begann, in Richtung Wald zu laufen, stolperte über Wurzeln und Baumstümpfe und Schlingpflanzen, bis ich schließlich mitten auf einer hellen Lichtung völlig erschöpft auf die Knie sank. Atemlos drehte ich mich um und sah, dass plötzlich nicht mehr Tag, sondern Nacht war. Eine riesengroße Gestalt stand da, hoch wie ein Baum, nur mit einem Lendentuch bekleidet, eine gespenstische Maske vor dem Gesicht. Leblose Augen durchbohrten mich, eine Stimme rief, es sei Zeit, so laut und donnernd, dass mein ganzer Körper heftig zitterte, als wollte ich im nächsten Moment auseinanderbrechen ...

Schweißgebadet fuhr ich hoch und stieß mir den Kopf an der Lampe über dem Bett. In der Dunkelheit beruhigte sich allmählich mein Puls, aber ich konnte nicht mehr einschlafen.

Bei Tagesanbruch erreichten wir Kisumu. Zu Fuß gingen wir die paar hundert Meter zum Busbahnhof, einem offenen Areal, wo zahlreiche Busse und *matatus*, deren Kotflügel mit Namen wie »Bush Baby« oder »Love Bandit« bemalt waren, laut hupend um Platz kämpften. Wir fanden ein bedauernswert ramponiert aussehendes Vehikel mit uralten, rissigen Reifen, das in unsere Richtung fahren würde. Auma stieg als Erste ein und machte sofort wieder kehrt.

»Es gibt keine Sitze«, sagte sie.

»Keine Sorge«, sagte Roy, während unser Gepäck von mehreren Händen auf das Dach gehievt wurde. »Das hier ist Afrika, Auma, nicht Europa.« Er wandte sich an einen jungen Mann, der das Fahrgeld kassierte. »Eh, Bruder, kannst du ein paar Sitze für uns auftreiben?«

»Kein Problem. Dies ist ein Erster-Klasse-Bus.«

Eine Stunde später saß Auma mit einem Korb Yams und dem Baby von irgendwelchen Leuten auf meinem Schoß.

»Wie es in der Dritten Klasse wohl aussieht«, sagte ich und wischte mir einen Spuckefaden vom Handrücken.

Auma schob einen fremden Ellbogen aus dem Gesicht. »Wenn wir das erste Schlagloch erreichen, werden dir die Witze vergehen.«

Zum Glück war die Straße gut asphaltiert, die Landschaft überwiegend trockener Busch und sanfte Hügel, und statt an gemauerten Häusern kamen wir an strohgedeckten Lehmhütten vorbei. In Ndori stiegen wir aus. Zwei Stunden warteten wir, tranken warme Limonade und sahen herrenlosen Hunden zu, die einander jagten, bis schließlich ein *matatu* auftauchte, in dem wir auf einer Piste in nördlicher Richtung weiterfuhren. Wir kamen an barfüßigen Kindern vorbei, die uns mit ernstem Gesicht zuwinkten, eine Herde Ziegen lief vor uns her zu einem Bach, um dort zu trinken. Die Straße wurde breiter, und schließlich hielt der Wagen an einer Kreuzung. Zwei junge Männer saßen unter einem Baum. Sie lachten, als sie uns erblickten. Roy sprang aus dem *matatu*, lief auf sie zu und umarmte sie.

»Barack«, rief Roy fröhlich, »das sind unsere Onkel. Das hier ist Yusuf«, sagte er und zeigte auf einen schmalen Mann mit Schnurrbart. »Und das«, er zeigte auf einen kräftigeren, bartlosen Mann, »ist Sayid, der jüngste Bruder unseres Vaters.«

»Willkommen, Barack, wir haben viel von dir gehört«, sagte Sayid mit einem Lächeln. »Willkommen zu Hause. Komm, gib mir deine Tasche.«

Wir folgten Yusuf und Sayid auf einem Pfad, der von der Hauptstraße abzweigte, bis wir zu einer Mauer aus hohen Hecken kamen und einen großen Compound betraten. In der Mitte stand ein rechteckiges, wellblechgedecktes Haus, dessen Betonwand auf einer Seite schon eingefallen war, so dass man den braunen Lehmboden sah. Rot, rosa und gelb blühende Bougainvilleen rankten bis zu einem großen Wassertank, gleich gegenüber war eine kleine runde Hütte voller Keramiktöpfe, aus denen Hühner pickten. Auf der weiten Grasfläche hinter dem Haus sah ich noch zwei weitere Hütten. Unter einem hohen Mangobaum standen zwei magere rotbraune Kühe, die zu uns herüberschauten, bevor sie sich wieder der Nahrungsaufnahme zuwandten.

Home Squared.

»Eh, Obama!« Aus dem Haupthaus kam eine füllige Frau mit Kopftuch, die sich die Hände an ihrem geblümten Rock abtrocknete. Ihr Gesicht, glatt und grobknochig und mit fröhlich funkelnden Augen, ähnelte demjenigen Sayids. Sie umarmte Auma und Roy so fest, als wollte sie ihnen die Luft nehmen, und nahm dann meine Hand und schüttelte sie kräftig.

»Ha-lo!« sagte sie versuchsweise auf Englisch.

»*Musawa!*« sagte ich auf Luo.

Sie lachte und sagte etwas zu Auma.

»Sie sagt, sie habe immer von diesem Tag geträumt, an dem sie diesem Sohn ihres Sohns einmal begegnen würde. Sie sagt, du hättest sie sehr glücklich gemacht. Sie freut sich, dass du nun endlich nach Hause gekommen bist.«

Granny nickte und umarmte mich, bevor sie uns alle ins Haus bat. Die winzigen Fenster ließen kaum Licht herein. Das Haus war spärlich möbliert – ein paar Stühle, ein altes, abgewetztes Sofa mit einem Couchtisch. An den Wänden hingen diverse Familienerinnerungen: Das Harvard-Diplom meines Vaters, Fotos von ihm und Omar, dem Onkel, der vor fünfundzwanzig Jahren nach Amerika ging und seitdem nie mehr in Kenia war. Daneben zwei ältere verblichene Fotos. Das eine zeigte eine hochgewachsene junge Frau mit glühenden Augen, die ein Baby auf dem Schoß hält, neben ihr steht ein junges Mädchen. Das zweite zeigte einen älteren Mann im Lehnstuhl. Der Mann trug ein gestärktes Hemd und einen *kanga*; die Beine hatte er übereinandergeschlagen wie ein Engländer, aber auf seinem Schoß lag ein Stöckchen, dessen massiver Knauf mit einem Tierfell umwickelt war. Die hohen Wangenknochen und die schmalen Augen gaben seinem Gesicht fast etwas Asiatisches. Auma trat neben mich.

»Das ist er. Unser Großvater. Die Frau auf dem Foto ist Akumu, unsere andere Großmutter. Das Mädchen ist Sarah. Und das Baby … das ist unser Vater.«

Ich betrachtete die Fotos eine Weile, bis mir schließlich ein letztes Bild an der Wand auffiel. Es war das Porträt einer Dame, die mich an alte Coca-Cola-Reklame erinnerte, eine weiße Frau mit dichtem, dunklem Haar, die ein wenig verträumt in die Kamera schaute. Ich fragte, wie dieses Bild hierhergekommen sei. Auma übersetzte, und Granny antwortete auf Luo.

»Sie sagt, das sei eine von Großvaters Frauen. Er hat überall erzählt, dass er sie in Burma geheiratet hat, als er während des Krieges dort war.«

Roy lachte. »Sie sieht nicht gerade wie eine Burmesin aus, was, Barack?«

Ich schüttelte den Kopf. Sie sah aus wie meine Mutter.

Wir setzten uns, und Granny machte Tee. Sie berichtete, dass es ihr gut gehe, auch wenn sie einen Teil des Landes an Verwandte verschenkt habe, da sie und Yusuf nicht alles bewirtschaften könnten. Um die finanzielle Einbuße auszugleichen, koche sie warme Mahlzeiten für die Schüler der nahe gelegenen Schule und verkaufe Waren aus Kisumu auf dem lokalen Markt, sobald etwas Geld übrig sei. Ihr einziges Problem sei das Dach des Hauses – sie zeigte auf ein paar Lichtstrahlen, die von der Decke zur Erde fielen – und dass sie seit über einem Jahr nichts mehr von ihrem Sohn Omar gehört habe. Sie fragte, ob ich ihn gesehen hätte, was ich verneinen musste. Sie brummte etwas auf Luo und begann dann, unsere Teetassen wegzuräumen.

»Sie sagt, wenn du ihn siehst, sollst du ihm sagen, dass sie nichts von ihm will«, flüsterte Auma. »Nur, dass er seine Mutter mal besuchen soll.«

Ich schaute Granny an. Zum ersten Mal zeigte sich jetzt auf ihrem Gesicht, wie alt sie war.

Nachdem wir unsere Sachen ausgepackt hatten, winkte mich Roy zu sich hinter das Haus. Am Ende des benachbarten Maisfelds, am Fuß eines Mangobaums, sah ich zwei lange rechteckige Zementtafeln, die wie zwei exhumierte Särge aus der Erde herausragten. Auf dem einen Grab stand die Inschrift HUSSEIN ONYANGO OBAMA 1895–1979. Das andere Grab war mit gelben Fliesen bedeckt, kein Name auf dem Grabstein, nichts. Roy beugte sich hinunter und fegte die Ameisen weg, die auf dem Grab eine Straße angelegt hatten.

»Sechs Jahre«, sagte er. »Sechs Jahre, und noch immer kein Hinweis, wer hier begraben liegt. Barack, wenn ich sterbe, sorg bitte dafür, dass mein Name auf dem Grab steht.« Er schüttelte den Kopf und ging wieder zurück ins Haus.

Wie diesen emotionserfüllten Tag beschreiben? Von jedem einzelnen Moment habe ich ein deutliches Bild vor Augen. Ich sehe Auma und mich, wie wir Granny am Nachmittag auf dem Marktplatz besuchen, dort, wo uns das *matatu* abgesetzt hatte, überall Frauen auf Strohmatten, deren braune Beine unter den weiten Röcken hervorschauen, ihr Lachen, mit dem sie zusehen, wie ich Granny helfe, die Mangoldblätter, die sie in Kisumu eingekauft hat, von den Stielen zu befreien. Ich erinnere mich an den nussig-süßen Geschmack einer Zucker-

rohrstange, die mir eine Marktfrau in die Hand drückte, an das Rascheln der Maisblätter, an den konzentrierten Gesichtsausdruck, mit
dem meine Onkel den Zaun reparierten, der die westliche Grenze
des Landbesitzes markierte, an unseren Schweißgeruch bei der Arbeit. Ich erinnere mich an Godfrey, der am Nachmittag im Compound auftauchte, ein kleiner Junge, der, wie Auma mir erklärte, bei
Granny wohnte, weil seine Familie in einem Dorf lebte, wo es keine
Schule gab. Ich erinnere mich, wie er unter Bananenstauden und Papayabäumen Jagd auf einen schwarzen Hahn machte, der ihm immer
wieder entwischte, an den Ausdruck in seinen Augen, als Granny
den Vogel schließlich von hinten mit einer Hand schnappte und umstandslos mit dem Messer über die Kehle fuhr – diesen Ausdruck
kannte ich auch von mir.

In all diesen Momenten empfand ich nicht nur Freude. Eher das
Gefühl, dass in allem, was ich tat, in jeder Berührung und jedem
Atemzug und in jedem Wort das ganze Gewicht meines Lebens lag,
dass sich ein Kreis schloss und ich mich an diesem Ort endlich erkannte als der, der ich war. Nur einmal wurde diese Stimmung an
diesem Nachmittag unterbrochen, als Auma, auf dem Rückweg vom
Markt, vorauslief, um ihren Fotoapparat zu holen. Granny und ich
gingen mitten auf der Straße weiter. Nach einiger Zeit sah Granny
mich an und sagte lächelnd »Halo!« Ich erwiderte: »*Musawa!*« Damit war unser gemeinsamer Wortschatz erschöpft, so dass wir kläglich zu Boden blickten, bis Auma schließlich zurückkehrte. Granny
sagte dann, wie sehr es sie betrübe, mit dem Sohn ihres Sohnes nicht
sprechen zu können.

«Sag ihr, dass ich gern Luo lernen würde, aber in den Staaten ist
es so schwer, die Zeit dafür aufzubringen«, erklärte ich. »Sag ihr, wie
viel ich zu tun habe.«

»Das versteht sie«, sagte Auma. »Aber sie sagt auch, dass kein
Mensch so viel zu tun hat, dass er sein Volk vergisst.«

Ich sah Granny an. Sie nickte mir zu, und da wusste ich, dass die
Freude, die ich in mir spürte, sich irgendwann legen würde. Auch das
gehörte zu mir, zu diesem Kreis: mein Leben verlief nicht in festen,
geordneten Bahnen, und auch nach dieser Reise würde ich weiterhin
vor schwierigen Situationen stehen.

Schnell brach die Nacht herein, der Wind fuhr heftig durch die Dunkelheit. Bernard, Roy und ich gingen zum Wassertank und wuschen uns im Freien. Unsere eingeseiften Körper glänzten im Schein des fast runden Vollmonds. Als wir ins Haus zurückkehrten, wartete schon das Abendessen. Wir aßen schweigend, konzentriert. Nach dem Essen ging Roy mit der Bemerkung, dass er noch ein paar Leute besuchen müsse. Yusuf holte aus seiner Hütte ein altes Transistorradio, das früher einmal unserem Großvater gehört hatte. Er drehte am Knopf, erwischte die BBC-Nachrichten, anschwellend und abschwellend, eine krächzende Stimme wie eine Halluzination aus einer anderen Welt. Im nächsten Moment erklang von fern ein merkwürdiges, tiefes Geheul.

»Die Nachtläufer sind wieder unterwegs«, sagte Auma.

»Was sind Nachtläufer?«

»Geister, Dämonen«, sagte Auma. »In unserer Kindheit haben uns diese beiden« – Auma zeigte auf Granny und Zeituni – »immer Geschichten von den Nachtläufern erzählt, damit wir brav waren. Tagsüber sehen diese Geister angeblich wie normale Menschen aus. Man sieht sie auf dem Markt, vielleicht sind sie sogar im eigenen Haus, sitzen am Esstisch. Und man weiß nie, wer sie in Wahrheit sind. Aber nachts verwandeln sie sich in Leoparden und sprechen mit allen Tieren. Die mächtigsten Nachtläufer können ihre Körper verlassen und an ferne Orte fliegen. Oder einen nur durch ihren Blick verzaubern. Wenn du unsere Nachbarn fragst, werden sie dir bestätigen, dass es hier in der Gegend noch immer viele Nachtläufer gibt.«

»Auma! Du tust so, als wär das nicht die Wahrheit!«

Im flackernden Schein der Petroleumlampe konnte ich nicht erkennen, ob Zeituni nur einen Scherz machte. »Hör zu, Barry«, sagte sie. »Als ich jung war, haben die Nachtläufer den Leuten viele Probleme gemacht. Sie haben unsere Ziegen gestohlen. Sogar unser Vieh haben sie gestohlen. Nur Großvater hatte keine Angst vor ihnen. Einmal hörte er die Ziegen laut blöken, und als er hinging, sah er einen großen Leoparden, der wie ein Mensch aufrecht dastand, mit einem Zicklein im Maul. Als er Großvater sah, rief er etwas auf Luo und lief dann in den Wald. Großvater verfolgte ihn, aber genau in dem Moment, als er ihn mit seiner *panga* niederstrecken wollte, flog der Nachtläufer in die Luft, sprang hoch in die Bäume. Zum Glück ließ er das Zicklein los, es hat sich nur ein Bein gebrochen. Großvater brachte es zurück und zeigte mir, wie man das Bein schiente. Ich habe mich um das Junge gekümmert, es gesundgepflegt.«

Die Aufregung legte sich, der Schein der Lampe wurde schwächer, und bald brachen alle auf, um schlafen zu gehen. Granny brachte Decken und ein Feldbett für Bernard und mich. Wir machten es uns bequem und löschten das Licht. Ich war so erschöpft, dass mir alles wehtat. Aus Grannys Zimmer hörte ich leises Gemurmel, sie und Auma unterhielten sich noch. Ich dachte an Roy, wo er wohl war, und an die gelben Fliesen auf dem Grab meines Vaters.

»Barry«, flüsterte Bernard, »bist du wach?«

»Ja.«

»Hast du geglaubt, was Zeituni erzählt hat? Das mit den Nachtläufern?«

»Ich weiß nicht.«

»Ich glaube, es gibt keine Nachtläufer. Das sind einfach Diebe, die sich diese Geschichten ausdenken, um den Leuten Angst zu machen.«

»Ja, vielleicht.«

»Barry?«

»Was?«

»Warum bist du gekommen?«

»Ich weiß nicht, Bernard. Irgendein Gefühl hat mir gesagt, es ist Zeit.«

Bernard dreht sich wortlos zur Seite, und bald hörte ich ihn leise schnarchen. Ich öffnete die Augen, starrte in die Dunkelheit, wartete auf Roys Rückkehr.

Am nächsten Morgen beschlossen Auma und ich, mit Sayid und Yusuf einen Ausflug durch den Landbesitz zu machen. Unterwegs, auf einem Pfad, der durch Mais- und Hirsefelder führte, sagte Yusuf zu mir: »Im Vergleich zu amerikanischen Farmen sieht es hier bestimmt sehr primitiv aus.«

Ich erwiderte, dass ich keine Ahnung von Landwirtschaft hätte, das Land aber einen sehr fruchtbaren Eindruck mache.

»Ja«, sagte Yusuf. »Das Land ist gut. Das Problem ist nur, dass die Leute hier keine Kenntnisse haben. Sie wissen wenig von landwirtschaftlichen Methoden und so weiter. Ich versuche ihnen klarzumachen, dass sie investieren und sich um Bewässerung kümmern müssen, aber sie wollen einfach nichts davon hören. Die Luo sind sehr stur.«

Sayid warf seinem Bruder einen unwilligen Blick zu, sagte aber nichts. Bald kamen wir an einen schmalen, braunen Fluss. Sayid rief etwas, worauf am gegenüberliegenden Ufer zwei junge Frauen auftauchten, in *kangas* gehüllt, das Haar noch nass vom morgendlichen Bad, und scheu lächelnd hinter einem Gebüsch verschwanden. Sayid zeigte auf die Hecke, die direkt am Ufer verlief.

»Hier endet unser Land«, sagte er. »Als mein Vater noch lebte, war der Grundbesitz viel größer. Aber wie meine Mutter schon sagte, das meiste Land wurde weggegeben.«

Yusuf beschloss umzukehren, doch Sayid ging mit Auma und mir noch ein Stück den Fluss entlang, dann weiter über Felder, gelegentlich vorbei an einem Compound. Vor einer Hütte sahen wir Frauen beim Reinigen von Hirse, die auf einem großen Tuch aufgeschüttet war. Wir sprachen mit einer älteren Frau, die ein ausgeblichenes rotes Kleid und rote Turnschuhe ohne Schnürsenkel trug. Sie legte ihre Arbeit beiseite, gab uns die Hand und sagte, dass sie sich an unseren Vater erinnere – als Kinder hätten sie zusammen Ziegen gehütet. Auma fragte sie, wie es ihr gehe.

»Alles hat sich verändert«, sagte sie mit tonloser Stimme. »Die jungen Männer gehen in die Stadt. Nur die alten Männer, die Frauen und Kinder bleiben da. Wir haben nichts mehr.« In der Zwischenzeit war ein Mann mit einem klapprigen Fahrrad aufgetaucht und wenig später ein spindeldürrer Mann, der nach Fusel roch. Beide fielen sogleich in den Refrain der Frau ein, dass das Leben in Alego schwierig geworden sei und die Kinder sie allein gelassen hätten. Sie fragten, ob wir nicht etwas übrig hätten für sie. Auma gab jedem ein paar Shilling, bevor wir uns rasch verabschiedeten und umkehrten.

»Was ist hier los, Sayid?« sagte Auma, sobald wir außer Hörweite waren. »Früher hat hier niemand gebettelt.«

Sayid beugte sich hinunter, um ein paar Äste aufzulesen, die in das Maisfeld gefallen waren. »Du hast recht«, sagte er. »Vermutlich haben sie das von den Städtern gelernt, die aus Nairobi oder Kisumu kommen und ihnen erklären, dass sie arm sind. Und nun glauben sie, dass sie arm sind. Früher gab es das nicht bei uns. Nimm nur meine Mutter. Sie wird nie um etwas betteln. Sie sucht sich immer eine Arbeit. Davon wird sie nicht reich, aber es ist immerhin etwas. Sie hat eben ihren Stolz. Jeder könnte es so halten wie sie, aber viele Leute geben lieber auf.«

»Und Yusuf?« fragte Auma. »Kann er sich nicht etwas mehr anstrengen?«

»Ach, mein Bruder. Der redet wie ein Buch, aber leider geht er nicht mit gutem Beispiel voran.«

Auma wandte sich an mich. »Weißt du, Yusuf war ein vielversprechender Junge. Er war gut in der Schule, stimmt's, Sayid? Er bekam mehrere Jobangebote. Und dann ist irgendetwas passiert mit ihm. Er hat einfach aufgegeben. Und jetzt lebt er bei Granny und erledigt kleine Arbeiten für sie. Man könnte fast glauben, er fürchtet sich davor, Erfolg im Leben zu haben.«

Sayid nickte. »Vielleicht ist Bildung nicht gut für uns, wenn sie nicht mit körperlicher Anstrengung verbunden ist.«

Vielleicht, dachte ich, hat er recht. Vielleicht war Armut hier eine fremde Vorstellung, ein neues Kriterium für das, was man im Leben braucht, ein Begriff, der wie ein Virus eingeschleppt wurde, von Leuten wie mir und Auma, durch Yusufs altes Radio. Zu sagen, dass Armut nur ein Begriff war, hieß ja nicht, dass es sie nicht gab. Die Leute, denen wir gerade begegnet waren, konnten nicht darüber hinwegsehen, dass andere eine Innentoilette hatten oder sich jeden Tag eine warme Mahlzeit leisten konnten, ebenso wenig wie die Kinder von Altgeld die schnellen Autos und die luxuriösen Villen ignorieren konnten, die sie im Fernsehen sahen.

Aber vielleicht mussten sie sich nicht als hilflos empfinden. Sayid erzählte gerade von seinen eigenen Erfahrungen, von seiner Enttäuschung, nicht studiert zu haben wie seine älteren Brüder, weil kein Geld da war; von seiner Arbeit im National Youth Corps (das bei Entwicklungsprojekten im ganzen Land eingesetzt wurde), die nun, nach drei Jahren, zu Ende ging. Und in den letzten beiden Ferien hatte er bei verschiedenen Firmen in Nairobi vorgesprochen, bislang ohne Erfolg. Doch er gab die Hoffnung nicht auf, schien überzeugt, dass sich Hartnäckigkeit letztlich auszahlen werde.

»Wer heutzutage einen Job haben will, und sei es nur in einem Büro, muss Beziehungen haben«, sagte Sayid. »Oder jemanden schmieren. Deshalb will ich mich selbständig machen. Eine kleine Firma, in der ich mein eigener Herr bin. Das war der Fehler, den dein Vater gemacht hat. Er war ein brillanter Kopf, aber er hatte nichts Eigenes.« Und nach einer Weile fuhr er fort. »Aber es bringt nichts, sich über Fehler der Vergangenheit den Kopf zu zerbrechen, stimmt's? Wie der Streit um das Erbe deines Vaters. Von Anfang an habe ich meinen Schwestern gesagt, die Sache nicht so wichtig zu nehmen. Man muss weiterdenken. Aber sie wollen nicht hören. Und das ganze Geld, um das sie sich streiten, geht mittlerweile an die Anwälte. Die verdienen ganz ordentlich an diesem Streit. Wie lautet das Sprichwort? Wenn zwei Heuschrecken sich streiten, freut sich die Krähe.«

»Ist das ein Luo-Sprichwort?« fragte ich. Sayid lachte unsicher.

»Wir haben ähnliche Ausdrücke«, sagte er. »Nein, ich habe diese Formulierung in einem Buch von Chinua Achebe gelesen. Dieser nigerianische Schriftsteller – ich finde ihn sehr gut. Er sagt, wie es in Afrika wirklich aussieht. Nigerianer, Kenianer – wir sind alle gleich. Was uns verbindet, ist stärker als alles Trennende.«

Bei unserer Rückkehr saßen Granny und Roy draußen vor dem Haus und redeten mit einem Mann in schwerem Flanell. Wie ich hörte, war es der Direktor der nahe gelegene Schule. Er hatte vorbeigeschaut, um Neuigkeiten aus der Stadt zu berichten und noch ein wenig von der Fleischsauce zu naschen, die vom Vorabend übrig geblieben war. Ich sah, dass Roy gepackt hatte. Auf meine Frage, wohin er wolle, sagte er:

»Nach Kendu Bay. Der Direktor fährt dorthin. Ich, Bernard und meine Mutter werden mitfahren und Abo holen. Du solltest auch mitkommen und die Familie dort begrüßen.«

Auma beschloss, bei Granny zu bleiben, aber Sayid und ich schnappten uns ein paar Sachen zum Wechseln und stiegen in die alte Kiste des Schuldirektors. Bis Kendu dauerte es mehrere Stunden. Im

Westen war immer wieder der silbrig schimmernde Viktoria-See zu erkennen, der in flaches grünes Sumpfland überging. Am späten Nachmittag erreichten wir die Hauptstraße von Kendu Bay, eine breite, staubige Piste, gesäumt von sandfarbenen Läden. Wir bedankten uns bei dem Schuldirektor, nahmen ein *matatu*, schaukelten durch ein Gassengewirr, bis wir schließlich die Stadt hinter uns gelassen hatten, fuhren durch offenes Weideland, vorbei an Maisfeldern. An einer Kreuzung gab Kezia ein Zeichen. Wir stiegen aus und gingen einen tiefen kreideweißen Graben entlang, in dem ein schokoladenbrauner Bach träge dahinfloss. Am Ufer standen Frauen, die ihre nasse Wäsche gegen einen Felsen schlugen; weiter oberhalb, an einem Hang, weidete eine Herde Ziegen, deren schwarzes, weißes und graues Fell sich wie Flechten vor dem gelben Gras abhob. Wir gingen nun einen noch schmaleren Weg entlang und kamen zum Eingang eines umzäunten Compounds. Kezia bleib stehen, wies auf einen Haufen Steine und Zweige und sagte etwas auf Luo.

»Das ist Obamas Grab«, übersetzte Roy. »Unser Urgroßvater. Die ganze Gegend hier heißt *K'Obama* – ›Land der Obama‹. Und wir sind *Kok'Obama* – ›Das Volk der Obama‹. Unser Urgroßvater hat seine Kindheit in Alego verbracht, aber schon als junger Mann ist er hierhergezogen. Hier haben sich die Obama niedergelassen, hier wurden all seine Kinder geboren.«

»Und warum ist unser Großvater dann wieder nach Alego zurückgekehrt?«

Roy wandte sich an Kezia, die aber nur den Kopf schüttelte. »Das musst du Granny fragen«, sagte Roy. »Meine Mutter glaubt, dass er vielleicht mit seinen Brüdern nicht zurechtgekommen ist. Einer seiner Brüder lebt ja noch hier. Er ist alt inzwischen, aber vielleicht können wir mit ihm reden.«

Wir kamen zu einem kleinen Holzhaus, vor dem eine hochgewachsene, hübsche Frau den Hof fegte. Neben der Tür saß ein junger Mann mit entblößtem Oberkörper. Die Frau hielt ihren Unterarm wie einen Schirm über die Augen und winkte uns zu. Der Mann wandte sich in unsere Richtung. Roy begrüßte die Frau, die Salina hieß, und der junge Mann stand auf.

»Da seid ihr ja endlich«, sagte Abo und umarmte uns der Reihe nach. Er griff nach seinem Hemd. »Wolltet ihr nicht schon längst mit Barry hier aufkreuzen?«

»Du weißt ja, wie es ist«, sagte Roy. »Hat ein bisschen gedauert, bis alles organisiert war.«

»Jedenfalls schön, dass ihr da seid. Ich muss unbedingt zurück nach Nairobi.«

»Gefällt es dir hier nicht?«

»Mann, es ist so was von langweilig hier, das kannst du dir gar nicht vorstellen. Kein Fernsehen, kein Club. Die Leute hier auf dem Land sind ein bisschen langsam. Ohne Billy wär ich noch verrückt geworden.«

»Billy ist da?«

»Ja, er treibt sich irgendwo rum …« Abo zeigte vage in die Gegend und wandte sich dann an mich. »Na, Barry, was hast du mir aus Amerika mitgebracht?«

Ich holte aus meiner Tasche einen der beiden Kassettenrekorder, die ich für ihn und Bernard gekauft hatte. Abo drehte ihn mit kaum verhohlener Enttäuschung hin und her.

»Kein Sony, was?« sagte er. Doch dann sah er auf, riss sich zusammen und schlug mir auf die Schulter. »Schon gut, Barry. Danke! Vielen Dank!«

Ich nickte ihm zu, bemüht, meinen Ärger nicht zu zeigen. Abo stand neben Bernard, die Ähnlichkeit zwischen ihnen war wirklich bemerkenswert, die gleiche Statur, die gleichen ebenmäßigen Gesichtszüge. Wenn Abo sich den Schnurrbart abrasieren würde, dachte ich, könnten die beiden sofort als Zwillinge durchgehen. Bis auf …, ja was? Der Ausdruck in Abos Augen. Das war es. Nicht die verräterische Röte, die von Drogen herrührte. Es lag tiefer. Etwas, das mich an die jungen Leute in Chicago erinnerte. Vielleicht eine gewisse Wachsamkeit. Und auch Berechnung. Der Blick eines Menschen, der sich schon früh benachteiligt fühlt.

Wir folgten Salina ins Haus. Während sie Limonade und Gebäck servierte, kam ein junger Mann, attraktiv wie Salina und groß wie Roy, durch die Tür und rief mit lauter Stimme:

»Roy! Was machst du denn hier?«

Roy stand auf, um ihn zu begrüßen. »Du kennst mich doch. Bin auf der Suche nach einer anständigen Mahlzeit. Dasselbe könnte ich dich fragen.«

»Ich besuche nur meine Mutter. Wenn ich nicht so oft komme, beschwert sie sich.« Er gab Salina einen Kuss auf die Wange, dann drückte er mir kräftig die Hand. »Hast ja meinen amerikanischen Cousin mitgebracht. Ich hab so viel über dich gehört, Barry, ich kann gar nicht glauben, dass du tatsächlich da bist.« Er wandte sich an Salina. »Hat er schon etwas zu essen bekommen?«

»Gleich, Billy, gleich.« Salina nahm Kezias Hand und wandte sich an Roy. »Da kannst du mal sehen, was Mütter alles ertragen müssen. Wie geht's denn deiner Großmutter?«

»Wie immer.«

»Das ist schön«, sagte sie bedachtsam.

Während sie und Kezia nach draußen gingen, ließ Billy sich neben Roy auf das Sofa fallen.

»Na, Alter? Schau dich an, gemästet wie ein Preisbulle! Führst ein gutes Leben in Amerika, was?«

»Es geht«, sagte Roy. »Und wie ist es in Mombasa? Ich höre, du arbeitest bei der Post.«

Billy zuckte mit den Schultern. »Die Bezahlung ist okay. Nichts Anspruchsvolles, aber immerhin eine feste Stelle.« Er wandte sich an mich. »Ich sag dir, Barry, dein Bruder hat es wirklich wüst getrieben. Na ja, das haben wir alle. Haben uns gut amüsiert mit den Mädels, was, Roy?« Er schlug Roy auf den Schenkel und lachte. »Erzähl schon, wie sind sie, die Amerikanerinnen?«

Roy lachte mit, schien aber erleichtert, als Salina und Kezia das Essen hereinbrachten. »Weißt du, Barry«, sagte Billy, »dein Vater und mein Vater waren Altersgenossen. Gute Freunde. Roy und ich waren auch gleich alt, wir wurden enge Freunde. Dein Vater war toll, ich sag dir. Mit ihm hab ich mich besser verstanden als mit meinem alten Herrn. Wenn ich Schwierigkeiten hatte, habe ich mich zuerst an Onkel Barack gewendet. Und Roy, du bist zu meinem Vater gegangen, stimmt's?«

»Besonders gut waren die Männer in unserer Familie immer zu den Kindern der anderen«, sagte Roy. »Bei den eigenen Kindern wollten sie keine Schwäche zeigen.«

»Hast recht, Roy«, sagte Billy und leckte sich die Finger ab. »Ich selbst will nicht denselben Fehler machen. Ich möchte meine Familie nicht schlecht behandeln.« Mit der linken Hand fischte er die Brieftasche aus seiner Jacke und zeigte mir ein Bild von seiner Frau und zwei kleinen Kindern. »Ich sag dir, Alter, das Eheleben macht einen fertig. Du solltest mich mal sehen, Roy. Ich bin ganz ruhig geworden. Ein richtiger Familienvater. Natürlich gibt es Grenzen für einen Mann. Meine Frau weiß, dass sie mir nicht allzu oft mit Kritik kommen darf. Was sagst du dazu, Sayid?«

Sayid hatte seit unserer Ankunft kaum ein Wort gesprochen. Er wusch sich die Hände, bevor er antwortete.

»Ich bin noch nicht verheiratet«, antwortete er, »also kann ich nicht viel dazu sagen. Aber ich mache mir natürlich meine Gedanken. Meiner Ansicht nach ist das größte Problem für Afrika – was?« Er sah in die Runde. »Das Verhältnis zwischen Mann und Frau. Wir Männer wollen stark sein, aber unsere Stärke ist oft unangebracht. Zum Beispiel, dass man mehr als *eine* Frau haben darf. Unsere Väter hatten viele Frauen, also müssen wir ebenfalls viele Frauen haben. Aber wir denken nicht über die Konsequenzen nach. Was passiert mit all den Frauen? Sie werden eifersüchtig. Die Kinder haben zu den Vätern kein enges Verhältnis mehr. Es ist...«

Sayid fing sich plötzlich und lachte. »Na ja, ich habe nicht mal *eine* Frau, also hör ich lieber auf. Wer nichts zu sagen hat, sollte schweigen.«

»Achebe?« fragte ich.

Sayid lachte und griff nach meiner Hand. »Nein, Barry. Das ist auf meinem Mist gewachsen.«

Es war schon dunkel geworden, als wir fertig waren, und nachdem wir uns bei Salina und Kezia für die Mahlzeit bedankt hatten, traten wir hinaus. Unter einem klaren Vollmond gingen wir einen schmalen Pfad entlang bis zu einem kleineren Haus, wo Motten vor einem hellen Fenster tanzten. Billy klopfte an die Tür. Ein kleiner Mann mit einer Narbe auf der Stirn machte auf, freundlich lächelnd, aber mit wachsamen Augen, als fürchte er, überfallen zu werden. Hinter ihm saß noch ein anderer Mann, groß und dünn, der in seinem weißen Gewand und mit dem dünnen Kinnbart wie ein indischer *sadhu* aussah. Die beiden Männer schüttelten uns kräftig die Hand und sprachen mich in gebrochenem Englisch an.

»Dein Neffe!« sagte der Weißhaarige und zeigte auf sich.

Der Kleinere lachte: »Er hat weißes Haar, bezeichnet dich aber als seinen Onkel! Sehr komisch! Gefällt dir sein Englisch? Komm!« Sie führten uns zu einem Tisch, auf dem eine schlichte Flasche mit einer klaren Flüssigkeit und drei Gläser standen. Der Weißhaarige hielt die Flasche hoch und schenkte die drei Gläser voll. »Das ist besser als Whiskey, Barry«, sagte Billy und hob das Glas. »Steigert die Potenz.« Er leerte das Glas in einem Zug, Roy und ich taten es ihm gleich. Mein Rachen brannte, und mein Brustkorb schien zu explodieren. Die Gläser wurden wieder gefüllt, aber Sayid lehnte dankend ab, worauf der kleine Mann mir den Drink unter die Nase hielt.

»Noch einen?« Durch das Glas sah sein Gesicht ganz verzerrt aus.

»Danke, im Moment nicht«, sagte ich und unterdrückte ein Husten.

»Hast du etwas für mich?« sagte der Weißhaarige zu mir. »Ein T-Shirt vielleicht? Schuhe?«

»Tut mir leid, ich habe alles in Alego gelassen.«

Der Kleine lächelte unentwegt, als hätte er nicht verstanden, und bot mir wieder ein Glas an. Diesmal schob Billy die Hand des Mannes beiseite.

»Lass ihn!« rief er. »Wir können später trinken. Erst wollen wir unseren Großvater sehen.«

Die beiden Männer führten uns in ein Hinterzimmer. Dort, vor einer Petroleumlampe, saß ein steinalter Mann mit schlohweißem Haar und pergamentdünner Haut, die Augen geschlossen, die mageren Arme auf der Stuhllehne, völlig reglos. Vielleicht schlief er. Doch als Billy näher trat, wandte er den Kopf in unsere Richtung. Es war das Gesicht, das ich tags zuvor auf dem Foto an der Wand in Grannys Haus gesehen hatte.

Billy erklärte, wer gekommen sei. Der Alte nickte und sprach mit leiser, zittriger Stimme, die von weither zu kommen schien.

»Er ist froh, dass du gekommen bist«, dolmetschte Roy. »Er ist der Bruder deines Großvaters. Er wünscht dir alles Gute.«

Ich antwortete, dass ich mich freute, ihn zu sehen, worauf der Alte abermals nickte.

»Er sagt«, fuhr Roy fort, »viele junge Männer sind im Land des weißen Mannes verlorengegangen. Sein eigener Sohn ist in Amerika, seit Jahren war er nicht mehr zu Hause. Solche Menschen sind wie Geister. Wenn sie sterben, trauert niemand. Keine Vorfahren werden sie in ihren Kreis aufnehmen. Deswegen ist es gut, dass du heimgekehrt bist.«

Sanft drückte ich die erhobene Hand des Alten. Wir wandten uns zum Gehen, der Alte sagte noch etwas, Roy nickte mit dem Kopf und schloss hinter uns die Tür.

»Er meint, wenn du von seinem Sohn hörst«, sagte Roy, »sollst du ihm ausrichten, er soll nach Hause kommen.«

Vielleicht lag es am Mondlicht oder daran, dass die Leute eine mir unverständliche Sprache sprachen. Aber wenn ich mich an den restlichen Abend zu erinnern versuche, fühle ich mich wie in einem Traum. Der Mond steht tief am Himmel, und die Silhouetten von Roy und den anderen verschmelzen mit dem Schatten des Maisfelds. Wieder betreten wir ein Haus, in dem noch mehr Männer sitzen, sechs, vielleicht auch zehn, die Zahl ändert sich dauernd. Auf einem Tisch stehen drei Flaschen. Die Männer gießen das Mondlicht in die Gläser, zunächst feierlich, dann schneller, nachlässiger, die etikettlose Flasche geht von Hand zu Hand. Nach zwei Gläsern höre ich auf zu trinken, was aber niemand bemerkt. Die alten und jungen Gesichter glühen wie Irrlichter im Schein der Lampe, die Männer lachen und rufen durcheinander, hocken zusammengesunken in dunklen Ecken oder gestikulieren wild nach einem Drink, nach einer Zigarette, laut und erregt, und genauso schnell beruhigen sie sich wieder, Wortfetzen verbinden sich zu einem undurchdringlichen Strudel aus Luo, Suaheli und Englisch, lachende, bettelnde Stimmen verlangen nach Geld oder einem Hemd oder der Flasche, ausgestreckte Hände, die zornige Stimme meiner Jugend, die Stimmen von Harlem und der South Side, die Stimme meines Vaters.

Ich kann nicht genau sagen, wie lange wir geblieben sind. Ich weiß nur, dass Sayid irgendwann aufstand und meinen Arm schüttelte.

»Barry, wir gehen«, sagte er. »Bernard fühlt sich nicht gut.«

Ich sagte, ich wolle mitkommen, aber als ich aufstand, beugte sich Abo herüber und packte meine Schultern.

»Barry, wo willst du hin?«

»Ich geh schlafen, Abo.«

»Bleib bei uns! Bei mir und Roy!«

Ich schaute auf und sah Roy auf dem Sofa liegen. Unsere Blicke trafen sich. Ich nickte in Richtung Tür. Ich hatte das Gefühl, als wäre es im Zimmer ganz still geworden, als liefe eine Szene im Fernsehen und jemand hätte den Ton abgestellt. Ich sah den weißhaarigen Mann Roys Glas füllen und überlegte, ob ich Roy hinauszerren sollte, aber er wandte den Blick ab. Er lachte und leerte das Glas unter lautem Beifall der anderen. Der Lärm war noch zu hören, als wir – Sayid, Bernard und ich – schon auf dem Heimweg zu Salinas Haus waren.

»Sie sind alle viel zu betrunken«, sagte Bernard.

Sayid nickte. »Roy ist meinem ältesten Bruder leider sehr ähnlich, Weißt du, dein Vater war hier sehr beliebt. Auch in Alego. Sooft er nach Hause kam, hat er eine Runde ausgegeben und blieb bis tief in die Nacht hinein auf. Die Leute hier fanden das toll. Sie sagten: ›Du bist ein hohes Tier, aber du hast uns nicht vergessen.‹ Dann war er ganz glücklich. Ich weiß noch, einmal hat er mich in seinem Mercedes nach Kisumu mitgenommen. Unterwegs sah er ein *matatu*, das Passagiere einlud. Da sagte er: ›Sayid, heute sind wir auch ein *matatu*!‹ An der nächsten *matatu*-Haltestelle lud er die Leute ein und bat mich, den regulären Fahrpreis zu kassieren. Ich glaube, wir waren zu acht in seinem Auto. Er fuhr die Leute nicht nur nach Kisumu, sondern bis zu ihnen nach Hause oder wo immer sie hinwollten. Und beim Aussteigen hat jeder sein Fahrgeld zurückbekommen. Die Leute haben das nicht verstanden, ich hab es damals auch nicht verstanden. Als wir schließlich fertig waren, sind wir in die Bar gegangen. Er hat seinen ganzen Freunden die Geschichte erzählt. Er hat viel gelacht an dem Abend.«

Nach einer Pause fuhr Sayid mit wohlüberlegten Worten fort.

»Mein Bruder war einfach ein guter Mensch. Aber man kann nicht gleichzeitig auf zwei Hochzeiten tanzen, finde ich. Wie konnte er ein *matatu*-Fahrer sein oder die ganze Nacht in der Bar bleiben, während er doch seine Arbeit im Ministerium hatte? Man dient seinem Volk, indem man das tut, was das Richtige für einen ist. Und nicht das, was man nach Ansicht anderer Leute tun sollte. Mein Bruder war zwar stolz auf seine Unabhängigkeit, aber ich glaube, er hatte auch Angst. Vor dem, was die Leute über ihn sagen würden, wenn er die Bar zu früh verließ. Dass er vielleicht nicht mehr zum Kreis derjenigen gehörte, mit denen er groß geworden ist.«

»Ich will nicht so werden«, sagte Bernard.

Sayid betrachtete seinen Neffen irgendwie mitfühlend. »Tut mir leid, dass ich so deutlich geworden bin, Bernard. Man muss den Alten Ehrfurcht entgegenbringen. Sie bereiten dir den Weg, damit du es leichter hast. Wenn du aber siehst, dass sie in eine Grube fallen, was musst du dann tun?«

»Einen großen Bogen machen«, sagte Bernard.

»Genau. Du musst einen anderen Weg gehen, deinen eigenen Weg.«

Sayid legte ihm den Arm um die Schulter. Wir näherten uns Salinas Haus. Ich schaute zurück, sah noch immer das schwach erleuchtete Fenster im Haus des alten Mannes und stellte mir vor, wie er mit blinden Augen in die Dunkelheit starrte.

19

Roy und Abo, die mit einem Brummschädel aufgewacht waren, wollten mit Kezia noch einen Tag länger in Kendu bleiben. Da ich mich nicht ganz so elend fühlte, beschloss ich, gemeinsam mit Sayid und Bernard mit dem Bus zurückzufahren, was ich aber bald bedauerte. Die meiste Zeit mussten wir nämlich mit eingezogenem Kopf stehen. Und außerdem bekam ich Durchfall. Jedes Schlagloch rüttelte an meinen Gedärmen, und bei jeder ruckartigen Bewegung des Busses dröhnte mir der Schädel. Als wir dann in Home Squared eintrafen, kam ich Granny und Auma in einem merkwürdigen Laufschritt entgegen, winkte ihnen nur kurz zu, rannte über den Hof, um eine Kuh herum, die sich dorthin verirrt hatte, und erreichte endlich die Außentoilette.

Zwanzig Minuten später trat ich, blinzelnd wie ein Häftling in der Nachmittagssonne, hinaus auf den Hof. Die Frauen saßen auf Strohmatten unter einem Mangobaum, Granny flocht Auma das Haar und Zeituni das eines Nachbarmädchens.

»War's schön in Kendu?« fragte Auma, die sich das Lachen nur mit Mühe verkneifen konnte.

»Ja, großartig.« Ich hockte mich neben sie. Im nächsten Moment kam eine magere alte Frau aus dem Haus und setzte sich neben Granny. Sie dürfte etwa siebzig gewesen sein, trug aber einen hellrosa Pullover und schlug die Beine unter wie ein verschämter Backfisch. Sie warf mir einen Blick zu und sagte dann auf Luo etwas zu Auma.

»Sie findet, du schaust nicht gut aus.«

Die alte Frau lachte mich an, so dass man ihre Zahnlücke sah.

»Das ist Dorsila, die Schwester deines Großvaters«, fuhr Auma fort. »Das letzte Kind unseres Urgroßvaters Obama. Sie wohnt in einem anderen Dorf, aber als sie hörte – autsch! Ich sag dir, Barack, du kannst von Glück reden, dass du dein Haar nicht flechten musst. Wo war ich stehengeblieben? Ach ja…, als Dorsila hörte, dass wir da sind, ist sie den ganzen Weg gelaufen, um uns zu sehen. Sie überbringt Grüße aus dem ganzen Dorf.«

Dorsila und ich gaben uns die Hand. Ich erzählte, dass ich ihren älteren Bruder in Kendu Bay gesehen hatte, worauf sie nickte und weiter auf Luo fortfuhr.

»Sie sagt, ihr Bruder sei steinalt«, übersetzte Auma. »Als er jünger war, muss er wie unser Großvater ausgesehen haben. Manchmal konnte sie die beiden nicht auseinanderhalten.«

Ich holte mein Feuerzeug heraus und stellte die Flamme etwas größer ein, woraufhin Dorsila einen Ruf ausstieß und sich aufgeregt an Auma wandte.

»Sie will wissen, woher das Feuer kommt.«

Ich gab ihr das Feuerzeug und zeigte, wie es funktioniert. Auma sagte: »Sie sagt, die Welt verändert sich so rasant, dass ihr manchmal schwindelig wird. Als sie das erste Mal vor dem Fernseher saß, hat sie geglaubt, dass die Leute in der Kiste sie ebenfalls sehen können. Und sie fand sie sehr unhöflich, weil sie auf ihre Fragen keine Antwort gaben.«

Dorsila kicherte vergnügt vor sich hin. Zeituni verschwand in der Kochhütte und kam wenig später mit einem Becher zurück. Ich fragte, wo Sayid und Bernard seien.

»Sie schlafen«, sagte sie und reichte mir den Becher. »Hier, trink das!«

Ich schnupperte an der dampfenden grünen Flüssigkeit. Sie roch ziemlich übel.

»Was ist das denn?«

»Der Sud einer Pflanze, die hier wächst. Vertrau mir…, es wird deinem Magen guttun.«

Ich nippte vorsichtig. Das Gebräu schmeckte, wie es aussah, doch Zeituni war erst zufrieden, als ich den Becher ausgetrunken hatte. »Das Rezept stammt von deinem Großvater«, sagte sie. »Ich hab dir ja erzählt, dass er sich mit Heilkräutern auskannte.«

Ich zog an meiner Zigarette und wandte mich wieder an Auma. »Könntest du Granny wohl bitten, noch mehr von ihm zu erzählen. Ich meine, von unserem Großvater. Roy sagt, er sei in Kendu aufgewachsen, dann aber nach Alego gezogen.«

Granny nickte, während Auma übersetzte.

»Weiß sie, warum er aus Kendu weggegangen ist?«

»Sie sagt, dass seine Vorfahren ursprünglich von hier stammten«, sagte Auma.

Ich bat Granny, ganz von vorn zu beginnen. Was hatte Urgroßvater Obama nach Kendu geführt? Wo hatte Großvater gearbeitet? Warum war die Mutter meines Vaters fortgegangen? Granny begann zu erzählen. Der Wind hob und legte sich wieder. Hohe Wolken trieben über die Berge. Und im Schatten des Mangobaums, während schwarze Locken gleichmäßig geflochten wurden, hörte ich all unsere Stimmen allmählich ineinander verschmelzen, die Stimmen dreier Generationen, die wie Strömungen in einem träge dahinfließenden Strom aufeinandertrafen, meine Fragen wie Felsen, die das Wasser teilten, die Brüche in der Erinnerung, die die Strömungen trennten, aber immer aufs Neue verbanden sich die Stimmen zu einem einzigen Fluss, einer Geschichte...

Am Anfang war Miwiru. Niemand weiß, wer vor ihm kam. Miwiru zeugte Sigoma, Sigoma zeugte Owiny, Owiny zeugte Kisodhie, Kisodhie zeugte Ogelo, Ogelo zeugte Otondi, Otondi zeugte Obongo, Obongo zeugte Okoth und Okoth zeugte Opiyo. Die Namen der Frauen, die sie gebaren, sind vergessen, denn so war es Brauch in unserem Volk.

Okoth lebte in Alego. Von den älteren Generationen ist nur bekannt, dass sie aus dem heutigen Uganda kamen und, genau wie die Massai, auf der Suche nach Wasserstellen und Weideland für ihr Vieh weite Wanderungen unternommen haben. In Alego ließen sie sich nieder und begannen, Ackerbau zu treiben. Andere Luo ließen sich am See nieder und lernten, Fische zu fangen. Da in Alego schon andere Stämme ansässig waren, die Bantu sprachen, kam es zu heftigen Kämpfen. Unser Ahn Owiny war bekannt als großer Krieger und Anführer. Mit seiner Hilfe wurden die Bantu besiegt, aber sie durften bleiben und Angehörige unseres Volkes heiraten, und wir lernten viel von ihnen über Ackerbau und das neue Land.

Immer mehr Menschen ließen sich in Alego nieder und bestellten den Boden. Opiyo, ein jüngerer Sohn Okoths, beschloss vielleicht deswegen, nach Kendu zu ziehen. Er besaß kein Land, aber nach den Gepflogenheiten unseres Volkes stand ungenutztes Land jedermann zur Verfügung. Was nicht genutzt wurde, fiel wieder dem Stamm zu. An Opiyos Lage war also nichts Schändliches. Er arbeitete für andere und rodete Land für den eigenen Bedarf. Er starb aber schon bald, noch in jungen Jahren, und hinterließ zwei Frauen und mehrere Kinder. Sein Bruder nahm eine Frau mit ihren Kindern zu sich, wie es damals Brauch war. Die zweite Frau starb ebenfalls. Ihr ältester Sohn, Obama, war also schon früh Waise. Auch er lebte bei seinem Onkel, aber die Mittel der Familie waren beschränkt, so dass Obama schließlich für andere Bauern zu arbeiten begann, genau wie sein Vater vor ihm.

Die Familie, für die er arbeitete, besaß viele Rinder und war wohlhabend. Sie bewunderten Obama, denn er war voller Tatendrang und ein ausgezeichneter Bauer. Als er die älteste Tochter heiraten wollte, waren alle einverstanden, und die Onkel in der Familie brachten das erforderliche Brautgeld auf. Und als diese älteste Tochter starb, durfte Obama die jüngere Tochter Nyaoke heiraten. Am Ende hatte Obama vier Frauen, die ihm viele Kinder schenkten. Er bestellte sein eigenes Land und wurde ein wohlhabender Mann, mit einem großen Compound und vielen Rindern und Ziegen. Und weil er höflich und pflichtbewusst war, nahmen ihn die Ältesten in ihre Reihen auf, und viele Leute kamen zu ihm, wenn sie Rat und Hilfe brauchten.

Dein Großvater Onyango war Nyaokes fünfter Sohn. Dorsila, die hier bei uns sitzt, war das letzte Kind von Obamas letzter Frau.

Das alles war in der Zeit, bevor der weiße Mann kam. Jede Familie hatte ihren eigenen Compound, aber alle lebten nach den Gesetzen der Ältesten. Männer hatten ihre eigenen Hütten und waren dafür verantwortlich, das Land zu roden und zu bestellen, die Rinder vor wilden Tieren und Überfällen durch andere Stämme zu schützen. Jede Frau hatte ihr Gemüsefeld, das nur von ihr und ihren Töchtern bewirtschaftet wurde. Sie kochte, holte Wasser und hielt die Hütten sauber. Die Ältesten regelten die Arbeit auf dem Feld. Sie sorgten dafür, dass die Familien einander halfen. Sie verteilten Nahrung an Witwen oder Notleidende, sie stellten Männern, die kein Vieh besaßen, Rinder als Brautgeld zur Verfügung und schlichteten bei Streitfällen. Das Wort der Ältesten war Gesetz und wurde strikt befolgt – wer sich dem nicht unterwarf, musste die Gemeinschaft verlassen und anderswo hinziehen und neu anfangen.

Die Kinder gingen nicht zur Schule, sondern lernten von ihren Eltern. Die Mädchen begleiteten ihre Mütter und lernten so, wie Hirse gestampft, Gemüse angebaut und Lehm zum Bau von Hütten vorbereitet wird. Die Jungen lernten von den Vätern, wie man das Vieh hütet und wie man mit *panga* und Speer umgeht. Starb eine Mutter, nahm eine andere Frau deren Kinder auf und versorgte sie wie ihre eigenen. Abends aßen die Töchter mit der Mutter und die Söhne mit dem Vater und lauschten den Geschichten und Überlieferungen unseres Volkes. Manchmal kam ein Harfenspieler, dann versammelte sich das ganze Dorf, um seinen Liedern zu lauschen, in denen es um die großen Ereignisse der Vergangenheit ging, um die großen Krieger und die weisen Alten. Diese Lieder priesen die tüchtigen Männer, die schönen Frauen, während die Faulen oder Grausamen nicht gut wegkamen. In diesen Liedern hatte jedermann seinen Platz, die Guten und die Schlechten, und auf diese Weise blieb die Tradition lebendig. Wenn die Kinder und Frauen wieder gegangen waren, sprachen die Männer über Angelegenheiten der Dorfgemeinschaft.

Dein Großvater Onyango war schon in jungen Jahren ein Sonderling. Er muss Hummeln im Hintern gehabt haben, er konnte einfach nicht still sitzen. Regelmäßig zog er allein los, tagelang, und bei seiner Rückkehr erzählte er nie, wo er gewesen war. Er war immer sehr ernst – nie lachte er oder spielte mit den anderen

Kindern, und nie sah man ihn Späße machen. Er war stets neugierig und interessiert an dem, was die anderen taten, und wurde auf diese Weise Kräuterheiler. Ein Kräuterheiler ist etwas anderes als ein Schamane. Ein Schamane spricht mit den Geistern und verhängt Zaubersprüche. Ein Kräuterheiler behandelt Krankheiten oder Wunden mit bestimmten Pflanzen, er macht Schlammpackungen, damit eine Verletzung heilt. Dein Großvater hat als kleiner Junge dem Kräuterheiler in seinem Dorf zugesehen und zugehört, während die anderen Jungen spielten, und sich auf diese Weise Kenntnisse angeeignet.

Als dein Großvater ein Junge war, hörten wir, dass der weiße Mann nach Kisumu gekommen sei. Die Weißen, hieß es, hatten eine Haut, so zart wie ein Kinderpopo, aber sie fuhren auf einem donnernden Schiff, aus dem die Funken sprühten. Niemand in unserem Dorf hatte bis dahin einen Weißen gesehen – nur die arabischen Händler, die manchmal kamen, um Zucker und Stoffe zu verkaufen. Aber selbst das passierte selten, denn wir verwendeten kaum Zucker und trugen auch keine Sachen aus Stoff, nur Ziegenfelle, mit denen wir unsere Scham bedeckten.

Als die Ältesten von diesen Geschichten hörten, berieten sie sich und empfahlen den Männern, nicht nach Kisumu zu gehen, bis man mehr über diesen weißen Mann in Erfahrung gebracht habe.

Aber der neugierige Onyango ließ sich davon nicht abhalten. Er wollte selbst sehen, was es mit diesen weißen Männern auf sich hatte. Eines Tages verschwand er, und niemand wusste, wohin. Viele Monate später, während die anderen Söhne Obamas auf dem Land arbeiteten, kehrte er ins Dorf zurück. Er trug eine Hose wie ein Weißer und ein Hemd wie ein Weißer und Schuhe, die seine Füße bedeckten. Die kleinen Kinder fürchteten sich vor ihm, und seine Brüder wussten nicht, was sie von seiner Verkleidung halten sollten. Sie riefen Obama. Er trat aus seiner Hütte, die ganze Familie kam zusammen und starrte Onyangos ungewöhnliche Aufmachung an.

»Was ist los mit dir?« rief sein Vater. »Warum bedeckst du dich so sonderbar?« Onyango schwieg. Sein Vater vermutete, dass sein Sohn eine Hose trug, um zu verbergen, dass er beschnitten war, was gegen die Luo-Tradition verstieß. Und das Hemd sollte wohl einen Hautausschlag oder eine Wunde verbergen. Seinen anderen Söhnen rief er zu: »Haltet euch fern von ihm, er ist unrein.« Dann ging er wieder in seine Hütte, während die anderen Onyango verlachten und ihm aus dem Weg gingen. Daraufhin kehrte er nach Kisumu zurück. Er blieb der Familie bis zuletzt entfremdet.

Damals wusste niemand, dass die Weißen für immer bleiben wollten. Wir dachten, sie seien nur gekommen, um ihre Waren zu verkaufen. Manche ihrer Gewohnheiten gefielen uns, so dass wir sie bald übernahmen, beispielsweise Tee trinken. Zum Tee brauchte man Zucker und Teekannen und Tassen. All diese Dinge kauften wir mit Fellen und Rindfleisch und Gemüse. Später lernten wir den Umgang mit dem Geld der Weißen. Doch all das beeinflusste unser Leben nicht sonderlich. Wie bei den Arabern blieb die Zahl der Weißen gering, und wir nahmen an, dass sie irgendwann in ihr Land zurückkehren würden. Einige Weiße ließen sich in Kisumu nieder und errichteten eine Mission. Sie erzählten von ihrem Gott, den sie als allmächtig bezeichneten. Aber die meisten Leute nahmen sie nicht ernst und fanden ihr Gerede töricht. Und selbst gegen ihre Gewehre regte sich kein Protest, weil wir noch nicht wussten, welchen Tod sie bringen konnten. Viele von uns hielten sie für spezielle Kellen zum Rühren von *ugali*.

Mit dem ersten Krieg der Weißen wurde dann alles anders. Immer mehr Gewehre kamen ins Land und mit ihnen ein weißer Mann, der sich als »District Commissioner« bezeichnete. Bei uns hieß er nur *Bwana Ogalo*, der Tyrann. Er setzte eine Hüttensteuer fest, die mit dem Geld der Weißen zu bezahlen war, weshalb viele Männer sich für Lohn verdingen mussten. Er verpflichtete viele unserer Männer zum Dienst in der Armee der Weißen, wo sie Verpflegung transportieren und eine Straße bauen mussten, auf der Automobile fahren konnten. Der *Bwana Ogalo* umgab sich mit Luo-Männern, die wie Weiße gekleidet waren und ihm als Agenten und Steuereintreiber dienten. Wir hörten, dass wir nun

Häuptlinge hatten, die nicht einmal dem Rat der Ältesten angehörten. All diese Neuerungen stießen auf Widerstand, und viele Männer nahmen den Kampf auf. Wer das tat, riskierte, gezüchtigt oder erschossen zu werden. Wer seine Steuern nicht zahlen konnte, dessen Hütte wurde abgebrannt. Manche Familien flüchteten ins Landesinnere, um dort ein neues Leben zu beginnen. Aber die meisten blieben und arrangierten sich mit den neuen Verhältnissen, auch wenn nun alle einsahen, wie töricht es gewesen war, das Erscheinen des weißen Mannes zu ignorieren. Dein Großvater arbeitete zu jener Zeit für die Weißen. Nur wenige konnten damals Englisch oder Suaheli sprechen – denn unsere Männer schickten die Söhne nicht gern auf die Schulen der Weißen, sie sollten lieber bei ihnen bleiben und auf dem Land arbeiten. Doch Onyango konnte lesen und schreiben und kannte sich aus mit amtlichen Dokumenten. Auf diese Weise konnte er sich nützlich machen, und während des Krieges wurde er als Aufseher von Straßenarbeitern eingesetzt. Schließlich wurde er nach Tanganjika entsandt, wo er mehrere Jahre blieb. Als er schließlich zurückkehrte, ließ er sich in Kendu nieder, aber in weiter Entfernung vom Compound seines Vaters. Und auch mit den Brüdern verkehrte er kaum. Er baute sich keine eigene Hütte, sondern wohnte in einem Zelt. So etwas hatten die Leute noch nie gesehen. Sie hielten ihn für verrückt. Nachdem er seinen Landbesitz hatte registrieren lassen, ging er nach Nairobi, wo ihm ein Weißer Arbeit angeboten hatte.

Weil seinerzeit nur wenige Afrikaner mit der Eisenbahn fahren konnten, legte er die ganze Strecke zu Fuß zurück. Über zwei Wochen war er unterwegs. Später erzählte er, was er auf dieser Reise alles erlebt hatte. Oft musste er sich mit seiner *panga* gegen Leoparden zur Wehr setzen. Einmal musste er sich vor einem zornigen Büffel auf einen Baum in Sicherheit bringen und zwei Tage lang dort oben hocken. Einmal fand er mitten auf dem Dschungelpfad ein Fass. Als er es öffnete, schoss eine Schlange heraus, die zwischen seinen Füßen in den Busch entwischte. Aber es geschah ihm kein Leid, und schließlich traf er in Nairobi ein und nahm seinen Dienst im Haus des Weißen auf.

Dein Großvater war nicht der Einzige, der in die Stadt zog. Nach dem Krieg begannen viele Afrikaner, für Lohn zu arbeiten, vor allem diejenigen, die zum Militär eingezogen worden waren oder in der Nähe der Städte wohnten oder sich von den weißen Missionen hatten bekehren lassen. Viele waren entwurzelt. Es gab Hunger und Krankheiten, und die weißen Siedler durften das beste Land für sich beanspruchen.

Besonders hart traf diese Entwicklung die Kikuyu, denn sie lebten im Hochland rings um Nairobi, wo sich besonders viele weiße Siedler niedergelassen hatten. Aber auch die Luo litten unter der Herrschaft des weißen Mannes. Alle mussten sich bei der Kolonialverwaltung registrieren lassen, und die Hüttensteuer wurde unablässig erhöht. Immer mehr unserer Männer sahen sich daher gezwungen, auf den großen Farmen der Weißen zu arbeiten. In unserem Dorf trugen nun immer mehr Leute die Kleidung des weißen Mannes, und immer mehr Väter schickten ihre Kinder auf eine Missionsschule. Aber natürlich waren selbst diejenigen, die zur Schule gingen, Menschen zweiter Klasse. Nur Weiße durften bestimmtes Land erwerben oder bestimmte Geschäfte führen. Bestimmte Tätigkeiten waren Hindus und Arabern vorbehalten.

Einige Afrikaner beschlossen, sich gegen diese Einschränkungen zu wehren, sie reichten Petitionen ein und organisierten Kundgebungen. Aber es waren nur wenige, und die meisten von uns hatten genug zu tun, um über die Runden zu kommen. Wer nicht als Lohnarbeiter beschäftigt war, blieb auf dem Dorf und versuchte an den überlieferten Sitten festzuhalten. Aber selbst in den Dörfern änderten sich die Verhältnisse. Das Land war dicht besiedelt, denn wegen der neuen Gesetze, die den Landbesitz regelten, hatten die Söhne keine Möglichkeit mehr, eigenen Grundbesitz zu bewirtschaften. Es stand kein Land mehr zur Verfügung. Die Traditionen wurden kaum noch respektiert, denn die jungen Leute sahen, wie machtlos die Alten waren. Bier, das früher aus Honig hergestellt und nur selten getrunken wurde, kam nun in Flaschen auf den Markt. Und viele Männer gaben sich dem Trunk hin. Etliche von uns fanden Gefallen am

Lebensstil der Weißen, und im Vergleich zu ihnen erschien uns unser Leben armselig.

Deinem Großvater ging es relativ gut. In Nairobi lernte er, für einen Weißen zu kochen und das Haus in Ordnung zu halten. Er war beliebt bei seinen Herren und fand Arbeit bei prominenten Weißen, sogar bei Lord Delamere. Von dem Ersparten kaufte er in Kendu Land und Vieh. Und dort baute er sich schließlich eine Hütte. Aber sie unterschied sich von denen der anderen. Seine Hütte war makellos sauber, Besucher mussten sich die Füße waschen oder die Schuhe ausziehen. Er aß an einem Tisch, unter einem Moskitonetz, mit Messer und Gabel. Was nicht sorgfältig gewaschen war und gleich nach dem Kochen bedeckt wurde, rührte er nicht an. Er nahm jeden Tag ein Bad und wusch jeden Abend seine Sachen. Bis zum Schluss war er so, sauber und hygienisch, und er ärgerte sich, wenn man etwas an den falschen Ort legte oder etwas nicht richtig saubermachte.

Und er war sehr eigen, was seinen Besitz anging. Wenn man ihn bat, gab er immer etwas – von seinem Essen, von seinem Geld, sogar von seiner Kleidung. Wenn man aber etwas ohne seine Erlaubnis berührte, konnte er richtig in Zorn geraten. Selbst später, als seine Kinder geboren waren, ermahnte er sie immer, dass man Dinge, die einem nicht gehörten, nicht anfasste.

Die Leute in Kendu hielten ihn für einen Sonderling. Sie kamen zu ihm, weil er großzügig war und man immer etwas zu essen bekam. Aber unter sich lachten sie über ihn, weil er weder Frauen noch Kinder hatte. Vielleicht kam Onyango dieses Gerede zu Ohren, denn er beschloss, dass er eine Frau brauche. Der Haken war nur, dass keine Frau seinen Haushalt so ordentlich führten konnte, wie er das erwartete. Für einige Mädchen bezahlte er Brautgeld, doch wenn sie faul waren oder einen Teller zerbrachen, schlug er sie. Es war üblich bei den Luo, dass ein Mann die Frau schlug, wenn sie sich nicht anständig benahm, aber selbst unter den Luo galt Onyango als außerordentlich streng, und die Frauen, die er genommen hatte, liefen am Ende zurück zu ihrer Familie. Dein Großvater hat auf diese Weise viel

Vieh verloren, denn er war viel zu stolz, um die Rückgabe des Brautgeldes zu verlangen.

Schließlich fand er eine, die es mit ihm aushielt. Sie hieß Helima. Es ist nicht bekannt, welche Gefühle sie deinem Großvater entgegenbrachte, aber sie war ruhig und ehrerbietig – und vor allem genügte sie den hohen Ansprüchen deines Großvaters. Er baute ihr in Kendu eine Hütte, wo sie sich die meiste Zeit aufhielt. Gelegentlich nahm er sie mit nach Nairobi, wo sie dann in dem Haus wohnte, in dem er arbeitete. Nach einigen Jahren stellte sich heraus, dass Helima keine Kinder bekommen konnte. Bei den Luo war das gewöhnlich ein Scheidungsgrund – ein Mann konnte seine unfruchtbare Frau zu den Schwiegereltern zurückschicken und eine Rückerstattung des Brautgeldes verlangen. Onyango behielt Helima aber, und in diesem Sinne hat er sie gut behandelt.

Dennoch muss Helima sehr einsam gewesen sein, denn dein Großvater arbeitete unentwegt und hatte keine Zeit für Freunde und Vergnügungen. Er traf sich nicht mit anderen Männern, um mit ihnen zu trinken, und er rauchte nicht. Sein einziges Vergnügen bestand darin, dass er einmal im Monat in Nairobi tanzen ging, denn er tanzte gern, obwohl er gar kein guter Tänzer war. Er war plump und trat anderen immer auf die Füße. Die meisten Leute sagten nichts, weil sie seine Erregbarkeit kannten. Doch eines Abends beschwerte sich ein Betrunkener über Onyangos Tolpatschigkeit. Der Mann wurde ausfallend und rief schließlich:»Onyango, du bist kein junger Bursche mehr. Du hast viele Rinder, und du hast eine Frau, aber Kinder hast du nicht. Sag, ist mit deinem Dings etwas nicht in Ordnung?«

Die Umstehenden lachten. Onyango schlug den Mann. Aber die Bemerkung ging ihm vermutlich nicht aus dem Sinn, denn noch im selben Monat machte er sich auf die Suche nach einer zweiten Frau. Er kehrte nach Kendu zurück und erkundigte sich über alle heiratsfähigen Frauen im Dorf. Letztlich entschied er sich für Akumu, ein junges Mädchen, das für seine Schönheit bekannt war. Akumu war schon einem Mann versprochen, der ihrem Vater sechs Rinder als Brautgeld bezahlt und versprochen hatte, später noch einmal sechs zu bezahlen. Doch Onyango kannte Akumus Vater und überredete ihn, die sechs Rinder zurückzugeben. Als Gegenleistung gab er ihm auf der Stelle fünfzehn Rinder. Am nächsten Tag fingen die Freunde deines Großvaters Akumu ab, als sie im Wald unterwegs war, und brachten sie zu Onyangos Hütte.

Der junge Godfrey erschien mit einer Wasserschüssel, in der wir uns alle vor dem Essen die Hände wuschen. Auma stand mit nachdenklichem Gesicht auf und streckte sich. Sie sagte etwas zu Dorsila und Granny und erhielt eine längere Antwort.

»Ich habe sie gefragt, ob unser Großvater Akumu entführt hat«, sagte Auma und nahm sich etwas Fleisch.

»Was haben sie geantwortet?«

»Sie sagen, das sei bei den Luo Tradition gewesen. Der Mann entrichtet das Brautgeld, und die Frau darf nicht allzu willig erscheinen. Sie muss die Unwillige spielen, woraufhin sie von den Freunden des Mannes entführt und in seine Hütte gebracht wird. Erst nach diesem Ritual findet die eigentliche Hochzeitsfeier statt. Ich habe geantwortet, dass bei einem solchen Brauch manche Frauen die Unwillige bestimmt nicht nur gespielt haben.«

Zeituni tunkte etwas *ugali* in die Sauce. »Ach, Auma, so schlimm war es nicht. Wenn der Ehemann sich schlecht benahm, konnte das Mädchen jederzeit gehen.«

»Aber was nützt ihr das, wenn der Vater einfach jemand anderen für sie auswählt? Was wäre denn passiert, wenn eine Frau den vom Vater bestimmten Kandidaten abgelehnt hätte?«

»Sie hätte Schande über sich und die Familie gebracht«, sagte Zeituni achselzuckend.

»Na bitte«, sagte Auma und wandte sich wieder an Granny. Deren Antwort veranlasste Auma, ihr einen Klaps auf den Arm zu geben.

»Ich habe sie gefragt, ob das Mädchen mit dem Mann am Tag ihrer Entführung schlafen musste«, erklärte sie. »Sie meinte, dass niemand wusste, was in der Hütte eines Mannes vor sich ging. Aber sie fragte auch, wie der Mann denn wissen sollte, wie die Suppe schmeckt, wenn er nicht vorher ein bisschen davon probiert.«

Ich fragte Granny, wie alt sie gewesen sei, als sie Großvater heiratete. Das schien sie so sehr zu amüsieren, dass sie die Frage an Dorsila weitergab, die daraufhin loskicherte und Granny auf den Schenkel schlug.

»Sie hat Dorsila erklärt, dass du wissen willst, wann Onyango sie verführt habe«, sagte Auma.

Granny zwinkerte mir zu und sagte dann, dass sie mit sechzehn geheiratet habe; Onyango sei ein Freund ihres Vaters gewesen. Auf meine Frage, ob sie das gestört habe, schüttelte sie den Kopf.

»Es war üblich, einen älteren Mann zu heiraten«, übersetzte Auma. »Heiraten war damals keine Angelegenheit, die zwei Menschen unter sich ausmachten. Es betraf die Familien, das ganze Dorf. Man beklagte sich nicht und hatte auch keine romantischen Vorstellungen. Wenn die Frau den Mann mit der Zeit nicht lieben lernte, so lernte sie doch, ihm zu gehorchen.«

Nun kam es zu einem längeren Hin und Her zwischen Auma und Granny. Über eine von Grannys Bemerkungen mussten alle lachen – alle bis auf Auma, die aufstand und die Teller zusammenräumte.

»Ich geb's auf«, sagte sie.

»Was hat Granny denn gesagt?«

»Ich habe sie gefragt, warum sich die Frauen bei uns mit arrangierten Ehen abfinden. Damit, dass Männer die Entscheidungen treffen. Dass der Mann die Frau schlägt. Und weißt du, was sie geantwortet hat? Dass die Frauen oft geschlagen werden mussten, weil sie sonst nicht getan hätten, was man von ihnen verlangte. Da kannst du mal sehen, wie wir wirklich sind. Wir beklagen uns, lassen uns aber von den Männern wie der letzte Dreck behandeln. Sieh dir Godfrey an. Wenn er hört, was Granny und Dorsila alles sagen, muss ihn das denn nicht beeinflussen?«

Granny hatte Aumas Worte nicht genau verstanden, aber sie muss den Tonfall verstanden haben, denn auf einmal klang sie ganz ernst.

»Du hast sicher recht, Auma«, sagte sie auf Luo. »Bei uns haben die Frauen ein schweres Los getragen. Wer ein Fisch ist, versucht nicht zu fliegen – man schwimmt mit den anderen. Man weiß nur, was man weiß. Wenn ich heute jung wäre, hätte ich diese Dinge vielleicht nicht akzeptiert. Vielleicht wären mir meine Gefühle wichtiger, und ich würde mich verlieben wollen. Aber ich bin in einer anderen Welt aufgewachsen. Ich kenne nur, was ich gesehen habe. Was ich nicht gesehen habe, das bedrückt mich nicht.«

Aus Grannys Worten sprach eine andere Zeit. Und Weisheit. Aumas Frustration war mir aber ebenfalls verständlich. Auch ich, der ich der Geschichte meines Großvaters gelauscht hatte, war enttäuscht. So vage mein Bild von ihm war, ich hatte ihn mir als einen autokratischen, vielleicht auch brutalen Mann vorgestellt. Aber auch als unabhängig, als Mann seines Volkes, der gegen die Herrschaft der Weißen kämpfte. Nun erkannte ich, dass dieses Bild keine andere Grundlage hatte als den Brief, in dem er Gramps mitgeteilt hatte, dass er gegen die Heirat seines Sohnes mit einer Weißen sei. Und seinen muslimischen Glauben hatte ich sofort mit Farrakhans »Nation of Islam« assoziiert. Grannys Erzählungen brachten dieses Bild völlig durcheinander. Unschöne Worte gingen mir durch den Sinn. Onkel Tom. Kollaborateur. Hausnigger.

Ich fragte Granny, ob Großvater jemals von seiner Haltung gegenüber den Weißen gesprochen habe, wollte ihr meine Überlegungen ein wenig erklären, doch in diesem Moment kamen Sayid und Bernard verschlafen aus dem Haus. Zeituni zeigte ihnen die Teller, die wir für sie bereitgestellt hatten. Erst als sie aßen und Auma und das Nachbarsmädchen wieder vor den beiden alten Frauen hockten, fuhr Granny mit ihrer Geschichte fort.

Auch ich wusste nicht immer, was in deinem Großvater vorging. Das war auch nicht so einfach, denn er wollte nicht, dass die Leute alles von ihm wussten. Selbst wenn er mit einem sprach, schaute er an einem vorbei, aus Sorge, man könne seine Gedanken lesen. So war es auch mit seiner Haltung gegenüber den Weißen. Am einen Tag sagte er dies, am nächsten etwas anderes. Ich wusste, dass er die Weißen wegen ihrer Macht respektierte, wegen ihrer Maschinen und Waffen und ihrer Lebensart. Er sagte oft, dass sich der weiße Mann stets bemühe, voranzukommen, sich weiterzuentwickeln, während der Afrikaner allem Neuen misstraue. »Der Afrikaner ist langsam«, sagte er manchmal. »Man muss ihn schlagen, damit er überhaupt etwas tut.« Trotzdem glaube ich nicht, dass er an die Überlegenheit der Weißen glaubte. Vieles an ihnen konnte er nicht respektieren. Vieles hielt er für dumm. Nie hätte er sich von einem Weißen schlagen lassen. Aus diesem Grund verlor er viele Jobs. Wenn der Weiße, für den er arbeitete, ihn nicht anständig behandelte, wies er ihn zurecht und suchte sich etwas anderes. Er ließ sich nichts bieten. Einmal wollte ihn ein weißer Boss mit dem Rohrstock züchtigen, doch er hat ihm den Stock weggeschnappt und ihn seinerseits geschlagen. Er wurde natürlich verhaftet, aber als er den Tathergang erklärte, beschränkten sich die Behörden auf eine Geldstrafe und eine Verwarnung.

Stärke und Disziplin, das war deinem Großvater wichtig. Auch wenn er vieles von den Weißen übernahm, achtete er die Traditionen der Luo. Respekt vor den Alten, vor Autorität. Ordnung und Anstand in allem, was er tat. Deshalb konnte er dem Christentum auch nichts abgewinnen. Eine Zeitlang war er Christ, er hatte sogar den Namen Johnson angenommen. Aber das Gebot, seine Feinde zu lieben, konnte er nicht verstehen. Oder dass dieser Jesus alle Sünden wegwaschen konnte. Dein Großvater hielt das für dumm, für romantisches Zeug, das die Frauen trösten sollte. Und dann ist er zum Islam übergetreten. Der entsprach eher seinen Vorstellungen.

Diese Härte war ja die Ursache so vieler Probleme zwischen ihm und Akumu. Als ich zu ihm kam, hatte sie ihm schon zwei Kinder geboren. Erst Sarah, dann, drei Jahre später, euren Vater Barack. Ich kannte Akumu nicht besonders gut, denn sie lebte mit ihren Kindern und Helima in Kendu, während ich mit ihm in Nairobi lebte. Aber sooft ich ihn nach Kendu begleitete, sah ich, dass Akumu unglücklich war. Sie war rebellisch und fand ihren Mann viel zu anspruchsvoll. Er beschwerte sich immer, dass sie den Haushalt nicht ordentlich führe. Selbst in der Kindererziehung stellte er strenge Forderungen. Er befahl Akumu, die Babys in Kinderbettchen zu legen und ihnen die Sachen anzuziehen, die er aus Nairobi mitbrachte. In der Umgebung der Babys musste es noch viel sauberer sein als sonst. Helima versuchte, Akumu zu unterstützen, und kümmerte sich um die Kinder, als wären es ihre eigenen, aber es half nichts. Akumu war nur ein paar Jahre älter als ich, und sie stand unter enormem Druck. Und vielleicht hat Auma recht ... vielleicht liebte sie noch immer den Mann, dem sie versprochen war, bevor Onyango kam und sie entführte.

Jedenfalls hat sie mehr als einmal versucht, ihn zu verlassen. Einmal nach Sarahs Geburt und ein zweites Mal nach Baracks Geburt. Und trotz seines Stolzes lief Onyango ihr jedes Mal hinterher, denn er fand, dass die Kinder ihre Mutter brauchten. Beide Male stellte sich Akumus Familie auf seine Seite, so dass ihr keine andere Wahl blieb, als zu ihm zurückzukehren. Letztlich fügte sie sich in das, was von ihr erwartet wurde, aber ihre Verbitterung blieb.

Nach dem Ausbruch des Zweiten Weltkriegs wurde es etwas leichter für sie. Onyango fuhr als Koch des britischen Hauptmanns hinaus in die Welt, und ich zog zu Akumu und Helima, half ihnen mit den Kindern und auf den Feldern. Wir haben deinen Großvater lange Zeit nicht gesehen. Er war mit britischen Regimentern in der ganzen Welt – Burma, Ceylon, Arabien und auch irgendwo in Europa. Als er drei Jahre später zurückkehrte, kam er mit einem Grammophon und dem Foto der Frau, die er angeblich in Burma geheiratet hatte. Die Fotos bei mir an der Wand stammen alle aus dieser Zeit.

Onyango war inzwischen fast fünfzig. Immer öfter dachte er daran, nicht mehr für den weißen Mann zu arbeiten und auf sein Land zurückzukehren. Weil das Land um Kendu aber dicht bevölkert war und das Weideland nicht mehr viel hergab, erinnerte er sich an Alego, an das Land, das sein Großvater aufgegeben hatte. Eines Tages befahl er uns, seinen Frauen, alles für eine Rückkehr dorthin vorzubereiten. Ich war jung und anpassungsfähig, aber für Helima und Akumu war es ein Schock. Beider

Familien lebten in Kendu, und sie hatten sich an Kendu gewöhnt. Besonders Helima befürchtete, in Alego einsam zu sein, denn sie war fast so alt wie Onyango und hatte keine eigenen Kinder. Sie lehnte es ab mitzukommen. Auch Akumu wollte zunächst nicht mitkommen, doch wieder machte die Familie ihr klar, dass sie ihrem Mann folgen und sich um die Kinder kümmern müsse.

Als wir in Alego ankamen, war das meiste Land Busch. Es war eine harte Zeit für uns. Aber dein Großvater, der in Nairobi moderne landwirtschaftliche Methoden kennengelernt hatte, ging nun daran, seine Ideen in die Praxis umzusetzen. Unter seinen Händen gedieh alles, und nach nicht einmal einem Jahr konnte er die erste Ernte auf dem Markt verkaufen. Er legte dieses breite Rasenstück an, rodete den Busch und bewirtschaftete seine Felder. Er pflanzte die Mango- und Papayabäume und die Bananenstauden, die ihr heute sehen könnt.

Er verkaufte sogar die meisten seiner Rinder. Denn er war der Ansicht, dass der Boden durch das Weiden ausgelaugt und am Ende weggeschwemmt wird. Von dem Geld baute er große Hütten für Akumu und mich und für sich selbst. Auf einem Regal hatte er eine große Kristallschale aus England stehen, und auf seinem Grammophon spielte er bis spät in die Nacht hinein sonderbare Musik. Als meine ersten Kinder, Omar und Zeituni, geboren wurden, kaufte er Bettchen und Babysachen und zwei Moskitonetze, wie zuvor schon für Barack und Sarah. In der Kochhütte baute er einen Ofen, in dem er Brot und Kuchen backte, wie man sie in den Läden bekommt.

Für die Nachbarn in Alego war das alles sehr fremd. Zuerst beobachteten sie ihn misstrauisch und hielten ihn für einen Dummkopf, besonders, als er sein Vieh verkaufte. Doch bald schon begannen sie seine Großzügigkeit zu schätzen und die Tatsache, dass sie viel von ihm über Landwirtschaft und Heilkräuter erfuhren. Sie ertrugen sogar seine Wutanfälle, denn sie stellten fest, dass er sie vor Zauberern schützte. Schamanen wurden damals oft konsultiert und waren weithin gefürchtet. An sie wandte man sich, etwa wenn man einen Liebestrank für seine

Flamme oder einen tödlichen Zaubertrank für einen Feind haben wollte. Dein Großvater, ein weitgereister und belesener Mann, hielt Schamanen aber für Betrüger, die anderen Leuten das Geld aus der Tasche zogen.

Noch heute könnten dir viele Leute in Alego von dem Tag erzählen, als ein Schamane aus einer anderen Provinz hier auftauchte, um einen unserer Nachbarn zu töten. Dieser Nachbar hatte einem Mädchen den Hof gemacht, und beide Familien waren übereingekommen, dass die beiden heiraten sollten. Aber ein anderer Mann hatte ebenfalls ein Auge auf dieses Mädchen geworfen, und in seiner Eifersucht beauftragte er nun einen Schamanen, seinen Rivalen aus dem Weg zu räumen. Als unser Nachbar von diesem Plan hörte, bekam er es mit der Angst zu tun und bat Onyango um Rat. Onyango hörte sich die Sache an, nahm dann seine *panga* und eine Peitsche aus Krokodilleder und wartete am Ende der Straße auf den Schamanen.

Der erschien auch bald, mit einem Köfferchen in der Hand. Sobald er in Rufweite war, stellte sich dein Großvater mitten auf die Straße und rief ihm zu: »Geh zurück, wo du hergekommen bist!« Der Schamane wusste nicht, wer Onyango war, und ließ sich nicht weiter beirren, doch Onyango stellte sich ihm in den Weg und sagte: »Wenn du so mächtig bist, wie es von dir behauptet wird, dann musst du mich mit einem Blitz niederstrecken. Wenn du das nicht schaffst, solltest du schleunigst verschwinden, denn sonst müsste ich mit meinen Fäusten nachhelfen.« Wieder ging der Schamane unbeirrt weiter, doch im nächsten Moment hatte Onyango ihn schon zu Boden geschlagen, den Koffer an sich genommen und war damit in seinen Compound zurückgekehrt.

Nun ja, das war eine ernste Angelegenheit, zumal dein Großvater sich weigerte, den Zauberkoffer herauszurücken. Am nächsten Tag kam der Ältestenrat zusammen, um den Streitfall beizulegen. Onyango und der Schamane mussten vortreten und jeweils ihre Sicht des Falles schildern. Der Schamane erklärte, er werde einen Fluch über das ganze Dorf sprechen, wenn Onyango ihm nicht auf der Stelle den Koffer zurückgebe. Anschließend erhob sich Onyango und wiederholte, was er schon früher gesagt hatte. »Wenn dieser Mann tatsächlich eine starke Zauberkraft besitzt, dann soll er jetzt machen, dass ich tot umfalle.« Die Ältesten rückten ein wenig zur Seite, weil sie Sorge hatten, die Geister könnten ihr Ziel verfehlen. Doch es kamen keine Geister. Onyango wandte sich daraufhin an den Mann, der den Schamanen bestellt hatte, und sagte: »Lass die Frau dem Mann, dem sie versprochen wurde, und such dir eine andere.« Und zu dem Schamanen sagte er: »Geh zurück, wo du hergekommen bist, hier wird niemand getötet.«

Die Ältesten waren einverstanden, verlangten aber, dass Onyango den Koffer zurückgab, denn sie wollten keine Risiken eingehen. Onyango war ebenfalls einverstanden und lud den Schamanen nach dem Ende der Versammlung in seine Hütte ein. Er befahl mir, ein Hühnchen zu schlachten, damit der Schamane etwas essen konnte, und er gab ihm sogar etwas Geld, damit er die Reise nach Alego nicht umsonst gemacht hatte. Und zum Schluss ließ er sich von ihm den Inhalt des Koffers zeigen und die Eigenschaften eines jeden Zaubertranks erklären, denn er wollte alle Tricks lernen.

Aber selbst mit einem dieser Zaubermittel hätte er Akumu nicht glücklich machen können. Sosehr er sie auch schlagen mochte, sie hatte ihren eigenen Kopf, sie war stolz. Sie hat sich oft geweigert, im Haus zu arbeiten, und mich verlacht. Als Sarah zwölf war und Barack neun, bekam sie ein drittes Kind – Auma mit Namen, wie diese junge Dame hier –, und während des Stillens plante sie heimlich ihre Flucht. Eines Nachts war es so weit. Sie weckte Sarah und sagte, dass sie weggehe, nach Kendu, und dass die nächtliche Reise für Kinder zu mühsam sei. Sie und Barack sollten nachkommen, sobald sie etwas älter seien. Dann verschwand sie mit ihrem Baby in der Dunkelheit.

Onyango war außer sich, als er sah, was vorgefallen war. Zuerst hielt er es für das Beste, Akumu gehen zu lassen, aber Barack und Sarah waren noch so jung, und ich, mit meinen zwei Kindern, war ja selbst noch blutjung. Und so ging er nach Kendu und forderte die Familie auf, Akumu zurückzuschicken. Doch die Familie lehnte ab. Sie hatte in der Zwischenzeit auch schon das Brautgeld eines anderen Mannes akzeptiert, der Akumu heiraten wollte, und die beiden waren bereits nach Tanganjika abgereist. Onyango blieb nichts anderes übrig, als unverrichteter Dinge nach Alego zurückzukehren. Er beschloss, die Sache nicht so wichtig zu nehmen, und erklärte, dass ich nun die Mutter aller seiner Kinder sei.

Von Akumus nächtlichem Gespräch mit Sarah wusste er natürlich genauso wenig wie ich. Sarah hatte die Anweisung ihrer Mutter aber nicht vergessen, und nur wenige Wochen später weckte sie Barack mitten in der Nacht, so wie sie von ihrer Mutter geweckt worden war. Sie half ihm beim Anziehen, schärfte ihm ein, ganz leise zu sein, und dann stapften sie los in Richtung Kendu. Ich wundere mich noch heute, dass sie es geschafft haben. Sie waren fast zwei Wochen unterwegs, legten täglich mehrere Meilen zurück, versteckten sich, wenn ihnen jemand entgegenkam, schliefen unter freiem Himmel und bettelten um Essen. Nicht weit von Kendu verliefen sie sich. Eine Frau fand sie und hatte Mitleid mit ihnen, halb verhungert und schmutzig, wie sie waren. Die Frau nahm sie zu sich und gab ihnen zu essen, erkundigte sich nach ihrem Namen, und als sie sah, wen sie vor sich hatte, schickte sie nach Onyango. Der kam dann auch, um die Kinder abzuholen, und als er sah, in welch erbarmungswürdigem Zustand sie waren, brach er in Tränen aus. Es war das einzige Mal, dass man ihn hat weinen sehen.

Die Kinder haben dann nie wieder versucht, wegzulaufen. Ihre Reise haben sie aber bestimmt nicht vergessen. Sarah begegnete Onyango mit Distanz, doch Akumu blieb sie treu verbunden, denn sie war schon älter und hatte vielleicht gesehen, wie der alte Herr ihre Mutter behandelt hatte. Mich hat sie wohl auch abgelehnt, weil ich den Platz ihrer Mutter einnahm. Barack reagierte anders. Er konnte Akumu nicht verzeihen, dass sie ihn im Stich gelassen hatte. Für ihn existierte sie einfach nicht mehr. Er erzählte allen, ich sei seine Mutter, und obwohl er Akumu in späteren Jahren Geld schickte, verhielt er sich bis an sein Lebensende ihr gegenüber kühl.

Merkwürdigerweise war Sarah ihrem Vater sehr ähnlich. Penibel, arbeitsam, reizbar. Barack dagegen war ungestüm und eigensinnig wie Akumu. Aber natürlich bemerkt man solche Dinge nicht an sich selbst.

Onyango war sehr streng zu seinen Kindern. Sie durften nicht mit anderen Kindern spielen, weil er fand, dass die anderen Kinder schmutzig und ungehobelt waren. Wenn er unterwegs war, habe ich mich darüber hinweggesetzt, denn ich finde, Kinder müssen mit Gleichaltrigen spielen, so wie sie essen und schlafen müssen. Aber ich habe ihm nie davon erzählt, und vor seiner Heimkehr musste ich die Kinder immer schrubben, damit sie anständig und sauber aussahen.

Das war anstrengend, vor allem bei Barack. Er war so ein Lausbub! In Gegenwart seines Vaters war er brav und anständig, und wenn ihm etwas aufgetragen wurde, hat er nie etwas gesagt. Aber hinter Onyangos Rücken tat er, wozu er Lust hatte. Wenn sein Vater geschäftlich unterwegs war, riss er sich die Sachen vom Leib und lief mit den anderen Jungen weg, um zu raufen oder im Fluss zu schwimmen, um bei den Nachbarn Obst zu stehlen oder auf ihren Kühen zu reiten. Da die Nachbarn sich nicht trauten, Onyango direkt anzusprechen, beschwerten sie sich bei mir. Aber ich brachte es nicht fertig, Barack böse zu sein, ich habe seine Streiche vor Onyango immer vertuscht, denn ich habe Barack geliebt wie meinen eigenen Sohn.

Onyango hat es zwar nie gezeigt, aber auch er hatte Barack in sein Herz geschlossen, weil er so schlau war. Er hat ihm die Buchstaben und die Zahlen beigebracht, da war Barack fast noch ein Baby, und schon bald war der Sohn dem Vater in diesen Dingen voraus. Das gefiel Onyango, denn für ihn gründete die Macht des weißen Mannes auf Wissen, und deshalb sollte sein Sohn eine ebenso gute Bildung bekommen wie der Sohn eines Weißen. Sarahs Schulbildung war ihm weniger wichtig, obwohl sie genauso klug war wie ihr Bruder. Die meisten Männer betrachteten es als Geldverschwendung, ihre Töchter auf die Schule zu schicken. Als Sarah mit der Grundschule fertig war, bat sie ihren Vater inständig, sie auf die höhere Schule zu schicken. Er sagte: »Warum soll ich Schulgeld für dich ausgeben, wenn du später doch im Haus eines anderen Mannes leben wirst? Geh deiner Mutter zur Hand und lerne, eine gute Ehefrau zu werden!«

Das führte zu noch mehr Spannungen zwischen Sarah und Barack, zumal sie wusste, dass Barack die Schule recht locker nahm. Das Lernen fiel ihm leicht. Zuerst besuchte er die nahe gelegene Missionsschule, aber schon am ersten Tag beklagte er sich bei seinem Vater, dass er dort nichts lerne. Der Unterricht werde von einer Frau erteilt, und was sie den anderen beibringe, wisse er schon alles. Diese Haltung hatte er von seinem Vater, Onyango konnte also nicht viel sagen. Die nächste Schule war zehn Kilometer entfernt. Jeden Morgen begleitete ich ihn dorthin. Dort erteilte ein Mann den Unterricht, aber Barack merkte, dass sein Problem damit nicht gelöst wat. Er wusste immer schon die Antworten, und manchmal verbesserte er den Lehrer vor versammelter Mannschaft. Der Lehrer fand das unverschämt und tadelte ihn, aber Barack wollte nicht einlenken. Er hat sich oft Stockschläge vom Direktor dafür eingehandelt. Aber vielleicht war ihm das ja auch eine Lektion, denn im folgenden Jahr, als er wieder eine Lehrerin bekam, beschwerte er sich nicht mehr.

Der Unterricht hat ihn aber weiterhin gelangweilt, und später ist er manchmal wochenlang nicht zur Schule gegangen. Kurz vor der Prüfung ist er mit einem Klassenkameraden den ganzen Stoff durchgegangen, und am Ende war er immer der Klassenbeste. Die wenigen Male, wenn er nicht der Beste war, kam er, in Tränen aufgelöst, zu mir, denn für ihn war es ganz normal, der Beste zu sein. Aber das ist nur ein-, zweimal passiert – meistens kam er lachend nach Hause und gab mordsmäßig an, wie schlau er sei.

Dabei war Barack gar nicht arrogant, er war immer freundlich zu seinen Mitschülern und half ihnen, sooft sie ihn darum baten. Seine Angeberei war die eines kleinen Jungen, der merkt, dass er schnell laufen oder gut jagen kann. Ihm war nicht klar, dass man ihm diese Mühelosigkeit übelnehmen könnte. Noch als Erwachsener hat er das nicht begriffen. Wenn er in einer Bar oder einem

Restaurant ehemalige Klassenkameraden sah, die inzwischen Minister oder Geschäftsleute waren, erklärte er ihnen vor allen anderen, dass sie dumm seien. »Hey, ich weiß noch, wie ich dir Rechnen beibringen musste, wie kannst du dann heute so ein großes Tier sein?« Dann lachte er und spendierte allen ein Bier, denn er mochte diese Männer ja. Die aber erinnerten sich an ihre Schulzeit und daran, dass Baracks Bemerkung nicht aus der Luft gegriffen war, und vielleicht zeigten sie es nicht, aber insgeheim waren sie wütend auf ihn.

In der Zeit, als dein Vater ein Teenager war, hat sich das Land schnell verändert. Viele Afrikaner hatten am Zweiten Weltkrieg teilgenommen. Sie hatten Waffen getragen und sich in Burma oder Palästina als tapfere Soldaten bewiesen. Sie hatten gesehen, dass Weiße gegen Weiße kämpfen, sie hatten an der Seite von Weißen gekämpft, sie hatten ihr Leben gelassen und selbst viele Weiße getötet. Sie hatten gelernt, dass ein Afrikaner mit den Maschinen der Weißen umgehen konnte, und sie waren Schwarzen aus Amerika begegnet, die Flugzeuge lenkten und Chirurgen waren. Bei ihrer Heimkehr nach Kenia waren sie fest entschlossen, all diese Erfahrungen weiterzugeben und sich der Herrschaft der Weißen nicht länger zu beugen.

Man redete von Unabhängigkeit. Es gab Versammlungen und Kundgebungen, man beschwerte sich bei den Behörden wegen der Beschlagnahmung von Land und wegen der Macht von Häuptlingen, die Männer zu unbezahlter Arbeit für staatliche Projekte verpflichten konnten. Selbst Afrikaner, die Missionsschulen besucht hatten, rebellierten jetzt gegen ihre Kirche und warfen ihr vor, in ihrem Hochmut gegenüber allem Afrikanischen ein verfälschtes Christentum zu vertreten. Zu diesen Aktivitäten kam es hauptsächlich im Land der Kikuyu, denn dieser Stamm hatte am meisten unter der Herrschaft der Weißen zu leiden. Aber auch die Luo wurden unterdrückt, als Zwangsarbeiter herangezogen. Unsere Männer demonstrierten gemeinsam mit den Kikuyu. Und als die Engländer dann ihre Notstandsgesetze erließen, wurden viele Männer verhaftet, manche verschwanden auf Nimmerwiedersehen.

Diese frühen politischen Diskussionen über Unabhängigkeit haben auch deinen Vater beeinflusst. Oft kam er von der Schule nach Hause und berichtete von den Versammlungen, die er gesehen hatte. Dein Großvater war mit vielen Forderungen der KANU und anderer Parteien einverstanden, bezweifelte aber, dass die Unabhängigkeitsbewegung zu etwas führen werde, weil nach seiner Ansicht Afrikaner nie und nimmer gegen die Armee des weißen Mannes gewinnen könnten. »Wie können wir die Weißen besiegen«, sagte er zu Barack, »wenn wir nicht einmal Fahrräder bauen können?« Und auch deswegen würden Afrikaner niemals gewinnen, weil sie immer nur an die eigene Familie oder den eigenen Clan dächten, während die Weißen zusammenarbeiten, um noch mächtiger zu werden. »Der Weiße allein ist wie eine Ameise«, sagte er, »man kann ihn zertreten. Aber wie Ameisen arbeiten auch die Weißen für das gemeinsame Wohl. Seine Nation, seine Geschäfte – all diese Dinge sind ihm wichtiger als die eigene Person. Er folgt dem Führer und stellt Befehle nicht in Frage. Die Schwarzen sind anders. Noch der dümmste Schwarze glaubt, dass er alles besser weiß. Deshalb werden die Schwarzen immer den Kürzeren ziehen.«

Trotz dieser Einstellung wurde dein Großvater einmal verhaftet. Ein Afrikaner, der für den District Commissioner arbeitete, war neidisch auf Onyangos Landbesitz. Weil er überhöhte Steuern eintrieb und den Mehrbetrag in die eigene Tasche steckte, war er von deinem Großvater einmal scharf zurechtgewiesen worden. In der Zeit des Aufstands setzte er Onyangos Namen auf eine Liste von KANU-Sympathisanten und beschuldigte ihn vor den Weißen, ein Rebell zu sein. Eines Tages kamen die askaris, nahmen Onyango mit und sperrten ihn in ein Lager. Als man ihm schließlich den Prozess machte, stellte sich seine Unschuld heraus. Über ein halbes Jahr hatte er im Lager gesessen, und als er nach Alego zurückkehrte, war er abgemagert und ungepflegt. Er konnte kaum gehen, und seine Haare waren verlaust. Er schämte sich so sehr, dass er das Haus nicht betrat, und er wollte auch nicht erzählen, was passiert war. Stattdessen rief er mich zu sich, bat mich, ihm heißes Wasser und ein Rasiermesser zu bringen. Er schor sich den Kopf und nahm ein Bad. Es hat sehr lange gedauert, ich musste ihm helfen. Und ich sah, dass er ein alter Mann geworden war.

Barack war zu der Zeit nicht zu Hause, er erfuhr erst später von der Verhaftung seines Vaters. Er war nach der Zulassungsprüfung in die Missionsschule in Maseno aufgenommen worden, etwa fünfzig Meilen weiter südlich, fast am Äquator. Eigentlich hätte es eine große Ehre für ihn sein sollen, denn nur wenige Afrikaner konnten eine höhere Schule besuchen, und nur die Besten wurden in Maseno aufgenommen, aber mit seiner Aufsässigkeit handelte er sich viel Ärger ein. Er schmuggelte Mädchen in den Schlafsaal, denn er verstand sich darauf, den Mädels zu schmeicheln und ihnen die schönsten Dinge zu versprechen. Er und seine Freunde stahlen in der Umgebung Hühner und Yams, weil ihnen das Schulessen nicht schmeckte. Die Lehrer sahen über seine Streiche hinweg, denn sie wussten, dass er intelligent war. Doch irgendwann ging er zu weit und wurde von der Schule geworfen.

Als sein Vater davon hörte, war er so fuchsteufelswild, dass er Barack züchtigte, bis er einen blutigen Rücken hatte. Aber Barack lief nicht weg und gab keinen Laut von sich und erklärte sich nicht einmal. Schließlich sagte Onyango zu seinem Sohn: »Wenn du dich in meinem Compound nicht beträgst, kann ich dich hier nicht gebrauchen.« In der Woche darauf erklärte er, er habe ihm in einem Büro in Mombasa eine Anstellung verschafft. »Jetzt wirst du den Wert von Erziehung lernen. Ich werde ja sehen, ob es dir gefällt, dein Essen selbst zu verdienen.«

Barack blieb nichts anderes übrig, als zu gehorchen. Also fuhr er nach Mombasa und nahm im Büro eines arabischen Kaufmanns seine Arbeit auf. Doch schon bald hatte er Streit mit dem Boss und ging, ohne seinen Lohn mitzunehmen. Er fand woanders Arbeit, verdiente dort aber weniger. Doch er war viel zu stolz, um seinen Vater um Hilfe zu bitten oder zuzugeben, dass er einen Fehler gemacht hatte. Trotzdem kam Onyango die Sache zu Ohren, und bei Baracks nächstem Besuch zu Hause hielt er ihm vor, dass er es nie zu etwas bringen werde. Barack versuchte ihm weiszumachen, dass er in dem neuen Job mehr verdiene, hundertfünfzig Shilling im Monat, doch Onyango sagte nur: »Dann zeig mir dein Arbeitsbuch, wenn du so ein reicher Mann bist.« Und als Barack schwieg, wusste er, dass er gelogen hatte. Onyango ging in seine Hütte und brüllte, Barack solle verschwinden, er bringe nur Schande über seinen Vater.

Barack zog nach Nairobi und fand Arbeit als Angestellter bei der Eisenbahn. Aber er langweilte sich und ließ sich durch die politische Situation im Land ablenken. Die Kikuyu hatten in den Wäldern ihren Aufstand begonnen. Überall wurde auf Kundgebungen die Freilassung Kenyattas gefordert. Barack ging nach der Arbeit zu politischen Versammlungen, auf denen er einige KANU-Führer kennenlernte. Einmal kam die Polizei und verhaftete ihn wegen Verstoßes gegen das Versammlungsgesetz. Er wurde zu einer Haftstrafe verurteilt. Daraufhin ließ er seinem Vater ausrichten, dass er Geld brauche, um die Kaution bezahlen zu können. Doch Onyango wollte davon nichts hören. Sein Sohn, sagte er, müsse endlich die Lektion lernen.

Weil er kein KANU-Funktionär war, wurde Barack schon bald entlassen. Aber er konnte sich nicht recht freuen, denn ihn bedrückte der Gedanke, dass sein Vater vielleicht recht hatte – dass er zu nichts taugte. Er war Anfang zwanzig, und was hatte er in der Hand? Die Eisenbahn hatte ihn entlassen. Mit seinem Vater hatte er sich zerstritten, mittellos stand er da, ohne irgendeine Aussicht. Und nun hatte er auch noch Frau und Kind. Mit achtzehn hatte er Kezia kennengelernt, die damals noch bei ihren Eltern in Kendu wohnte. Ihre Schönheit hatte es ihm angetan, und nach einer Zeit des Werbens beschloss er, sie zu heiraten. Aber ohne die Hilfe seines Vaters hätte er das Brautgeld nicht aufbringen können, und deshalb bat er mich, ein gutes Wort für ihn einzulegen. Onyango sträubte sich zunächst, und Sarah, die nach dem Tod ihres ersten Mannes nach Alego zurückgekehrt war, unterstützte ihn in seiner Ablehnung. Sie meinte, dass Kezia nur auf Kosten der Familie leben wolle. Ich machte Onyango aber klar, dass es ungut wäre, wenn Barack sich das Brautgeld von anderen Verwandten zusammenborgen müsste, wo doch jeder wusste, wie vermögend sein Vater war. Onyango lenkte ein, meine Überlegung hatte ihn überzeugt. Ein Jahr nach der Hochzeit von Barack und Kezia wurde Roy geboren, zwei Jahre später Auma.

Um seine Familie versorgen zu können, musste Barack sich um einen Job kümmern, irgendeinen. Schließlich konnte er einen Araber namens Suleiman dazu bewegen, ihn als Büroboy einzustellen. Seine Situation machte ihm aber weiterhin zu schaffen. Seine Schulkameraden von Maseno, viel weniger begabt als er, studierten an der Makerere University in Uganda, manche sogar in London. Bei ihrer Rückkehr in ein unabhängiges Kenia würden ihnen gut bezahlte Jobs offenstehen. Barack sah sich schon für den Rest seines Lebens als Angestellter im Dienst eines dieser Männer.

Doch dann begegnete ihm das Glück in Gestalt zweier amerikanischer Lehrerinnen. Die beiden waren in Nairobi für eine kirchliche Organisation tätig. Eines Tages kamen sie in das Büro, wo Barack arbeitete. Er kam mit ihnen ins Gespräch, und bald freundeten sie sich mit ihm an. Sie liehen ihm Bücher und luden ihn zu sich nach Hause ein, und als sie sahen, wie klug er war, rieten sie ihm zu studieren. Er erklärte, dass er kein Geld und keinen Abschluss einer höheren Schule habe. Doch die beiden Frauen machten ihm klar, dass er diesen Abschluss über einen Fernkurs nachholen könne. Wenn er die Prüfung bestehe, würden sie ihm helfen, an einer amerikanischen Universität unterzukommen,

Barack war ganz aufgeregt und meldete sich sofort für diesen Fernkurs an. Zum ersten Mal in seinem Leben arbeitete er richtig konzentriert. Nachts und in den Mittagspausen lernte er, und ein paar Monate später legte er in der amerikanischen Botschaft die Prüfung ab. Bis zur Bekanntgabe der Ergebnisse verging einige Zeit. Barack war so nervös, dass er kaum einen Bissen hinunterbrachte. Er wurde so dünn, dass wir schon dachten, er könnte sterben. Eines Tages kam der Brief. Ich war nicht dabei, als Barack ihn öffnete, aber als er mir davon erzählte, konnte ich hören, wie glücklich er war. Er lachte und ich mit ihm, wie es früher immer gewesen war, wenn er von der Schule nach Hause kam und mit seinen guten Noten angab.

Aber er hatte noch immer kein Geld und noch keine Zusage einer Universität. Onyango behandelte ihn inzwischen etwas nachsichtiger, nachdem er gemerkt hatte, dass sein Sohn sich vernünftiger verhielt, aber selbst er konnte das Geld für die Studiengebühren und die Reise ins Ausland nicht aufbringen. Einige im Dorf hätten sicher geholfen, wenn sie nicht befürchtet hätten, dass Barack mit ihrem Geld auf Nimmerwiedersehen verschwinden würde. Also schrieb Barack an amerikanische Universitäten, Anfrage auf Anfrage. Schließlich teilte ihm eine Universität auf Hawaii mit, dass er ein Stipendium bekommen könne. Keiner wusste, wo Hawaii lag, aber Barack kümmerte das nicht. Er ließ seine schwangere Frau und den Sohn bei mir, und einen Monat später machte er sich auf die Reise.

Was dann in Amerika passiert ist, kann ich nicht sagen. Ich weiß nur, dass knapp zwei Jahre später ein Brief von Barack eintraf, in dem er uns mitteilte, er habe eine Amerikanerin namens Ann kennengelernt, die er heiraten wolle. Du weißt ja, Barry, dass dein Großvater gegen diese Ehe war. Allerdings nicht aus den Gründen, die du ihm unterstellst. Onyango fand einfach, dass sich sein Sohn verantwortungslos verhielt. Er schrieb ihm: »Wie kannst du diese weiße Frau heiraten, wo du hier Verantwortung trägst? Wird diese Frau mit dir zurückkehren und wie eine Luo-Frau unter uns leben? Wird sie akzeptieren, dass du schon eine Frau und Kinder hast? Noch nie habe ich von Weißen gehört, die dazu bereit sind. Weiße Frauen sind eifersüchtig und wollen verwöhnt werden. Wenn die Dinge in diesem Fall aber anders liegen, dann soll der Vater des Mädchens in meine Hütte kommen, damit wir vernünftig über die Angelegenheit reden können. Das ist nämlich eine Sache für Alte und nicht für Kinder.« Ähnlich schrieb er auch an deinen Großvater Stanley.

Wie du weißt, hat dein Vater trotzdem geheiratet. Erst nach deiner Geburt hat er Onyango davon berichtet. Wir sind alle sehr glücklich, dass es zu dieser Ehe gekommen ist, denn sonst würdest du jetzt nicht unter uns sitzen. Aber dein Großvater war damals sehr zornig und drohte damit, Baracks Visum für ungültig erklären zu lassen. Und weil er unter Weißen gelebt hatte, verstand er diese vielleicht besser als sein Sohn. Denn als Barack schließlich nach Kenia zurückkehrte, stellten wir fest, dass er ohne dich und deine Mutter gekommen war, wie Onyango es ihm nahegelegt hatte.

Bald nach Baracks Heimkehr tauchte in Kisumu eine weiße Frau auf, die nach ihm suchte. Zuerst dachten wir, es müsse deine Mutter Ann sein. Doch es war eine andere Frau. Sie hieß Ruth, wie Barack erklärte. Er habe sie in Harvard kennengelernt, und sie sei ihm ohne sein Wissen nach Kenia gefolgt. Dein Großvater nahm ihm auch diese Geschichte nicht ab und glaubte, Barack habe ihm wieder einmal nicht gehorcht. Ich selbst war mir nicht so sicher. Denn Barack machte zunächst nicht den Eindruck, als wolle er Ruth unbedingt heiraten. Ich weiß nicht, was ihn letztlich umgestimmt hat. Vielleicht fand er, dass Ruth besser in sein neues Leben passte. Oder es waren diese Gerüchte, dass Kezia sich während seiner Abwesenheit gut amüsiert habe, auch wenn ich ihm erklärte, dass an diesen Gerüchten nichts war. Oder vielleicht empfand er für Ruth einfach mehr, als er zugeben wollte.

Jedenfalls zeigte sich bald, dass Ruth keine zweite Frau neben sich dulden würde. Deshalb lebte sie mit ihm und ihren Kindern in Nairobi. Als Barack Auma und Roy zu einem Besuch einlud, weigerte sich Ruth mitzukommen, und er durfte David oder Mark auch nicht mitnehmen. Onyango sprach darüber nicht direkt mit ihm, aber er sagte zu seinen Freunden, so dass Barack es hören konnte: »Mein Sohn ist ein großer Mann, aber wenn er nach Hause kommt, kocht seine Mutter für ihn und nicht seine Frau.«

Die anderen haben dir erzählt, was mit deinem Vater in Nairobi passierte. Wir haben ihn selten gesehen, und wenn er uns besuchte, blieb er meist nur kurze Zeit. Er brachte teure Geschenke und Geld und beeindruckte alle Leute mit seinem großen Auto und seinen eleganten Sachen. Aber sein Vater war noch immer streng zu ihm, wie zu einem kleinen Jungen. Onyango war schon sehr alt. Er ging am Stock und war fast blind. Ohne Hilfe konnte er nicht einmal baden, was ihm sehr unangenehm war. Aber das Alter hat ihn nicht milder gestimmt.

Später, als Barack in Missgunst fiel, hat er seine Probleme vor dem alten Herrn immer verheimlicht. Nach wie vor kam er mit Geschenken, die er sich gar nicht mehr leisten konnte, obwohl uns auffiel, dass er in einem Taxi kam und nicht in seinem eigenen Auto. Nur mit mir hat er über seine Sorgen und seine Enttäuschung gesprochen. Ich habe ihm gesagt, dass er sich gegenüber der Regierung kompromissbereiter zeigen solle. Er hat von Prinzipien gesprochen, worauf ich dann geantwortet habe, dass seine Kinder einen hohen Preis für seine Prinzipien bezahlen müssten. Ich hätte keine Ahnung, sagte er dann, genau wie sein Vater. Also habe ich ihm keine Ratschläge mehr gegeben, sondern einfach zugehört.

Vielleicht hat er das am meisten gebraucht – jemanden, der bereit war, ihm zuzuhören. Selbst als es mit ihm wieder aufwärtsging und er ein Haus für uns gebaut hatte, blieb er bedrückt. Seine Kinder behandelte er genauso, wie sein Vater ihn behandelt hatte. Er spürte, dass er sie von sich wegstieß, aber er konnte nicht anders. Noch immer gab er an und lachte und trank mit den Männern. Aber sein Lachen war leer. Ich erinnere mich noch an seinen letzten Besuch vor dem Tod seines Vaters. Die beiden saßen einander gegenüber und aßen, aber keiner hat ein Wort gesagt. Ein paar Monate später, als Onyango schließlich zu den Ahnen heimgegangen war, kam Barack, um alles zu organisieren. Er hat wenig gesprochen. Erst als er ein paar Sachen seines Vaters durchging, habe ich ihn weinen sehen.

Granny stand auf und strich sich das Gras von ihrem Rock. Es war ganz still im Hof, nur ein aufgeregt zwitschernder Vogel war zu hören. »Es wird regnen«, sagte Granny. Wir standen auf und trugen die Matten und Tassen ins Haus.

Ich fragte Granny, ob sie noch irgendwelche Dinge von meinem Großvater oder meinem Vater besäße. Sie ging in ihr Zimmer und stöberte in einem alten Lederkoffer herum. Bald darauf kam sie zurück mit einem rostroten Büchlein von der Größe eines Passes und einigen zusammengehefteten Papieren, die am Rand gleichmäßig angenagt waren.

»Mehr ist nicht da«, sagte sie zu Auma. »Die Ratten haben sich darüber hergemacht, bevor ich die Papiere wegtun konnte.«

Auma und ich setzten uns mit den ganzen Dokumenten an den niedrigen Tisch. Von dem Umschlag des roten Büchleins war nicht mehr viel übrig, aber die Aufschrift war noch zu lesen: *Arbeitsbuch für Hausbedienstete*, und darunter, in kleinerer Schrift: *Gemäß Meldeverordnung (1928) für Hausbedienstete, Kolonie und Protektorat Kenia.* Auf der Innenseite klebte eine Zwei-Shilling-Gebührenmarke über Onyangos linkem und rechtem Daumenabdruck, deren Linien sich deutlich abzeichneten wie der Abdruck einer Koralle. Das Foto war nicht mehr vorhanden.

In der Präambel hieß es: *Dieser Ausweis soll denjenigen Personen, die als Hausbedienstete tätig sind, in ihrem eigenen Interesse eine lückenlose Übersicht über ihre Beschäftigungsverhältnisse ermöglichen und gleichzeitig potentielle Arbeitgeber vor solchen Personen schützen, die sich als ungeeignet erwiesen haben.*

Als *Hausbedienstete* galten: *Köche, Hausdiener, Kellner, Butler, Ammen, Kammerdiener, Barboys, Pferdeknechte, Chauffeure oder Wäscher.* Wer ohne Dienstbuch arbeitete oder eigenmächtige Änderungen darin vornahm, hatte eine Strafe von höchstens hundert Shilling oder sechs Monate Haft oder beides zu gewärtigen. Und schließlich folgte in flüssiger Kanzleischrift die Personalbeschreibung des Ausweisinhabers:

Name: *Hussein II Onyango*
Eingeborenenregister Nr.: *Rwl A NBI 0976717*
Rasse oder Stamm: *Ja'Luo*
Wohnhaft: *Kisumu*
Geschlecht: *M*
Alter: *35*
Körpergröße und Statur: *1,82 m, schlank*
Hautfarbe: *dunkel*

Nase: *flach*
Mund: *breit*
Haar: *kraus*
Zähne: *sechs fehlen*
Narben, Stammeszeichen oder andere
besondere Kennzeichen: *keine*

Auf den nächsten Seiten war Platz für Eintragungen der Arbeitgeber. Captain C. Harford vom Government House in Nairobi bestätigte, dass Onyango seinen Pflichten als *Personal Boy* mit »lobenswertem Eifer« nachgekommen sei. Mr. A. G. Dickson bezeichnete ihn als »hervorragenden Koch – er kann Englisch lesen und schreiben und hält sich an die Rezepte ..., besonders seine Pasteten sind hervorragend.« Onyangos Dienste wurden nicht länger benötigt, »da ich nicht mehr auf Safari bin«. Ein Dr. H. H. Sherry vermerkte, dass Onyango ein »fähiger Koch« sei, »aber der Job fordert ihn nicht genug«. Dagegen schrieb ein Mr. Arthur W. H. Cole von der East Africa Survey Group, Onyango habe sich »nach einer Woche als ungeeignet herausgestellt« und sei »ganz gewiss nicht 60 Shilling pro Monat wert«.

Wir wandten uns nun den Briefen zu. Sie waren alle von unserem Vater, er hatte sie an verschiedene Universitäten in den USA geschrieben – Morgan State University, Santa Barbara Junior College, San Francisco State University und andere, insgesamt mehr als dreißig Briefe.

Sehr geehrter Präsident Calhoun, begann einer, *ich habe von Ihrem College über Mrs. Helen Roberts aus Palo Alto, Kalifornien, gehört, die sich zurzeit in Nairobi aufhält. Sie weiß von meinem großen Wunsch, in den Vereinigten Staaten von Amerika zu studieren, und empfahl mir, mich um einen Studienplatz an Ihrem geschätzten College zu bewerben. Ich wäre sehr dankbar, wenn Sie mir freundlicherweise ein Antragsformular sowie Informationen über eventuell verfügbare Stipendien zukommen ließen.* Mehreren Briefen war eine Empfehlung der Englischdozentin Elizabeth Mooney aus Maryland beigefügt. *Abschriften von Mr. O'Bamas Schulzeugnissen können leider nicht besorgt werden*, schrieb sie, *da er die Schule schon vor einigen Jahren verlassen hat.* Sie zeigte sich jedoch überzeugt von der Begabung unseres Vaters, denn sie habe *seine praktischen Kenntnisse in Algebra und Geometrie selbst beobachten können.* Sie wies auf den großen Bedarf an fähigen und engagierten Lehrern hin, der in Kenia bestehe, *weshalb Mr. O'Bama, der seinem Land dienen will, eine Chance erhalten sollte, zunächst vielleicht für ein Jahr.*

Das war es also, dachte ich. Mein Erbe. Ich nahm die Briefe und legte sie in einem ordentlichen Stapel unter das Arbeitsbuch und ging dann hinaus in den Hof, zu den beiden Gräbern. Ich spürte, wie alles um mich herum – die Maisfelder, der Mangobaum, der Himmel – aus meiner Wahrnehmung verschwand, bis mir nur noch innere Bilder blieben, lebendige Szenen aus Grannys Erzählungen.

Ich sehe meinen Großvater vor der Hütte seines Vaters stehen, einen drahtigen, düster dreinblickenden Jungen, fast lächerlich in der viel zu weiten Hose und dem knopflosen Hemd. Ich sehe seinen Vater, der sich abwendet, seine lachenden Brüder. Ich spüre die Erregung, die ihm im Gesicht steht, die Knoten, die sich in seinen Gliedern schlingen, den jähen Stich ins Herz. Und als er sich umdreht und den erdbraunen Pfad zurückläuft, weiß ich, dass sich sein Lebensweg völlig verändert hat, unwiderruflich.

Er wird sich neu erschaffen müssen an diesem abgeschiedenen, unwirtlichen Ort. Aus den Bruchstücken einer unbekannten Welt und der Erinnerung an eine nun obsolet gewordene Welt wird er sich durch Willenskraft sein Leben erschaffen. Doch in seiner frisch gefegten Hütte, allein, inzwischen ein alter Mann mit milchigen Augen, hört er noch immer seinen Vater und die Brüder, die ihm hinterherlachen. Noch immer hört er die schnarrende Stimme des britischen Offiziers, der ihm zum dritten und letzten Mal das korrekte Mischungsverhältnis von Tonic Water und Gin erklärt. Der alte Mann spürt die Spannung in den Schultern, spürt die wachsende Wut – und greift zu seinem Stock, um auf etwas einzuschlagen, auf irgendetwas. Bis er schließlich erkennt, dass er – bei aller Kraft in den Händen und bei aller Willensstärke – das Lachen, die Vorwürfe nicht loswird. Sein Griff lockert sich, er sinkt im Stuhl zusammen. Er weiß, dass er dieses trotzige Schicksal nicht besiegen wird. Er wartet auf den Tod. Allein.

Das Bild verblasst, wird überlagert durch das Bild eines neunjährigen Jungen: mein Vater. Er ist hungrig, müde, klammert sich an die Hand seiner Schwester, hält Ausschau nach der verschwundenen Mutter. Der Hunger ist zu viel für ihn, die Erschöpfung zu groß. Bis das dünne Band, das ihn mit der Mutter verbindet, schließlich reißt und ihr Bild davongeweht wird und in der Leere untergeht. Der Junge weint, schüttelt die Hand der Schwester ab. Er will nach Hause, ruft er, zurück zu seinem Vater. Er wird eine neue Mutter finden. Er wird sich im Spiel verlieren und Willensstärke lernen.

Aber die Verzweiflung jenes Tages wird er nicht vergessen. Zwölf Jahre später, an seinem kleinen Schreibtisch sitzend, wird er von einem Papierstapel aufblicken in den unruhigen Himmel und wieder diese alte Panik spüren. Auch er wird sich neu erschaffen müssen. Weil sein Boss gerade nicht im Büro ist, schiebt er die Papiere beiseite und holt aus einem alten Aktenschrank eine Adressenliste. Er zieht die Schreibmaschine heran und beginnt zu tippen, Brief um Brief, er beschriftet die Umschläge, steckt die Briefe hinein wie Botschaften in Flaschen, die durch einen Briefkastenschlitz in einen weiten Ozean fallen werden und ihm vielleicht die Chance geben, der Insel der Schande für den Vater zu entfliehen.

Wie glücklich muss er gewesen sein, als sein Schiff anlegte! Beim Eintreffen jenes Briefes aus Hawaii muss er gewusst haben, dass man ihn also doch genommen hatte, dass er die Gnade seines Namens besaß, die *baraka*, den Segen Gottes. Mit dem Studium, der Krawatte, der amerikanischen Frau, dem Auto, den Worten, den Zahlen, der Brieftasche, dem richtigen Verhältnis von Tonic Water und Gin, den feinen Manieren, dem Stil, alles ganz natürlich und selbstverständlich, nicht so forciert und beliebig wie früher – was konnte ihm da noch im Weg stehen?

Er hatte es fast geschafft, in einer Weise, wie es sein Vater wohl nie geahnt hätte. Um dann, nach dieser weiten Reise, schließlich festzustellen, dass er doch nicht entkommen war. Dass er noch immer auf der Insel seines Vaters festsaß, dieser Insel, zerfurcht von Wut und Zweifel und Misserfolg, den Emotionen, noch sichtbar unter der Oberfläche, heiß und geschmolzen und lebendig wie ein heimtückischer, gähnender Mund, und nirgendwo seine Mutter, nirgendwo...

Ich fiel zu Boden und strich mit der Hand über die glatte gelbe Kachel. Vater! rief ich. Deine Zerrissenheit war keine Schande. Genauso wenig wie die Zerrissenheit deines Vaters eine Schande war. Deine Angst war keine Schande oder die Angst deines Vaters. Schändlich war nur das Schweigen, das diese Angst hervorgerufen hatte. Das Schweigen war unser Unglück. Dein Großvater hätte deinem Vater sagen können, dass er nicht vor sich weglaufen oder einen neuen Menschen aus sich machen kann. Dein Vater hätte dir all das sagen können. Und du, der Sohn, hättest deinem Vater sagen können, dass diese neue Welt, die euch alle rief, aus mehr bestand als aus Eisenbahnen und Innentoiletten und Bewässerungskanälen und Grammophonen, leblosen Werkzeugen, die in der hergebrachten Lebensweise einen Platz finden konnten. Du hättest ihm sagen können, dass diese Dinge eine gefährliche Kraft besaßen und einen anderen Blick auf die Welt verlangten. Dass diese Kraft nur absorbiert werden konnte, wenn man einen aus Entbehrung entstandenen Glauben besaß, einen Glauben, der nicht neu war, der weder schwarz noch weiß noch christlich noch muslimisch war, sondern in dem ersten afrikanischen Dorf und in dem ersten Haus in Kansas lebte – der Glaube an andere Menschen.

Das Schweigen hat deinen Glauben zerstört. Darum hast du dich zu sehr und zu wenig an deine Vergangenheit gehalten. Zu sehr an die Strenge, das Misstrauen, die Gewalttätigkeit der Männer. Zu wenig an Grannys Lachen, die Freuden des gemeinsamen Ziegenhütens, das Stimmengewirr auf dem Markt, die Geschichten, die am Feuer erzählt werden. Die menschlichen Bindungen, die den Mangel an Flugzeugen oder Gewehren wettmachen. Worte der Ermutigung. Eine Umarmung. Eine starke, echte Liebe. Weil du diese Dinge außer Acht gelassen hast, konntest du trotz all deiner Talente – deiner raschen Auffassungsgabe, deiner Konzentrationsfähigkeit, deines Charmes – keinen ganzen Menschen aus dir machen...

Lange saß ich zwischen den beiden Gräbern und weinte. Als meine Tränen schließlich versiegt waren, erfasste mich eine große Ruhe. Ich spürte, dass sich der Kreis endlich schloss. Wer ich war und was mir am Herzen lag, das alles hatte nichts mehr mit Theorien oder Verpflichtungen zu tun, nichts mit abstrakten Worten. Ich wusste nun, dass mein Leben in Amerika – das schwarze Leben, das weiße Leben, meine Einsamkeit als Kind, meine Enttäuschungen und Hoffnungen in Chicago – mit diesem Stück Erde auf der anderen Seite der Welt verbunden war, verbunden durch mehr als einen zufälligen Namen oder meine Hautfarbe. Mein Schmerz war der Schmerz meines Vaters. Meine Fragen waren die Fragen meiner Brüder. Ihr Kampf – mein Geburtsrecht.

Ein leichter Regen setzte ein, tropfte auf die Blätter. Gerade wollte ich mir eine Zigarette anzünden, als ich eine Hand auf meinem Arm spürte. Ich stellte fest, dass Bernard neben mir saß und einen aufgespannten alten Regenschirm über uns hielt.

»Ich soll nach dir sehen, ob alles in Ordnung ist«, sagte er.

»Ja, alles in Ordnung«, antwortete ich lächelnd.

Er nickte und blinzelte zu den Wolken hoch und dann wieder zu mir. »Gib mir eine Zigarette, dann kann ich neben dir sitzen und eine mit dir rauchen.«

Ich musterte sein glattes, dunkles Gesicht und steckte die Zigarette wieder in die Schachtel. »Ich muss aufhören«, sagte ich. »Komm, wir machen lieber einen kleinen Spaziergang.«

Wir standen auf und gingen in Richtung Compound. Godfrey lehnte an der Kochhütte, ein Bein angezogen wie ein Kranich, und lächelte uns schüchtern zu.

»Hey!« rief Bernard und winkte. »Komm mit!« Und so gingen wir drei die unbefestigte Straße entlang, zupften Blätter, die am Wegesrand wuchsen, und sahen den Regen auf das weite Land fallen.

Epilog

Ich blieb noch zwei Wochen in Kenia. Wir alle kehrten nach Nairobi zurück, und auch dort wieder: Essen, Diskussionen, Geschichten. Granny wohnte bei Auma, und spätabends vor dem Einschlafen hörte ich die beiden immer flüstern. Einmal besuchten wir ein Fotoatelier, um ein Familienporträt anfertigen zu lassen, die Frauen in leuchtend bunten afrikanischen Gewändern, die Männer rasiert und adrett. Der Fotograf, ein schmächtiger Inder mit buschigen Augenbrauen, fand, dass wir ein schönes Bild abgaben.

Roy flog wenig später nach Washington zurück, und Granny fuhr wieder nach Hause. Die Tage waren auf einmal sehr still. Eine leise Melancholie erfasste Auma und mich, als erwachten wir aus einem Traum. Und vielleicht war es die Ahnung, dass auch wir bald in unseren jeweiligen Alltag zurückkehren, wieder getrennt sein würden, die uns veranlasste, George, das jüngste Kind unseres Vaters, zu besuchen.

Unsere Aktion, übereilt und ohne Wissen seiner Mutter unternommen, erwies sich als peinliche Angelegenheit. Wir fuhren mit Zeituni zu einer Schule, vor der Kinder auf einer Grasfläche spielten. Zeituni wechselte ein paar Worte mit der Lehrerin, die Pausenaufsicht hatte, und kam mit einem der Kinder zu uns. Ein hübscher Junge mit wachen Augen.

»Das ist deine Schwester«, sagte Zeituni und zeigte auf Auma, »die mit dir gespielt hat, als du ein kleines Kind war. Und das«, sie zeigte auf mich, »das ist dein Bruder, der aus Amerika gekommen ist, um dich zu sehen.«

Der Junge gab uns brav die Hand, blickte sich aber immer wieder nach seinen Spielkameraden um. Ich erkannte, dass wir einen

Fehler gemacht hatten. Und im nächsten Moment tauchte die Schuldirektorin auf und erklärte, dass wir nur bleiben dürften, wenn die Mutter einverstanden sei. Während Zeituni sich auf eine Diskussion mit ihr einlassen wollte, sagte Auma nur: »Sie hat recht, Zeituni. Lass uns gehen!« Vom Auto aus sahen wir George zu den anderen zurückkehren, und bald war er nicht mehr auszumachen in der Schar seiner Freunde, die mit einem alten Fußball herumbolzten. Plötzlich musste ich an die Begegnung mit meinem Vater denken, an die Angst, die er mir eingeflößt, an das Unbehagen, das ich in seiner Gegenwart empfunden hatte, und zum ersten Mal sah ich mich genötigt, das Geheimnis meines eigenen Lebens zu bedenken. Ich tröstete mich mit der Überlegung, dass vielleicht auch George irgendwann einmal würde wissen wollen, wer sein Vater gewesen war, wer seine Brüder und Schwestern waren. Und wenn er zu mir käme, würde ich für ihn da sein und ihm erzählen, was man mir berichtet hatte.

Am Abend fragte ich Auma, ob sie mir ein paar gute Bücher über die Luo empfehlen könne, worauf sie vorschlug, ihre ehemalige Geschichtslehrerin zu besuchen, Dr. Rukia Odero, die mit unserem Vater befreundet gewesen war. Als wir dort eintrafen, lud uns Dr. Odero, eine hochgewachsene, gertenschlanke Frau, sofort ein, mit ihr zu essen. Es gab *Tilapia* und *ugali*. Rukia erkundigte sich nach meinen Eindrücken von Kenia, wollte wissen, ob ich enttäuscht sei. Ich verneinte, wies aber darauf hin, dass ich mit ebenso vielen Fragen wie Antworten zurückkehrte.

»Das ist gut«, sagte Rukia. »Davon leben wir Historiker schließlich. Wir suchen die ganze Zeit nach neuen Fragen. Manchmal ist das sehr mühselig. Man darf keine Angst haben. Wissen Sie, junge schwarze Amerikaner neigen dazu, Afrika zu romantisieren. In unserer Jugend, für Ihren Vater und mich, war es genau umgekehrt – wir glaubten, alle Antworten in Amerika zu finden. Harlem, Chicago. Langston Hughes und James Baldwin. Das waren unsere Bezugspunkte. Und die Kennedys, die ja sehr populär waren. In Amerika studieren zu können war das Größte. Eine Zeit voller Hoffnungen. Nach unserer Rückkehr stellten wir fest, dass unser Studium uns manchmal nicht viel nützte oder den Leuten, die uns entsandt hatten. Tja, diese ganze verquere Geschichte, mit der wir uns herumschlagen mussten.«

Ich fragte sie, warum sie glaube, dass schwarze Amerikaner von Afrika enttäuscht sein müssten. »Weil sie hier das Authentische finden wollen«, sagte sie mit einem Lächeln. »Das muss ja zu Enttäuschungen führen. Schauen Sie sich unser Essen an. Viele Leute werden Ihnen sagen, dass die Luo Fischesser sind. Aber das gilt nicht für alle Luo. Nur für diejenigen, die am See lebten. Und selbst bei denen traf es nicht immer zu. Bevor sie sich am See niederließen, waren sie Hirten gewesen, wie die Massai. So, und wenn Sie und Ihre Schwester brav alles aufessen, gibt es anschließend Tee. Die Kenianer sind sehr stolz auf ihren Tee. Aber das Teetrinken haben wir natürlich von den Engländern übernommen. Unsere Vorfahren haben keinen Tee getrunken. Und dann die Gewürze, die bei der Zubereitung dieses Fischs verwendet wurden. Ursprünglich sind es indische oder indonesische Gewürze. Selbst in dieser einfachen Mahlzeit werden Sie also kaum etwas Authentisches finden – obwohl es ein afrikanisches Gericht ist.«

Rukia formte mit der Hand ein rundes Stückchen *ugali* und tunkte es in die Sauce. »Diese Sehnsucht nach einer heilen Vergangenheit kann man den schwarzen Amerikanern natürlich nicht verdenken. Nach all dem Leid, das ihnen angetan wurde und noch immer angetan wird. Andere haben dieses Bedürfnis ja auch. Nehmen wir nur die Europäer. Die Deutschen, die Engländer, sie alle berufen sich auf die Antike als Fundament der abendländischen Kultur, obwohl ihre Vorfahren so viel zur Zerstörung dieser Kultur beigetragen haben. Aber das ist schon so lange her, dass sie es leichter haben. In ihren Schulen hört man kaum etwas vom Elend der Bauern in der europäischen Geschichte. Die industrielle Revolution, die Ausbeutung, die kapitalistische Gier, die sinnlosen Stammeskriege – es ist schlimm, wie die Europäer einander behandelt haben, ganz zu schweigen davon, wie sie mit den farbigen Völkern umgegangen sind. Die Vorstellung von einem Goldenen Zeitalter in Afrika, vor dem Auftauchen des weißen Mannes, ist also nur natürlich.«

»Ein Korrektiv«, sagte Auma.

»Die Wahrheit ist gewöhnlich das beste Korrektiv«, sagte Rukia lächelnd. »Manchmal denke ich, das Schlimmste am Kolonialismus war, dass er uns den Blick auf die Vergangenheit vernebelt hat. Ohne die Weißen wären wir vielleicht eher imstande, aus unserer Geschichte zu lernen. Wir könnten uns die alten Praktiken anschauen, einige als sinnvoll bewahren, andere könnten wir ablegen. Leider haben wir durch den Kolonialismus eine recht defensive Haltung entwickelt. Wir halten an allen möglichen Dingen fest, die überholt sind. Polygamie. Kollektiver Bodenbesitz. All das hat zu seiner Zeit funktioniert, heute wird allzu oft Missbrauch damit getrieben. Von den Männern, von Regierungen. Doch wer das offen ausspricht, ist von der westlichen Denkweise infiziert.«

»Wie sollen wir also vorgehen?« fragte Auma.

»Ich überlasse die Antwort den Politikern. Ich bin Historikerin. Die Widersprüche in unserer Gesellschaft können wir aber nicht leugnen. Wir können immer nur prüfen, welche Optionen wir haben. Die weibliche Beschneidung etwa ist eine wichtige Tradition bei den Kikuyu und den Massai. Für moderne, aufgeklärte Menschen ist das eine barbarische Verstümmelung. Vielleicht ließe sich einrichten, dass diese Operationen in Krankenhäusern durchgeführt werden. Dann würde nicht so viel Blut fließen, und es würden nicht mehr so viele Frauen daran sterben. Aber es gibt keine halbe Beschneidung. Damit wäre niemand zufrieden. Also müssen wir uns entscheiden. Das Gleiche gilt für die Rechtsprechung. Eine unabhängige Justiz ist mit Stammesloyalität kaum zu vereinbaren. In einem Rechtsstaat kann man die Mitglieder des eigenen Clans nicht von Strafverfolgung ausnehmen. Was tun? Wieder muss man sich entscheiden. Wenn man die falsche Entscheidung trifft, lernt man eben aus den Fehlern. Man sieht ja, was funktioniert.«

»Aber gibt es denn gar nichts authentisch Afrikanisches mehr?« fragte ich.

»Ah ja«, sagte Rukia. »Irgendetwas an Afrika scheint tatsächlich anders zu sein. Keine Ahnung, was es ist. Vielleicht haben wir Afrikaner, die wir in so kurzer Zeit einen so weiten Weg zurückgelegt haben, ein besonderes Verhältnis zur Zeit. Vielleicht haben wir mehr Leid erfahren als andere. Vielleicht ist es nur das Land. Ich weiß es nicht. Vielleicht bin ich ebenfalls eine Romantikerin. Ich weiß nur, dass ich es fern von Afrika nicht allzu lange aushalte. Hier reden die Leute noch miteinander. Wenn ich in den Staaten bin, habe ich das Gefühl, die Leute dort sind sehr einsam –«

Plötzlich gingen sämtliche Lichter aus. Rukia seufzte. Immer öfter werde der Strom abgestellt, sagte sie. Ich gab ihr mein Feuerzeug zum Anzünden der Kerzen, die auf dem Kamin standen. In der Dunkelheit fiel mir Zeitunis Geschichte ein, ich sprach von den Nachtläufern, die wohl wieder unterwegs seien. Rukia zündete die Kerzen an, in deren Schein ihr Gesicht zu einer Maske des Lachens wurde.

»Dann wissen Sie ja über die Nachtläufer Bescheid! Ja, bei Dunkelheit sind sie sehr mächtig. Da, wo ich herkomme, gab es viele Nachtläufer. Man erzählte, sie seien nachts mit den Flusspferden unterwegs. Einmal –«

Ebenso plötzlich, wie das Licht ausgegangen war, ging es wieder an. Rukia blies die Kerzen aus. »Tja, in der Stadt gehen die Lichter dann wieder an. Meine Tochter kann mit den Nachtläufern nicht viel anfangen. Ihre erste Sprache ist nicht Luo, nicht einmal Suaheli, sondern Englisch. Wenn ich sie mit ihren Freundinnen reden höre, klingt es ganz komisch. Ein Kauderwelsch aus Englisch, Suaheli, Deutsch, Luo. Manchmal reicht es mir. Dann sage ich ihr, dass sie eine Sprache richtig lernen soll.« Rukia lachte. »Langsam lerne ich, mich damit abzufinden. Ich kann es ohnehin nicht ändern. Sie leben in einer konfusen Welt. Ach, was soll's. Mir kommt es nicht darauf an, dass meine Tochter eine authentische Afrikanerin, sondern dass sie ein authentischer Mensch ist.«

Es war spät geworden. Wir bedankten uns bei Rukia für ihre Gastfreundschaft und verabschiedeten uns. Aber ihre Worte begleiteten mich noch lange, erinnerten mich an meine unbeantworteten Fragen. Am letzten Wochenende meines Aufenthalts fuhren Auma und ich mit der Bahn nach Mombasa und wohnten in einem alten Hotel am Meer, das mein Vater einst bevorzugt hatte. Es war einfach und sauber, im August meist belegt mit deutschen Touristen und amerikanischen Matrosen, die Landurlaub hatten. Wir unternahmen nicht viel, lasen, badeten im Meer, machten Strandspaziergänge und beobachteten die Krebse, die geisterhaft in ihren Sandlöchern verschwanden. Am nächsten Tag besichtigten wir die Altstadt von Mombasa, stiegen hinauf zum Fort Jesus, das die Portugiesen zur Kontrolle der Handelsrouten auf dem Indischen Ozean errichtet hatten, das später von den Flotten von Oman erobert wurde und noch später den Briten als Brückenkopf diente. Von dort aus stießen sie auf der Suche nach Gold und Elfenbein ins Landesinnere vor. Jetzt war das Fort nur noch ein leerer Steinkasten, von dessen massiven Mauern sich orangegelbe, grüne und rosa Schichten wie Pappmaché lösten, und die schlummernden Kanonen zeigten hinaus auf eine ruhige See, auf der ein einzelner Fischer sein Netz auswarf.

Für die Rückfahrt nach Nairobi beschlossen wir, uns den Luxus eines Busses zu gönnen, in dem es sogar Platzkarten gab. Das Gefühl von Luxus dauerte allerdings nicht lange. Der vor mir sitzende Passagier, der für sein Geld offenbar möglichst viel von seiner verstellbaren Rücklehne haben wollte, klemmte mir die Knie ein, und bei einem plötzlich einsetzenden Schauer regnete es durch die Löcher im Dach, die wir – vergeblich – mit Papiertüchern zu stopfen versuchten.

Schließlich hörte der Regen auf. Die Straße führte durch eine öde, steinige Savanne mit Dornbüschen und gelegentlich einem Affenbrotbaum, an dessen kahlen, suchend ausgestreckten Ästen kugelförmige Webervögelnester hingen. Ich entsann mich, irgendwo gelesen zu haben, dass der Affenbrotbaum nur sehr wenig Feuchtigkeit braucht und erst nach vielen Jahren zum ersten Mal blüht; und beim Anblick dieser Bäume im dunstigen Nachmittagslicht wurde mir klar, warum die Menschen ihnen eine besondere spirituelle Kraft zugeschrieben haben, sie als Wohnsitz von Ahnengeistern und Dämonen betrachteten und glaubten, dass der erste Mensch unter einem solchen Baum erschienen sei. Es war nicht bloß ihre ungewöhnliche Form, die sich wie eine geradezu prähistorische Erscheinung vor dem blanken Himmel abzeichnete. »Sie sehen aus, als hätte jeder von ihnen eine Geschichte zu erzählen«, sagte Auma. Ja, das fand ich auch – jeder Baum schien einen eigenen Charakter zu haben, weder gut noch böse, nur ausdauernd, voll unergründlicher Geheimnisse und Weisheiten. Sie wirkten beruhigend und irritierend zugleich, diese Bäume, die so aussahen, als könnten sie sich selbst entwurzeln und einfach davonwandern, wüssten sie nicht, dass der eine Ort auf dieser Welt so gut ist wie jeder andere – dass jeder Moment die ganze Geschichte in sich trägt.

Sechs Jahre sind seit dieser ersten Reise nach Kenia vergangen, und die Welt hat sich stark verändert in dieser Zeit.

Für mich war es eine relativ ruhige Phase, die weniger von Aufbruch als von Konsolidierung gekennzeichnet war, eine Zeit, in der ich all das tat, was wir letztlich tun müssen, um erwachsen zu werden. Ich studierte Jura in Harvard, drei Jahre lang, die ich zumeist in schlecht beleuchteten Bibliotheken verbrachte, um mich mit Rechtsfällen und Gesetzessammlungen zu beschäftigen. Die Juristerei kann mitunter frustrierend sein, weil man versucht, mit trockenen Paragraphen und geheimnisvollen Prozeduren einer widersprüchlichen Realität beizukommen; sie ist eine Art glorifizierte Buchhaltung, die dazu dient, die Angelegenheiten der Mächtigen zu regeln und den Ohnmächtigen zu beweisen, dass die Welt gerecht und vernünftig eingerichtet ist.

Doch die Juristerei ist mehr. Sie ist auch Gedächtnis, Niederschlag eines unaufhörlichen Gesprächs, Zeugnis einer Nation, die ihr Gewissen befragt.

Wir erachten diese Wahrheiten als selbstverständlich. In diesen Worten höre ich die Stimmen von Frederick Douglass und Martin Delany, von Thomas Jefferson und Abraham Lincoln; den Kampf von Martin Luther King und Malcolm X und namenlosen Demonstranten, die alle diese Worte mit Leben erfüllen. Ich höre die Stimmen internierter japanischer Familien, junger russischer Juden, die in der Lower East Side für einen Hungerlohn schuften, die Stimmen von Farmern, die während der Dürreperiode der dreißiger Jahre ihre Sachen packen und fortziehen. Ich höre die Stimmen der Leute von Altgeld Gardens und die Stimmen all jener, die an den Grenzen unseres Landes stehen, hungrig und müde den Rio Grande überwinden. All diese Stimmen, die gehört werden wollen und die gleichen Fragen stellen, die mein Leben geprägt haben, die gleichen Fragen, die ich in manchen Nächten meinem Vater stelle. Wie sieht unsere Gemeinschaft aus, und wie lässt sie sich mit unseren Freiheiten vereinbaren? Wie weit gehen unsere Verpflichtungen? Wie übersetzt man bloße Macht in Gerechtigkeit, bloße Gefühle in Liebe? Die Antworten, die ich in den juristischen Fachbüchern finde, stellen mich nicht immer zufrieden – für jeden Fall *Brown vs. Board of Education* finde ich unzählige andere, in denen das Gewissen der Zweckmäßigkeit oder dem Eigennutz geopfert wird. Und doch finde ich das Gespräch, das Miteinander der Stimmen, ermutigend, denn solange noch Fragen gestellt werden, hat das, was uns alle verbindet, eine Zukunft.

An dieser Überzeugung, die nichts mit Naivität zu tun hat, unbeirrt festzuhalten kann manchmal anstrengend sein. Nach Chicago zurückgekehrt, sah ich überall in der South Side die Zeichen rapiden Verfalls – die Straßen noch verwahrloster, die Kinder noch reizbarer und aggressiver, noch mehr Familien aus der Mittelschicht waren in die Vorstädte gezogen, die Gefängnisse waren vollgestopft mit wütenden Jugendlichen, meinen hoffnungslosen Brüdern. Viel zu selten höre ich jemanden fragen, was wir getan haben, dass so viele Kids dermaßen verroht sind, was wir gemeinsam tun können, um ihren moralischen Kompass wieder einzurichten – an welchen Werten *wir* uns orientieren müssen. Stattdessen reagieren wir auf die übliche Weise: wir tun, als wären es nicht unsere eigenen Kinder.

Ich versuche, einen kleinen Beitrag im Kampf gegen diese Entwicklung zu leisten. Als Anwalt arbeite ich hauptsächlich mit Kirchen und Stadtteilgruppen zusammen, Männern und Frauen, die in den innerstädtischen Vierteln Lebensmittelläden und Gesundheitszentren aufbauen und Armenfürsorge leisten. Oft habe ich mit Fällen von Diskriminierung zu tun, vertrete Mandanten, deren Geschichten, denkt man, längst der Vergangenheit angehören sollten. Was sie vorbringen, ist den meisten ein wenig peinlich, auch den weißen Mitarbeitern, die für sie aussagen. Niemand möchte als Querulant dastehen. Und doch entscheiden Kläger und Zeuge irgendwann, dass es um ein Prinzip geht, dass diese Worte, die vor mehr als zweihundert Jahren zu Papier gebracht wurden, doch etwas bedeuten müssen. Schwarze und Weiße machen Ansprüche an dieses Gemeinwesen namens Amerika geltend. Sie entscheiden sich für unsere bessere Geschichte.

Mir scheint, ich habe in den vergangenen Jahren gelernt, geduldiger zu sein – mit mir und mit anderen. Wenn dem so ist, dann wäre das eine Entwicklung, die ich meiner Frau Michelle zu verdanken habe. Sie ist ein Kind der South Side, aufgewachsen in einem dieser bungalowartigen Häuser, die ich in meinem ersten Chicagoer Jahr so oft besucht habe. Michelle wird nicht immer schlau aus mir. Wie Gramps und der alte Herr hält sie mich wohl für einen Träumer. In ihrer ausgeprägten Bodenständigkeit erinnert sie mich nicht selten an Toot. Als ich mit ihr zum ersten Mal auf Hawaii war, stieß Gramps mich in die Seite und meinte, Michelle sehe »richtig klasse« aus. Toot dagegen bezeichnete sie als ein »sehr vernünftiges Mädchen« – und Michelle wusste, dass dies die höchste Form der Anerkennung war, die meine Großmutter aussprechen konnte.

Nach unserer Verlobung flog ich mit Michelle nach Kenia, um ihr die andere Hälfte meiner Familie vorzustellen. Auch dort waren alle sofort von ihr angetan, was wohl auch daran lag, dass ihr Luo-Wortschatz schon bald größer war als der meine. Wir verbrachten eine herrliche Zeit in Alego – halfen Auma bei einem Filmprojekt, lauschten Grannys Erzählungen, trafen uns mit Verwandten, die ich bei meinem ersten Besuch nicht hatte kennenlernen können. Der Alltag in Kenia schien anstrengender geworden zu sein, jedenfalls in den Städten. Wirtschaftlich ging es bergab, Korruption und Kriminalität nahmen zu. Der Streit um das Erbe des alten Herrn war weiter ungelöst, und Sarah und Kezia sprachen noch immer nicht miteinander. Bernard, Abo und Sayid hatten keine feste Arbeit, gaben die Hoffnung aber nicht auf – sie dachten daran, den Führerschein zu machen und gemeinsam ein gebrauchtes *matatu* anzuschaffen. Wieder versuchten wir, unseren jüngsten Bruder George zu sehen – wieder vergeblich. Und Billy, der kraftstrotzende joviale Cousin, dem ich in Kendu Bay begegnet war, hatte Aids. Er war abgemagert und nickte bei meinem Besuch immer wieder ein. Doch er wirkte gefasst. Er freute sich über das Wiedersehen und bat mich, ihm ein Foto von uns beiden aus besseren Tagen zu schicken. Er starb im Schlaf, noch ehe ich es ihm schicken konnte.

In diesem Jahr waren noch andere Todesfälle zu beklagen. Michelles Vater, dieser gütige und anständige Mensch, konnte seine Tochter nicht mehr zum Traualtar führen. Gramps starb etwas später, nach einem längeren Kampf mit dem Prostatakrebs. Als Weltkriegsveteran wurde er auf dem Punchbowl National Cemetery beigesetzt, auf einem Hügel mit weitem Blick über Honolulu. Es war eine kleine Zeremonie, an der einige seiner alten Bridge- und Golf-freunde teilnahmen, es gab drei Salutsalven, und ein Trompeter blies den Abschiedsruf.

Michelle und ich beschlossen, trotz dieser traurigen Ereignisse an unseren Hochzeitsplänen festzuhalten. Reverend Jeremiah A. Wright jr. leitete den Gottesdienst in der Trinity United Church of Christ in Chicago, Ecke Fünfundneunzigste und Parnell. Beim an-schließenden Empfang waren alle in bester Stimmung, meine neuen Tanten bewunderten den Hochzeitskuchen, meine neuen Onkel im Leihsmoking bewunderten sich selbst. Johnnie plauderte mit Jeff und Scott, meinen alten Freunden aus Hawaii, und Hasan, meinem Zimmergenossen aus Collegezeiten. Angela, Shirley und Mona be-glückwünschten meine Mutter zur Erziehung ihres Sohnes (»Ihr wisst nicht, wie es wirklich war«, antwortete meine Mutter lachend). Maya erwehrte sich höflich der Avancen einiger Brüder, die sich für unwiderstehlich hielten, aber viel zu alt für sie waren und das auch hätten wissen müssen, doch auf mein besorgtes Grummeln bemerkte Michelle nur, ich solle ganz locker bleiben, meine kleine Schwester würde mit der Situation schon allein fertig. Sie hatte natürlich recht. Die kleine Maya, die ich da sah, war eine erwachsene Frau geworden, schön und klug, und mit ihrem olivfarbenen Teint und den langen schwarzen Haaren und in ihrem schwarzen Brautjungfernkleid hätte sie als eine römische Contessa durchgehen können. Neben ihr stand Auma, genauso schön, auch wenn ihre Augen ein wenig geschwollen waren – zu meiner Überraschung hatte sie als Einzige während der Trauung geweint. Als die Kapelle zu spielen begann, ließen sich die beiden Frauen von Michelles Cousins, zwei fünf und sechs Jahre al-ten Knaben, die überzeugend als offizielle Ringträger fungiert hat-ten, zur Tanzfläche führen. Mit ihrem Käppchen und dem Kummer-bund und der schlaff herabhängenden Fliege sahen die beiden wie junge afrikanische Prinzen aus.

Ganz besonders stolz war ich jedoch auf Roy. Inzwischen nennt er sich Abongo, denn vor zwei Jahren beschloss er, mit seinem afri-kanischen Erbe auch einen Luo-Namen anzunehmen. Er trat zum Islam über und verzichtet seitdem auf Schweinefleisch, Tabak und Alkohol. Er arbeitet noch immer als Wirtschaftsprüfer, plant aber, nach Kenia zurückzukehren, sobald genug Geld beisammen ist. Als wir uns das letzte Mal in Home Squared sahen, baute er schon eine Hütte für sich und seine Mutter, wie es die Tradition verlangt, in einiger Entfernung vom Compound unseres Großvaters. Er berichtete mir damals, dass sich seine Importfirma gut entwickle und er Bernard und Abo hoffentlich bald eine feste Anstellung bieten könne. Und als wir dann vor dem Grab unseres Vaters standen, bemerkte ich, dass auf dem nackten Zementstein endlich sein Name stand.

Abongo ist schlank und wach, seit er sein neues Leben führt, und in seinem afrikanischen Gewand war er eine so würdevolle Erscheinung, dass manche Hochzeitsgäste ihn für meinen Vater hielten. An diesem Tag war er tatsächlich der ältere Bruder, der mich Nervenbündel beruhigte und mir zum fünften und sechsten Mal geduldig versicherte, er habe den Ring dabei, und mit der Bemerkung zum Aufbruch drängte, dass es, wenn ich noch länger vor dem Spiegel stünde, ganz unwichtig sei, wie ich aussähe, weil wir nämlich zu spät kämen.

Nicht, dass seine Verwandlung nicht auch ihre Kehrseite hätte. Gern lässt er sich langatmig darüber aus, wie notwendig es für Schwarze ist, sich vom verderblichen Einfluss der europäischen Kultur zu befreien. Auma kritisiert er für ihren europäischen Lebensstil. Seine Worte sind nicht immer seine eigenen, und in dieser Übergangsphase klingt er zuweilen gestelzt und dogmatisch. Aber die Magie seines Lachens ist ihm geblieben, und wir können ohne Groll streiten. Sein neuer Glaube ist ihm ein solides Fundament, schenkt ihm Selbstbewusstsein. Er wird sicherer, er wird mutiger, stellt wichtige Fragen. Er löst sich allmählich von Formeln und beginnt, selbst herauszufinden, was gut für ihn ist. Er lässt sich offen auf diesen Weg ein, denn er ist zu großzügig und zu gutmütig, zu sanft und zu nachsichtig, als dass er einfache Antworten auf das Rätsel fände, was es ist, ein Schwarzer zu sein.

Gegen Ende der Hochzeitsfeier sah ich ihn in die Videokamera lachen, die langen Arme um die Schultern meiner Mutter und von Toot gelegt, die ihm gerade mal bis zur Brust reichten. »Hey, Barack«, rief er, »ich hab jetzt zwei neue Mütter.« Toot tätschelte ihn. »Und wir haben einen neuen Sohn«, sagte sie, wenngleich sie bei der

Aussprache des Namens »Abongo« einige Mühe hatte. Das Kinn meiner Mutter zitterte wieder, und Abongo erhob sein Glas Fruchtpunsch.

»Auf alle, die heute nicht unter uns sind!« sagte er.

»Und auf ein Happy End!« sagte ich.

Wir kippten den Inhalt unserer Gläser auf den schachbrettartig gefliesten Fußboden. Und in diesem Moment war ich der glücklichste Mensch von der Welt.

Inhalt

Was hinter den Mauern von Abu Ghraib geschah

Abu Ghraib war der Wendepunkt. Im Mai 2004 sah die Öffentlichkeit erste Bilder, auf denen irakische Häftlinge von US-Soldaten gefoltert und erniedrigt wurden. Spätestens jetzt waren alle Versuche der USA, den Irakkrieg moralisch zu rechtfertigen, zum Scheitern verurteilt. Abu Ghraib galt fortan als Symbol für Folter und für einen Krieg, der außer Kontrolle geraten war. Gemeinsam mit dem Oscar-Preisträger Errol Morris zeichnet Starjournalist Philip Gourevitch das Bild einer Armee, die sich über alle Tabus hinwegsetzte, weil sie gegen den Terrorismus zu kämpfen glaubte. Wer verstehen will, was im Irak passiert ist, muss dieses schonungslose Buch lesen: vielleicht ein Klassiker von morgen.

Aus dem Amerikanischen von Hans Günter Holl
304 Seiten. Gebunden

www.hanser.de
HANSER